Ljiljana Radonić
Der Zweite Weltkrieg in postsozialistischen Gedenkmuseen

Medien und kulturelle Erinnerung

―
Herausgegeben von
Astrid Erll · Ansgar Nünning

Wissenschaftlicher Beirat
Aleida Assmann · Mieke Bal · Vita Fortunati · Richard Grusin · Udo Hebel
Andrew Hoskins · Wulf Kansteiner · Alison Landsberg · Claus Leggewie
Jeffrey Olick · Susannah Radstone · Ann Rigney · Michael Rothberg
Werner Sollors · Frederik Tygstrup · Harald Welzer

Band 6

Ljiljana Radonić

Der Zweite Weltkrieg in postsozialistischen Gedenkmuseen

—

Geschichtspolitik zwischen der ‚Anrufung Europas'
und dem Fokus auf ‚unser' Leid

DE GRUYTER

Das Buch beruht auf Forschungsergebnissen aus den folgenden geförderten Projekten:
Austrian Programme for Advanced Research and Technology (APART) der Österreichischen Akademie der Wissenschaften: 11643 (2013–2017)
Elise-Richter-Programm des Austrian Science Fund (FWF): V663-G28 (August 2018 – Juli 2019)
Europäischer Forschungsrat (ERC), Horizon 2020 Forschungs- und Innovationsprogramm der Europäischen Union: GMM – 816784 (seit Sept. 2019)

Veröffentlicht mit Unterstützung des Austrian Science Fund (FWF): PUB 863-Z.

ISBN 978-3-11-126361-8
e-ISBN (PDF) 978-3-11-072205-5
e-ISBN (EPUB) 978-3-11-072223-9
ISSN 2629-2858
DOI https://doi.org/10.1515/9783110722055

Dieses Werk ist lizensiert unter einer Creative Commons Namensnennung 4.0 International Lizenz. Weitere Informationen finden Sie unter http://creativecommons.org/licenses/by/4.0/. Ausgenommen davon sind alle Abbildungen.

Library of Congress Control Number: 2021936231

Bibliografische Information der Deutschen Nationalbibliothek
Die Deutsche Nationalbibliothek verzeichnet diese Publikation in der Deutschen Nationalbibliografie; detaillierte bibliografische Daten sind im Internet über http://dnb.dnb.de abrufbar.

© 2023 Ljiljana Radonić, publiziert von Walter de Gruyter GmbH, Berlin/Boston.
Dieser Band ist text- und seitenidentisch mit der 2021 erschienenen gebundenen Ausgabe.
Dieses Buch ist als Open-Access-Publikation verfügbar über www.degruyter.com.

Coverabbildung: Ljiljana Radonić, Haus des Terrors, Budapest.
Satz: Integra Software Services Pvt. Ltd.
Druck und Bindung: CPI books GmbH, Leck

www.degruyter.com

Vorwort und Danksagung

Eine Habilitation kann man entweder als Monographie oder als ‚kumulative' Schrift bestehend aus einer Rahmenschrift und einer Sammlung bereits publizierter Artikel zu einem Thema einreichen. Da ich noch nie verstanden habe, wie man gleichzeitig begutachtete Zeitschriftenartikel *und* eine Monographie publizieren soll, habe ich zunächst 2019 meine kumulative Habilitation bestehend aus zwölf Artikeln bzw. Buchbeiträgen sowie einer Rahmenschrift vorgelegt und hier nun die Monographie dazu – als Synthese der bisher unveröffentlichten Rahmenschrift und der ihr folgenden Einzelpublikationen. Das erklärt den vielleicht bei der Lektüre entstehenden Eindruck, ich würde häufig mich selbst zitieren. Das Buch enthält ferner auch unveröffentlichtes Material aus den Dossiers, die ich über jedes Museum für den systematischen Vergleich erstellt habe.

Wer sich vor allem für ein bestimmtes Museum oder einen Aspekt wie die Verwendung von Fotografien, Objekten oder die ästhetische Gestaltung der Ausstellungen interessiert, wird mithilfe des Sachregisters zu den jeweils relevanten Stellen geleitet, sodass auch ein Querlesen z. B. über den Wandel einer Institution im Laufe der Zeit möglich ist.

Dieses Buch wäre nicht möglich gewesen ohne die finanzielle Unterstützung durch das APART-Stipendium der Österreichischen Akademie der Wissenschaften (2013–2017), die Förderung im Rahmen des Elise-Richter-Programms des FWF (8/2018–7/2019) sowie den ERC Consolidator Grant, den ich 2018 für mein aktuelles Projekt über „Globalized Memorial Museums" erhalten habe.

Mein Dank gilt jenen KollegInnen und meinen StudentInnen, die für das Projekt Recherchen über die Zeitungsberichterstattung zu den untersuchten Museen angestellt und diese Artikel wie auch die nur in der Landessprache verfügbaren Museumsmaterialien übersetzt haben: Neve Albre (Estnisch), Boglárka Cziglényi (Ungarisch), Petra Kaboňová (Tschechisch), Inta Lase (Lettisch und Russisch), Florian Ruttner (Tschechisch), Barbora Tancerova (Slowakisch), Karolina Trzyna (Polnisch) und Deimantė Varnaitytė (Litauisch).

Ferner danke ich jenen KollegInnen, die mich mit ihrer Länderexpertise bei diesem vielleicht waghalsig erscheinenden Vergleich von Museen aus allen postsozialistischen EU-Mitgliedsländern unterstützt haben, darunter Oto Luthar, Ekaterina Makhotina, Monika Heinemann, Elena Mannová, Katja Wezel, Daniela Koleva, Nikolai Vukov, Svetla Kazalarska, Martin Jung, Ene Kõresaar, Kirsti Jõesalu, Barbara Lášticová und Vita Zalar.

Schließlich wäre dieses Projekt nicht möglich gewesen ohne die Unterstützung aktueller und früherer MuseumsdirektorInnen und -mitarbeiterInnen, darunter Vojtěch Blodig, Iva Gaudesová, Daniel Logemann, Valters Nollendorfs, Ivo

Pejaković, Kaja Širok sowie die mir leider nicht namentlich bekannte Bibliothekarin des Museums des Slowakischen Nationalaufstands.

Für unermüdliche Kommentare in den verschiedensten Phasen des Projekts und/oder das Lesen von Teilen dieses Buchmanuskripts danke ich meinen FreundInnen Karin Lederer, Michaela Sivich, Alexa Tesar, Florian Ruttner, Alex Gruber, David Hellbrück, Simone Dinah Hartmann, Gerhard Scheit, Renate Göllner, Florian Kleedorfer, Karin Stögner, Stephan Grigat, Tobias Ebbrecht-Hartmann und Marc Grimm; meinen KollegInnen vom Institut für Kulturwissenschaften und Theatergeschichte der Österreichischen Akademie der Wissenschaften, allen voran meinem ERC-Team Zuzanna Dziuban, André Hertrich und Marlene Gallner sowie Christoph Leitgeb, Moritz Csáky, Livio Marcaletti und Elisabeth Großegger; ferner meinen KollegInnen vom Institut für Politikwissenschaft bzw. Staatswissenschaft der Universität Wien, hier insbesondere Dieter Segert, Andreas Pribersky, Oliver Marchart, Karin Liebhart und Walter Manoschek. Außerdem danke ich meinen StudentInnen an diesem Institut sowie jenen des Centrums für jüdische Studien der Universität Graz und des (damaligen) Fachbereichs Gesellschaftswissenschaften der Universität Gießen, von denen ich viel gelernt habe.

Drei Menschen danke ich für alles, denn sie haben mich durch das Projekt getragen: Biserka Radonić, die mir Sicherheit gegeben und mich verpflegt hat, Heidemarie Uhl, die mich immer auf unglaubliche Weise selbstlos gefördert hat, und Florian Markl, ohne den nichts so wäre, wie es ist.

Inhaltsverzeichnis

Vorwort und Danksagung —— V

1 Einleitung —— 1

2 Theoretische Einbettung —— 17
  2.1 Geschichtspolitik, Gedächtnistheorie und ‚Europäisierung der Erinnerung' —— 17
  2.2 Universalisierung oder Kosmopolitisierung des Holocaust —— 23
  2.3 Die ‚Osterweiterung' der Europäisierung der Erinnerung —— 25
  2.4 Das Museum und seine theoretische Verortung —— 31

3 Methodologie —— 38
  3.1 Raum und seine Kodifizierung: Der Ort und die Rolle des Museums —— 39
  3.2 Leitnarrativ und Storyline —— 41
  3.3 Ästhetik, Objekte, Visuelles und Texte im Detail —— 44

4 Der Zweite Weltkrieg im Museum —— 51
  4.1 Vor 1989: Die Museen in der sozialistischen Ära —— 51
     4.1.1 Das Museum des Slowakischen Nationalaufstands in Banská Bystrica —— 52
     4.1.2 Die KZ-Gedenkstätte Jasenovac in Kroatien —— 56
     4.1.3 Theresienstadt/Terezín —— 62
     4.1.4 Visuelles Material im Wandel: Individualisierung vs. nationalistische Mobilisierung —— 68
  4.2 1990–1999: Die Wende und die Museen —— 72
     4.2.1 Theresienstadt, Museum des Slowakischen Nationalaufstands und Jasenovac nach der Wende —— 72
     4.2.2 Das slowenische Zeitgeschichtemuseum —— 79
     4.2.3 Die sowjetischen Verbrechen in baltischen Museen —— 89
  4.3 Die 2000er: Die Kommunikation mit ‚Europa' und die EU-Beitrittsbemühungen —— 95
     4.3.1 Beweis des Europäischseins und ‚Anrufung Europas' —— 98
        4.3.1.1 ‚Europa' und das postsozialistische Museum des Slowakischen Nationalaufstands —— 99
        4.3.1.2 Das Gedenkmuseum Jasenovac als „Zugpferd nach Europa" —— 107

4.3.1.3 Das Holocaust-Gedenkzentrum in Budapest (2004/2006) —— **116**
4.3.1.4 ‚Anrufung Europas' und Inklusion von Roma-Opfern —— **130**
4.3.2 Betonung des Leidens unter dem Staatssozialismus und ‚containing nazism' —— **146**
4.3.2.1 Das Museum der Genozidopfer in Vilnius —— **146**
4.3.2.2 Die symbolische Gleichsetzung und das Museum der Okkupationen in Tallinn —— **157**
4.3.2.3 Das Museum der Okkupation Lettlands in Riga —— **171**
4.3.2.4 Die Übernahme ‚westlicher' Ästhetik und das Haus des Terrors in Budapest —— **185**
4.3.3 Die ‚In-Betweens' —— **202**
4.3.3.1 Theresienstadt/Terezín —— **203**
4.3.3.2 Das Museum des Warschauer Aufstands (2004–2006) —— **208**
4.3.4 ‚Missing museums' in Sofia und Bukarest —— **225**
4.3.4.1 Bei Ceaușescu, König Ferdinand und Živkov zu Besuch —— **227**
4.3.4.2 Nationale Geschichtemuseen in Bukarest und Sofia —— **229**
4.3.4.3 Militärmuseen in Sofia und Bukarest —— **233**
4.3.4.4 Erinnerung an Holocaust und Porajmos —— **236**
4.4 Seit 2010: Neueste Entwicklungen in postsozialistischen Museen —— **241**
4.4.1 Die ‚Universalisierung des Holocaust' hält im Baltikum Einzug —— **242**
4.4.2 Der autoritäre Backlash in Polen und Ungarn —— **256**

5 Fazit —— 271

Literatur —— 287

Abkürzungsverzeichnis —— 319

Abbildungsverzeichnis —— 321

Über die Autorin —— 323

Personen- und Sachregister —— 325

1 Einleitung

Die Museumslandschaft in den postsozialistischen Transformationsländern unterliegt einem rasanten Wandel, der einerseits den Untersuchungsgegenstand immer wieder von Neuem einer abschließenden Analyse entzieht, der andererseits aber seine Aktualität und politische Brisanz schlagend vor Augen führt. Als 2012 dieses Habilitationsvorhaben konzipiert wurde, war auf dem Gelände des ehemaligen ‚Zigeunerlagers' Lety u Písku in Tschechien die in den 1970ern errichtete Schweinefarm noch in vollem Betrieb – trotz internationaler Proteste bis hin zum Europäischen Parlament. Litauen galt als *enfant terrible* unter den postsozialistischen Staaten, wenn es um die Aufarbeitung des Zweiten Weltkriegs ging. 2008 hatte die Justiz noch angedroht, ehemalige jüdische PartisanInnen und Holocaustüberlebende vor Gericht zu stellen, weil sie bei ihren Sabotageakten gegen die NS-Besatzer die litauische Bevölkerung gefährdet hätten. Erst 2018 entschloss sich Litauen zu einer Art verbaler Abrüstung und folgte dabei dem Beispiel der lettischen und estnischen Okkupationsmuseen: Das Museum der Genozidopfer in Vilnius, das lange Zeit ausschließlich dem sowjetischen ‚Genozid' an den LitauerInnen gewidmet war, benannte sich in Museum der Okkupationen und der Freiheitskämpfe um. Nur die Weitblickendsten hatten geahnt, dass Viktor Orbán eine „illiberale Demokratie" (Orbán 2018) plante und alle Erinnerungsorte nach dem Vorbild des geschichtsrevisionistischen Hauses des Terrors ausrichten wollte, als Ungarn die Geschichtspolitik der Fidesz-Partei in der Verfassung verankerte. In Polen waren das Museum der Geschichte der polnischen Juden in Warschau und das Museum des Zweiten Weltkriegs in Gdańsk noch nicht eröffnet und die Partei „Recht und Gerechtigkeit" (PiS) noch lange nicht wieder an der Regierung. Kein „Holocaust-Gesetz" reglementierte das Thematisieren polnischer Mittäterschaft im Nationalsozialismus.

Im Vordergrund meiner Studie steht das Gedenkmuseum als tragende Säule, als Flaggschiff der Geschichtspolitik (Schmid 2009) des jeweiligen Landes im Kontext transnationaler politischer Prozesse. Kämpfe um Hegemonie und Deutungshoheit und ihr Niederschlag in der „Identitätsfabrik" Museum (Korff und Roth 1990) bilden also den Kern der Untersuchung. Die hier relevantesten Aushandlungsprozesse sind jene im Zuge der EU-Beitrittsverhandlungen zwischen der EU und den Beitrittskandidaten sowie auf nationaler Ebene zwischen der amtierenden Regierung und den oppositionellen, marginalisierten oder gar stillgestellten Gegenerzählungen. Das Interesse gilt vor allem auch der politischen Kultur (Salzborn 2018, 51): Mit welchen Mitteln wird das dominante Geschichtsnarrativ als *die* Geschichte inszeniert? Welche Unterschiede bestehen zwischen solchen Aushandlungsprozessen in pluraleren Erinnerungskulturen demokratischer Gesellschaften und einer Geschichtspolitik, die von „Erinnerungskriegern" (Bernhard und Kubik 2014) wie der PiS in Polen und Fidesz in Ungarn derzeit betrieben wird?

Im Zentrum steht die Frage, wie die Zeit des Zweiten Weltkriegs in großen, durch öffentliche Gelder (mit-)finanzierten Gedenkmuseen, die nach 1989 (wieder-) eröffnet wurden, in den elf postsozialistischen EU-Mitgliedsländern repräsentiert wird. Den Kontext bilden der europäische Einigungsprozess, insbesondere die ‚Europäisierung der Erinnerung' und die Bemühungen, Geschichte nach dem Fall der sozialistischen Regime neu zu erzählen. Über einen Überblick über die Museen, ihre Entstehungsgeschichte und die Frage, was sie repräsentieren, hinausgehend wurde untersucht, wie ‚doppelte' bzw. ‚dreifache'[1] Okkupation und der Holocaust, wie Opfernarrative und Kollaboration in den jeweiligen Dauerausstellungen und Museumsführern verhandelt werden, aber auch, welche Auswirkungen die EU-Beitrittsbemühungen auf dieses Aushandeln hatten und autoritäre Tendenzen heute haben. Dass einige ‚ständige' Ausstellungen nach 1989 mehr als einmal verändert wurden, erlaubt uns, den Wandel und die Dynamik der Opfernarrative, der Externalisierung von Verantwortung und des „negativen Gedächtnisses" (Koselleck 2002) in Bezug auf TäterInnenschaft und Kollaboration des ‚eigenen' Kollektivs zu untersuchen. Dies geschieht besonders im Hinblick darauf, wie die Museen auf ‚europäische Standards' rekurrieren und inwieweit sie den von Holocaust-Museen ausgehenden Trend übernehmen, das individuelle Opfer in den Mittelpunkt zu rücken.

Aufgrund des autoritären Backlashs vor allem in Ungarn und Polen rückte dabei die Frage nach dem Zusammenhang zwischen Demokratieentwicklung und Geschichtspolitik (Forest und Johnson 2011) immer stärker in den Vordergrund meiner Analyse. Drei der untersuchten Museen existierten bereits in der sozialistischen Ära. Dies erlaubt es, die Aufarbeitung der Vergangenheit in der Liberalisierungsphase der 1960er Jahre im Unterschied zu den repressiveren Jahrzehnten davor und danach zu beleuchten. Mit der Einführung demokratischer Strukturen gehen dann nach 1989 auch der Bruch mit dem starren sozialistischen Geschichtsnarrativ und die Aufarbeitung der im jeweiligen Land bisher marginalisierten und tabuisierten Erinnerungen einher. In den 1990er Jahren sind aber insbesondere auch die autoritär-geschichtsrevisionistischen Präsidentschaften von Franjo Tuđman in Kroatien und Vladimir Mečiar in der Slowakei von Interesse – wie später der autoritäre Backlash unter der Regierung Viktor Orbán II in Ungarn ab 2010 und

---

[1] Die drei baltischen Staaten wurden im Juni 1940 von der Sowjetunion besetzt und im August in diese eingegliedert, 1941 vom ‚Dritten Reich' („Reichskommissariat Ostland"), dann 1944 erneut von der Sowjetunion besetzt.

der zweiten PiS-Regierung in Polen ab 2015. Im Zuge dessen verankerten die ungarischen und polnischen *mnemonic warriors*[2] die neue Sicht auf die Vergangenheit etwa in der Präambel der ungarischen Verfassung von 2011 sowie im polnischen sogenannten ‚Holocaust-Gesetz' von 2018. Wie wirkt sich die aktuelle demokratiepolitische Verfasstheit des jeweiligen Staates also auf die Museen als zentrale Schlachtfelder ihrer Geschichtspolitik aus?

Die untersuchten Länder und Gedenkmuseen lassen sich in mehrerlei Hinsicht als ‚postsozialistisch' begreifen:

> It is worth noting that when we talk about post-communist memory, we do not only mean the memory of communism, but the whole spectrum of phenomena regarding social memory and memory policy that occurred in Eastern Europe after the beginning of the political and social transformation. (Głowacka-Grajper 2018, 2)

Dies umfasst drei Bereiche: die Suche nach einer neuen nationalen Identität und Geschichtsschreibung nach 1989 im Allgemeinen, den neuen Fokus auf in der sozialistischen Ära marginalisierte oder gar gänzlich tabuisierte Ereignisse, Gruppen und ihre Erinnerungen – vor allem, aber nicht nur in Bezug auf den Zweiten Weltkrieg und die Kriegsendphaseverbrechen – sowie schließlich den Umgang mit der sozialistischen Ära selbst.

Verglichen werden hier zehn postsozialistische Gedenkmuseen im nationalen und internationalen Kontext: das Museum der Okkupationen in Tallinn, das Museum der Okkupation Lettlands, das Museum der Genozidopfer in Vilnius, das Museum des Warschauer Aufstands, das Museum der Kleinen Festung und das Ghettomuseum in der Gedenkstätte Theresienstadt, das Museum des Slowakischen Nationalaufstands in Banská Bystrica, das Haus des Terrors und das Holocaust-Gedenkzentrum in Budapest, das Zeitgeschichtemuseum in Ljubljana sowie das Jasenovac-Gedenkmuseum in Kroatien. Auch wird das Fehlen solcher dem Zweiten Weltkrieg gewidmeter Gedenkmuseen in Sofia und Bukarest analysiert. Museen der Revolution und Zeitgeschichteabteilungen nationaler Museen wurden dort nach 1989 zur Überarbeitung geschlossen und nicht wieder eröffnet.

---

[2] Michael Bernhard und Jan Kubik zufolge ziehen diese *mnemonic warriors* eine scharfe Trennlinie zwischen sich selbst als den alleinigen InhaberInnen historischer ‚Wahrheit' und der ‚falschen' Geschichtsversion anderer AkteurInnen. Ihre unidirektionale Betrachtungsweise mythologisiert meist ein ‚goldenes Zeitalter' und geht missionarisch vor, angeblich verfälschende Sichtweisen müssen delegitimiert oder gar verunmöglicht werden. (Bernhard und Kubik 2014, 13)

Aus jedem postsozialistischen EU-Land habe ich jeweils ein[3] öffentlich (mit-) finanziertes Museum ausgewählt, in welchem die Zeit des Zweiten Weltkriegs – oftmals verschränkt mit der sozialistischen Ära – behandelt wird und das bei Staatsbesuchen den ausländischen StaatschefInnen vorgeführt wird, um sie die Geschichte des Landes ‚besser verstehen' zu lassen. Sofern möglich, wurde das repräsentativste Museum in der jeweiligen Hauptstadt gewählt – ein solches existiert aber in Prag, Bratislava und Zagreb nicht, weshalb neben dem Aufstandsmuseum in Banská Bystrica mit Theresienstadt und Jasenovac auch zwei Gedenkstätten in die Analyse einbezogen wurden. Es handelt sich hierbei um in ihrer Ausrichtung unterschiedliche Museen, die jedoch alle – entsprechend der unterschiedlichen Botschaft, die das jeweilige Land an ‚das Ausland' und ‚Europa' senden will – einen der aktuellen kanonisierten *lieux de mémoire* (Nora 1990) eines Landes darstellen.[4] Jedes dieser ‚Vorzeige'museen im ausgewählten Sample hat in zumindest einem Punkt ein entsprechendes Pendant: Jasenovac und Theresienstadt sind Gedenkstätten; das Haus des Terrors und das Museum der Genozidopfer rekonstruierten Folterzellen aus der NS- wie der sozialistischen Zeit; die Museen in Banská Bystrica und Warschau behandeln Aufstände (von 1944); das Museum der Okkupation Lettlands und das Zeitgeschichtemuseum in Ljubljana sind in Gebäuden untergebracht, in denen zuvor sozialistische Museen zu einem anderen Thema beherbergt waren; die Gebäude in Tallinn und Banská Bystrica wurden speziell für diese Museen erbaut und sind auch architektonisch interessante Projekte. Die Untersuchung zeigt, dass sich entscheidende Parallelen nicht etwa zwischen den scheinbar verwandtesten Museen wie den beiden Gedenkstättenmuseen oder den zwei Aufstandsmuseen finden, sondern zwischen jenen Ländern, deren Museen eine ähnliche Funktion in der Kommunikation mit ‚Europa' erfüllen.

Damit lege ich die erste Typologie von Museen über die Zeit des Zweiten Weltkriegs in allen postsozialistischen EU-Mitgliedstaaten vor. Ich unterscheide zwei Pole in Bezug auf diese Kommunikation mit ‚Europa' während der EU-Beitrittsverhandlungen:

---

[3] Einzig im ungarischen Fall wurden zwei staatliche Museen in Budapest untersucht, da beide von Viktor Orbán initiiert wurden, aber völlig gegensätzliche Geschichtsnarrative ausstellen. Jüdische Museen wurden als Partikularnarrativ (Marchart 2016, 78) zur Kontextualisierung der zehn staatstragenden Museen herangezogen, aber nicht systematisch im diachronen Wandel analysiert.

[4] Das Staatliche Museum Auschwitz-Birkenau wurde ausgespart, da es sich um den transnationalsten aller Gedenkorte handelt und somit nur bedingt Ausdruck aktueller polnischer Geschichtspolitik ist. Die ehemalige DDR ist mit den anderen postsozialistischen Ländern nicht vergleichbar, da die Aufarbeitung der Vergangenheit von der gesamtdeutschen Geschichtspolitik überschrieben wurde und kein EU-Beitritt bewerkstelligt werden musste.

– Museen, die das ‚Europäischsein' des jeweiligen Landes dadurch unter Beweis stellen wollen, dass sie von ‚westlichen' Holocaustmuseen ausgehende Musealisierungstrends übernehmen – dunkle Ausstellungsräume, die erstmalige individualisierende Darstellung von Holocaust-Opfern, die Inklusion der Roma-Opfer und die Auseinandersetzung mit eigener Verantwortung und Kollaboration;
– Museen, die von ‚Europa' forderten, ‚unser' Leiden unter dem Stalinismus bzw. ‚Kommunismus' anzuerkennen und bestrebt waren, die Erinnerung an die nationalsozialistische Besatzung und den Holocaust ‚einzudämmen', damit sie die ‚eigene' Opfererzählung nicht überschreiben.

Ich werde ferner zeigen, wie sich diese Typologie der Museen in den letzten Jahren durch neue Dauerausstellungen und Museumsumbenennungen insbesondere in den baltischen Ländern verändert hat.

Die systematische Analyse der zehn Museen bezieht selbstredend den Kontext der jeweiligen nationalen Geschichtspolitik und Museumslandschaft ein. Diese Kontextualisierung schließt ‚Partikular'museen wie jüdische Museen und Gegenerzählungen zum dominanten Geschichtsnarrativ ein und trägt den unterschiedlichen historischen Kontexten und geschichtspolitischen Traditionen der Länder so sorgfältig wie möglich Rechnung.[5] Die heutigen postsozialistischen EU-Mitgliedstaaten unterscheiden sich in ihrem Umgang mit der Vergangenheit wesentlich darin, welche vergangene Epoche sie als ‚goldene Ära' nationaler Unabhängigkeit begreifen. (Cornileßen 2006, 48; Troebst 2006) Dabei ist Tschechien das einzige Land, das sich auf eine ungebrochen demokratische Tradition in der Zwischenkriegszeit bezieht.[6] In der Slowakei wie in Kroatien war hingegen vor allem in den 1990er Jahren die Tendenz ausgeprägt, die einzige Phase der (wenn auch eingeschränkten) Eigenstaatlichkeit, den jeweiligen NS-Satellitenstaat als ‚Meilenstein' auf dem Weg zur nationalen Unabhängigkeit anzusehen. Welche

---

5 Die Geschichtspolitik Kroatiens und Ex-Jugoslawiens war Gegenstand meiner Dissertation. (Radonić 2010) Bei allen anderen Ländern wird meine Expertise niemals an jene von LänderexpertInnen heranreichen. Das daraus resultierende Risiko dehistorisierter Generalisierungen wurde minimiert durch den Austausch mit ebendiesen LänderspezialistInnen und die sorgfältige Studie ihrer bereits vorliegenden Forschung zu den Museen, die Möglichkeit, Recherchen in den von mir nicht beherrschten Sprachen von muttersprachlichen AssistentInnen durchführen zu lassen und die stetige Beschäftigung mit der Demokratieentwicklung und Geschichtspolitik jener Länder in meinen Lehrveranstaltungen zusammen mit Studierenden aus der Region.
6 Dies änderte sich erst nach der Annexion des Sudetenlandes durch das ‚Dritte Reich' am 1. Oktober 1938 und der Zerschlagung der Tschechoslowakei im März 1939, als auch in Prag die Demokratie ausgesetzt wurde.

Auswirkungen hatten also diese unterschiedlichen historischen Rahmenbedingungen auf die Musealisierung der Zeit des Zweiten Weltkriegs?

Bei Vorträgen über mein Projekt wurde ich mehrmals gefragt, ob eine kritische Analyse der Aufarbeitung der Vergangenheit in den betreffenden postsozialistischen Ländern nicht eine illegitime Wertung ‚von außen' darstelle. Schließlich habe es in ‚westlichen' Ländern und vor allem auch in Österreich lange Jahrzehnte gedauert, bis mit Opfermythen weitgehend aufgeräumt wurde. Die um Aufarbeitung bemühten Personen(gruppen) in den jeweiligen Ländern und die Kämpfe, die sie gegen nationalistische und revisionistische Tendenzen ausfechten, entkräften so einen Einwand. Sie können heutzutage alle Unterstützung für ihre Argumente brauchen, die sie bekommen. Wissenschaftliche Neutralität kann nicht die Antwort sein, wenn in Ausstellungen etwa haarsträubende antiziganistische Stereotype bedient werden. Auch erachte ich die selbstkritische Aufarbeitung der Kollaboration mit dem Staatssozialismus wie mit dem NS-Regime explizit als erstrebenswert für eine demokratische politische Kultur. Dieses Projekt versteht sich also auch als Intervention – biographisch gesehen ‚von innen', aus der postsozialistischen Perspektive – in eine sich ständig verändernde postsozialistische Museumslandschaft, zu der ich zum Beispiel bereits als wissenschaftliche Gutachterin des Gedenkmuseums Jasenovac[7] beitragen konnte.

Ein Vergleich der Museumslandschaft aller postsozialistischen EU-Mitgliedsländer, insbesondere eine systematische Analyse von zehn zeitgeschichtlichen Museen aus der Feder einer Autorin existierte bisher nicht, schon gar nicht über osteuropäische Institutionen. Kleiner angelegte Vergleiche von Holocaust- und/ oder jüdischen Museen (Köhr 2012; Haß 2002; Engelhardt 2002; Pieper 2006; Hansen-Gluecklich 2016) haben den Weg für diese Arbeit bereitet, ebenso wie wegweisende Sammelbände wie *Der Kommunismus im Museum. Formen der Auseinandersetzung in Deutschland und Ostmitteleuropa* (Knigge und Mählert 2005) und *Krieg im Museum. Präsentationen des Zweiten Weltkriegs in Museen und Gedenkstätten des östlichen Europas* (Makhotina et al. 2015).

Ein derart groß angelegter Vergleich wie der hier vorgelegte ist eine komplexe Angelegenheit, bei der die Analyse entlang der jeweils verhandelten Frage von Museum zu Museum springt. Um zum Einstieg einen Überblick zu bieten, sollen hier die zehn systematisch analysierten Museen (von Nord nach Süd) kurz vorgestellt werden – um auch einen Einblick in den sehr unterschiedlichen Forschungsstand zu geben.

---

[7] Für den Band über Verbrechen gegen Roma im Zweiten Weltkrieg mit Fokus auf den Ustaša-Staat. (Vojak und Pejaković 2018)

– Das **Museum der Okkupationen** in Tallinn wurde 2003 in einem eigens dafür errichteten Glasbau eröffnet und 2018 im Zuge der Umgestaltung der ständigen Ausstellung in Vabamu Museum der Okkupationen und der Freiheit – eine Wortkombination aus den estnischen Wörtern für Freiheit (vabadus) und Museum (muuseum) – umbenannt. Detaillierte Analysen sind nur wenige verfügbar, etwa über die Gründung des Museums durch die Exil-Estin Olga Kistler-Ritso 1998 oder die bereits vom Staat mitfinanzierte Eröffnung 2003. (Burch und Zander 2010, 56; Tamm 2013) Das Verblüffende an mehreren dieser Analysen des Museums ist, dass sie sich nicht aufeinander beziehen und somit teilweise zu sehr unterschiedlichen Interpretationen gelangen. Während die einen behaupten, es sei das Museum mit dem offensten Narrativ unter den drei baltischen Museen, in dem Objekte willkürlich ohne erklärenden Text gezeigt werden (Bartuschka 2005, 205; Mark 2008, 351), bezeichnen es andere als das politischste der drei, „more unambiguously an extension of state power than its Latvian counterpart." (Velmet 2011, 204) Und wenn doch frühere Analysen referenziert werden, dann ohne dass unterschiedliche Interpretationen kommentiert werden. So deutet ein Text die ausgestellte Reihe alter Koffer neben dem Eingang als Symbol für die 70.000 EstInnen, die das Land 1944 verließen (Mark 2008, 351), während sie andere als Erinnerung daran verstehen, dass viele EstInnen in den Gulag deportiert wurden. (Burch und Zander 2010, 61)

In der Dauerausstellung aus 2003 war die russischsprachige Bevölkerung Estlands im Narrativ der estnischen Mehrheitsbevölkerung exkludiert. Dies wird in der bereits existierenden Literatur aber nur indirekt angesprochen, wenn das Museum als einer der Schauplätze der Straßenschlachten im Anschluss an die Entfernung des berühmten sowjetischen Bronze-Soldaten aus der Tallinner Innenstadt im April 2007 erwähnt wird. (Nugin 2016, 28; Lehti, Jutila und Jokisipilä 2008, 407) Auf die Inhalte der nunmehr ‚alten' Ausstellung gehen vor allem Burch und Zander (2010), Velmet (2011) und Mark (2008; 2010a) ein. 2017 erschienen Reflexionen über die 2016 verkündete geplante Umbenennung in Vabamu. (Kõresaar und Jõesalu 2017; Weekes 2017) Eine systematische Analyse der ständigen Ausstellung war bisher also ein Forschungsdesiderat. Über die neue Ausstellung liegt nun eine erste Analyse von Heiko Pääbo und Eva-Clarita Pettai (2019) vor und auch Ene Kõresaar und Kirsti Jõesalu von der Universität Tartu forschen dazu, doch sind ihre (mir bereits vorliegenden) Ergebnisse noch nicht erschienen.

– Das **Museum der Okkupation Lettlands** wurde 1993 im ehemaligen Museum der Lettischen Schützen[8] im Zentrum Rigas mit privaten Geldern eröffnet (Meckl 2016, 410) und wird seit 2006[9] vom Staat mitfinanziert. Die bis heute umfassendste Publikation dazu ist eine Geschichtsmasterarbeit (Blume 2007), gefolgt von Arbeiten von Katja Wezel (2016a; 2016b; Fritz und Wezel 2009). Über die Geschichte des Museums, den exil-lettischen Gründervater Paulis Lazda (2003) und die Umbaupläne publizierte vor allem der langjährige Museumsleiter Valters Nollendorfs selbst (2008a; 2008b; 2011; Michel und Nollendorfs 2005), der auch der Herausgeber aller hier analysierten Museumsführer ist. (2008c; 2010; 2017) Es ist dasjenige der drei baltischen Museen, das neben der umfassenden Darstellung der beiden sowjetischen Besatzungen den stärksten Fokus auf die NS-Besatzung legt. In der Literatur wird allerdings darüber diskutiert, inwiefern dies auch heißt, dass dem Holocaust „gebührend" Aufmerksamkeit gewidmet wird (Velmet 2011, 196) oder ob dieser auf eine ‚entschärfte' Weise dargestellt wird, sodass er nicht mit der Schilderung des lettischen Leidens in Konkurrenz treten kann. (Mark 2008, 365; Fritz und Wezel 2009, 236; von Puttkamer 2005, 249) Dem ambivalenten Umgang des Museums mit der russischsprachigen Bevölkerung widmet sich Kuusi (2008, 107). Seit 2008 kündigt Nollendorfs in den oben genannten Texten den Ausbau des Museums an, der jedoch immer wieder verzögert wurde (Nollendorfs 2008b; 2011), weshalb sich die Ausstellung nun bereits seit Jahren im Ausweichquartier in der ehemaligen amerikanischen Botschaft befindet. Im Vergleich zum estnischen Okkupationsmuseum ist die Forschungslage hier also besser, wenn auch in diesem Fall über die Bewertung des Holocaust Uneinigkeit herrscht und ich hier dank des Vergleichs mit den anderen Museen erstmals vor allem bei der Bild- und Objektanalyse in die Tiefe gehen konnte.

– Das staatliche **Museum der Genozidopfer in Vilnius** wurde 1992 vom Verein der Deportierten und politischen Häftlinge gegründet und ist im Gebäude des ehemaligen sowjetischen Staatsicherheits- und des Gestapo-Foltergefängnisses untergebracht. (Peikštenis 2005, 132; Rindzevičiūtė 2013; Rindzevičiūtė 2015, 279; Makhotina 2017, 311; Frankovic et al. 2010, 51; Wight 2014, 145) Es war bis 2011 ausschließlich den beiden sowjetischen Besatzungen gewidmet, bis dann

---

8 Lettische Militäreinheiten der russischen Armee, die im Ersten Weltkrieg gegen deutsche Verbände kämpften und deswegen im sowjetischen Lettland als Helden verehrt wurden.
9 So die Museumswebseite (http://okupacijasmuzejs.lv/en/about-us/). Evans (2006, 343) schreibt, dass bereits seit 1997 staatliche Gelder geflossen seien, also auch vor dem Gesetz über das Okkupationsmuseum von 2006, als auch das Gebäude aus dem Besitz der Stadt in Staatsbesitz wechselte. (Lenss 2006, 54)

eine Gefängniszelle im Keller über die NS-Zeit hinzugefügt wurde. Nach langjähriger Kritik am Museumsnamen – Genozid meint hier ausschließlich die sowjetischen Verbrechen – wurde es im Mai 2018 in Anlehnung an seine baltischen ‚Verwandten' in Museum der Okkupationen und der Freiheitskämpfe umbenannt. Der alte Name verleitete einen Autor sogar dazu, es in seiner Studie über Museen über menschliches Leid irrtümlich als Holocaust-Museum vorzustellen (Duffy 2007, 118), obwohl der Fokus von Ausstellung wie Museumsguide (Rudienė und Juozevičiūtė 2006a) bis heute auf der Darstellung der sowjetischen Verbrechen als Genozid am litauischen Volk liegt. (Makhotina 2016, 337) Zuvor war die Auslassung der NS-Besatzungszeit Gegenstand einiger Kritik an dem Museum (Bartuschka 2005, 202; Wight und Lennon 2007, 526; Kuusi 2008, 108; Mark 2008, 341; Frankovic et al. 2010, 63; Apor 2012a, 234), während eine wissenschaftliche Publikation (Closa 2010, 327) die Gestapo-Vergangenheit des Gebäudes gar gänzlich auslässt.

Die neueste Publikation von Ekaterina Makhotina analysiert die ständige Ausstellung zwar umfassend und legt eine Chronologie der Entstehung der verschiedenen Ausstellungsteile vor. In Bezug auf die 2011 in einer Gefängniszelle im Keller hinzugefügte Ausstellung zur NS-Zeit und zum Holocaust erwähnt Makhotina nur in einer Fußnote, dass es diese gibt (Makhotina 2017, 317), lässt sie in der Analyse aber außen vor. So leiste ich hier – unter Einbeziehung der Medienberichterstattung über die Eröffnung des Raums 2010 und der Ausstellung 2011 – Grundlagenforschung.[10] Die Verwendung individualisierender Elemente in der Ausstellung wird in zwei Texten angesprochen (Dovydaitytė 2010; Frankovic et al. 2010, 53), aber da beide bereits 2010 erschienen sind, können sie noch nichts über die in diesem Punkt sehr unterschiedliche Darstellung ‚unserer' und ‚anderer' Opfer aussagen, wie sie sich aufdrängt, wenn man die NS-Ausstellung in der Kellerzelle aus 2011 einbezieht.

– Ein **Museum des Warschauer Aufstands**[11] planten ehemalige Aufständische und HistorikerInnen bereits 1981, doch als die Kommunistische Partei das Vorhaben steuern wollte, wurde die Initiative aufgegeben. (Markiewicz 2011,

---

[10] Besprochen und kritisiert wurde die Ausstellung im gewohnt polemischen Stil von Dovid Katz auf seinem Portal *defending history* (Katz 2011) und andernorts (Katz 2018), während Wright in seiner 2014 vorgelegten Dissertation noch fälschlicherweise von einer „notable absence of any acknowledgement of Jewish Holocaust within the interpretive coverage of the exhibition" (Wright 2014, 150) schreibt.

[11] Auf Englisch nennt sich das Museum *Warsaw Rising Museum*, um sich vom Ghetto-Aufstand 1943 abzugrenzen, wie etwa der Museumsmitarbeiter Grzegorz Hanula bei einem Vortrag am 7.11.2014 anlässlich der Veranstaltung *Zeitenwende 1944* in Wien im Heeresgeschichtlichen Museum ausführte (siehe auch Blutinger 2010, 78).

214; Król 2011, 185) Erst viele Jahre später ermöglichte der Bürgermeister Warschaus und spätere Präsident Polens, Lech Kaczyński, dessen Eltern selbst Aufständische gewesen waren, die Eröffnung des Museums in mehreren Etappen von 2004 bis 2006 im Gebäude eines stillgelegten Straßenbahn-Elektrizitätswerks. (Ukielski 2011, 213; Wiącek 2012, 411) Geleitet wird es bis heute von Jan Ołdakowski, der 2005 für die PiS ins Parlament gewählt wurde. (Kurkowska-Budzan 2006, 136) Somit diente das Museum als „,bridge-head' for its founders – members of PiS – for stepping into public offices." (Crowley 2011, 369) Die Eröffnung dieses städtisch finanzierten Museums (Heinemann 2013, 476) war ein Ereignis, dem die inländischen Medien – wie mein Vergleich mit der Berichterstattung über alle untersuchten Museen zeigt – bei weitem die meiste Aufmerksamkeit schenkten: im Vorfeld und danach bekam jeder noch so kleine Aspekt Eventcharakter und wurde genauestens medial ausgeleuchtet.[12] In der wissenschaftlichen Literatur wird die Eröffnung jedoch kaum beachtet.[13]

KritikerInnen weisen stattdessen wiederholt auf die zentrale Rolle des großen Museums als Flaggschiff der PiS-Geschichtspolitik hin. Die Kaczyński-Zwillinge haben – insbesondere während der PiS-Regierung 2005 bis 2007 – die Erzählung vom heldenhaften Warschauer Aufstand als anti-kommunistischen Gründungsmythos der ‚Vierten Republik' installiert. Dieser konzentriert sich auf die heroischen und martyrologischen Elemente polnischer Vergangenheit und blendet die Auseinandersetzung mit deren negativen und umstrittenen Aspekten aus. (Król 2011, 185; Waśkiewicz 2010, 55) Eben diese Betonung des Heldentums der Aufständischen und des Verrats durch die Sowjets führte zu der kritischen Einschätzung, uninformierte BesucherInnen könnten den Eindruck gewinnen, nicht die NS-Besatzungsmacht, sondern die Sowjets seien die Hauptfeinde des Aufstands gewesen, und dieser sei erfolgreich gewesen, nicht blutig niedergeschlagen worden. (Majewski 2011, 156; Radziłowski 2009, 151)

Positive wie negative Einschätzungen des Museums sehen jedenfalls beide eine moderne, interaktive, multimediale Ausstellung, die für die polnische Museumslandschaft unhintergehbare Standards gesetzt hätte. (Borodziej 2011, 145; Niżyńska 2010, 472) Kritik erfährt der „Raum der kleinen Aufständischen", in dem Kinder mit Helmen ausgerüstet Barrikaden bauen (Wiedmann 2011, 12),

---

[12] So etwa die Fertigstellung eines Panzerreplikats, das Anbringen einer Glocke im Außenbereich (*Rzeczpospolita*, 26.7.2004), die Lichtprobe vor der Eröffnung (*Rzeczpospolita*, 30.7.2004) oder die Tatsache, dass der ‚Kanal', eine besondere Museumsattraktion, noch nicht fertig sei (*Rzeczpospolita*, 21.9.2004).
[13] Eine Ausnahme stellen Żychlińska und Fontana (2016) dar.

sowie allgemein die emotionale Involvierung der BesucherInnen im Sinne des Patriotismus. (Żychlińska und Fontana 2016, 236; Żychlińska 2009) Die Frage fände keinen Raum, inwiefern der Aufstand, der die weitgehende Zerstörung Warschaus zur Folge hatte, überhaupt sinnvoll gewesen sei. (Waśkiewicz 2010, 56) Trotz der prominenten Rolle des Museums in den polnischen öffentlichen und wissenschaftlichen Debatten gehen nur wenige Untersuchungen wirklich in die Tiefe, etwa eine Analyse der Darstellung der Verfolgung und Vernichtung polnischer Jüdinnen[14] und Juden (Blutinger 2010, 92–94) sowie vor allem Monika Heinemanns Arbeiten. In ihrer Dissertation über den Zweiten Weltkrieg in polnischen historischen Ausstellungen seit den 1980er Jahren untersucht sie systematisch Selbst- und Feindbilder, die einseitige Heroisierung der Aufständischen sowie die Darstellung der Judenverfolgung. (Heinemann 2017) Neu an meiner Arbeit ist der Vergleich mit Museen in den postsozialistischen Nachbarländern, insbesondere mit der Entwicklung in Ungarn.[15]

- Die **Gedenkstätte Theresienstadt/Terezín** wurde 1947 vom tschechoslowakischen Staat gegründet. Sie wird heute vor allem durch zwei Museen geprägt: das Museum der Kleinen Festung widmet sich den politischen Häftlingen des Gestapo-Gefängnisses, das 1991 gegründete Ghetto-Museum den lange Jahrzehnte marginalisierten jüdischen Ghettoinsassen. Die Geschichte der Gedenkstätte und den Fokus des Museums in der Kleinen Festung vor allem auf politische Häftlinge (Munk 2008, 73; Blodig 2005, 221; Hallama 2015, 79; Sniegon 2017, 36) analysieren kritisch der im Mai 2019 verstorbene Gründungsdirektor des staatlichen Ghettomuseums, Jan Munk, und der bis heute amtierende Vize-Direktor der Gedenkstätte, Vojtěch Blodig, der auch an allen Museumsführern seit den 1990ern maßgeblich beteiligt war. Sie schildern die Pläne, während der Liberalisierungsphase der 1960er Jahre ein Ghetto-Museum zu eröffnen, die jedoch wegen eines „carefully disguised anti-Semitism practised by the Soviet Union and the Communist Party" (Munk 2001, 18) scheiterten, sodass zwei kleine Vitrinen im Museum der Kleinen Festung die einzigen Zeugnisse des Ghettos blieben. Wolfgang Benz (2013, 237) geht auf die zuvor undenkbare Unterstützung durch die Jüdische Ge-

---

14 Ich verwende durchgehend eine Schreibweise, die, sofern sinnvoll, beide Geschlechter einbezieht. In der Regel wähle ich die ‚Innen'-Schreibweise, außer wenn dies sprachlich nicht korrekt wäre, da es keine ‚Jüden' gibt.
15 Vgl. Radonić 2020. Der Boom der polnischen Museumslandschaft, welcher mit der Eröffnung des Museums für die Geschichte der polnischen Juden in Warschau (Janicka 2015) einen wichtigen Meilenstein erreichte, und vor allem die Kontroverse um das Museum des Zweiten Weltkriegs in Gdańsk (Machcewicz 2017; Hackmann 2018, 594–597) nach dem neuerlichen Wahlsieg der PiS 2015 stellen die brennende politische Aktualität des Themas unter Beweis und bilden den unverzichtbaren Kontext der Untersuchung des Aufstandsmuseums.

meinde in Wien in dieser Phase ein. Der langjährige spätere Direktor Munk (2008, 75) schildert, dass das Ghettomuseum nach dem politischen Umschwung deshalb bereits 1991 eröffnet werden konnte, weil die Museumsangestellten seit den 1960ern weiterhin inoffiziell Exponate gesammelt hatten. (Blodig 2005, 226) Auch die Geschichte des Internierungslagers für Deutsche auf dem Gelände des früheren NS-Gefängnisses wurde 1995–97 hinzugefügt. (Blodig 1995, 242) Weitere Publikationen konzentrieren sich ausschließlich auf die Zeit vor 1989. (Lunow 2015; Hallama 2015) Ein seltener Text über die heutige Gedenkstätte vergleicht diese mit der fehlenden Gedenkstätte im ehemaligen ‚Zigeunerlager' Lety u Písku, analysiert aber die Thereseinstadt-Ausstellungen kaum, sondern verweist vor allem (zurecht) auf die Diskrepanz zwischen den vielen Gedenkorten der Terezíner Festungsstadt und dem fehlenden Museum in Lety. (Lennon und Smith 2007, 79) Meine Analyse der heutigen Ausstellungen in Theresienstadt und ihrer Museumsführer leistet also Grundlagenforschung.

– Das **Museum des Slowakischen Nationalaufstands** im zentralslowakischen Banská Bystrica ist wie der Aufstand von 1944 selbst außerhalb der Slowakei nur wenig bekannt – und das obwohl der Aufstand ein zentrales Ereignis in der slowakischen Geschichtsschreibung vor und nach 1989 (Hudek 2011, 830) und der Jahrestag ein staatlicher Feiertag (Vrzgulová 2017, 301) ist. Einige AutorInnen verweisen auf die einzigartige Architektur des 1969 eröffneten Museums, die beiden Museumshälften mit dem Gedenkbereich in der Mitte. (Lášticova und Findor 2008, 247; Mannová 2011, 231–2; Hudek 2011, 841). Den Dauerausstellungen widmen sich vor allem zwei Arbeiten. (Lášticova und Findor 2008; Sniegon 2017) Die aktuelle Dauerausstellung aus dem Jahr 2004, dem Jahr des slowakischen EU-Beitritts, spiele nun die Rolle der sowjetischen Unterstützung des Aufstands genauso herunter, wie die sozialistische Ausstellung sie überbetont habe. (Lášticova und Findor 2008, 251) Während Lášticova und Findor die Europäisierung des Narrativs in der Ausstellung diagnostizieren, wird hier stärker Tomas Sniegon (2017, 166) gefolgt, der kritischer vom slowakischen „national-europäischen Narrativ" spricht. Mit der diachronen Analyse der Museumsführer und der Verortung des Museums als eines der prominentesten Beispiele für eine ‚Anrufung Europas' im Zuge der EU-Beitrittsverhandlungen wird hier Neuland betreten.

– Das **Haus des Terrors** in Budapest ist unzweifelhaft jenes der zehn hier untersuchten Museen, über das am meisten publiziert wurde. Es wurde 2002 im Wahlkampf von Viktor Orbán als staatliches Museum eröffnet (Manchin 2015, 237; Apor 2012a, 233; Fritz und Wezel 2009, 240) und steht bis heute unter der Leitung von Mária Schmidt. Es betreibt die Reinwaschung des Horthy-Regimes

1920–1944 (Rév 2018), folglich die Abwehr der ungarischen Verantwortung für den Holocaust und wählt nach tagespolitischen Kriterien aus, welchen inländischen Tätern es die Schuld zuschreibt und externalisiert einen Großteil der Verantwortung auf Deutschland und die Sowjetunion. (Bartuschka 2005, 198)

Das Gebäude gehörte im 19. Jahrhundert einem jüdischen Maler (Mihok 2005, 165), diente später als Zentrale und Foltergefängnis der ungarischen Nazikollaborateure, der Pfeilkreuzler, die im Oktober 1944 an die Macht kamen,[16] und ab 1945 folterte dort die sozialistische Staatssicherheit. Die überwältigende Mehrheit der Publikationen setzt sich kritisch mit dem Museum auseinander, nur ein wissenschaftlicher Text betont wohlwollend die „positive Funktion" (A. Kapitány und G. Kapitány 2008) des Nein-Sagens zum Terror. Oft wird kritisiert, das Museum setze den NS- und Pfeilkreuzlerterror mit jenem des Staatssozialismus gleich, doch seien der NS-Ära bloß zweieinhalb von über zwanzig Räumen gewidmet.[17] (Marsovszky 2002; Fritz 2006, 312; Blutinger 2010, 83) Auch wird verschleiert, dass die meisten ungarischen Jüdinnen und Juden im Sommer 1944, also lange vor der Machtergreifung der Pfeilkreuzler-Bewegung, noch unter Horthy deportiert wurden. (Seewann und Kovács 2006a, 53) Juden werden als Anführer des kommunistischen Systems nach 1945/48 dargestellt (Shafir 2005, 22), während nicht erwähnt wird, dass viele von ihnen auch zu den Opfern dieses Regimes gehörten. (Rév 2008, 65; Ungváry 2006, 214) ‚Die Ungarn' werden vor allem als Opfer begriffen (Kerékgyártó 2006, 302), auch diejenigen, die zunächst NS-Kollaborateure waren, sofern sie nur später Opfer der sozialistischen Repression wurden. (Buden 2009, 196) Viele kritisieren die schrille Ästhetik der Ausstellung. (Kovács 2003, 164; Ostow 2008, 8; Rév 2008, 73) Es sei nicht leicht erkennbar, welche Objekte (wenn überhaupt) Originale seien, was Nachbildungen (Virag 2006; 106; Rátz 2006, 247) und es sei unerwünscht, eigenständige Fragen zu entwickeln oder individuelle Erfahrungen zu machen (Hwang 2009, 55), da alle Antworten und Empfindungen vorgegeben würden. Vor allem mein Vergleich der Ästhetik des Museums mit internationalen Vorbildern, deren individualisierender Zugang jedoch für den kollektiven Opfermythos ins Gegenteil verkehrt wird und

---

[16] Eine Publikation, in der fünf *memorial museums* auf vier Kontinenten analysiert werden, darunter auch das Haus des Terrors, führt vor Augen, wie wichtig der historische Kontext für die Ausstellungsanalyse ist. Amy Sodaro sitzt einer historisch nicht haltbaren Suggestion des Museums auf: Die Deportation der jüdischen Bevölkerung Ungarns nach der deutschen Besatzung im März 1944 erfolgte nicht erst unter dem im Oktober 1944 eingesetzten NS-Kollaborationsregime der Pfeilkreuzler, sondern im Sommer noch unter Staatsoberhaupt Horthy. (Sodaro 2018, 60)

[17] Für eine Art Führung durch die Räumlichkeiten siehe Oláh 2016, 51–68.

mit ähnlichen Institutionen, die ebenfalls die Anerkennung der sozialistischen Verbrechen als ‚größeres Übel' im Vergleich zur NS-Besatzung fordern, erschließt hier neue Perspektiven.

– Das **Holocaust-Gedenkmuseum** wurde 2004 ebenfalls als staatliches Museum eröffnet – in und unter einer Budapester Synagoge, die zu diesem Zweck renoviert wurde. Als internationales Signal – auch angesichts der Kritik am Haus des Terrors – wurde es von der ersten Orbán-Regierung mitinitiiert und unter der sozialistisch-liberalen Medgyessy-Regierung wenige Wochen vor dem EU-Beitritt eröffnet (Fritz 2010, 173), obwohl die ständige Ausstellung erst 2006 fertiggestellt werden konnte. Mehrere Publikationen kritisieren seine periphere Lage im Vergleich zum zentral gelegenen Haus des Terrors und zum ursprünglich vorgesehenen Standort in einer zentrumsnäheren Synagoge. (Seewann und Kovács 2006a, 56; Fritz 2010, 170) Die hohen Mauern um das Museum werden als Ghettoisierung der marginalisierten Holocaust-Erinnerung in Ungarn interpretiert. (Fritz 2010, 170) Einige sprachen sich gegen die Unterbringung in einer Synagoge aus, da ein Holocaust-Gedenkort nicht so eng mit Religion verknüpft werden dürfe. (Köhr 2007; Ungváry 2006, 212) Dass die Verfolgung und Vernichtung der ungarischen Roma, die ebenfalls Gegenstand der Ausstellung ist, somit ebenfalls auf dem Gelände einer Synagoge thematisiert wird, erörtern die Publikationen aber nicht. Während einige bemängeln, dass die renovierte Synagoge im Zweiten Weltkrieg im Gegensatz zum ursprünglich geplanten Ort nur eine marginale Rolle gespielt hatte (Mihok 2005, 164; Fritz 2010, 170), betonen andere ihren *In-situ*-Charakter, da das Gebäude 1944/45 als Anhaltezentrum für die jüdische Bevölkerung des Bezirks gedient hatte. (Mányi 2006, 34; Seewann und Kovács 2006a, 56) Die vorläufige Ausstellung zeigte bis 2006 neben einer kleinen, weitgehend vergessenen Ausstellung über die Verfolgung von Roma (Meyer 2014, 145) auch Fotografien aus dem ‚Auschwitz-Album' von in Auschwitz ankommenden ungarischen Jüdinnen und Juden – und erntete dafür Kritik, da die ungarische Mitverantwortung für den Holocaust ausgespart wurde.

Als jedoch 2006 die von Judit Molnár kuratierte ständige Ausstellung eröffnet wurde, hoben viele AutorInnen die kritische Auseinandersetzung mit ungarischen TäterInnen positiv hervor. (Fritz 2010, 171; Blutinger 2010, 89; Manchin 2015, 247)[18] Kritik wurde nunmehr vor allem an der spärlichen Behandlung der Zeit nach 1945 geübt: es fehle die Information, dass die meisten TäterInnen

---

[18] Zeitungsberichte (Mihai 2017; Redaktion Tamedia 2019) über das geplante, höchst umstrittene zweite Holocaust-Museum in Budapest, das *Haus der Schicksale*, verweisen aktuell wieder verstärkt auf das erste Budapester Holocaust-Museum.

nach 1945 nicht zur Verantwortung gezogen wurden sowie der Nachkriegsantisemitismus, die Pogrome von 1946 in Kunmadaras und Miskolc (Fritz 2015, 217; Fritz 2010, 172) und die Kontinuität des Antiziganismus (Meyer 2014, 157). Systematische Analysen der Ausstellung blieben selten (Blutinger 2010, 89) und betonten vor allem den Fokus der Ausstellung auf die individualisierende Darstellung der Opfer. (Köhr 2007; 2012) Birga Meyer wendet hingegen in ihrer Dissertation ein, die fünf individualisierenden Familiengeschichten, welche sich von Raum zu Raum durchziehen, die Interviews mit Überlebenden und die Sektion über „Jewish responses" seien für das Narrativ sekundär und nur wenig prominent. (Meyer 2014, 150) Dementsprechend kritisiert sie, dass ‚die Juden' als homogene, passive Opfergruppe konstruiert werden (Meyer 2014, 157; Meyer 2018, 129), was ich jedoch in meiner Analyse widerlege. Wegweisend ist Meyers Kritik der marginalisierten Darstellung von Roma, die zum Teil antiziganistische Stereotype reproduziere. (Meyer 2014, 181f; 2018, 141f) Meine Erkenntnis der Ähnlichkeit des Holocaust-Gedenkzentrums mit der ebenfalls 2006 in Jasenovac eröffneten Dauerausstellung warf die zentrale Frage dieses Buches nach den Parallelen während der EU-Beitrittsbemühungen überhaupt auf.

– Das **Nationale Zeitgeschichtemuseum** in Ljubljana ist ein Nachfolger des 1948 gegründeten Museums der Volksbefreiung, 1962 in Museum der Volksrevolution, 1994 in Zeitgeschichtemuseum umbenannt, und seit 1951 im barocken Cekin-Schloss aus dem 18. Jahrhundert untergebracht. (Urbanc 1998) Die Ausstellung *Slovenes in the 20th Century* wurde 1996 eröffnet und verschiedene Teile wurden seitdem zu unterschiedlichen Zeitpunkten überarbeitet. Über die Geschichte dieses ehemaligen Revolutionsmuseums im Vergleich zum bosnischen Pendant und die heutige Ausstellung schrieb vor allem Vanja Lozic (2011) im Rahmen des großangelegten Projekts *European National Museums* (EuNaMus). Den bis 2011 amtierenden Museumsdirektor und Vorsitzenden der Kommission für Massengräber, Jože Dežman, beschreibt Oto Luthar mehrfach als einen jener „Konvertiten" unter den slowenischen HistorikerInnen, die bis zum Systemwechsel den Mythos von der „unbefleckten Partisanenvergangenheit" pflegten, um dann in den 1990ern festzustellen, dass es sich um „Parteirassismus" und „Parteihölle" gehandelt habe. (Luthar und Luthar 2006, 138) Dežmans Nachfolgerin Kaja Širok ist eine Vertreterin der neuen HistorikerInnengeneration, die den Fokus auf die Vermittlungsarbeit und die temporären Ausstellungen legt. Erwähnung findet oft einzig die kuriose Begebenheit, dass ein slowenischer Schriftsteller die ständige Ausstellung dafür kritisierte, „die dunkle Seite der slowenischen Geschichte im Sommer 1945 verdeckt und das totalitäre System schöngefärbt" (Jančar 1998b, 5) zu haben und daraufhin 1998 prompt mit der Ausarbeitung einer zusätzlichen Ausstellung beauftragt wurde. (Corsellis und Ferrar 2005, 234; Kralj 2014, 69f;

Troha 2017, 349) Die Spannung zwischen den beiden Ausstellungsteilen war bis heute unerforscht.

– Das staatliche **Jasenovac-Gedenkmuseum** auf dem Gelände des ehemaligen Ustaša-Konzentrationslagers (1941–1945) in Kroatien wurde erst in den 1960ern gegründet, da es dem jugoslawischen Narrativ von der ‚Brüderlichkeit und Einheit' widersprach, welches die Verantwortung für Verbrechen wenigen Kollaborateuren aus allen jugoslawischen Nationen gleichermaßen zuschob und ‚rassische' Verfolgung nicht als solche thematisierte. (Höpken 2006, 410; Karge 2009, 54) 1991 wurde es kriegsbedingt geschlossen, wobei sich die serbische und kroatische Seite bzw. ihre UnterstützerInnen bis heute wechselseitig die Schuld für die Schäden am Museumsgelände zuschieben (Walasek 2016, 84; Matković 2017, Hoare 2002, 37; Duffy 2007, 119), an der vermutlich beide ihren Anteil hatten (Mataušić 2003, 156). Aufmerksamkeit erhielt die Tatsache, dass der ehemalige Kustos die Mehrzahl der Exponate in den serbischen Teil Bosniens evakuierte und sie in Folge in Belgrad und Banja Luka für das serbische Narrativ von der ‚Genozidalität' der Kroaten mit überhöhten Opferzahlen verwendete. 2001 wurden sie über das United States Holocaust Memorial Museum (USHMM) Kroatien zurückgegeben. (Mataušić 2003, 155; Benyovsky 2007, 53) Eine neue ständige Ausstellung wurde erst 2006 während der kroatischen EU-Beitrittsverhandlungen unter der Leitung der in den USA ausgebildeten Kunsthistorikerin Nataša Jovičić eröffnet. So prominent das Schlagwort Jasenovac im (post-)jugoslawischen „Krieg um die Erinnerung" (Radonić 2010; Byford 2019, 227) und somit auch in der wissenschaftlichen Literatur dazu ist (S. Goldstein und I. Goldstein 2011, 241 ff), so wenig ist die ständige Ausstellung Gegenstand der Analyse in wissenschaftlichen Publikationen[19] – mit Ausnahme etwa eines Textes zur Ausstellungsästhetik aus 2011 (Kršinić Lozica 2011). Ein in der *Zeitschrift für Museologen* in Kroatien veröffentlichter Artikel über die Ausstellung arbeitet sich vor allem an der Zurückweisung der serbischen These von der angeblichen Genozidalität der kroatischen Bevölkerung ab. Die Analyse der Ästhetik beschränkt sich darauf, den dunklen Raum auf mangelhafte Beleuchtung zurückzuführen, nicht etwa auf die Vorbildfunktion ‚westlicher' Holocaustmuseen. Die Ausstellung wird hier typischerweise nur fragmentarisch kommentiert und als postmodern bzw. „neue Hochstapelei" beurteilt. (Benyovsky 2007, 55) Meine eigenen Analysen der Dauerausstellung aus 2006 und der Rolle von Jasenovac als das Museum zwischen 1991 und 2006 aufgrund des post-jugoslawischen Krieges um die Erinnerung geschlossen war, leisten hier Pionierarbeit.

---

[19] Polemische Kritik an der Ausstellung übte etwa Salamon Jazbec (2008).

2 Theoretische Einbettung

2.1 Geschichtspolitik, Gedächtnistheorie und ‚Europäisierung der Erinnerung'

Im Folgenden wird die Entwicklung der ‚Europäisierung der Erinnerung' auf politischem Gebiet mit der Entstehung und dem Wandel der Konzepte ‚Geschichtspolitik' und ‚Gedächtnistheorie' in der wissenschaftlichen Literatur verknüpft. Seit Ende der 1980er Jahre der *memory boom* eingesetzt hat, gerät leicht aus dem Blick, dass dieser Fokus auf Erinnerung und Gedenken nicht quasi ‚immer schon' gegeben war. So verfolgten die Europäische Union bzw. ihre Vorläufer keineswegs von Anfang an eine geschichtspolitische Agenda. Bis in die 1970er Jahre lag der Fokus eindeutig auf der Ausrichtung auf die gemeinsame Zukunft und erst in den 1980ern begann man, sich auf das europäische historische Erbe zu ‚besinnen'. Doch war hier zunächst ein ausschließlich positives Erbe gemeint – die Akropolis in Athen wurde etwa als erstes europäisches Kulturerbe gefördert und 1985 symbolträchtig zum Schauplatz der Vorstellung der Initiative *Kulturhauptstadt Europas* gemacht. (Calligaro 2015, 336) Wenn heute vielfach von der in den 1990er Jahren einsetzenden „Europäisierung des Holocaust"[20] die Rede ist, so lässt dies außer Acht, dass 1993 die erste diesbezügliche Maßnahme auf europäischer Ebene (die vom Europäischen Parlament verabschiedete „Entschließung zum europäischen und internationalen Schutz der Stätten der von den Nationalsozialisten errichteten Konzentrationslager als historische Mahnmale") die NS-Lager im Allgemeinen betraf und das Wort ‚Holocaust' noch gar nicht enthielt. (Kucia 2016, 102)

In diese Zeit fallen auch die ersten Gründungstexte dessen, was wir heute als ‚Gedächtnistheorie' einerseits und als ‚Geschichtspolitik' andererseits bezeichnen. Die Begriffe ‚Erinnerungskultur', ‚kulturelles Gedächtnis', ‚Geschichts- und Vergangenheitspolitik' versuchten den Ende der 1980er und Anfang der 1990er sich abzeichnenden *memory boom*[21] einzufangen, der durch die ‚Universalisierung des

---

[20] Während bereits vor den 1990er Jahren Momente wie der Eichmann-Prozess 1961 oder die Ausstrahlung der amerikanischen Fernsehserie *Holocaust* 1978/1979 ausgemacht werden können, in denen sich länderübergreifende Auseinandersetzungen mit dem Holocaust intensivierten, folgten die nationalen Diskussionen doch mehrheitlich eigenen Rhythmen, „die von der Rolle des jeweiligen Landes im Zweiten Weltkrieg ebenso bestimmt waren wie von aktuellen politischen Ereignissen." (Eckel und Moisel 2008, 13)
[21] Pierre Nora spricht etwa von einer weltweiten Konjunktur des Gedächtnisses, einer Ära des leidenschaftlichen, konfliktbeladenen, fast zwanghaften Gedenkens. (Nora 2002) Das soll jedoch nicht bedeuten, dass diese „concentration of interest in the last thirty years" nicht auf langfris-

Holocaust' und den Zusammenbruch des ‚Ostblocks' weiter befeuert wurde. 1988 hatte Jan Assmann unter Rückgriff auf Maurice Halbwachs' Studie aus 1925 das ‚kollektive Gedächtnis' in das ‚kommunikative' und das ‚kulturelle Gedächtnis' unterteilt[22] und damit die Gedächtnistheorie im deutschen Sprachraum begründet, der bis heute die Arbeiten von Jan und Aleida Assmann zugrundeliegen. Schon Halbwachs hatte betont, Erinnerungen seien nie „authentisch", sondern auf die Bedürfnisse der Gegenwart zugeschnitten: Das kollektive Gedächtnis „bewahrt nicht die Vergangenheit auf, sondern es rekonstruiert sie mit Hilfe materieller Spuren, Riten, Texte und Traditionen und mit Hilfe von neuerlichen psychischen und sozialen Gegebenheiten, das heißt mit der Gegenwart." (Halbwachs 1985, 296)

Ungefähr zur selben Zeit wurde im westdeutschen ‚Historikerstreit' – 1986 ausgelöst durch Texte von Ernst Nolte, Andreas Hillgruber und Michael Stürmer sowie die Replik von Jürgen Habermas – das Wort ‚Geschichtspolitik' zunächst als politischer Kampfbegriff und u. a. von den beiden Politikwissenschaftlern Peter Steinbach und Peter Reichel bald auch als wissenschaftliches Konzept geprägt. (Troebst 2013, 15) Während Assmann „die negativen Formen eines Vergessens durch Auslagerung, Verdrängen durch Manipulation, Zensur, Vernichtung, Umschreibung und Ersetzung" (J. Assmann 1988, 23) in diesem kulturwissenschaftlichen Konzept nur in einem Satz erwähnte, lag der Fokus bei dem politik- und geschichtswissenschaftlichen Konzept von ‚Geschichtspolitik' von Anfang an auf Deutungskämpfen:

> Geschichtspolitik ist ein Handlungs- und Politikfeld, auf dem verschiedene Akteure Geschichte mit ihren spezifischen Interessen befrachten und politisch zu nutzen suchen. Sie zielt auf die Öffentlichkeit und trachtet nach legitimierenden, mobilisierenden, politisierenden, skandalisierenden, diffamierenden u. a. Wirkungen in der politischen Auseinandersetzung. (Wolfrum 1999, 24 f)

Der Begriff ‚Vergangenheitspolitik' schloss bei seiner ursprünglichen, engen Bedeutung die Analyse von Identitätsstiftung zunächst nicht ein: Im Sinne einer „justiziellen Vergangenheitsbewältigung" führte ihn 1994 der Politikwissenschaftler Claus Offe in Bezug auf den „Neuen Osten" ein (Offe 1994, 187), während er beim Historiker Norbert Frei 1996 mit einer anderen Konnotation erstmals auftauchte, nämlich als kritischer Ersatzbegriff für eine nicht praktizierte Vergangenheitsbewältigung in der Adenauer-Zeit der BRD. Der Politikwissenschaftler Günther Sand-

---

tige Entwicklungen aufbaute, wie die AutorInnen des *Collective Memory Readers* anhand von Grundlagentexten herausarbeiten. (Olick, Vinitzky-Seroussi und Levy 2011, 5)

22 Darunter fasst Assmann „den jeder Gesellschaft und jeder Epoche eigentümlichen Bestand an Wiedergebrauchs-Texten, -Bildern und -Riten zusammen, in deren ‚Pflege' sie ihr Selbstbild stabilisiert und vermittelt, ein kollektiv geteiltes Wissen, vorzugsweise (aber nicht ausschließlich) über die Vergangenheit, auf das eine Gruppe ihr Bewusstsein von Einheit und Eigenart stützt." (J. Assmann 1988, 15)

ner plädierte später in seinem zum Standardtext avancierten Beitrag über Geschichts- und Vergangenheitspolitik dafür,

> als Vergangenheitspolitik den politischen, justiziellen und kulturellen Umgang einer demokratischen Gesellschaft mit ihrer diktatorischen Vergangenheit zu bezeichnen – ohne dabei symbolische Politikformen oder Diskurspolitik auszuschließen. Geschichtspolitik kann darüber hinaus – quasi als Überbegriff – die politische Instrumentalisierung von Geschichte, die Motive und Modalitäten ihrer Konstruktion, die Funktion ihrer Präsenz und politischen Virulenz in der Gegenwart in einem wesentlich umfassenderen Sinne bezeichnen. Geschichtspolitik und Vergangenheitspolitik sind folglich nicht komplementär, sondern stehen in einem hierarchischen Verhältnis zueinander. (Sandner 2001, 7)

Doch letztlich setzte sich im deutschen Sprachraum der Begriff der Geschichtspolitik sowohl für den Umgang mit einer bestimmten Vergangenheit wie mit Geschichte im umfassenderen Sinn durch (Schmid 2009, 69) und auch im Englischen trete Stefan Troebst zufolge *politics of history* den Siegeszug an. (Troebst 2013, 16) „Geschichtspolitik sollen jene Diskurse und Handlungen heißen, mit denen die Deutung von Geschichte als gegenwärtige öffentliche Repräsentation einer kollektiv relevanten Vergangenheit zu politischen Zwecken betrieben wird." (Schmid 2008a, 78) Ihre Grundfunktionen seien „die Schaffung einer Tradition, die Prägung einer kollektiven Identität und die Generierung politisch-historischer Legitimität." (Schmid 2008a, 78) Geschichtspolitische Ansätze verstehen den Umgang mit Geschichte vor dem Hintergrund der Bedürfnisse der Gegenwart, denn verschiedene Gruppen haben nicht nur abweichende, sondern miteinander konkurrierende Erinnerungen:

> Der politische beziehungsweise gesellschaftliche Konflikt besteht jedoch nicht in der ‚logischen' oder ‚natürlichen' Widersprüchlichkeit der Bilder und Gedächtnisse, sondern eher darin, dass die einzelnen, gruppenspezifischen […] Formen des kollektiven Gedächtnisses sich als die Geschichte inszenieren und präsentieren, […] was notwendigerweise zu symbolischer und politischer Marginalisierung und Ausdrängung von anderen Erinnerungen und Gedächtnissen führt. (Niedermüller 2004, 16)

Der Politikwissenschaftler Helmut König betont, „dass das Gedächtnis in der Politik seit jeher ein heftig umkämpftes Terrain ist, zu dessen Eroberung und Besetzung von den Akteuren eine ganze Fülle von Strategien entwickelt wird. Zur Analyse politischer Systeme und politischen Handelns gehört deswegen die Gedächtnisdimension unabdingbar hinzu." (König 2008, 14) In der politikwissenschaftlichen Auseinandersetzung mit Geschichtspolitik liegt die Betonung tendenziell weniger als in der Geschichtswissenschaft auf der Geschichte, mit der Politik gemacht wird, als vielmehr auf den Diskursen und der Politik selbst sowie den relevanten nationalen und transnationalen AkteurInnen.

Während also Gedächtnistheorie und das Konzept der Geschichtspolitik den *memory boom* zu fassen versuchten, erreichte dieser auf europäischer Ebene einen ersten Höhepunkt. Für die ‚Europäisierung[23] der Erinnerung' war das entscheidende Jahr 1995, in dem sich das Kriegsende 1945 zum 50. Mal jährte. Diese ‚Europäisierung der Erinnerung' kann verstanden werden als „Prozess der relativierenden Transformation der nationalen Perspektiven, als strukturelle Veränderung und Angleichung der Geschichtsbilder im Sinne einer Anreicherung mit europäischen Bezügen." (Schmid 2008b, 178) Zunächst sprach bei der ersten europäischen Gedenkveranstaltung im Februar 1995 der Präsident des Europäischen Parlaments Klaus Hänsch – ein deutscher Sozialdemokrat und schlagender Burschenschafter, dessen Familie 1945 aus Schlesien geflohen war – anlässlich des Bombardements von Dresden davon, dass das Leiden deutscher Zivilisten mit jenem der Bevölkerung von Coventry, Leningrad oder Rotterdam zu vergleichen sei. (Calligaro 2015, 338) Doch Mitte des Jahres setzte im europäischen Parlament eine Entwicklung ein, die zu Beginn des neuen Millenniums ihren Höhepunkt erreichen sollte: die „Europäisierung des Holocaust"[24], verstanden als „the process of construction, institutionalization, and diffusion of beliefs regarding the Holocaust as well as formal and informal norms and rules regarding Holocaust remembrance and education that have been first defined and consolidated at a European level and then incorporated into the practices of European countries." (Kucia 2016, 100) Pakier und Wawrzyniak (2015, 4) sprechen in diesem Zusammenhang im Sinne der Verknüpfung von politischen und wissenschaftlichen Entwicklungen

---

[23] ‚Europäisierung' im Allgemeinen meint hier den „Prozess des europäisch Machens": staatliche, gesellschaftliche und individuelle AkteurInnen „reagieren keinesfalls nur auf kulturellen Anpassungsdruck, der von der politischen und ökonomischen Integration der EU ausgeht. Vielmehr agieren sie selbst und treiben Europäisierungsprozesse an, modifizieren oder blockieren diese." (Kaiser, Krankenhagen und Poehls 2015, 13)

[24] Zunächst meint dies die Erkenntnis, dass der Holocaust auch andere europäische Staaten als Deutschland betrifft: „Dadurch, dass in den vergangenen Jahren Stück für Stück aufgedeckt wurde, dass hinter der deutschen Vernichtungsmaschinerie ein Kranz europäischer Staaten – zumindest ein Teil ihrer politischen Eliten – gewissermaßen arbeitsteilig an der Diskriminierung, Ausplünderung und Ermordung der europäischen Juden beteiligt war, dient Deutschland nicht mehr als ausschließliche Projektionsfläche für die Verantwortung für den Holocaust." (Probst 2003, 230) Meilensteine hierfür waren die Diskussion um die Rolle der Schweizer Banken bei der ‚Verwaltung' des Nazi-Golds, die Debatte um die Kollaborationspolitik etwa des Vichy-Regimes in Frankreich, die Schadenersatzforderungen für Zwangsarbeit und Enteignung gegenüber verschiedenen Unternehmen und Banken in Europa sowie die erst jetzt ins öffentliche Bewusstsein getretenen Informationen über die eigenständige Organisation antisemitischer Pogrome und Morde, etwa in einigen polnischen Gegenden (Stichwort Jedwabne).

2.1 Geschichtspolitik, Gedächtnistheorie und ‚Europäisierung der Erinnerung' — 21

gar von „marriage of ‚memory studies' with the European identity debate". Die ‚Europäisierung des Holocaust'

> gathered momentum between 1995 and 2000, when the EP adopted six more of its twelve Holocaust-related documents: (1) the „Resolution on a day to commemorate the Holocaust" of 15 June 1995, (2) the „Resolution on the return of plundered property to Jewish communities" of 14 December 1995, (3) the „Resolution on Auschwitz" of 18 April 1996, (4) the „Resolution on restitution of the possessions of Holocaust victims" of 16 July 1998, (5) the „Resolution on countering racism and xenophobia in the European Union" of 16 March 2000, and (6) the „Declaration on the remembrance of the Holocaust" of 7 June 2000.
>
> (Kucia 2016, 103)

Offenbar war 1995 die Zeit für ein gemeinsames Holocaustgedenken auf EU-Ebene noch nicht gekommen, denn es sollte bis 2000 dauern, bis sich die Idee eines europaweiten Gedenktags durchsetzte. In der zweiten Hälfte der 1990er Jahre lag der Schwerpunkt noch auf ‚harten' Fragen von Entschädigung und der Restitution von Raubkunst, Raubgold usw., etwa bei der Londoner Konferenz über Nazi-Raubgold 1997 und der Washingtoner Konferenz über geraubte Vermögenswerte 1998. In diesen Kontext fällt auch die einzige explizite Aufforderung der EU an die ostmittel- und südosteuropäischen Beitrittskandidaten: Im Dezember 1995 verabschiedete das Europäische Parlament die „Resolution on the return of plundered property to Jewish communities" und forderte darin „all countries of Central and Eastern Europe which have not already done so to adopt appropriate legislation regarding the return of plundered property so that the property of Jewish communities may be returned to Jewish institutions, in accordance with the principles of justice and morality". (European Parliament 1995)

Zeitgleich mit dem Skandal um das Schweizer Raubgold wurde 1998 in Schweden das ExpertInnennetzwerk Task Force for International Cooperation on Holocaust Education, Remembrance, and Research (ITF) gegründet, dem heute – umbenannt in International Holocaust Remembrance Alliance (IHRA) – 32 Länder angehören. Der Politikwissenschaftler Jens Kroh vermutet, die Erwähnung Schwedens im Zusammenhang mit geraubten Vermögenswerten im Eizenstat-Bericht ein Monat vor der Ankündigung einer schwedischen Informationskampagne zum Thema Holocaust spiele eine Rolle, und die Motive für die Gründung der ITF seien hauptsächlich in der Abwendung eines Image-Schadens vergleichbar jenem der Schweiz zu suchen. Als Hinweis darauf nennt er die Tatsache, dass sich Schweden bei der Gründung der ITF zunächst nur an Großbritannien und die USA – die beiden Länder, in denen die oben erwähnten Konferenzen stattgefunden hatten – mit der Aufforderung um Zusammenarbeit wandte, während Israel und Deutschland erst einige Monate später, und zwar (symbolisch aufgeladen) beide gleichzeitig, in die ITF aufgenommen wurden. (Kroh 2008, 160) Welche Motive auch immer bei der schwedischen Initiative, die den Fokus von der Entschädigungs-

auf symbolische Politik verschob, eine Rolle spielten, die Gründung der ITF und ihre enorme Aufwertung bei der Holocaust-Konferenz in Stockholm im Jahr 2000 läuteten jedenfalls eine Verlagerung von Fragen der Enteignung und geraubten Vermögens hin zu Holocaust-Education und symbolischen Erinnerungsakten.[25]

Das in Stockholm im Jahr 2000 abgehaltene „International Forum on the Holocaust" war ein Schlüsselereignis für die ‚Universalisierung des Holocaust'. (Allwork 2015) Erstmals nahmen hochrangige PolitikerInnen, PräsidentInnen und Regierungschefinnen, renommierte WissenschaftlerInnen, Gedenkstättenmitarbeiterinnen und ZeitzeugInnen aus 46 Ländern an einer Konferenz zum Thema Holocaust teil. (Eckel und Moisel 2008, 9) Als Ergebnis wurde eine Deklaration verabschiedet, in der zwar auch andere Opfer des Nationalsozialismus als solche anerkannt wurden, der Begriff ‚Holocaust' jedoch der Vernichtung der europäischen Jüdinnen und Juden vorbehalten blieb. Darüber hinaus verdeutlicht bereits das Datum der Veranstaltung den hohen Wert symbolischer Erinnerungspolitik: Die Konferenz fand nicht nur in den ersten Tagen des neuen Jahrtausends, sondern auch rund um den Jahrestag der Befreiung von Auschwitz statt. Die in Stockholm verabschiedete Deklaration resultierte in der Empfehlung, alle Staaten sollten diesen Tag, den 27. Januar, oder ein anderes, national bedeutsames Datum als Holocaust-Gedenktag einführen.

Auf wissenschaftlicher Ebene fand diese Entwicklung ihre Entsprechung einerseits in Deutschland in der Forderung nach einem ‚negativen Gedächtnis' in kritischer Auseinandersetzung mit den „politics of regret" (Olick 2007) als leere Hülse von Gedenkritualen, andererseits in der These von der „Kosmopolitisierung des Holocaust", wie sie in dem vielzitierten Werk *Erinnerungen im globalen Zeitalter: Der Holocaust* von Daniel Levy und Natan Sznaider aus 2001 vertreten wurde. In *Formen und Traditionen des negativen Gedächtnisses* führt Reinhart Koselleck 2002 (27) aus: „Die Täterschaft und ihre Taten müssen in die Erinnerung einbezogen und nicht nur die Opfer als solche und allein erinnert werden." Charakteristisch für dieses historische Erinnern sei Volkhard Knigge zufolge,

> dass Schuld und Verantwortung nicht mehr verleugnet, abgeschoben oder überdeckt werden, sondern dass sie zu Anlässen kritischer gesellschaftlicher Selbstreflexion und Selbstvergewisserung gemacht werden. [...] Der Rückbezug auf die negative Vergangenheit muss umfassend und konkret sein, muss Opfer, Täter und gesellschaftliche wie individuelle Tatvoraussetzungen einschließen; er darf auch Ambivalenzen und Grauzonen, die sich eindeutigen Opfer-Täter-Schemata widersetzen, nicht ausweichen. Zweitens schließt kritische Selbstreflexion Pietät, die den Opfern als Opfern gilt, ein. Historisches Erinnern als Akt der Pietät ernst genommen, steht gegen alle Formen der Funktionalisierung des

---

[25] Max Czollek (2020, 33) bezeichnet diese Politik zugespitzt formuliert gar als „Gedächtnistheater".

Erinnerns. Drittens darf Pietät aber nicht gegen Wissen und geschichtswissenschaftlich fundiertes Begreifenwollen, gegen Reflexion ausgespielt werden. Denn selbstkritisches historisches Erinnern geht in oberflächlicher moralischer Verwerfung nicht auf.

(Knigge 2008, 157–159)

Diese ‚heiklen' Fragen wurden zunächst nur in Bezug auf NS-Deutschland gestellt, im Zuge der ‚Europäisierung des Holocaust' dann aber auch in Bezug auf die Kollaborationsregime. ‚Europäisierung der Erinnerung' bedeutete bis zur EU-Osterweiterung ‚Europäisierung der Holocaust-Erinnerung': Der Holocaust wurde als negativer Gründungsmythos Europas (Judt 2006) begriffen.[26]

2.2 Universalisierung oder Kosmopolitisierung des Holocaust

Diese europäische Entwicklung lässt sich nur im Kontext der von den USA ausgehenden ‚Universalisierung des Holocaust' begreifen bzw. dessen, was die Soziologen Daniel Levy und Natan Sznaider zunächst positiv konnotiert als „Kosmopolitisierung des Holocaust" bezeichneten. Die hier vorgenommene verschränkende Periodisierung politischer und wissenschaftlicher Entwicklungen erlaubt es uns, das Werk von Levy und Sznaider als ‚Kind seiner Zeit', der zu diesem Zeitpunkt noch kaum hinterfragten ‚Universalisierung des Holocaust', einzuordnen. Die beiden bewerten das „Zeitalter der Globalisierung" optimistisch und sehen einen Wandel von nationalen zu kosmopolitischen Erinnerungskulturen – auch im Sinne einer „Kampfansage an die versteinerte Wissenschaft, die nicht imstande ist, sich vom Nationalstaat zu verabschieden." (Levy und Sznaider 2001, 9) Die Erinnerung an den Holocaust mache die „Katastrophe Europas zum Ausgangspunkt neuer grenzüberschreitender Solidarität", denn der Umgang mit dem Holocaust öffne das Verständnis für neue Erinnerungskulturen in der ‚Zweiten Moderne'. Die Erinnerung an den Holocaust werde in einer Epoche ideologischer Ungewissheiten zu einem Maßstab für humanistische und universalistische Identifikationen. (Levy und Sznaider 2001, 10) Dadurch würden national übergreifende Gedenkkulturen zur Grundlage für eine globale Menschenrechtspolitik. (Levy und Sznaider 2001, 11) Paradoxerweise trage gerade das Unvorstellbare des Holocaust zu seiner Entkontextualisierung bei, was Levy und Sznaider positiv bewerten – als Modell für Gut und Böse, Schuld und Unschuld. (Levy und Sznaider 2001, 150) Die so neu entstandene „Schicksalsgemeinschaft" definiere sich nicht mehr durch nationale Erfahrungen, sondern nehme den Holocaust

---

[26] Zur Kritik an der Vorstellung einer ‚Stunde Null' nach 1945, die Kontinuitäten ausblendet, siehe Kaiser 2015, 369; Kaiser, Krankenhagen und Poehls 2012, 138.

zum Anlass, neue gemeinsame Bezüge jenseits des Nationalstaats herzustellen. (Levy und Sznaider 2001, 14) „Die neuen Erinnerungen gelten den Opfern und nicht den Tätern oder Helden. Damit ist der Holocaust zu einem universalen ‚Container' für Erinnerungen an unterschiedliche Opfer geworden." (Levy und Sznaider 2001, 223)[27]

2002 diagnostizierte auch der amerikanische Soziologe Jeffrey C. Alexander, dass der Holocaust zu einem universalisierten Symbol geworden sei. Doch diese ‚Universalisierung' habe zwei sehr verschiedene Gesichter. Einerseits lässt sich mit Alexander (2002, 6) festhalten: „the originating historical event, traumatic in the extreme for a delimited particular group, has come over the last fifty years to be redefined as a traumatic event for all of humankind". Er bezieht sich dabei unter anderem auf Dan Diners (1988) Begriff „Zivilisationsbruch Auschwitz". Zugleich hält Alexander (2002, 51) aber auch die andere Bedeutung der ‚Universalisierung' fest:

> Evoking the Holocaust to measure the evil of a non-Holocaust event is nothing more, and nothing less, than to employ a powerful bridging metaphor to make sense of social life. The effort to qualify as the referent of this metaphor is bound to entail sharp social conflict, and in this sense social relativization, for successful metaphorical embodiment brings to a party legitimacy and resources.

Universalisierung kann also sowohl heißen, den Holocaust als ‚Zivilisationsbruch' anzuerkennen, als auch, dass verschiedene Opfergruppen explizit oder implizit betonen, sie hätten ‚wie die Juden' (Eder 2017, 18; Rothberg 2009; Miller 2010; MacDonald 2002) gelitten. Während der Begriff ‚Kosmopolitisierung des Holocaust' die positive Bewertung dieser Entwicklung enthält, ist ‚Universalisierung' (Eckel und Moisel 2008; A. Assmann 2010, 99; Leggewie und Lang 2011, 24) der neutralere Begriff, mit dem sich das Phänomen in seinen verschiedenen Ausprägungen erfassen lässt, ohne die Entwicklung normativ aufzuladen.

Auch Levy und Sznaider bessern gewissermaßen im Vorwort zur Neuauflage ihres Buches fünf Jahre später ihre zunächst ungebrochen positive Einschätzung nach, wenn sie nun kritischer schreiben:

> Die Erinnerung an den Holocaust wird zu einer europäischen Erinnerung, die Europa dazu verhelfen kann, ein eigenes (wenn auch negatives) Wertesystem zu entwickeln. Der Preis, der dafür gezahlt wird, ist die Entkontextualisierung der Geschichte. Wenn aus ehemaligen Feinden nun Freunde werden, muss der alte historische Kontext verdrängt werden.
> (Levy und Sznaider 2007, 11)

---

[27] Zur Doppelbedeutung des deutschen Wortes ‚Opfer' als ‚sacrificium' und ‚victima' siehe Assmann 2006, 73.

Der Preis der Entkontextualisierung sei, dass es „in diesem Diskurs keine Juden und keine Deutschen mehr geben darf. Es gibt nur Menschen und Menschheit, wie auch aus dem Begriff der ‚Verbrechen gegen die Menschheit' und der Entstehung eines moralischen und legalen Kodex gegen ‚Völkermord' hervorgeht." (Levy und Sznaider 2007, 12f) Auch in einem neueren Buch kritisiert Sznaider: „Das jüdische Gedächtnis ist aus dem europäischen Diskurs verschwunden. Und das trotz aller Rituale und Gedenktage! Oder vielleicht auch deswegen." (Sznaider 2008, 7) Laut Dan Diner tritt an die Stelle des verloren gegangenen historischen Urteilsvermögens „ein universell drapierter moralisierender Diskurs über unterschiedslose Opferschaft. Ein solcher Diskurs wird in letzter Konsequenz vor einer Dekonstruktion des Gedächtnisses an den Zweiten Weltkrieg ebenso wenig halt machen wie vor der Geltung und Bedeutung des Holocaust." (Diner 2007, 8f) Diese ‚unterschiedslose Opferschaft' wird auch in Deutschland, dem Land des ‚negativen Gedächtnisses', in Bezug auf Bombenopfer und Vertriebene konstruiert. (Salzborn 2007) Der französische Zeithistoriker Henry Rousso diagnostiziert im Zusammenhang damit einen sich beschleunigenden Prozess der „Viktimisierung" bzw. der „Geschichtsbetrachtung aus der Opferperspektive" nach der Wende vom 20. zum 21. Jahrhundert:

> Es ist erstaunlich, wie sehr historische Erfahrungen wie der Widerstand gegen den Nationalsozialismus oder die antikolonialen Befreiungskämpfe heute den Opferstatus hervorkehren, während sie in der Vergangenheit eher die Figur des Helden bevorzugten (des Märtyrers, der für eine Sache stirbt und sich für die Gemeinschaft opfert). Es handelt sich hier um den bedeutsamen Übergang von einem politischen zu einem moralischen Muster der Vergangenheitsbetrachtung. [...] Allerdings hat die Identifikation mit den Opfern, die in der traditionellen Geschichtsbetrachtung der Staaten, Sieger, Gelehrten usw. ja tatsächlich vergessen wurden, heute zur Überbewertung dieser Perspektive geführt.
>
> (Rousso 2004, 374)

Diese Entkontextualisierung der historischen Ereignisse im Zuge der „Universalisierung des Holocaust" (Eckel und Moisel 2008) als „negative Ikone" (Diner 2007, 7) der Menschheit und „Container" für andere Erinnerungen ist nur eines der Probleme, die spätere wissenschaftliche Werke thematisieren. Ein weiteres ist die Appropriation einer transnationalen Holocausterinnerung für die jeweiligen eigenen nationalen Zwecke. (Niven und Williams 2020, 143)

2.3 Die ‚Osterweiterung' der Europäisierung der Erinnerung

Das Verständnis des Holocaust als einzigartiges Ereignis führt zu einem Konflikt mit anderen Opfererfahrungen. In Kontext dieser Untersuchung ist vor allem die Frage relevant, welche Auswirkungen die ‚Europäisierung des Holocaust' als negativer Gründungsmythos Europas (Leggewie und Lang 2011, 15; Uhl 2007) auf die EU-Beitrittsbemühungen der postsozialistischen Länder hatte. Während amerikanische PolitikerInnen in Bezug auf den NATO-Beitritt auf die Bedeutung der ITF hinwiesen, um sich gemeinsamer Werte und Ziele der NATO-Beitrittskandidaten zu versichern,[28] finden sich keine Belege dafür, dass EU-Gremien einen bestimmten Umgang mit dem Holocaust offiziell zum Beitrittskriterium gemacht hätten. Die meisten Beitrittskandidaten traten aber vor oder rund um ihren EU-Beitritt auch der ITF bei, die sich 2013 in International Holocaust Remembrance Alliance (IHRA) umbenannte.[29] Genau dieser Prozess der zunächst scheinbar direkten Übernahme des westeuropäischen Umgangs mit dem Holocaust wird unten am Beispiel der Museen beleuchtet.

In den prominentesten wissenschaftlichen Publikationen zur Universalisierung und Europäisierung des Holocaust bleibt der Punkt sehr schwammig, inwiefern diese Entwicklung auch auf ‚Osteuropa' zutraf. (Olick 2015, x) So schränken Levy und Sznaider an einer Stelle ein, der Holocaust sei „in vielen westlichen Staaten zum moralischen Maßstab der Unterscheidung zwischen gut und böse geworden" (Levy und Sznaider 2001, 15), nur um später wieder zu behaupten, die „Kosmopolitisierung des Holocaust" bzw. der Erinnerung daran habe ihn zu einem „global gültigen Wert" (Levy und Sznaider 2001, 150) gemacht. Tony Judt schreibt zwar, für die „Osteuropäer" sei die Tatsache, dass sich der Westen am Ende des Jahrhunderts so intensiv mit dem Holocaust beschäftigte, „äußerst verstörend" (Judt 2006, 955) gewesen, denn Europa möge zwar geeint sein, die europäische Erinnerung bleibe jedoch asymmetrisch. Doch letztlich seien das bloß „Schatten" (Judt 2006, 961), denn „das neue Europa, durch die Zeichen und Symbole seiner schrecklichen Vergangenheit zusammengeschlossen, ist eine bemerkenswerte Leistung." (Judt 2006, 966) „Jeder, der zu Beginn des 21. Jahrhunderts wirklich Europäer werden will, [muss] zunächst ein neues und weit bedrückenderes Erbe auf sich nehmen". Heute sei „die einschlägige europäische Bezugsgröße [...] die Vernichtung. Die Anerkennung des Holocaust ist zur europäischen Eintrittskarte geworden" (933), so Judt, ohne diese Konditionalität zu problematisieren. Der Politikwissenschaftler Claus Leggewie begreift hingegen den Holocaust als „Kern des europäischen Geschichtsbewusstseins": „Darum ranken sich konzen-

---

[28] So der mit dem Holocaust-Gedenken Beauftragte im US-Außenministerium 2003 (zit. n. Kroh 2008, 163).

[29] Ausnahmen waren mit Estland (2007 beigetreten) und Slowenien (2011 beigetreten) die beiden Länder, die nur eine sehr kleine jüdische Bevölkerung hatten, sowie das erst 2018 beigetretene Bulgarien, das lange von sich behauptete, ‚seine' jüdische Bevölkerung gerettet zu haben, ohne die Ermordeten aus den ‚neuen bulgarischen Gebieten' Mazedonien und Thrakien zu berücksichtigen.

trisch weitere sechs, zunehmend strittige Kreise europäischer Erinnerung, teils in Assimilation an den, teils in Distanz oder Indifferenz gegenüber dem Kern" (Leggewie und Lang 2011, 12), wobei die Erinnerung an den Gulag und die sowjetischen Verbrechen den zweiten Kreis bildet. Er warnt allerdings vor „grobschlächtigen Varianten der Totalitarismusthese und fordert, „das ‚Singuläre' am Zivilisationsbruch der industriell-bürokratischen Vernichtung der europäischen Juden herauszustellen, ohne die systematische Ausrottung der ‚Klassen- und Volksfeinde' im sowjetischen Machtbereich herunterzuspielen." (Leggewie und Lang 2011, 25)

Anlässlich des 60. Jahrestags des Kriegsendes wurden auf EU-Ebene die letzten Deklarationen verabschiedet, die noch als ungebrochener Ausdruck der ‚Europäisierung des Holocaust' gedeutet werden können. Die wichtigste von ihnen war die „Entschließung des Europäischen Parlaments zum Gedenken an den Holocaust sowie zu Antisemitismus und Rassismus", die den „27. Januar in der gesamten Europäischen Union zum Europäischen Holocaustgedenktag" erklärte und die Holocaust-Erinnerung mit der Bekämpfung des heutigen Rassismus und Antisemitismus verknüpfte. (Europäisches Parlament 2005) Auch wenn dieser Fokus auf den Holocaust niemals unwidersprochen war, wurden bei den Feierlichkeiten zum 9. Mai 2005 in Moskau doch erstmals die Gräben unübersehbar: Stefan Troebst zufolge standen sich hier

> das postsowjetische Russland auf der einen Seite und etliche mittlerweile zur EU gehörigen ehemaligen Satelliten bzw. Republiken der UdSSR, zuvörderst Polen, Litauen, Lettland und Estland, auf der anderen gegenüber – bei deutlicher Parteinahme der USA für die ostmitteleuropäische Sicht auf die Geschichte sowie bei vorsichtiger Unterstützung Deutschlands für die russländische Interpretation. Aus Moskauer Sicht [...] steht der 9. Mai für den „Sieg über den Faschismus" und für die „Befreiung Europas". Aus ostmitteleuropäischer, hier vor allem polnischer Perspektive indes fällt die Zurückdrängung der deutschen Besatzungsmacht durch die Rote Armee im Sommer 1944 mit dem Imstichlassen der Warschauer Aufständischen, der Errichtung einer kommunistischen Diktatur unter sowjetischem Kuratel sowie schließlich mit dem „Verrat" der anglo-amerikanischen Verbündeten Polens im Februar 1945 in Jalta zusammen. (Troebst 2006, 24)

Damit scheint auf der Ebene der EP-Resolutionen eine Erwähnung des Holocaust ohne gleichzeitigen Verweis auf sowjetische Verbrechen nicht mehr möglich, denn in der „European Parliament resolution on the 60th anniversary of the end of the Second World War in Europe on 8 May 1945" wird hervorgehoben, dass „for some nations the end of World War II meant renewed tyranny inflicted by the Stalinist Soviet Union" (Kucia 2016, 106). Es folgen 2008 die „Erklärung des 23. August zum Europäischen Tag des Gedenkens an die Opfer von Stalinismus und Nazismus" und 2009 die „Entschließung des Europäischen Parlaments zum Gewissen Europas und zum Totalitarismus", deren Namen bereits einen klaren Hinweis auf die veränderten Begrifflichkeiten nach der großen EU-Osterweiterung 2004 geben.

Die Idee, den 23. August, den Jahrestag des Hitler-Stalin- respektive Molotow-Ribbentrop-Pakts 1939 zu einem europäischen Gedenktag zu erklären, entstand 2008 während der slowenischen EU-Ratspräsidentschaft und wurde in Vorbereitung auf die tschechische 2009 weiterentwickelt. Die tschechische Regierung finanzierte 2008 eine am staatlichen *Institut für die Erforschung totalitärer Regime* in Prag ausgerichtete Konferenz über *European Conscience and Communism*, im Rahmen derer die *Prager Deklaration* verabschiedet wurde. Auf ihrer Grundlage unterzeichneten am 23. September 2008 409 Mitglieder des Europäischen Parlaments eine Erklärung zur Unterstützung der Errichtung eines „European Day of Remembrance for Victims of Stalinism and Nazism". Die Unterstützungserklärung aus 2008 betonte Aline Sierp zufolge

> the similarities between the Nazi and the Communist regime and calls for equal treatment of victims of both ideologies. [...] An analysis of the document texts shows clearly that the already well-institutionalised remembrance of the Nazi crimes served as a model for the remembrance of Communist crimes but that it was also understood as a competitor within an allencompassing European heritage. (Sierp 2017, 447)

Sierp beschreibt die heftigen Kämpfe, die vor allem die sozialistische Fraktion des Europäischen Parlaments gegen die Initiative der Europäischen Volkspartei bis zur Verabschiedung der Resolution im April 2009 unter dem stark veränderten Namen „Entschließung des Europäischen Parlaments zum Gewissen Europas und zum Totalitarismus" führte, die mit 553 zu 44 angenommen wurde. Die Einsetzung einer von den Europäischen SozialistInnen angeführten Geschichtsarbeitsgruppe gegen eine Umschreibung der Geschichte und gegen die Gleichsetzung der sowjetischen mit den NS-Verbrechen im Vorfeld der Entschließung habe wesentlich dazu beigetragen, dass diese „distinguishes Stalinism clearly from Communism, includes also Southern European dictatorships in the list of totalitarian regimes, and explicitly mentions the uniqueness of the Holocaust." (Sierp 2017, 448) Zwischen 2009 und 2011, als westliche Mitgliedsländer die EU-Ratspräsidentschaft innehatten, veränderte sich nicht viel und der 23. August setzte sich nicht als Europäischer Gedenktag durch. Erst als 2011 mit Polen wieder ein ostmitteleuropäisches Land die Ratspräsidentschaft innehatte, verabschiedete der Rat die „Warsaw Declaration on the occasion of the European Day of Remembrance for Victims of Totalitarian Regimes" und riet darin den Mitgliedstaaten, den 23. August als „European Day of Remembrance for the Victims of all Totalitarian Regimes" zu begehen. (Sierp 2017, 449)

Ausdruck der Bemühungen um eine Inklusion der postsozialistischen Perspektive in transnationale Erinnerungsprozesse sind auch das 2005 ins Leben gerufene und seit 2008 operierende *Europäische Netzwerk Erinnerung und Solidarität* (ENRS) mit Sitz in Warschau und die ebenfalls zunächst am *Institut für die Erfor-*

schung totalitärer Regime in Prag angesiedelte *Platform of European Memory and Conscience*, ein unmittelbares Ergebnis der „Entschließung des Europäischen Parlaments zum Gewissen Europas und zum Totalitarismus" aus 2009. Büttner und Delius zufolge sei das von den Kulturministerien Deutschlands, Polens, Ungarns und der Slowakei gegründete ENRS stark von der wissenschaftlichen Bemühung um Anerkennung unterschiedlicher erinnerungskultureller Perspektiven geprägt. In ihrem Mission Statement werfen sie folgende Fragen auf: „How can we create new, broader and internally more differentiated narratives? How can we shape the memory of the victims of National Socialism and communism without erasing their differences and without allowing anyone to compete over victim counts or to trivialise the discussion?"[30] Die Plattform hingegen

> actively pursues an agenda of establishing new ‚anti-totalitarian' narratives and, more concretely, strives for the adoption of transitional justice measures regarding crimes committed by Communist regimes on a European scale. Thus, contrary to its name, the Platform acts as a classic lobby actor in European memory politics rather than as an open ‚Platform' of debate on ‚European Memory and Conscience'.
>
> (Büttner und Delius 2015, 401)

Eine von der Plattform erstellte Ausstellung heißt folglich *Totalitarianism in Europe*, das Schul-Lesebuch *Lest We Forget. Memory of Totalitarianism in Europe* (Purves 2013) enthält die Lebensgeschichten von 30 von „Totalitarismus" betroffenen Menschen aus 16 Ländern. Mitglieder der Plattform sind unter anderem auch einige der hier untersuchten Museen bzw. die jeweilige übergeordnete Stiftung: das Haus des Terrors, das Museum der Okkupation Lettlands, das Genozid- und Widerstands-Forschungszentrum Litauens (die Trägerorganisation des Museums der Genozidopfer in Vilnius) sowie das Museum des Warschauer Aufstands. 2014 wurde das Institut für die Erforschung totalitärer Regime aus der Plattform ausgeschlossen und das Sekretariat zog von Prag nach Brüssel um. Als vielsagenden Grund für diesen radikalen Bruch mit dem Prager Institut gab der Leiter der Plattform an: „the Institute has been infiltrated by Communist collaborators". (Platform 2014) Die neue tschechische sozialdemokratisch angeführte Regierungskoalition von Bohuslav Sobotka hatte einen neuen Direktor des Instituts eingesetzt, dessen neuer Kurs sich nicht mit den totalitarismustheoretischen Prämissen der Plattform vertrug.

Małgorzata Pakier und Joanna Wawrzyniak resümieren bezüglich der Veränderung der europäischen Erinnerungslandschaft:

---

30 Text der alten Webseite (http://www.enrs.eu/en/goals), abgerufen am 4.5.2017, heute nicht mehr abrufbar.

> While previously the East Europeans found it difficult to draw the attention of their Western counterparts with regard to questions of their history and memory, the official commemorations and public controversies of the last few years show that Eastern Europe has become an important trigger for discussions about the content and form of a European narrative. (Pakier und Wawrzyniak 2015, 1f)

Es kann festgehalten werden, dass es den postsozialistischen Mitgliedstaaten unmittelbar nach dem EU-Beitritt gelungen ist, den Fokus von der ‚Europäisierung des Holocaust' auf eine ‚Europäisierung der Erinnerung' zu verschieben, die auch die Erinnerung an den Stalinismus und Staatssozialismus und ihre Verbrechen enthält. Diese wird aber nicht einfach als eine weitere unverzichtbare Komponente in den europäischen Kanon hereingeholt. Vielmehr befördern die neuen postsozialistischen EU-Mitgliedsländer eine Gleichsetzung: „since the enlargement, another memorial frame has become increasingly institutionalized at the EU level: the description of ‚Nazism and Stalinism as equally evil'". (Calligaro 2015, 339)

Der 23. August lässt sich dabei mit Heidemarie Uhl als Antithese zum 27. Januar begreifen. Denn während die ‚Europäisierung des Holocaust' und das Gedenken an die Befreiung von Auschwitz als Ausdruck dessen verstanden werden können, was oben als ‚negatives Gedächtnis', als Frage nach der Involvierung der eigenen Gesellschaft in die NS-Verbrechen bezeichnet wurde, befördert der 23. August dieses negative Erinnern nicht: „In der Erinnerungskultur der Post-1989-Gesellschaften ist das ‚eigene Volk' ein unschuldiges Opfer grausamer Unterdrückung von außen, die Involvierung der eigenen Gesellschaft in das kommunistische Herrschaftssystem kann so externalisiert werden" (Uhl 2009) – wie auch die NS-Kollaboration, ließe sich hier ergänzen.

Wenn in dieser Arbeit untersucht wird, wie sich die ‚Europäisierung der Erinnerung' in den mit der Zeit des Zweiten Weltkriegs befassten Museen ausgewirkt hat, soll es keineswegs darum gehen, ‚Geschichtsklitterung' aus einer ‚akkusatorisch-moralischen' Position heraus zu untersuchen, sondern es werden „gerade die widersprüchlichen Geschichtsbilder, Tabuisierungen und Schweigestellen" (Gerbel et al. 2005, 20) zum Ausgangspunkt der Analyse gemacht. Verschiedene parteiische Vergangenheiten entstehen durch das strategische Gegenhandeln verschiedenster politischer Kräfte und werden, wenn es strategisch-taktisch nottut, revidiert oder der veränderten Situation angepasst:

> „Vergangenheit" ist das – nie einheitliche – Produkt dieses Gegenhandelns. Dabei darf nicht übersehen werden, dass dieses Produkt auch in Schweigen oder Stille bestehen kann. Dies bedeutet nicht unbedingt die Abwesenheit von Erinnerung, nicht einfach das Aussetzen der Konstruktionsleistung. Vielmehr können Leerstellen selbst das Ergebnis einer Konstruktion sein, das dem vorübergehenden Sieg einer bestimmten Konstruktion geschuldet ist, also dem Sieg einer bestimmten Vergangenheitsversion, der es gelungen

ist, andere, alternative Versionen an den Rand (in die Stille) zu drängen, zu überschreiben und auszucanceln, sie „stillzulegen". Stille herrscht dort, wo die „Stilllegung" des gegnerischen Diskurses gelungen ist. (Marchart 2016, 54)

Besonders das Vergessen und Stilllegen von Geschichte sind hier von Interesse.

2.4 Das Museum und seine theoretische Verortung

Im Zentrum dieser Arbeit stehen Museen, die der im Kontext der Museumstheorie vielzitierte Benedict Anderson als eine „institution of power" (Anderson 1996, 163) begreift, eine tragende Säule bei der Schaffung moderner nationaler Identität. Robin Ostow (2008, 3) fasst Museen in heutigen Demokratien als Schlüsselorte für kulturelle und Geschichtspolitik, die nun mittels neuer Medien – nicht nur, aber sehr stark auch in postsozialistischen Ländern – als High-Tech-Museen um- oder neugestaltet werden. Alison Landsberg begreift Museen als Orte einer „prosthetic memory", anhand derer man untersuchen kann, „what it means to own or inhabit a memory of an event through which one did not live." (Landsberg 2004, 129) Jan Assmann betont, Museen mit einem gesetzlich verankerten nationalen Status komme als Orten einer symbolischen nationalen Repräsentation eine bedeutende Rolle bei der „Erfindung der Nationen" zu. (J. Assmann 1999, 31) Minderheitenmuseen können im Gegensatz dazu durch Sichtbarmachung bisher unterdrückter Gegennarrative Ergänzungen zum Kanon bieten. (Pieper 2006, 23) Vor allem aber, wenn sie mit einem traditionell-ethnologisierenden Blick die ‚Anderen' darstellen, können aber auch sie Stereotype reproduzieren.[31] Museen sind in jedem Fall an der Produktion von Wissen und von Geschichte beteiligt. Sie sind „keineswegs neutrale Räume der Wissensvermittlung und -popularisierung, die zeigen, wie ‚es' früher war. Vielmehr manifestieren sich im Gezeigten kulturelle Muster, Ein- und Ausschlussmechanismen und – sozialwissenschaftlich gesprochen – soziale, ethnische oder religiöse In- und Outgroups." (Sommer-Sieghart 2006, 159) Wie Geschichtspolitik im Allgemeinen sagen auch zeithistorische Museen dabei immer vor allem etwas über die Bedürfnisse der Gegenwart aus. Dies ist nicht nur im politischen Sinne gemeint, sondern zielt auch auf neue Medien, den Unterhaltungsfaktor:

> Although holding fast to classical modern notions of the museum as a public educator and as a catalyst of social reform, the new museology redefines curatorial and outreach practice as extending far beyond the selection and display of instructive samples of knowledge, and

---

31 Als Beispiel wäre hier etwa die von Adam Bartosz in Tarnów im Rahmen des Ethnographischen Museums eingerichtete Roma-Ausstellung zu nennen. (Bartosz 1998)

now incorporating dimensions such as entertainment, empowerment, experience, ethics, and narrative endeavour. (Andermann und Arnold-de Simine 2012, 5)

Zum Begriff des *memorial museums* muss präzisiert werden, dass dieser zunächst solche Gedenkinstitutionen bezeichnete, die nicht *in situ*, also nicht an den Orten der Verbrechen waren – allen voran das 1993 eröffnete USHMM in Washington, D. C. und Yad Vashem in Jerusalem, das 1957 als Gedenkstätte eingerichtet wurde und dessen Holocaust History Museum 2005 seine Pforten öffnete.[32] Im Zuge der „travelling memory" (Erll 2011, 11), der oben beschriebenen ‚Universalisierung' und ‚Europäisierung des Holocaust' orientierten sich aber der Zeit des Zweiten Weltkriegs und der sozialistischen Ära gewidmete, neue ständige Ausstellungen in postsozialistischen Ländern Ostmittel- und Südosteuropas stärker an diesem Konzept als an *In-situ*-KZ-Gedenkstätten in Deutschland und Polen, wie gezeigt werden wird. Aus diesem Grund habe ich für diese Arbeit bewusst den auf Deutsch etwas ungewohnt klingenden Begriff des ‚Gedenkmuseums' als direkte Übersetzung von *memorial museum* gewählt, um den ‚Import' des *Memorial-Museum*-Konzepts auch in postsozialistische *In-situ*-Museen und seine teils problematischen Folgen herausarbeiten zu können.[33]

Gedenkmuseen unterscheiden sich etwa von Häusern der Geschichte dadurch, dass sie einem historischen Ereignis gewidmet sind und zunächst allgemein gesagt eines Massenverbrechens gedenken. Solche *memorial museums* stellen Paul Williams zufolge in gewisser Weise einen inhärenten Widerspruch dar:

> A memorial is seen to be, if not apolitical, at least safe in the refuge of history. [...] A history museum, by contrast, is presumed to be concerned with interpretation, contextualization, and critique. The coalescing of the two suggests that there is an increasing desire to add both a moral framework to the narration of terrible historical events and more in-depth contextual explanations to commemorative acts. That so many recent memorial museums [...] find themselves instantly politicized itself reflects the uneasy conceptual co-existence of reverent remembrance and critical interpretation. (Williams 2007, 8)

Selbstredend sind auch Mahnmale ohne Museum keinesfalls unpolitische Orte, wie die Kontroverse um das 2014 am Freiheitsplatz in Budapest errichtete Denk-

---

[32] Als staatliche Holocaust-Museen stehen diese in einem Spannungsverhältnis zwischen „the massive might of official remembrance, and the quiet, intimate remembrance of individual survivors." (Stone 2004, 518)
[33] So nennt sich das kroatische Museum auf dem Gelände des ehemaligen Ustaša-KZs „Jasenovac Memorial Museum" – *Memorijalni muzej* (http://www.jusp-jasenovac.hr/Default.aspx?sid=6559), gibt als Vorbilder das USHMM, Yad Vashem und das Anne-Frank-Haus an und konzentriert sich vor allem auf die individuellen Opfer, während es das Gelände, auf dem es sich befindet, erstaunlich vernachlässigt. (Radonić 2014a, 499)

2.4 Das Museum und seine theoretische Verortung

Abb. 1: Die Gedenkstätte Teharje in Slowenien.

mal für die Opfer der deutschen Besatzung zeigt. (Oláh 2016) Doch manchmal bestehen Mahnmale oder gar ganze Gedenkareale bloß aus einer künstlerischen Installation und einem Gedenkraum ohne jegliche Benennung oder textuelle Interpretation ihres Gegenstands. Ein Beispiel dafür ist etwa das größte Gedenkgelände Sloweniens, Teharje bei Celje. (Abb. 1) Dort errichtete die Wehrmacht 1943 zunächst ein Militärlager für die eigenen Truppen und sperrte dann gegen Ende des Krieges Gefangene ein, die bei der Verteidigung von Celje für ‚niedere Tätigkeiten' eingesetzt worden waren. Nach dem Krieg 1945 internierten dann Tito-PartisanInnen dort vor allem Domobranzen, slowenische NS-Kollaborateure, und töteten Tausende von ihnen in der Umgebung des Lagers. Am Eingang des riesigen, 2004 eröffneten „Gedenkparks Teharje" steht nur, er sei „allen hier gestorbenen und aus dieser Gegend in den Tod verschleppten" gewidmet, nirgendwo ein Wort darüber, wer wen wann warum hier eingesperrt oder getötet hatte. Im Zeitgeschichtemuseum in Ljubljana widmet sich hingegen seit 1998 die Ausstellung *The Dark Side of the Moon: A Short History of Totalitarianism in Slovenia, 1945–1990* diesen Kriegsendverbrechen.

Gedenkmuseen haben zwei Komponenten: als Orte des Totengedenkens die Erinnerung an eine bestimmte Gewaltgeschichte sowie ferner den Anspruch, mittels Adaption der Vergangenheit „eine Bewusstseinsbasis für aktuelle gesellschaftliche und politische Probleme zu schaffen, auf der Handlungsmaximen und Werte formuliert werden." (Pieper 2006, 24) Ausstellungen sind Orte, an denen Signifikations- und Kommunikationsprozesse stattfinden: AusstellungskuratorInnen formulieren Inhalte, Absichten und Erwartungen, GestalterInnen übertragen sie in räumliche Arrangements, BesucherInnen machen Erfahrungen und sammeln Erkenntnisse, die idealerweise mit den zu vermittelnden Inhalten übereinstimmen. (Scholze 2004, 12) Im Ausstellen kreuzen sich Deutungsabsichten von Ausstellenden, Bedeutungen des Ausgestellten und Bedeutungsvermutungen von BesucherInnen. (Muttenthaler und Wonisch 2006, 59) Der Prozess des Ausstellungsmachens bleibt den BesucherInnen verborgen, dem Resultat gehen Kämpfe um Deutungshierarchien und Kompromisse voraus, politische Einflussnahmen, wissenschaftliche und künstlerische Abwägungen. Gruppen und Themen, die in der Ausstellung verhandelt werden, erlangen Präsenz und Sichtbarkeit. Untersucht wird auch das, was ich als ‚Hierarchie der Sichtbarkeit' verschiedener Opfergruppen in der Ausstellung bezeichne – der Mehrheitsbevölkerung, der jüdischen sowie der Roma-Opfer.

Gedenkmuseen befinden sich im Spannungsfeld konfligierender gesellschaftlicher Machtverhältnisse und Deutungsmuster. Sie sind Orte, an denen Identität geschaffen und offizielle Geschichtspolitik kanonisiert, an denen das zum jeweiligen Zeitpunkt ihrer Schaffung dominante historische Narrativ als Fundament der Gegenwart sichtbar gemacht wird. Sie können aber auch das hegemoniale Narrativ in Frage stellen.

In beiden Fällen ist die Entscheidung darüber, welche Objekte oder Bilder man verwendet, wie man sie organisiert und welchen Ort man für die Ausstellung wählt – ein neu errichtetes Museumsgebäude oder einen historischen Verbrechensort – von politischen, ethischen und ästhetischen Fragen geleitet. Auch hier besteht ein Spannungsverhältnis zwischen dem Anspruch einerseits, ‚authentische Beweise' zu liefern und andererseits dem Bemühen, ein emotionales, dramatisches Erlebnis für die BesucherInnen zu kreieren. (Williams 2007, 21) Stellvertretend für andere US-amerikanische AutorInnen befürworten Spencer R. Crew und James E. Sims eine Inszenierung und eine narrative Ausstellung, denn „the problem with things is that they are dumb. They are not eloquent, as some thinkers in art museums claim. They are dumb. And if by some ventriloquism they seem to speak, they lie." (Crew und Sims 1990, 159) Oder in den Worten des Direktors des USHMM Michael Berenbaum: „Artifacts, architecture and design are subservient to the tale that is being told. They are the midwife of the story." (Zit. n. Shenker 2015, 66) Andere, insbesondere deutschsprachige AutorInnen betonen vor allem die ‚Aura' des Objekts und kritisieren an narrativen Museen, dass diese Geschichte immer nur aus einer Perspektive erzählen können – heutzutage meist aus der des Opfers. So führt etwa der langjährige Direktor der Gedenkstätte Buchenwald aus:

> Dokumentierend-argumentierende Ausstellungen, wie die in Buchenwald, sind nicht nach einem vorgehenden Narrativ – wohl aber wissenschaftlichen Erkenntnissen – geordnet, sondern verstehen die Realien – und hierzu zählen Objekte ebenso wie Textdokumente oder historische Bilddokumente – als Anstöße für historische Vorstellungskraft, die ihrerseits wieder Erinnerungs- und Deutungsleistungen auf den Plan rufen, die in Auseinandersetzung mit

dem überkommenen historischen Material reflektiert werden müssen. [...] Diese Vorgehensweise ist nicht nur ein Abkömmling der Skepsis, daß eine Gefühlsregung nicht automatisch eine Überzeugung und eine Identifikation noch keine Erkenntnis ist, sondern leitet sich auch von Überlegungen zur Spezifik der nationalsozialistischen Verbrechen, insbesondere des Massenmordes an den europäischen Juden her. [...] Als eine Geschichte lassen sich die NS-Verbrechen nur aus einer Perspektive erzählen, was, wenn diese Perspektive die einer Opfer- oder Widerstandsgruppe ist, als eine besondere Würdeform verstanden werden kann, in geschichtswissenschaftlicher Perspektive aber als Entkontextualisierung bzw. Verkürzung gelten muß. (Knigge 2002, 385)

Ferner lasse sich die grundlose Auslöschung von Menschen aufgrund ihrer Abstammung nicht ohne eine nachträgliche Sinnkonstruktion erzählen. Knigge tritt hingegen für Ausstellungen ein, die den ‚Zivilisationsbruch' nicht zuschütten: Sie „sehen im Fragmentarischen der Realien gewissermaßen seinen Widerschein und eine Veranlassung für eigenes Suchen, Fragen, Folgern, Stellungnehmen". (Knigge 2002, 386) Meine Analyse der zehn hier systematisch untersuchten Museen zeigt, dass sich das ‚narrative' Museum im postsozialistischen Kontext eindeutig durchgesetzt hat – mit Ausnahme von Bulgarien und Rumänien, wie im Abschnitt über *missing museums* geschildet wird.

Oben bereits angedeutet ist die Verschiebung der Perspektive: 1997 hatte Susan A. Crane den Fokus auf die Opfer und die Berücksichtigung persönlicher Erinnerungen noch als Desiderat eingefordert (Crane 1997, 63), heute ist dies in Gedenkmuseen längst Realität geworden. Märtyrer-, Helden- und Widerstandsnarrative wurden weitestgehend von Opfernarrativen abgelöst. (Rousso 2011, 32; Rahe 2002, 34) Um ausnahmsweise bei einem österreichischen Beispiel zu bleiben: In der Gedenkstätte Mauthausen finden sich auf den alten Gedenktafeln im Lagerbereich noch die traditionellen HeldInnenerzählungen. So heißt es am Eingang zum Quarantänehof: „In diesem Lager wurden über 3000 Frauen verschiedener Nationalität interniert, welche für die Freiheit ihres Landes und den Frieden der ganzen Welt kämpften", und sogar beim Friedhof der unbekannten Häftlinge steht: „Sie gaben ihr Leben für die Freiheit ihrer Heimat." Diese früher völlig unhinterfragte Sinnstiftung steht in einem starken Kontrast zur neuen Museumsausstellung.

Ein Kernpunkt der Untersuchung ist die Frage, ob ‚das Opfer' als Individuum oder im Sinne kollektiver Opferschaft Gegenstand der Ausstellungen ist. Individualisierende Opfergeschichten stellen zumeist das gewöhnliche Leben ‚davor' aus (Köhr 2007) und ermöglichen Empathie. Besonders wichtig in diesem Zusammenhang sind Ausstellungselemente, in denen die ProtagonistInnen selbst zu Wort kommen. Saul Friedländer betont etwa die Bedeutung von Opfer-Tagebüchern für eine „integrierte Geschichte" des Holocaust:

> Selbstverständlich muss man die Tagebücher mit derselben kritischen Aufmerksamkeit benutzen wie jedes andere Dokument. Als Quellen für die Geschichte jüdischen Lebens während der Jahre der Verfolgung und Vernichtung bleiben sie jedoch unersetzlich. Hunderte, wahrscheinlich Tausende von Zeugen vertrauten ihre Beobachtungen der Verschwiegenheit ihrer privaten Aufzeichnungen an. Diese Zeugnisse schildern in allen Einzelheiten die Initiativen und die alltägliche Brutalität der Täter, die Reaktionen der Bevölkerung, das Leben und die Vernichtung ihrer Gemeinden, aber sie halten auch die Welt ihres Alltags fest, die von Verzweiflung, Gerüchten, Illusionen und Hoffnung bestimmt ist, welche sich fortwährend abwechseln, meist bis zum Ende. (Friedländer 2007, 10)

Identifikation mit dem Opfer führt aber keinesfalls automatisch zu Erkenntnis. Als Gründe für die zunehmende Popularisierung des „biographischen Motivs" von Einzelschicksalen in Holocaustmuseen nennt Köhr (2012, 170) den Generationenwechsel, den Einfluss filmischer Erzählungen wie *Schindlers Liste* oder *Der Pianist* sowie einen Paradigmenwechsel in der Geschichtswissenschaft von der Sozial- zur Kulturgeschichte. Sie warnt aber vor einer Gefahr der Dekontextualisierung, der Auflösung in zahlreiche Einzelgeschichten, die in vielfältige Zusammenhänge gestellt werden können. (Köhr 2012, 175)

Diese Tendenz wurde etwa bei der Konzeption der 2006 eröffneten Ausstellung in Jasenovac deutlich. Dieses *In-situ*-Museum plante einen starken Fokus auf die individuellen Opfer, ihre Namen, Hinterlassenschaften und Zeugnisse. Erst im Zuge einer langwierigen Kontroverse konnten Opferverbände und andere inländische KritikerInnen durchsetzen, dass auf einem Bildschirm, auf dem die Namen der bisher namentlich identifizierten knapp 84.000 Opfer durchlaufen (Abb. 2), auch ihr Geburts- und Sterbejahr sowie ihre ethnische Zugehörigkeit angeführt werden. (Radonić 2014b, 96) Das Alter und die ethnische Zuordnung machen nun klar, dass auch Kinder und Greise ermordet wurden, weil sie Serbinnen und Serben, Romnija und Roma oder Jüdinnen und Juden waren, aus ‚rassischen' Gründen also. Erst dadurch ist gewährleistet, dass das Museum mit der in den 1990er Jahren in Kroatien unter Franjo Tuđman dominanten geschichtsrevisionistischen Deutung der Jasenovac-Opfer als politischen GegnerInnen aufräumt.

Der weitgehende Fokus auf individuelle Opfer birgt die Gefahr der Dekontextualisierung und Enthistorisierung. Die Darstellung des individuellen Opfers als Teil eines nationalen Kollektivopfers, wie sie in anderen Museen anzutreffen ist, verhindert ebenfalls tendenziell Fragen von Mitverantwortung sowie nach dem Verwischen von TäterInnen-, KollaborateurInnen- und Opferrollen und befördert die Externalisierung von Verantwortung an äußere, fremde Mächte, die zu einem „Europa der Opfer" (Hammerstein und Hofmann 2009, 203; Jureit 2009) führt. „Integrierte Geschichte" (Friedländer 2007) bezieht hingegen die unverzichtbaren Zeugnisse individueller Opfer ebenso ein wie TäterInnen, KollaborateurInnen und den komplexen historischen Kontext.

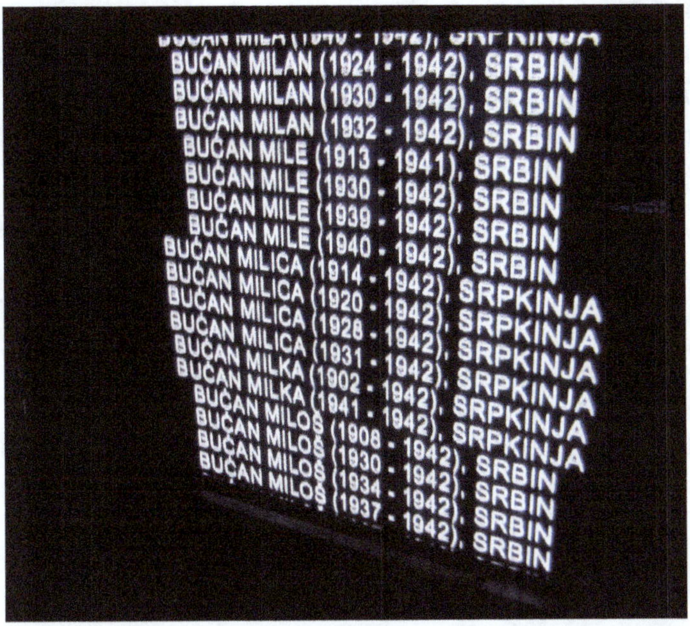

Abb. 2: Auf dem Bildschirm im Jasenovac-Gedenkmuseum laufen die Opferinformationen durch.

3 Methodologie

Die zehn hier systematisch analysierten Museen wurden im Kontext der Transformationsprozesse nach 1989, des europäischen Einigungsprozesses sowie der jeweiligen nationalen Geschichtspolitik und Museumslandschaft untersucht. Kombiniert werden die von Museumsstudien (MacDonald 2006; Baur 2013; Heesen 2012; Byrne et al. 2011; Muttenthaler und Wonisch 2006, 37; Bal 1996; Rüsen, Ernst und Grütter 1988) entwickelte *site analysis*, Diskursanalyse (Keller 2011; Jäger 2004; Titscher, Meyer, Vetter und Wodak 2000), *visual history* (Paul 2013; Hansen-Gluecklich 2010; Brink 2008; Brink und Wegerer 2012; Knoch 2001; Bredekamp 2004; Korff 1999) und – die ‚traditionelle' Methodik verlassend – die Analyse von Museen als hybride Medien, die im Zusammenspiel der verschiedenen Medien eine über die einzelnen Elemente hinausgehende Bedeutung entfalten.[34] Mit Mieke Bal wird gefragt: „How do, far from being opposite or even distant domains, political work and aesthetic work operate together in an inextricable merging that strengthens both?" (Bal 2007, 16)[35] Die Untersuchung fand zunächst für jedes Museum gesondert statt und zwar jeweils auf drei Ebenen (Crane 2000, 2):

1. Raum und seine Kodifizierung: Der Ort und die Rolle des Museums
2. Leitnarrativ und Storyline
3. Ästhetik, 3D-Objekte, Visuelles und Text

---

[34] Problematisch erweist sich hingegen die Analyse bloß einer Ebene, wie sie etwa bei Holtschneider zu verfälschenden Ergebnissen in Bezug auf die Holocaust-Ausstellung des Imperial War Museums in London führte: „The current one-sided discourse about the Holocaust in the IWMHE is a discourse that refuses Jews normality as much as it refuses Jews agency." (Holtschneider 2011, 71) Dieser scharfe Angriff entpuppt sich als unhaltbar, sobald man dazusagt, dass sich Holtschneiders Analyse hier zur Gänze auf die Fotos konzentriert und Ausstellungstexte erklärtermaßen ignoriert. Doch diese finden sich zufällig auch auf ihren Abbildungen der Ausstellung, sodass etwa in der mit „Spiritueller Widerstand" übertitelten Sektion völlig unmissverständlich deutlich wird, dass man trotz aller Widrigkeiten soweit wie möglich jüdische Bräuche und Erziehung fortführte, Konzerte gab, Theater spielte, Tagebuch schrieb, Zeitungen herausgab und die Verfolgung dokumentierte. (Holtschneider 2011, 67)

[35] „Neue Medien" (Hoskins und Holdsworth 2015), wie sie etwa das Jewish Museum and Tolerance Center in Moskau oder das Museum der Geschichte der polnischen Juden in Warschau prägen, sind in den hier systematisch analysierten Museen selten und bleiben auf Videos beschränkt, die passiv konsumiert oder Infoseiten, die angeklickt werden können. Erst in den letzten Jahren fügte das Haus des Terrors zu seiner ungarischsprachigen Ausstellung einen Tablet-Guide in verschiedenen Sprachen hinzu. Interaktive Fragen wie ‚Wie hättest Du gehandelt?' wurden 2018 im Zeitgeschichtemuseum in Ljubljana und im Vabamu Museum der Okkupationen und der Freiheit in Tallinn eingeführt.

Open Access. © 2021 Ljiljana Radonić, publiziert von De Gruyter. Dieses Werk ist lizensiert unter einer Creative Commons Namensnennung 4.0 International Lizenz; Abb. ausgenommen.
https://doi.org/10.1515/9783110722055-003

3.1 Raum und seine Kodifizierung: Der Ort und die Rolle des Museums

Gedenkmuseen sind ein „contested space" (Sommer-Sieghart 2006, 159f; Hall 1997, 8; Simon 2010), und haben einen bestimmten Rang in der nationalen ‚Hierarchie des Gedenkens' (Beier-de-Haan 2005, 12). Der erste Schritt bestand darin, sich einen umfassenden Einblick in die Entstehungsgeschichte, den Wandel und die Rolle des Museums im jeweiligen nationalen Kontext zu verschaffen. (Rother 2005, 258) Im Fokus der *site analysis* steht hier der Ort: Befindet sich das Museum *in situ* am Ort von Massenverbrechen (Jasenovac, Theresienstadt, Museum der Genozidopfer in Vilnius, Haus des Terrors in Budapest) oder steht es im weiteren Sinn an dem Ort des historischen Geschehens (Museum des Warschauer Aufstands, Museum des Slowakischen Nationalaufstands, Holocaust-Gedenkzentrum in Budapest)? Diente das Gebäude vorher für ein Museum mit einem anderen Zweck (Museum der Okkupation Lettlands – zuvor Museum der Roten Schützen, Zeitgeschichtemuseum in Ljubljana – zuvor Museum der Volksrevolution) oder wurde das Gebäude nach 1989 eigens für den Museumszweck errichtet (Museum der Okkupationen in Tallinn)? Der spezifische Ort prägt selbstredend das Leitnarrativ des Museums, aber in manchen Fällen ignorieren *In-situ*-Ausstellungen aus geschichtspolitischen Gründen bestimmte Spuren des historischen Ortes – wie ich am Beispiel des Jasenovac-Gedenkmuseums und des Museums der Genozidopfer in Vilnius zeige.

Der Ort verweist auch auf die Bedeutung der Institution in der Erinnerungskultur und Geschichtspolitik des jeweiligen Landes. (S. Offe 2000, 41) Anhand von Sekundärliteratur, der Analyse der Medienberichterstattung über die zehn Museen (wenn nötig mithilfe muttersprachlicher studentischer AssistentInnen) und der von den Museen publizierten Texte habe ich die Rolle des jeweiligen Museums in der Gesellschaft verortet. Aus politikwissenschaftlicher Sicht ist hier besonders die Rolle der Geschichtsdeutung für den gesellschaftlichen Transformationsprozess nach 1989 und die Stützung der jeweiligen politischen AkteurInnen von Interesse. Hier gibt es sehr starke Unterschiede: vom im nationalen und internationalen Kontext im Rampenlicht stehenden Haus des Terrors in Budapest, das im ersten Jahr nach seiner Eröffnung eine Million BesucherInnen verzeichnen konnte (Schmidt 2003, 17), und dem ebenfalls sehr prominent verhandelten und vielbesuchten Museum des Warschauer Aufstands, über Jasenovac, das zwar immer wieder im Fokus des (ex-)jugoslawischen „Krieges um die Erinnerung" (Radonić 2010) steht, aber geringe BesucherInnenzahlen verzeichnet, bis hin zu Museen, die außerhalb des Landes kaum jemand kennt, wie dem Museum des Slowakischen Nationalaufstands oder dem Zeitgeschichtemuseum in Ljubljana. Mich interessiert dabei insbesondere die Frage, inwiefern das Museum vor allem für das nationale Publikum bestimmt ist oder auch bzw. primär eine internationale Signalwirkung haben soll und ob sich diese Relation mit der Zeit verändert.

Das jeweilige systematisch untersuchte Museum wird im Kontext der Geschichtspolitik und der anderen Museen des Landes, in denen ebenfalls die Zeit des Zweiten Weltkriegs thematisiert wird, analysiert. Diese Kontextualisierung umfasst jüdische Museen wie das dem Holocaust gewidmete *Green House* in Vilnius, das Museum der Roma-Kultur in Brno und die Pläne zur Errichtung eines Gedenkmuseums im ehemaligen ‚Zigeunerlager' Lety in Tschechien, aber auch nach Beginn des Habilitationsprojekts eröffnete Museen wie das stark umkämpfte Museum des Zweiten Weltkriegs in Gdańsk oder das Museum der Geschichte der polnischen Juden in Warschau.

Die relevanten AkteurInnen identifiziere ich und analysiere ihre Rolle anhand der Museumswebseite, Publikationen des Museums sowie jenen der Museumsleitung etwa in wissenschaftlichen Sammelbänden, publizierten Interviews mit MuseumsdirektorInnen und KuratorInnen der ständigen Ausstellungen sowie der Zeitungsberichterstattung über das jeweilige Museum und verflechte dies mit der Analyse der Museumsnarrative. In der Mehrzahl der zehn Museen erfolgt der Zugriff der Politik auf das Museum direkt, etwa indem die DirektorInnen vom zuständigen Ministerium (Haus des Terrors, Holocaust-Gedenkzentrum, Jasenovac, Museum des Slowakischen Nationalaufstands) oder der Stadtregierung (Museum des Warschauer Aufstands) eingesetzt werden, im Fall von Theresienstadt nach Jahrzehnten der Marginalisierung des Gedenkens an das Ghetto ab 1991 mit der Auflage, dass es VertreterInnen der Jüdischen Gemeinde Tschechiens sein müssen. Im Fall des Hauses des Terrors und des Museums des Warschauer Aufstands ist vor allem zu betonen, dass die Häuser Aushängeschilder der jeweiligen *mnemonic warriors* sind: von Viktor Orbán im Zuge des ungarischen Wahlkampfs 2002 seinen WählerInnen ‚geschenkt' bzw. vom damaligen Stadtpräsidenten Lech Kaczyński als Prestigeprojekt in Vorbereitung auf die von den Kaczyński-Zwillingen angeführte erste PiS-Regierung in Polen 2005–2007. (Borodziej 2011, 145) Das Museum der Okkupation Lettlands wurde 1993 zunächst als privat – vor allem von Exil-LettInnen – finanziertes gegründet, wird seit 2006 jedoch vom Staat mitfinanziert (Museum of Occupation of Latvia, o. J.). Es steht im Dauerkonflikt mit der von russischsprachigen LettInnen angeführten Stadtregierung Rigas, was den Ausbau des Museums und die Rückkehr in die 2012 für die Renovierung verlassenen Räumlichkeiten immer wieder verzögert. Das Museum der Okkupationen in Tallinn wurde 2003 von der Kistler-Ritso-Stiftung einer exil-estnischen Familie gegründet, wird jedoch auch vom estnischen Kulturministerium kontinuierlich unterstützt. Unter den hier untersuchten Museen ist es sicher das am wenigsten an offizielle Vorgaben gebundene. Aber auch in diesem Fall gilt: „Designers of such museums are not the agents of entirely rationalized policy implementation processes, but unwitting spokespersons voicing the currently accepted and understandable discourse". (Wahnich 2008, 234)

3.2 Leitnarrativ und Storyline

Das Leitnarrativ eines Museums fungiert als überwölbende These, während die Storyline die unterstützende Argumentationskette liefert – mithilfe von 3D-Objekten, Fotografien, Videos, Dokumenten etc. (MacDonald und Fyfe 1996) Im Fokus steht die Analyse der ständigen Ausstellungen und Museumsguides der zehn Museen und die Herausarbeitung einer Typologie der Narrative. Auch wenn auf der vorherigen Ebene die Prozesshaftigkeit von Museen und deren Dauerausstellungen sowie die Rolle verschiedener AkteurInnen und politischer Verstrickungen in den Blick genommen wurde, so gilt es hier, den „Zeigegestus" (Muttenthaler und Wonisch 2003, 59) ernst zu nehmen. Bei der Analyse wird zwar im Hinterkopf behalten, dass Sichtbares und unsichtbar Gebliebenes unlösbar miteinander verbunden sind, dennoch wird hier die realisierte Ausstellung als ‚Produkt' des zuvor beschriebenen Aushandlungsprozesses untersucht.

Alle zehn systematisch untersuchten Museen sowie weitere für den Kontext relevante Museen bzw. ständige Ausstellungen habe ich umfassend fotografiert (1.000–2.000 Aufnahmen pro Museum) und die Videos aufgenommen, um eine erschöpfende Analyse und Beantwortung neu auftauchender Fragen auch zu einem späteren Zeitpunkt zu ermöglichen.[36]

Leitfragen auf dieser Ebene der diskursanalytischen Untersuchung sind: Aus wessen Perspektive wird ‚die Geschichte' erzählt, wessen Geschichten werden marginalisiert? Liegt der Fokus auf Massenverbrechen, Krieg, Okkupation, Widerstand oder Kollaboration? Welche Rolle spielen im Vergleich zum Narra-

---

[36] Die einzige Ausnahme ist hier das Haus des Terrors, das eine Fotografiegenehmigung zu Forschungszwecken ohne Begründung verweigerte und mir einzig die Verwendung der auf der Museumswebseite publizierten Fotografien erlaubte. Da es sich hierbei um Überblicksaufnahmen gesamter Räume handelt und die Ausstellung als einzige bloß in der Landessprache gehalten ist, musste in diesem Fall zusammen mit einer ungarischen Assistentin in einer Audio-Aufnahme jedes Exponat, Foto und Video beschrieben und jeder Text für die spätere Analyse übersetzt werden. Es kann nur gemutmaßt werden, dass der Grund für diese Politik die von Anfang an anhaltende scharfe internationale Kritik an dieser Institution, des Aushängeschilds der Fideszschen Geschichtspolitik, ist. Die Ablehnung der Fotogenehmigung erfolgte im Juni 2014, also noch vor dem expliziten anti-europäischen Schwenk der Regierung Orbán, könnte aber bereits im Sinne des aktuellen autoritären Backlashs in Ungarn gedeutet werden.

tiv der Mehrheitsbevölkerung die Erinnerungen der Minderheiten, etwa der russischsprachigen Bevölkerung im Baltikum, wenn überhaupt? Gibt es Verweise auf internationale AkteurInnen oder Vorbilder und wenn ja, auf welche Weise? Manche der Fragen tauchten erst im Vergleich der Museen auf, etwa warum zwei der drei baltischen Länder ihre Museen ‚Museum der Okkupation(en)' genannt haben, während das litauische Museum von 1992 bis 2018 den Namen Museum der Genozidopfer trug, der radikaler auf die These vom ‚doppelten Genozid' (Himka und Michlic 2013, 17) abzielte.

Zentral für die Analyse des Leitnarrativs sind neben den Ausstellungen auch die Museumsführer, die im Fall von sechs der zehn Museen auch eine Untersuchung des diachronen Wandels des Narrativs erlauben. Die Zahl der verfügbaren, von den Museen publizierten Führer und Ausstellungskataloge variiert stark von Museum zu Museum, je nachdem, ob es bereits in der sozialistischen Ära existiert hat oder wie oft die Ausstellung geändert wurde. Es folgt eine Übersicht der insgesamt 53 Publikationen, die einer Diskursanalyse[37] (und auf der nächsten methodologischen Ebene auch einer Bildanalyse) unterzogen wurden, auch um – wo dies möglich ist – den diachronen Wandel der ständigen Ausstellungen zu erfassen. (Tab. 1) Das Leitnarrativ wird im Hinblick auf folgende Fragen untersucht: Was wird als Problem identifiziert und welche Lösungsvorschläge gibt es? Wer ist das ‚wir' in der Erzählung, wer die ‚anderen'? Wird die Geschichte von Heldentum, Opferschaft, Kollaboration oder Täterschaft erzählt – oder eine Kombination daraus? Welche Kollektivsymbole (Link 2006, 413) werden verwendet: ‚helle' und ‚dunkle' historische Perioden, ‚Reinheit' des nationalen Kollektivs, Dämonisierung des ‚Anderen', das Telos der historischen Wahrheit? In welchem Verhältnis steht ‚negatives Gedächtnis', also die Aufarbeitung der vom eigenen Kollektiv (mit-)verantworteten Verbrechen und der Ideologien, im Namen derer sie begangen wurden, zur (kollektiven) Selbstviktimisierung?

---

[37] Die in der Originalsprache des jeweiligen Landes publizierten Museumsführer wurden, sofern nötig, mithilfe muttersprachlicher AssistentInnen, mit den englisch- und deutschsprachigen Versionen abgeglichen. Die Analyse bezieht sich auf die Übersetzung und die (wenigen) expliziten Abweichungen vom Original bzw. implizit mitschwingende abweichende Bedeutungen werden in die Analyse eingeflochten. Das ‚Fehlen' von Gedenkmuseen in Sofia und Bukarest habe ich unter Einbeziehung jener Museen und Museumsguides untersucht, in denen der Zweite Weltkrieg vorkommt: der nationalen Geschichte- und Militärmuseen usw.

Tab. 1: Übersicht der analysierten 53 Museumsguides aus zehn Museen – geordnet nach Museumsgründungsdatum.

Museum [Gründung]	Jahr	Titel des Guides
Theresienstadt [1947]	1963	Kleine Festung Theresienstadt
	1967	Terezín
	1972	Kleine Festung Theresienstadt
	1972	Terezín. Průvodce terezínským Památníkem
	1974	Terezín
	1977	Terezín. Dokumenty 65
	1988	Terezín
	1991	Ghetto Museum Terezín
	1995	Ghetto Theresienstadt
	1996	Die Kleine Festung Theresienstadt 1940–1945
	1997	Das Internierungslager für die deutsche Bevölkerung. Die Kleine Festung 1945–1948
	2003	Theresienstadt in der „Endlösung der Judenfrage" 1941–1945. Dauerausstellung
	2005	Ghetto Theresienstadt
	2007	Betraum aus der Zeit des Ghettos Theresienstadt
	2009	Die Kleine Festung Theresienstadt 1940–1945. Ein Führer durch die Dauerausstellung
	2013	Theresienstadt – Leitmeritz. Stätten des Leidens und des Heldenmutes
	2013	Perpetrators of Crimes. The SS Repressive Staff in Terezín and Litoměřice 1940–1945
Jasenovac [Gedenkstätte 1966, Museum 1968]	1966	Jasenovac
	1974	Jasenovac i jasenovački logori
	1976	Deset godina Spomen-područja Jasenovac
	1981	Spomen-područje Jasenovac
	1985	Spomen-područje Jasenovac
	1986	Jasenovac: istorijske fotografije. Svjedočanstvo o zločinima u Jasenovcu
	2006	Jasenovac Memorial Site
	2006	Spomen područje Jasenovac
Museum des Slowakischen Nationalaufstands, Banská Bystrica [1969]	1977	Sprievodca po expozícii
	1985	Sprievodca po expozícii
	1990	Sprievodca po expozicii Muzea SNP
	2000	Exhibition Guide
	2006	Sprievodca expozíciou / Exposition Guide / путеводитель по экспозиции
Museum der Genozidopfer, Vilnius [1992]	2004	Krieg nach dem Kriege. Bewaffneter antisowjetischer Widerstand in Litauen 1944–1953
	2006	The Museum of Genocide Victims. A Guide to the Exhibitions
	2006	Genocido aukų muziejus. Ekspozicijų gidas

Tab. 1 (fortgesetzt)

Museum [Gründung]	Jahr	Titel des Guides
Museum der Okkupation Lettlands, Riga [1993]	2008	1940–1991. Latvia under the Rule of the Soviet Union and Nationalist Socialist Germany
	2010	Lettland unter der Herrschaft der Sowjetunion und NS-Deutschlands 1940–1991
	2017	Lettland unter der Herrschaft der Sowjetunion und NS-Deutschlands 1940–1991
Zeitgeschichtemuseum, Ljubljana [1994]	1998	Muzej novejše zgodovine: 1948–98
	1998	Temna stran meseca: kratka zgodovina totalitarizma v Sloveniji 1945–1990
	2007	Rojstvo Slovenije
	2007	Slovenija 1945–1960
	2009	The Making of Slovenia
Haus des Terrors, Budapest [2002]	2003	Haus des Terrors. Andrássy Straße 30, Budapest
	2003	Terror Háza. Andrássy út 30, Budapest
	2008	House of Terror. Andrássy Street 30, Budapest
Museum der Okkupationen, Tallinn [2003]	2014	Estonia's Occupations Revisited. Accounts of an Era
Holocaust-Gedenkzentrum, Budapest [2004]	2006	From Deprivation of Rights to Genocide. To the Memory of the Victims …
	2006	Jogfosztástól népirtásig
Museum des Warschauer Aufstands [2004]	2006	Katalog. Muzeum Powstania Warszawskiego
	2007	Guidebook to the Warsaw Rising Museum
	2007	Przewodnik po Muzeum Powstania Warszawskiego
	2011	Katalog. Muzeum Powstania Warszawskiego
	2014	Przewodnik po Muzeum Powstania Warszawskiego
	2015	Guidebook. Warsaw Rising Museum

3.3 Ästhetik, Objekte, Visuelles und Texte im Detail

Während für die diachrone Analyse des Wandels der Museen ‚nur' Sekundärliteratur und Museumsführer herangezogen werden konnten, jedoch meist nicht die früheren Ausstellungen selbst, stehen auf dieser dritten Analyseebene die aktuellen Dauerausstellungen im Fokus. Einerseits habe ich Objekte, Fotografien, Videos und Texte als jeweils eigene Medien getrennt voneinander systematisch untersucht, andererseits Museen und Ausstellungen als hybride Medien begriffen, deren Ästhetik, Installationen und Bedeutung sich vor allem auch aus dem Zusammenspiel der verschiedenen Elemente ergibt. Wie ist das Narrativ mit dem

3.3 Ästhetik, Objekte, Visuelles und Texte im Detail — 45

Ausstellungsdesign verknüpft (Architektur, Farbe, Licht, Geräusche etc.)? Welche Vorbilder werden in der ästhetischen Gestaltung gewählt und handelt es sich um unmittelbare Übernahmen von Design und Musealisierungsstrategien oder um abgewandelte Formen? Gibt es dafür eine explizite Begründung? Welche ikonischen Symbole (Paul 2006) werden in der Ausstellung und den oben vorgestellten 53 Ausstellungsguides verwendet?

Sind Gedenk- und Informationselemente getrennt voneinander im Museum und auf dem Museumsareal zu finden oder werden historische Information und Gedenken in den Ausstellungen vermischt? Können sich die BesucherInnen also gesondert für das Gedenken entscheiden, etwa nachdem sie sich in der Ausstellung über die historischen Umstände informiert haben, oder ist man mit beiden Aspekten zugleich konfrontiert? So dominieren etwa in Jasenovac von der Decke hängende Glastafeln, auf denen in weißer Schrift Namen der KZ-Opfer festgehalten wurden, die gesamte Ausstellung (Abb. 3), während das gleiche Gedenkelement im Holocaust-Gedenkzentrum in Budapest im Anschluss an die Ausstellung im Hof der für Museumszwecke restaurierten Synagoge zu finden ist. (Abb. 4)

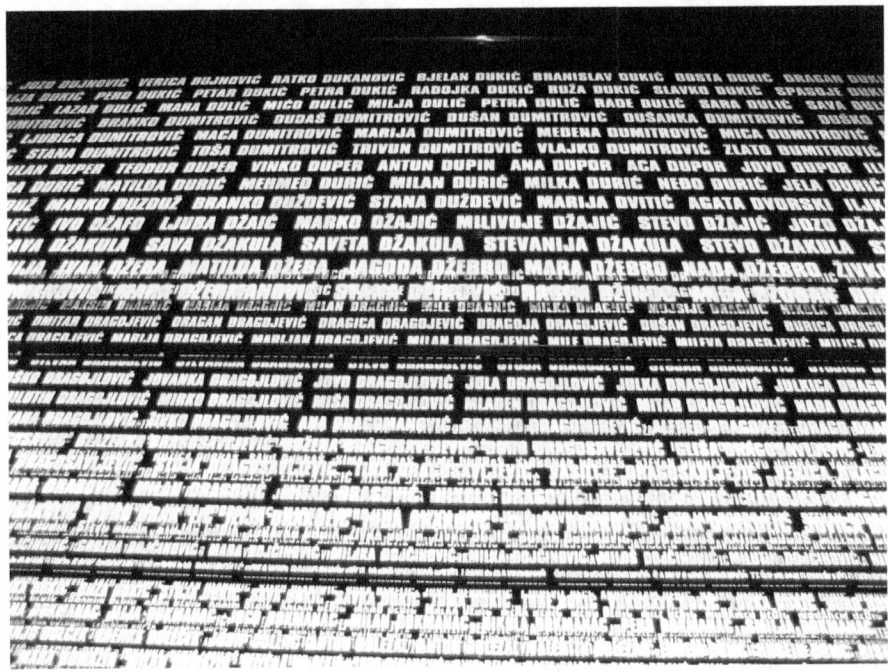

Abb. 3: Glastafeln mit Namen der Opfer in Jasenovac.

Abb. 4: Im Holocaust-Gedenkzentrum in Budapest.

Es wird ferner unterschieden zwischen verschiedenen Musealisierungstraditionen. Eine, vor allem aus den USA stammende, setzt Installationen ein, in denen die Objekte das Narrativ legitimieren sollen. Dies hat in Polen unter dem Begriff „narratives Museum" (Majewski 2011, 152) seinen Siegeszug angetreten und dominiert auch im Haus des Terrors, das von einem Theater-Bühnenbildner inszeniert wurde. Die andere Tradition unterstellt, dass Objekte eine Aura haben, und will folglich die ‚authentischen' Objekte für sich selbst sprechen lassen, wie dies vielfach in deutschen Museen der Fall ist. Vor allem im Zusammenhang von Holocaust-Ausstellungen werden eine Zyklon-B-Dose oder eine gestreifte KZ-Uniform als ikonische Symbole eingesetzt. Welche Rolle KuratorInnen den Objekten zusprechen, hat weitreichende Auswirkungen auf den Charakter der Ausstellung. In diesem Sinne können drei Arten von Ausstellungen unterschieden werden:

1. Ausstellungen mit ‚ontologisch-authentischen' Objekten: Die KuratorInnen sind in diesem Fall von der „eigenständigen semantischen Aussagekraft des Objekts [...] überzeugt, vorausgesetzt es handelt sich um ein authentisches. Diese Objekte – so die Zuschreibung – tragen eine kulturelle Bedeutung ‚in sich' und vermitteln diese dem/der faszinierten BetrachterIn zum Zeitpunkt ihrer Anschauung, weshalb sie nahezu ohne erläuternden Text auskommen können. Im Gegensatz dazu stellen andere MuseumsmacherInnen ebenfalls Artefakte ins Zentrum ihrer Ausstellung, beharren aber zurecht darauf, dass diese nicht ‚für sich selbst sprechen' können, sondern kontex-

tualisiert werden müssen. Die Inhalte der Ausstellung werden in beiden Fällen ausgehend von diesen ‚auratischen' Objekten entwickelt." (Sommer-Sieghart 2006, 161)
2. Ausstellungen mit ‚konstruiert-authentischen' Objekten: Objekte, die als sinnlich ansprechend eingestuft werden (Alltagsgegenstände, Archivmaterial, Fotografien, Filme, Zeitungen, Tagebücher), werden als Belege für die den BesucherInnen angebotene These herangezogen. (Korff 2002, 170) Die Unterscheidung zwischen einem ‚authentischen' und einem ‚nichtauthentischen' Objekt wird hier tendenziell aufgehoben: Jeder Koffer und jeder Radioempfänger aus der entsprechenden Zeit kann eingesetzt werden, um das Narrativ etwa der sowjetischen Repression zu untermauern, wie dies zum Beispiel in der 2003 im Tallinner Okkupationsmuseum installierten Ausstellung der Fall war.
3. Reine Installationen, welche die Vergangenheit als etwas inszenieren, das man berühren, riechen und durch das man wie in einer Zeitmaschine hindurchschreiten kann. (Beier-de Haan 2005, 252) Diese Form wird in der wissenschaftlichen Literatur meist kritisch gesehen. (Wahnich 2008, 228) „Statt mit unerwarteten Bezügen oder fast unmerklichen Irritationen Nachdenken und kritische Auseinandersetzung zu stimulieren, fördern sie mit der Ausrichtung auf das unmittelbare distanzlose Erlebnis lediglich Sentimentalitäten." (Scholze 2004, 198)

Viele Museen verwenden mehr als eine dieser Ausstellungsstrategien abwechselnd in unterschiedlichen Räumen. Im Museum des Warschauer Aufstands kann man etwa ‚wie die Aufständischen' 1944 durch einen Kanal gehen oder auf den Gräbern der zerstörten Stadt Warschau wandern. Im Keller des Hauses des Terrors sollen BesucherInnen die Enge der nachgebauten Folterzellen spüren. Besonders fällt in den neueren Länderausstellungen in den nationalen Pavillons Ungarns und der Slowakei im Staatlichen Museum Auschwitz-Birkenau der Trend auf, die BesucherInnen sozusagen zu ‚deportieren', sie also durch einen gläsernen, hoch-ästhetisierten Deportationswaggon hindurchschreiten zu lassen (wie im Fall der ungarischen Ausstellung) oder sie vom Geräusch eines fahrenden Zuges begleitet auf Bahnschwellen zum Deportationswaggon und aus diesem hinaustreten zu lassen.

Insbesondere dort, wo Objekte nicht mit einer klaren Deutung versehen sind, interessiert mich dabei die Polysemie, die Mehrdeutigkeit der Objekte. Olaf Mußmann weist darauf hin, dass der Rückzug auf die ‚Aura' der Objekte nicht unproblematisch ist: „Kontextualisierung stellt hohe Anforderungen an MacherInnen. Gelingt sie nicht, bleiben die Exponate aus der Zeit herausgebrochene Gegenstände, isoliert, unverständlich, bedeutungslos." (Mußmann 2002,

27) Das auffälligste Beispiel sind die oben erwähnten zahllosen Koffer in der 2003 im Museum der Okkupationen in Tallinn eröffneten Ausstellung (Abb. 5), die von den einen als Symbol für Exil (Mark 2008, 351), von den anderen für die Deportation der estnischen Bevölkerung in den Gulag und zugleich stark überinterpretierend als ein Versuch der Gleichsetzung mit dem Holocaust gedeutet werden: „The considerable quantity of suitcases can be read as one of the ways that the displays seek to draw subtle parallels between Nazi and Soviet society and between the Holocaust and the Gulag, not least because exhibitions of suitcases at Auschwitz and elsewhere are a long-standing symbol of the Nazi genocide." (Burch und Zander 2010, 61) Diese moralisch-akkusatorische Position, wonach Koffer oder Viehwaggons als Symbole der Holocaust-Erinnerung vorbehalten sein sollen, also ihr gewissermaßen ‚gehören', ist nicht haltbar.

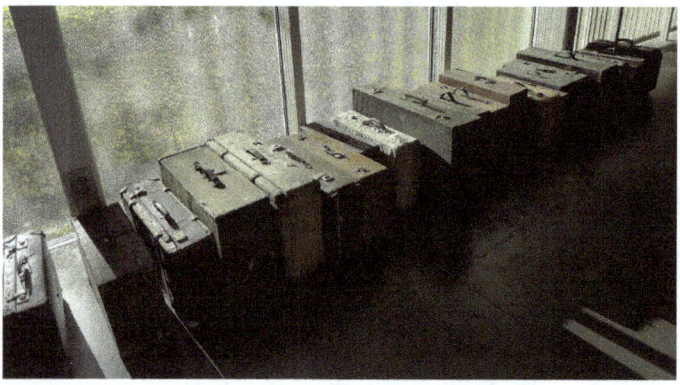

Abb. 5: Koffer im Museum der Okkupationen in Tallinn.

Gewinnbringend erwies sich die Analyse des Einsatzes von Fotografien in den Ausstellungen und der sich wandelnden Verwendung insbesondere auch in jenen Museen, die bereits seit der staatssozialistischen Ära existieren. Aus der Bildtheorie ergaben sich folgende Fragen in Bezug auf die analysierten Museen und ihre jeweilige ‚Bildpolitik': Werden historische Fotografien als große Installationen und Raumteiler eingesetzt oder als historische Dokumente in der Größe der erhaltengebliebenen Abzüge? Werden – soweit bekannt – die FotografInnen genannt und die Entstehungs- und Verwendungsgeschichte des Fotos, etwa als Propagandamotiv, erwähnt? (Bring und Wegerer 2012)

> Whether images are labelled with notes about their origin, purpose and history therefore allows conclusions about the curatorial intention in displaying the images and suggests distinctive messages to the viewer. The visitor's gaze is directed towards or away from the

specific historical context of her production and original use through the use of labels, or their omission. (Holtschneider 2011, 16)

Werden Fotografien, die TäterInnen von ihren Opfern gemacht haben (Hördler, Kreutzmüller und Bruttmann 2015) und die die Opfer stereotyp oder erniedrigend abbilden, auf andere Weise ausgestellt als private Aufnahmen der Opfer aus ihrem Leben ‚davor' oder geheime Zeugnisse der Verfolgung und Vernichtung? Welche „Ikonen der Vernichtung" (Brink 1998), also zu visuellen Symbolen gewordene Fotografien, finden sich in den hier untersuchten Museen? Werden die ‚eigenen' Opfer aus der Mehrheitsbevölkerung anders visuell dargestellt als die Opfer der ‚anderen'? Werden in der Ausstellung und im Museumsguide vor allem berühmte Personen und HeldInnen gezeigt oder ‚normale' Menschen? Sollen diese ‚normalen' Menschen dann ‚typische' VertreterInnen, etwa Jüdinnen und Juden oder Romnija und Roma repräsentieren, was die Gefahr des Fortschreibens von Stereotypen birgt? Die Ausstellungen und Museumsführer wurden entlang dieser Fragen analysiert und schließlich eine postsozialistische Spezifik visueller Darstellungen in den Museen diskutiert: die Montage visueller Elemente in einer Weise, welche die Gleichheit nationalsozialistischer und staatssozialistischer Verbrechen suggeriert.

Während Diskursanalyse bereits zuvor auf der Ebene des Leitnarrativs eingesetzt wurde, wird auf dieser dritten Analyseebene darüber hinaus nach den Inhalten der Texte in den Ausstellungen und Guides im Detail gefragt. Wer ist das ‚wir' in der Erzählung und wie wird es charakterisiert (als Opfer, TäterInnen, KollaborateurInnen, WiderstandskämpferInnen, HeldInnen etc.)? Welche ‚anderen' kommen vor und wie werden sie charakterisiert? Als zentraler Punkt stellte sich im Zuge der Analyse der zehn Museen die Frage heraus, ob ‚unsere' Opfer anders dargestellt werden als ‚andere' Opfer. Ist von Opfern als Individuen oder etwa der Stadt Warschau oder der Nation als Kollektivopfer die Rede?

Schließlich habe ich die drei Analyseebenen verknüpft. Dies erlaubt es, unter anderem der Frage nachzugehen, ob sich erst durch die Verbindung der Analyseebenen eine ‚Hierarchie der Sichtbarkeit' offenbart. Werden individuelle TäterInnen oder bestimmte Opfergruppen in der Ausstellung zwar thematisiert, jedoch nicht auf prominenten Texttafeln, sondern nur auf den Computerarbeitsplätzen, sodass die BesucherInnen diese Information nur dann finden, wenn sie explizit danach suchen? Gibt es ferner eine ‚Hierarchie der Opfer'? So betonte etwa die Ausstellung im Museum der Okkupation Lettlands (bevor sie 2012 für den Umbau aus dem Gebäude ausgezogen ist) auf der Ebene des Leitnarrativs, die Ausstellung sei nicht nur der ersten und zweiten sowjetischen Besatzung, sondern auch der NS-Besatzung gewidmet. Im Vergleich zu den beiden anderen baltischen Museen traf dies auch in stärkerem Ausmaß zu. Doch auf der Ebene der Analyse der Objekte und Fotografien zeigte sich, dass die über 300 ausgestellten 3D-Objekte ausschließlich den Opfern der beiden sowjetischen Besatzungen zuzuordnen waren. Der Holocaust war in der Storyline durchaus vertreten. Auf der visuellen Ebene hingegen waren die jüdischen Opfer einzig durch zwei von TäterInnen aufgenommene Fotos repräsentiert.

Die systematische Analyse auf drei methodologischen Ebenen erlaubt im nächsten Schritt einen Vergleich der Museen, ihrer Narrative und Bildpolitiken sowie ihrer unterschiedlichen Verortung im nationalen und internationalen Kontext. Haben mehrere Museen auf den ersten Blick dieselben Vorbilder, erlaubt der Vergleich die Schlussfolgerung, welche Bandbreite hier möglich ist – von der expliziten Übernahme einer bestimmten Ästhetik bis hin zu ihrer sehr freien Abwandlung mit einem inhaltlich konträren Ergebnis. Schließlich erfolgt eine Typologisierung: die Dauerausstellungen werden im Kontext der nationalen und internationalen Geschichtspolitik während der EU-Beitrittsverhandlungen und heute verortet.

4 Der Zweite Weltkrieg im Museum

Verbrechen im Zuge der ersten und zweiten sowjetischen Besatzung im Baltikum und die staatssozialistischen Repressionen im Allgemeinen konnten selbstredend vor 1989 in Ausstellungen in den betroffenen Ländern nicht thematisiert werden. Museen, deren Gegenstand der Widerstand gegen die NS-Besatzung und zu einem gewissen Grad auch die Opfer des ‚Dritten Reichs' und seiner KollaborateurInnen waren, existierten hingegen teilweise bereits seit der unmittelbaren Nachkriegszeit – wenn auch stark von der jeweiligen Ausprägung des staatssozialistischen Narrativs eingefärbt und mit vielen Ausblendungen. Die Existenz solcher Museen erlaubt es uns, zunächst den Wandel des sozialistischen Narrativs am Beispiel dreier Gedenkmuseen bzw. vor allem der noch in den Museen erhältlichen damaligen Kataloge und Guides darzustellen, um dann den nach 1989 im Zuge des Transformationsprozesses erfolgten Bruch sowie die Veränderungen im Zuge der EU-Beitrittsbemühungen und die neuesten Entwicklungen herauszuarbeiten. Je nachdem, wann welches Museum eröffnet wurde, betritt es also in den folgenden chronologisch aufgebauten Kapiteln die Bühne.

4.1 Vor 1989: Die Museen in der sozialistischen Ära

Von den zehn hier untersuchten Museen existierten drei bereits lange vor 1989: Theresienstadt seit 1947 sowie Jasenovac und das Museum des Slowakischen Nationalaufstands seit den liberaleren 1960er Jahren.[38] Auf den ersten Blick erscheint das von der jeweiligen Kommunistischen Partei forcierte dogmatisch-

---

[38] Aus der sozialistischen Ära habe ich sieben Guidebooks bzw. Fotobände aus Theresienstadt, sechs Guidebooks aus Jasenovac und zwei aus Banská Bystrica einer Diskurs- und Bildanalyse unterzogen, ergänzt um Sekundärliteratur, die den Wandel der Museen erörtert. Die früheren Ausstellungen selbst sind nicht dokumentiert, konnten also nicht analysiert werden und auch die Museumspublikationen unterscheiden sich zum Teil stark. Bei den tschechisch- und deutschsprachigen aus Theresienstadt handelt es sich vor allem um durch weltanschauliche Deutungen gerahmte Rundgänge durch die Gedenkstätte respektive um Fotobände. Sie erlauben eine detaillierte Analyse des Wandels des Narrativs und des visuellen Materials, gehen aber bis auf jene aus 1988 kaum bis gar nicht auf die Ausstellung in der Kleinen Festung ein. Im Gegensatz dazu hatte das slowakische Museum nur noch zwei (slowakischsprachige) Publikationen aus der späten sozialistischen Zeit archiviert, die jedoch viele Aufnahmen der beiden Ausstellungsräume zeigen. Auch liegt hier umfangreiche Sekundärliteratur zu der etwa alle zehn Jahre wechselnden ständigen Ausstellung und den Änderungen vor. Im kroatischen Fall haben wir beides, sechs (serbo-)kroatischsprachige Publikationen vom ersten Jahr der Institution bis 1986, und Sekundärliteratur über den Wandel der Ausstellungen.

ᴆ Open Access. © 2021 Ljiljana Radonić, publiziert von De Gruyter. [CC BY] Dieses Werk ist lizensiert unter einer Creative Commons Namensnennung 4.0 International Lizenz; Abb. ausgenommen.
https://doi.org/10.1515/9783110722055-004

antifaschistische Narrativ vom heldenhaften kommunistischen Widerstand in sozialistischen Ländern sehr ähnlich und eine Analyse der sozialistischen Museen und ihrer Ausstellungen nicht vielversprechend. Doch obwohl alle drei Erinnerungsorte einen prominenten Stellenwert im jeweiligen sozialistischen Gründungsmythos innehatten, bargen sie für das vorherrschende antifaschistisch-sozialistische Narrativ jeweils ein Problem. Der Slowakische Nationalaufstand von 1944 ließ sich nicht bruchlos ins tschechoslowakische sozialistische Narrativ eingliedern, da er auch die slowakische ‚nationale Frage' betraf. In Theresienstadt waren über 150.000 Jüdinnen und Juden im Ghetto inhaftiert und überlebten den Krieg in der Mehrzahl nicht – im Gegensatz zu den rund 32.000 vor allem politischen Häftlingen im Gestapo-Gefängnis in der Kleinen Festung. Trotzdem durfte es in Terezín kein Ghetto-Museum geben. (Benz 2013, 13–15) Im Ustaša-Konzentrationslager Jasenovac in Kroatien waren die bis zu 100.000 Opfer mehrheitlich nicht PartisanInnen, sondern SerbInnen, Jüdinnen und Juden sowie Romnija und Roma, die die kroatischen Ustaša aus ‚rassischen' Gründen ermordeten, was dem jugoslawischen Gründungsmythos von der ‚Brüderlichkeit und Einheit' widersprach. Die Spannung zwischen HeldInnen- und Opfergedenken wird an allen drei Erinnerungsorten deutlich.

4.1.1 Das Museum des Slowakischen Nationalaufstands in Banská Bystrica

Der Slowakische Nationalaufstand (*Slovenské národné povstanie* – SNP) wurde ab dem 29. August 1944 zwei Monate lang letztlich erfolglos gegen das ‚Dritte Reich' und das slowakische Kollaborationsregime unter Jozef Tiso geführt. Seine ProponentInnen waren aufständische Teile der slowakischen Armee sowie slowakische und sowjetische PartisanInneneinheiten. Nach der Niederschlagung des Aufstands im Oktober setzten Guerillatruppen den Kampf bis zum Einmarsch der Sowjetunion 1945 fort. Einsatzgruppen exekutierten mit Unterstützung slowakischer Kollaborateure SlowakInnen, die unter dem Verdacht standen, den Aufständischen zu helfen, außerdem jene Romnja und Roma sowie Jüdinnen und Juden, denen es bis dahin gelungen war, der Deportation zu entgehen. Sie wurden Opfer etwa der größten Hinrichtung in Kremnička, bei der 747 Menschen ermordet wurden.

Die erste dem Nationalaufstand gewidmete Ausstellung eröffnete bereits 1945 in Bratislava. Nach der Machtübernahme der tschechoslowakischen Kommunistischen Partei (KSČ) 1948 wurde die Bedeutung der bürgerlichen Armeeangehörigen verschwiegen, die noch lebenden führenden Aufständischen verfolgt und die Rolle der kommunistischen PartisanInnen auch in Ausstellungen über den Aufstand im Narrativ wie auf visueller Ebene überbetont. Der antifaschistische Aufstand passte einerseits perfekt in die sozialistische Geschichtsschreibung der Nachkriegstschechoslowakei, welche die Aufständischen als ArbeiterInnenklasse unter der Führung der KSČ mithilfe der Sowjetunion begriff. (Hudek 2011, 841) Andererseits hatten die slowakischen Aufständischen 1944 eine Föderalisierung der Tschechoslowakei gefordert, während im Nachkriegsmachtgefüge im Gegensatz dazu die slowakischen Nationalorgane immer mehr Kompetenzen verloren (Mannová 2011, 205) und die ‚nationale Frage' in den Hintergrund gedrängt wurde. Auf dem ersten Gebäude des Museums prangte in den 1950ern ein Banner mit der Aufschrift „Durch den Aufstand zum Sozialismus!"[39] Mit der neuen Ausstellung anlässlich des 20. Jahrestags des Aufstands wurde 1964 der starke stalinistische Einschlag behoben und die Rolle der Sowjetunion etwas weniger betont, ohne jedoch an der Lesart des Aufstands als kommunistischer Erfolg etwas zu ändern. (Sniegon 2017, 172)

Abb. 6: Das Museum des Slowakischen Nationalaufstands in Banská Bystrica.

Es war die slowakische Kommunistische Partei, welche die Errichtung eines neuen, monumentalen Museums (Abb. 6) im Zentrum des Aufstands, im zentralslowakischen Banská Bystrica statt der bisherigen Ausstellung in Bratislava gefordert hatte, doch die Arbeiten konnten wegen des Widerstands der KSČ erst 1963 beginnen. (Mannová 2011, 231) Erst im Zuge der Liberalisierung in den 1960ern wurde die Forderung der Aufständischen nach ebenbürtigem Status der slowakischen und tschechischen Nation als entscheidender Teil ihres dama-

---

39 Dank an Barbara Lášticová für die Kopie des Archivfotos.

ligen politischen Programms anerkannt (Hudek 2011, 841) und 1968 erschienen auf den Tribünen bei den Feiern neben den kommunistischen PartisanInnen erstmals seit 1948 auch nichtkommunistische TeilnehmerInnen, „Vertreter des demokratischen Widerstands" (Mannová 2011, 217) und ehemalige aufständische Soldaten. Porträts der beiden befehlshabenden Generäle, Rudolf Viest und Ján Golian, die nach 1948 tabuisiert waren, wurden gezeigt. (Mannová 2011, 227) Doch all dies änderte sich im Zuge der repressiven Politik der ‚Normalisierung' in den 1970ern. Für das 1969 eröffnete Museum wurde eine Kommission eingerichtet, die jede Änderung der nunmehr in diesem neuen Gebäude in Banská Bystrica installierten dritten ständigen Ausstellung streng überwachte und alle MitarbeiterInnen entließ, die beschuldigt wurden, aktiv am ‚Prager Frühling' mitgewirkt zu haben. (Hudek 2011, 841) Anlässlich des 30. Jahrestages des Aufstands wurde die Ausstellung 1974 erneut verändert.

In den zwei hier analysierten slowakischen sozialistischen Museumsführern aus 1977 und 1985[40] wird der Aufstand noch stärker als zuvor als Teil einer sozialistischen Erfolgsgeschichte unter dem Einfluss der Großen Oktoberrevolution erzählt. (Múzeum SNP 1985, 90) Der Beginn und der Schluss sind – wie auch für den Fall der Museumsguides aus Theresienstadt später gezeigt wird – stärker ideologisch aufgeladen als der Rest der Publikationen. In Bezug auf die tschechische Exilregierung ist im Museumskatalog von 1977 von „reaktionären Versuchen der bourgeoisen Londoner Regierung, den Volksbefreiungskampf in der Slowakei ihren politischen Zielen unterzuordnen" (Múzeum SNP 1977, 43) die Rede. Im Museumsguide aus 1985 kommen weder der bürgerliche Widerstand, noch frühere politische Parteien im Zusammenhang mit dem Aufstand vor. (Múzeum SNP 1985) Während der Mittelteil explizit als „sachlich-dokumentarischer Teil" (Múzeum SNP 1977, 65) bezeichnet wird, geht es am Schluss etwa um „die Verbindung zwischen den historischen Ereignissen der ruhmreichen Tage des Aufstands und der Gegenwart, die die Völker der ČSSR durch das Verdienst der Sowjetunion und des gesamten sozialistischen Lagers im Frieden erleben können." (Múzeum SNP 1977, 66) Die fünfte Ausstellung anlässlich des 40. Jahrestages bettete den Aufstand noch stärker in den sozialistischen Kontext ein.

Eine weitere Neuerung der 1960er und späterer Stein des Anstoßes war die zwischen den beiden Museumshälften installierte Bronzestatue, eine Gruppe liegender menschlicher Leiber, über denen Überlebende stehen. (Abb. 7) Sie

---

40 Vgl. Radonić 2014a, 492–493. Ich danke der Bibliothekarin des Museums des Slowakischen Nationalaufstands, die mir Ausgaben der mehrmals vorhandenen Kataloge aus 1977 und 1985 spontan geschenkt hat und mich jenen aus 1990 fotografieren ließ, sowie Barbora Tancerova für die Unterstützung bei der Übersetzung der drei slowakischsprachigen Kataloge und Elena Mannová für ihre Expertise.

wurde 1972 entfernt, weil sie statt heroischer PartisanInnen zivile Opfer betonte (Mannová 2011, 231) – und erst 2004 wieder aufgestellt. Unter den ‚zivilen Opfern' waren nach der Niederschlagung des Aufstands nicht nur viele BewohnerInnen der 93 als Vergeltung zerstörten Dörfer. Die NS- und slowakischen Verbände ermordeten in Kremnička, Nemecká, Čierny Balog, Svätý Križ nad Hronom und anderenorts auch über Tausend Jüdinnen, Juden, Romnija und Roma. (Husova 2006, 3; Vodička 2008, 75 ff) Die Ausstellung im neuen Museumsgebäude in Banská Bystrica wurde während des Prager Frühlings vorbereitet: Zum ersten Mal wurde die Vernichtung jener Jüdinnen und Juden, die den Deportationen 1942 entgangen waren, im Zusammenhang mit dem Aufstand behandelt.

Abb. 7: Skulptur „Die Opfer warnen", 1972 aus dem SNP-Museum entfernt, 2004 wieder aufgestellt.

Dies ist eine Entwicklung, die wir auch in den Ausstellungen in Theresienstadt und Jasenovac beobachten können. Doch an allen drei Orten war die Liberalisierung des geschichtspolitischen Diskurses von kurzer Dauer. In Banská Bystrica wurden bereits drei Monate nach der Eröffnung jegliche Hinweise auf den Holocaust wieder aus der Ausstellung entfernt und als „zionistische Angriffe auf das kommunistische Regime" (Sniegon 2017, 172) angeprangert. Offiziell wurde das damit begründet, dass man religiöse Themen vermeiden müsste, um keine rassistisch motivierten Vergeltungsmaßnahmen hervorzurufen. (Sniegon 2017) Im Guide aus 1977 ist dann nur ein einziges Mal vage von „rassischer Verfolgung" (Múzeum SNP 1977, 19) ohne Nennung der jüdischen und Roma-Opfer die Rede, „vor allem Kommunisten und andere Verfolgte" (Múzeum SNP 1977, 21) hätten nach der Niederschlagung des Aufstands in die Wälder fliehen müssen. In den Massengräbern seien „slowakische Opfer" (Múzeum SNP 1977, 53) gefunden worden. Auch in Bezug auf Nemecká und Kremnička wird unterschlagen, dass die Mehrzahl der Opfer dort Jüdinnen und Juden, Romnija und Roma waren. 1985 ist dann einmal von der „Lösung der Judenfrage durch Arisierung und Todeslager" (Múzeum SNP 1985, 16) die Rede. „Zigeuner-Einwohner" (Múzeum SNP 1990, 4) werden als „rassisch Verfolgte" überhaupt erst 1990 in einer Art vorsichtigem Übergangsguide erwähnt, auf den später eingegangen wird.

4.1.2 Die KZ-Gedenkstätte Jasenovac in Kroatien

Im Gegensatz zum slowakischen Fall hatten die jugoslawischen PartisanInnen Jugoslawien tatsächlich weitgehend selbst befreit. Sie standen jedoch nach 1945 vor der Herausforderung, nach einem Bürgerkrieg zwischen den kroatischen Ustaša, den serbisch-monarchistischen Četnici und den Tito-PartisanInnen die Existenz des Vielvölkerstaates legitimieren zu müssen. Eine besondere Schwierigkeit war die Frage, wie mit der Tatsache umgegangen werden sollte, dass die Ustaša selbständig Todeslager betrieben hatten und nur die Minderheit der Opfer in NS-Lager deportiert wurde.[41] Im größten Todeslager, Jasenovac an der kroatisch-bosnischen Grenze, wurden knapp 100.000 Menschen ermordet, die Hälfte SerbInnen und Serben. Über 16.000 Roma-Opfer und über 13.000 Jüdinnen und Juden wurden bisher namentlich identifiziert.

Bereits im Sommer 1941 errichteten die Ustaša die ersten Lager (I und II) des KZ-Komplexes Jasenovac an den Ufern der Save, die jedoch wegen ständiger Überschwemmungen bald aufgelassen wurden. Die Häftlinge wurden im November 1941 in das Hauptlager Jasenovac III auf dem Gelände einer Ziegelbrennerei übersiedelt. Jasenovac IV war eine Lederfabrik im Ort Jasenovac und im 40 Kilometer entfernten Stara Gradiška wurden vor allem politische Häftlinge, Frauen und Kinder inhaftiert (Jasenovac V). Der Lagerkomplex war einer-

---

41 Die Rumänen betrieben auch Lager, jedoch im annektierten Transnistrien, nicht wie im Fall von Jasenovac 100 Kilometer von der Hauptstadt entfernt.

seits ein Arbeitslager, aus dem manche Häftlinge nach Ablauf ihrer Strafe von einigen Monaten oder Jahren freigelassen wurden, andererseits ein Todeslager, in dem Tausende Menschen unmittelbar nach ihrer Ankunft oder im Zuge von Liquidierungswellen ermordet wurden. Getötet wurde mit besonders brachialen Methoden wie Schlägen mit großen Hämmern auf den Kopf, seltener mit Schusswaffen – weshalb Jasenovac im Gegensatz zum oftmals als ‚industriell' beschriebenen Mordprozesses in den NS-Vernichtungslagern auch als ‚Manufaktur des Todes' bezeichnet wird. Obwohl die PartisanInnen unter den Häftlingen im Lager gut organisiert waren und mit der Außenwelt in Verbindung standen, griff Titos Widerstandsbewegung das Lager nie an, da es auf drei Seiten von der Save bzw. Sümpfen umgeben war und direkt an der stark bewachten Zugstrecke von Zagreb nach Belgrad lag. Als unter den Häftlingen bekannt wurde, dass das Lager liquidiert werden sollte, versuchten am 22. April 1945 mehrere Hundert von ihnen zu fliehen, doch nur einige Dutzend überlebten den Ausbruch. Zu Kriegsende sprengten die Ustaša die Gebäude des Hauptlagers.

Im kroatischen Fall hatte die Unvereinbarkeit mit dem jugoslawischen Nachkriegsgründungsmythos der ‚Brüderlichkeit und Einheit' zur Folge, dass am Ort des größten Todeslagers auf dem Gebiet des „Unabhängigen Staates Kroatien" (1941–1945) im sozialistischen Jugoslawien über zwanzig Jahre lang keine Gedenkstätte existierte. Zur gleichen Zeit wurden überall im Land zahlreiche zum Teil monumentale Denkmäler für die Opfer des antifaschistischen Kampfes errichtet. Jasenovac war vor dem Zweiten Weltkrieg ein serbisches Dorf in Kroatien gewesen, dessen Bevölkerung im Lager vernichtet wurde. Die lokale KP hatte bereits Anfang der 1950er eine „Initiative für die Errichtung eines Mahnmals für die Opfer des Faschismus in Jasenovac" gegründet, doch die Belgrader Führung hatte dies abgelehnt. (Karge 2009, 56) Ende der 1950er wurden Überlebendenverbände gegründet, die sich für eine Gedenkstätte auf dem bis dahin unmarkierten Gelände starkmachten. Erst Anfang der 1960er gelang es einer Belgrader „Kampagne für die Jasenovac-Opfer", dem Anliegen mehr Öffentlichkeit zu verschaffen. Während 1956 nur 700 Menschen der inoffiziellen jährlichen Gedenkveranstaltung beiwohnten, waren es 1963 bereits 10.000, sodass die Parteiführung in der liberaleren politischen Atmosphäre zum Handeln gezwungen war. (Karge 2009, 57)

1966 wurde dann das berühmte, von Bogdan Bogdanović errichtete Mahnmal in Form einer Blume feierlich eingeweiht. (Abb. 8) Dem Architekten zufolge repräsentieren ihre Wurzeln die Opfer, während die ins Licht gerichtete Krone Leben und Freiheit symbolisiere (Bogdanović 1966, 1) und Opfer nicht nach ihrer ethnischen Zugehörigkeit klassifiziere. Bogdanović gestaltete auch die Gedenklandschaft auf dem Gelände des Hauptlagers: Mulden an den Orten früherer Gebäude und Hügel dort, wo sich Gräber und Folterstätten befunden hatten. 1968 wurde dann das Museum eröffnet und die Ausstellung durch das Museum der Volksrevolution Kroatiens realisiert. (Kršinić Lozica 2011, 299) Das Gedenken wurde fortan mit starken, aber vagen Kollektivsymbolen der Dunkelheit und der Bestialität belehnt. Jasenovac avancierte in den 1970er und 80er Jahren zu einem häufig besuchten Erinnerungsort „mit touristischer Infrastruktur, Souvenirs und Kitsch" (Sundhaussen 2004, 400), Postkarten, Anstecknadeln und Schlüsselanhänger vor allem mit dem Motiv der Blume wurden produziert. (Mataušić 2003, 154) Die Opferzahlen wurden bereits früh mit 700.000 statt der heute festgestellten bis zu 100.000 viel zu hoch angegeben, um Reparationen durchzusetzen.

Abb. 8: Bogdanovićs Blume in der Gedenkstätte Jasenovac.

Doch was machte Jasenovac zu einem derart schwierigen Ort für die jugoslawische Geschichtspolitik, dass die Gedenkstätte erst mehr als zwanzig Jahre nach Kriegsende eingerichtet werden konnte? „Die um die Figur des ‚Kämpfers' kreisende Erinnerung an den Krieg tat sich schwer mit der Figur des ‚Opfers', vor allem, wenn dieses – wie im Falle von Serben, Juden und Roma – Opfer rassistischer Politik geworden war." (Höpken 2006, 412) Vielmehr noch: Der Gründungsmythos von der ‚Brüderlichkeit und Einigkeit' erforderte es, die KollaborateurInnen und die Opfer aller jugoslawischen Nationen ‚gleichermaßen' zu erwähnen und damit trotz historisch unterschiedlicher Sachverhalte teilweise gleichzusetzen. Dass nur die kroatischen Ustaša im zerschlagenen Jugoslawien während des Zweiten Weltkriegs eigenständig Todeslager betrieben, blieb ebenso unsagbar, wie dass die serbische, jüdische und Roma-Bevölkerung in anderem Ausmaß und aus anderen

Gründen zum Opfer wurde als WiderstandskämpferInnen. Die TäterInnen der verschiedenen jugoslawischen Nationen wurden in Zeitungsberichten von der Gedenkveranstaltung immer zusammen als „Ustaša, Četnici und Weißgardisten"[42] (*Vjesnik*, 22.4.1985) genannt, das kroatische Kollaborationsregime also mit anderen TäterInnen auf eine Stufe gestellt. Die Opfer werden in den Guides als „Angehörige all unserer Völker aus allen Teilen Jugoslawiens" (Trivunčić 1974, 35), „unsere Leute, Frauen, Kinder und Alte", Opfer „jeden Alters, jeder Nationalität und Religionszugehörigkeit" (Babić 1966, 6) und in der Gedenkveranstaltung 1987 als „Serben, Juden, Roma, Kroaten, Moslems, Slowenen, Montenegriner und andere Völker und Ethnien" (*Vjesnik*, 20.4.1987) bezeichnet, eben ohne zwischen Opfern rassistischer Verfolgung und WiderstandskämpferInnen zu unterscheiden.

Im Guide von 1974, einem von sieben, die ich aus dieser Ära analysiert habe, wurde erstmals präzisiert: „Menschen wurden ins Lager gebracht, nur weil sie sich in ihrem Glauben oder ihrer ‚Rasse' von ihren Peinigern unterschieden, oder weil es auch nur den geringsten Verdacht gab, dass sie mit der Ustaša-Schreckensherrschaft nicht einverstanden waren." (Trivunčić 1974, 35) Interessant ist, dass die einzigen Opfer, die konkret benannt wurden, die „Zigeuner-Roma" (Trivunčić 1974, 28) waren. Dies wirkte für das geschichtspolitische Narrativ offenbar nicht bedrohlich, da es keine Auswirkungen auf das kroatisch-serbische Spannungsverhältnis hatte. 1977 wurde dann behauptet, in Jasenovac hätten „die Ustaša gleichermaßen"[43] Serben und Kroaten zu Zehntausenden vernichtet." (Lončar 1977, 8) Die große Verschleppungs- und Vernichtungsaktion gegen die serbische Bevölkerung des Kozara-Gebirges beschreibt Lončar auffällig verschleiernd als „Umkommen des Kozara-Volkes" (Lončar 1977, 7), ohne serbische Opfer zu benennen. Es sei in Jasenovac „primär" um die Abrechnung mit politischen GegnerInnen des Faschismus gegangen; dass die Lager ein Ort der „Vernichtung zwischen Nationalitäten"[44] waren, sei „sekundär" gewesen. (Lončar 1977, 9) Erst im Guide von 1981 war dann von der Entscheidung die Rede, „alle Serben, Juden und Zigeuner zu vernichten sowie zugleich alle Kroaten, die auf irgendeine Weise ihre antifaschistische Einstellung zum Ausdruck brachten." (Jokić 1981, 5) Bereits in der ersten Phase des Lagers seien „rund 40.000" (Jokić 1981, 10) „Roma-Zigeuner"

---

42 Die Übersetzungen aus dem Kroatischen stammen von der Autorin.
43 Bis heute identifizierte die Gedenkstätte über 47.000 serbische Jasenovac-Opfer namentlich, davon über 12.000 Kinder, sowie über 4.000 kroatische Opfer, davon 140 Kinder (www.jusp-jasenovac.hr/Default.aspx?sid=6711), das „gleichermaßen" erfüllt also eine stark ideologische Funktion.
44 Diese Formulierung ist keine schlechte Übersetzung, sondern auch im Original (*mjesta međunacionalnog uništenja*) merkwürdig und somit Ausdruck der Problematik.

ermordet worden, eine heute nicht mehr haltbare Zahl,[45] aber beachtlich ist die mehrfache Nennung dieser in Ausstellungen vieler Museen auch nach 1989 marginalisierten Opfergruppe.

Die Ustaša werden in den Guides als Täter benannt, doch war im Guide aus 1974 auch die Bemühung zu erkennen, ihre Verbrechen stark im Kontext der NS-Verbrechen zu verorten. „Obwohl die offizielle Befehlsgewalt in den Jasenovac-Lagern in den Händen der Ustaša lag, waren dort absolut und übergeordnet die deutsch-faschistischen Interessen zugegen." (Trivunčić 1974, 30) Als ‚Beleg' wurde jedoch eine Verordnung über die Stationierung der Ustaša-Verbände zitiert, die mit Jasenovac nichts zu tun hat. Es folgte die Feststellung, dass in Jasenovac zehn deutsche Militärangehörige zugegen waren, um „ausschließlich die Sicherheitsinteressen des Dritten Reiches zu wahren." (Trivunčić 1974, 32)

In Jugoslawien herrschte im Zweiten Weltkrieg – wie auch in der Slowakei während des Aufstands – Bürgerkrieg. Auch im slowakischen Fall gibt es mit der Benennung nicht nur von „Hitlers Deutschland" und der „deutschen Armee", sondern auch des „slowakischen faschistischen Staats" (Múzeum SNP 1977, 5), der Hlinka-Garde und des Heimatschutzes (Múzeum SNP 1985, 60) als Täter im antifaschistischen Narrativ keine Probleme. Doch weder der slowakische Aufstand noch der jugoslawische PartisanInnenkampf konnten als Bürgerkrieg verhandelt werden. Die Bevölkerung, das „ganze slowakische Volk" (Múzeum SNP 1977, 6), wurde kollektiv dem Widerstand zugerechnet. Und auch der auf dem Gebiet Jugoslawiens tobende Kampf zwischen Ustaša, serbisch-monarchistischen Četnici und Tito-PartisanInnen mit wechselnden Fronten, der von allen Seiten, wenn auch in unterschiedlichem Ausmaß, auf dem Rücken der Zivilbevölkerung ausgetragen wurde, wird nicht thematisiert. „Da die bewaffnete Revolution von Anfang an über die rückhaltlose Unterstützung unseres ganzen Volkes verfügte, ließen die Faschisten und die einheimischen Quislinge ihre Wut vor allem an dem unbewaffneten Teil unseres Volkes aus," heißt es im Jasenovac-Guide. (Lončar 1977, 7)

Wie schon im slowakischen Fall beschrieben, stehen auch in den Jasenovac-Publikationen das übergeordnete ideologische Konzept und die Beschreibung der Ereignisse *in situ* in einem Spannungsverhältnis zueinander. Die Publikation *10 Jahre Gedenkstätte Jasenovac* beginnt ebenfalls stark ideologisch aufgeladen, mit einer sogar für den Tito-Kult übertrieben wirkenden Huldigung Titos,

---

[45] Die Gedenkstätte hat bisher über 16.000 ermordete Roma namentlich identifiziert (www.jusp-jasenovac.hr/Default.aspx?sid=6711), die Opferzahl ist also ‚nur' zweieinhalbfach erhöht, während unter den angeblichen 700.000 Jasenovac-Opfern – die Zahl wird im Guide aus 1981 auf den ersten zwei Seiten gleich fünfmal genannt (Jokić 1981) – 500.000 serbische Opfer behauptet wurden, also rund das Zehnfache der heute errechneten Opfer.

des „Kriegers, der der gequälten Menschheit den Frühling gebracht" (Lončar 1977, 5) habe, der von Anfang an verstanden habe, „dass der Tod eines jeden Einzelnen eine Narbe am Körper der Revolution ist" (Lončar 1977, 6). Wie später auch für Theresienstadt gezeigt wird, geht die ideologische Geschichtsdeutung in einem Guide bis hin zu antisemitischen Welterklärungen, wenn die Opfer von Jasenovac 1985 beschrieben werden als

> Vertreter des Kapitals: reiche Juden, Serben und andere nationale Gruppierungen, die auf der Liste der weniger Werten waren. Doch die Ustaša bringen auch von Beginn des Bestehens des Lagers an zahlreiche Kroaten aus der Kategorie der ‚Reichen' hin, also jene, die dem neuen System keine ideologische und materielle Unterstützung gegeben haben."
>
> (Trivunčić 1985, 51)

Die ‚reichen Juden' und andere Nicht-Kroaten werden ohne Umschweife als „Vertreter des Kapitals" identifiziert, zugleich aber im Widerspruch dazu als von den Ustaša als „weniger wert" betrachtet bezeichnet. ‚Die Kroaten' sind hingegen nicht einfach reich, sondern „reich" unter Anführungszeichen, was in diesem Fall keine quasi-natürliche Eigenschaft wie bei ‚den Juden' sei.

Während in Jasenovac die Devise von ‚Brüderlichkeit und Einigkeit' und das sozialistisch-antiimperialistische Narrativ bis in die 1980er Jahre ungebrochen dominierten, stellten andere geschichtspolitische Institutionen die supranationale Erzählung bereits seit den 1960er Jahren in Frage. Serbische und kroatische Historiker, in erster Linie Männer, debattieren über den ‚Anteil' ihrer Nationen an der Verantwortung für Krieg, Sieg und Kollaboration mit dem Dritten Reich und dem faschistischen Italien. (Bašić 2009, 95) 1963 befeuerte Velimir Terzić vom Institut für Militärgeschichte in Belgrad den Konflikt mit der Behauptung, alle Kroaten hätten an der Seite der Ustaša gestanden. (Hudelist 2004, 316) Interessanterweise war sein Pendant auf kroatischer Seite der spätere kroatische Präsident, Franjo Tuđman, früherer Tito-Partisane, Armeegeneral und als Zweiter-Weltkriegs-Historiker Direktor des Instituts für die Geschichte der Arbeiterbewegung in Zagreb. Tuđman schrieb gegen die serbischen Vorwürfe von der „Genozidalität" der KroatInnen an, kritisierte zunächst korrekterweise die überhöhte offizielle Zahl von angeblichen 700.000 Opfern von Jasenovac, kippte dann aber ins andere Extrem: er gab zu geringe Opferzahlen an und begann, die Verbrechen der Ustaša herunterzuspielen. Aufgrund seiner Aussagen über den Zweiten Weltkrieg verlor er 1967 seinen Direktorposten und wurde aus der KP ausgeschlossen. (Radonić 2010, 122) Diese konfligierenden Erinnerungen sollten im jugoslawischen Fall ein entscheidendes Element nationalistischer Mobilisierung werden – in starkem Gegensatz zur Entwicklung in der Tschechoslowakei.

4.1.3 Theresienstadt/Terezín

Auch die Erinnerung an Theresienstadt war nur mit vielen Kunstgriffen und Auslassungen mit den großen Erzählungen der sozialistischen Tschechoslowakei vereinbar. In Terezín richtete die tschechoslowakische Regierung die erste „Gedenkstätte des nationalen Leidens" bereits 1947 ein, als immer noch einige Häftlinge im Internierungslager für Deutsche inhaftiert waren. Von 1947 bis 1949 unterstand sie dem tschechoslowakischen Innenministerium und alle Angestellten waren Polizisten bzw. Soldaten, also Mitglieder des Korps der Nationalen Sicherheit. (Hallama 2015, 81) Für die Einrichtung hatten sich bereits früh Opferverbände und Vereinigungen der WiderstandskämpferInnen sowie die jüdische Gemeinde eingesetzt. Im September 1945 wurden beim ‚Nationalbegräbnis' exhumierte Leichen unmittelbar vor der Kleinen Festung auf dem nun eingerichteten ‚Nationalfriedhof' bestattet.[46] Anlässlich der feierlichen Einrichtung sagte Außenminister Jan Masaryk, in Terezín habe die gesamte Nation gemeinsam gelitten, die Toten seien vereint gestorben „für unsere gerechte Sache". Zwischen den Opfern habe es „keinen Unterschied" gegeben. (Zit. n. Hallama 2015, 79)

Das vorrangige Ziel war die Erhaltung der Kleinen Festung, die von 1940 bis 1945 als Gestapo-Gefängnis gedient hatte. (Abb. 9) 1949 wurde das „Museum der Unterdrückung" in der Kleinen Festung eröffnet (Benz 2013, 234), 1964 der Gedenkkomplex in „Nationale Gedenkstätte Terezín" umbenannt. (Heitlinger 2005, 136) Das Militärgeschichtliche Museum in Prag kuratierte unter Einbeziehung des Verbands der Freiheitskämpfer die erste Dauerausstellung aus 1949. (Munk 2008, 75) Sie basierte auf einer Ausstellung, die 1947 in der Prager Gedenkstätte der Befreiung gezeigt worden war. Weder das Jüdische Museum in Prag noch VertreterInnen der jüdischen Gemeinden wurden in die Gestaltung der Ausstellung einbezogen. (Hallama 2015, 80) Sie thematisierte vor dem Hintergrund der deutschen Okkupation der tschechischen Länder vor allem den Widerstand gegen die deutsche Herrschaft (Benz 2013, 234), die Pläne zur „Ausrottung der Slawen" (Hallama 2015, 80) und ordnete Theresienstadt eher kursorisch in den Kontext der Konzentrationslager ein (Lunow 2015, 351).[47] Perfekt mit dem sozialistischen Narrativ (Frankl 2004; Iggers 2004) vereinbar war die Erinnerung an das 1940 in der Kleinen Festung ein-

---

[46] Dieser wurde zunächst von einer eigenständigen Institution, dem im Sommer 1946 gegründeten Verein zur Erhaltung des Nationalfriedhofs, verwaltet, der 1949, also nach der Machtübernahme der Kommunistischen Partei 1948, jedoch in den Verband der Freiheitskämpfer integriert wurde. (Hallama 2015, 79)

[47] Die zweite ständige Ausstellung stammt aus 1954, die dritte aus 1962. Beide „wurden den politischen Umständen des Kalten Krieges sowie der kommunistischen Antifaschismusdefinition angepasst." (Lunow 2015, 352) Im Mittelpunkt standen der internationale antifaschistische

gerichtete Gestapo-Gefängnis und die dort internierten WiderstandskämpferInnen, die die Mehrzahl der 32.000 Gefangenen (Benz 2013, 23) ausmachten. Auch 1.500 jüdische sowie 2.500 nicht-tschechische Staatsangehörige waren dort inhaftiert (Benešová et al. 1996, 19). Über 2.500 Häftlinge starben in der Kleinen Festung aufgrund der furchtbaren Lebensbedingungen, Seuchen und Folter, ungefähr 300 von ihnen wurden hingerichtet. (Munk 2008, 73)

Abb. 9: Die Kleine Festung in Theresienstadt/Terezín.

Mit dem sozialistischen Narrativ vom heldenhaften Widerstand viel schwerer vereinbar als die Ereignisse in der Kleinen Festung war das im November 1941 in der Großen Festung eingerichtete Ghetto. Die jüdische Bevölkerung des damaligen Protektorats war zunächst in Kasernen interniert, ab Mitte 1942 wurde dann die gesamte Festungsstadt für die Zehntausenden Häftlinge verwendet – nun auch aus Deutschland, Österreich, den Niederlanden, Dänemark und zu Kriegsende auch aus der Slowakei und Ungarn. Seit Anfang 1942 gingen Transporte in den ‚Osten' ab, ab 1943 nahmen die Transporte in die Vernichtungslager massiv zu. Rund 140.000 Jüdinnen und Juden wurden zwischen 1941 und 1945 ins Ghetto deportiert, bei Kriegsende weitere 15.000 von den Evakuierungstransporten aus den liquidierten Vernichtungslagern. Über 118.000 von ihnen wurden ermordet (Blodig 2003, 13).

Kampf und die Tschechoslowakei als „Opfer des Imperialismus", die Kleine Festung kam kursorisch vor und darin vor allem die kommunistischen Häftlinge. (Lunow 2015, 352)

Auf dem Gelände der Großen Festung, wo 1941 das heute weltbekannte Ghetto Theresienstadt eingerichtet worden war, gab es jedoch, wie der spätere Direktor Jan Munk (1998, 6) das ausdrückte, aufgrund des mehr schlecht als recht verhüllten Antisemitismus der KP kein Museum: „The subject of the Jewish ghetto did not fit into the ideological schemes of the time: it was difficult to show the complex reality of the ghetto as an expression of ‚class struggle' or as a part of Communist anti-Nazi resistance." (Munk 2001, 17f) Unmittelbar nach der Befreiung hatten Ghettoinsassen ein provisorisches Mahnmal am Ufer der Eger errichtet, wo 1944 die Asche von über 20.000 Opfern in den Fluss geworfen worden war. Ein hölzerner Davidstern machte deutlich, dass die Mehrzahl der Opfer Jüdinnen und Juden waren. 1946 richtete der Rat der jüdischen Gemeinden in der Tschechoslowakei die „Subkommission für die Theresienstädter Denkmäler" ein, die sich für die teilweise Erhaltung des ehemaligen Ghettos einsetzte. (Hallama 2015, 81) Prominent platzierte Gedenk- und Informationstafeln waren geplant und auch ein Ghettomuseum angedacht. Manche der Pläne finden sich in ministeriellen Dokumenten und später in solchen des Kreisnationalausschusses in Ústí nad Laben, welcher 1949 die Zuständigkeit für die Gedenkstätte übernahm. Doch nur die sehr frühen Initiativen konnten realisiert werden. Aufgrund der Stimmung in der Festungsstadt, die von „Egoismus, Habgier und Rücksichtslosigkeit gekennzeichnet" war, schlugen manche VertreterInnen der jüdischen Gemeinde vor, „auf Grund dieser Stimmung von sich aus von der Errichtung eines Museums und anderer Denkmäler in der Stadt abzusehen. Andere wiederum betonten, dass – sollte sich die jüdische Gemeinde aus dieser Frage zurückziehen – in einem zukünftigen lokalen Museum die Frage des jüdischen Leidens in Theresienstadt zweifellos keine oder nur eine untergeordnete Rolle spielen würde." (Hallama 2015, 83)

1952 hatte es erste konkretere Pläne für ein Ghetto-Museum gegeben, doch immer wieder veränderte sich die politische Situation aufgrund von Wechseln in der Außenpolitik in Bezug auf Israel und antisemitischen Prozessen wie dem Slánský-Prozess 1952. (Pelinka 2015, 79f) Ab den 1950er Jahren wurde die Gedenkstätte, vor allem der Nationalfriedhof vor der Kleinen Festung, nicht nur für eine ideologische Heldenverehrung, sondern auch für politische Manifestationen verwendet, die gar nicht im Zusammenhang mit dem Zweiten Weltkrieg standen: „die sozialistische Jugend hielt pompöse Treffen ab, die Jungpioniere leisteten hier ihr Gelöbnis." (Hallama 2015, 95) Die Kleine Festung wurde Ende der 1950er Jahre von durchschnittlich 150.000 Menschen jährlich besucht.

Freilich geriet die 1949 dort eröffnete Ausstellung zusehends in Verfall, Exponate wurden marode, es gab kein Konzept über die ein für alle mal errichtete Präsentation eines

Teilbereichs der Theresienstädter Geschichte hinaus. Die ideologischen Zwänge, das Fehlen wissenschaftlicher Betreuung und einer Museumspädagogik ließen die Gedenkstätte stagnieren und erstarren. (Benz 2013, 235)

Wie schon im slowakischen und jugoslawisch-kroatischen Fall brachten auch in Theresienstadt die 1960er Jahre einen entscheidenden Wandel. Dieser lässt sich anhand der wechselnden Museumsleitung verdeutlichen: 1964 wurde Václav Novák von Miroslav Grisa, der viele Neuerungen einführte, als Direktor abgelöst, Grisa 1966 interimistisch durch Novák ersetzt, bis 1967 mit Miroslav Pávek wieder ein neuer Leiter berufen wurde, der dazu beitrug, aus dem veralteten Museum eine moderne Institution[48] zu machen und sich für die Einrichtung eines Ghetto-Museums einsetzte, bis im Zuge der ‚Normalisierung' 1970 wiederum Novák als Direktor eingesetzt wurde. (Munk 2007, 15–17; Heitlinger 2012, 55) 1968 stellte die tschechoslowakische Regierung fest, das Verhältnis zwischen antijüdischem rassistischem Terror der NationalsozialistInnen und deren Repressalien gegenüber den VertreterInnen des organisierten antifaschistischen Widerstands sei noch nicht gebührend dargestellt. (Blodig 1995, 238; Munk 2007, 14) Akzeptiert wurde die Unterstützung einiger Projekte wie der Errichtung des jüdischen Friedhofs beim Krematorium durch die Jüdische Gemeinde in Wien, was vorher als westliche Einmischung undenkbar gewesen wäre. (Blodig 1995, 239)

Die neue Dauerausstellung aus dem Jahr liberaler Reformen, 1965, konzipierten GedenkstättenmitarbeiterInnen, der Verband antifaschistischer Kämpfer und das Jüdische Museum in Prag. Sie widmete sich nun ganz den Vorgängen vor Ort, inkludierte die Lebensumstände der InsassInnen und bezog neben der Kleinen Festung auch das Ghetto ein. (Lunow 2015, 353) In dieser liberalen Phase wurde das Gebäude der „Alten Schule", die im Ghetto als Unterkunft für Knaben gedient hatte, für die Errichtung des Ghetto-Museums geräumt, die Angestellten sammelten bereits Material für die Ausstellung, führten historische Forschung durch und knüpften Kontakte mit KünstlerInnen sowie westlichen Gedenkstätten. (Blodig 1995, 238; Munk 2001, 19) Das Ausstellungskonzept erarbeiteten drei MitarbeiterInnen der Gedenkstätte, zwei MitarbeiterInnen des Staatlichen Jüdischen Museums sowie der Historiker Miroslav Kárný. (Hallama 2015, 128) Der Schwerpunkt sollte hier auf dem Antisemitismus als Verfolgungsgrund liegen und nicht auf der Deutung des Zweiten Weltkriegs als imperialistischem Eroberungskrieg.

---

[48] Auch die Einrichtung einer historischen Abteilung und die Anstellung von mehr und vor allem qualifizierten MitarbeiterInnen trugen entscheidend zur Professionalisierung der Gedenkstätte bei. (Heitlinger 2012, 55; Hallama 2015, 103)

Ein Vertreter des nunmehr für die Gedenkstätte zuständigen Nordböhmischen Kreisnationalausschusses definierte die Aufgaben des Museums jedoch auch zu dieser Zeit entlang des antizionistischen Diskurses:

> One of the greatest [tasks] is the construction of a Ghetto Museum the need of which is particularly urgent in the period of mounting Zionism whose aggressiveness is threatening world peace. Elsewhere in the world we can find so many proofs that it is imperialism in particular that supports racism. [...] We are preparing to establish a museum commemorating concentration camps set up by fascism all over the world. But we shall not forget the concentration camps in Vietnam and Israel either. (Zit. n. Munk 2007, 18)

Die Vorstellung von Israel als einem neuen ‚faschistischen' Staat, der wie der Nationalsozialismus nun Konzentrationslager betreibe, ist ein typisches Element des sowjetischen und staatssozialistischen antisemitischen Antizionismus nach 1945 (Haury 2002, 387), der sich in der Dämonisierung und Delegitimierung des jüdischen Staates niederschlägt. Nach der Invasion der Tschechoslowakei durch die Sowjetunion und andere Staaten des Warschauer Pakts war ein Ghetto-Museum wieder unmöglich geworden. Die neue Ausstellung sollte stattdessen der Öffentlichkeit zeigen, dass der gegenwärtige Zionismus keine Lehren aus dem Schicksal der von den Nationalsozialisten liquidierten Juden gezogen habe (Blodig 2005, 224; Munk 2007, 18), doch auch diese wurde nicht realisiert. Die Museumsleitung und einige MitarbeiterInnen protestierten offen gegen die antizionistische Kampagne und wurden Ulrike Lunow (2015, 348) zufolge aus diesem Grund in den Jahren nach dem Einmarsch aus ihren Ämtern entfernt. (Benz 2013, 236) Die Dauerausstellungen aus 1971 und 1975 legten den Fokus wieder ganz auf die Kleine Festung und die kommunistischen Häftlinge. (Lunow 2015, 355) Zwei kleine Vitrinen im Museum in der Kleinen Festung blieben die einzigen, die an das Ghetto erinnerten. (Blodig 2005, 226; Benz 2013, 237) Einige von Ghetto-Häftlingen angefertigte und hier ausgestellte Bilder verwiesen jedoch implizit weiter auf das Ghetto. (Lunow 2015, 358) Im bereits für das Museum geräumten Gebäude wurde stattdessen eine ständige Ausstellung über die „Geschichte der Nationalen Sicherheitsbehörden und der nordböhmischen revolutionären Tradition" mit Marmorböden und Kristalllustern eingerichtet – dem späteren Direktor Jan Munk (2008, 75) zufolge um zu verhindern, dass dort ein Ghetto-Museum eingerichtet wird. Eine Gedenktafel wurde am Gebäude angebracht, die an die in der Stadt Inhaftierten erinnerte, jedoch ohne zu erwähnen, dass es sich um Jüdinnen und Juden gehandelt hatte.

Die Diskursanalyse der sieben Museumsführer aus der staatssozialistischen Ära offenbart aber ein differenzierteres Bild als die Geschichte der Museumsinstitution vermuten lässt. (Radonić 2021) Das Ghetto war in den meisten dieser Veröffentlichungen marginalisiert, 1972 etwa in drei Absätzen einer insgesamt 27-seitigen Publikation behandelt. (Krylová 1972b) Doch die jüdischen Opfer wurden immer als solche benannt, ebenso wie in den stets nur kurzen Passagen erwähnt wurde, dass ihre Lage bei weitem „am schlechtesten" (Krylová 1972b, 15)[49] war, ihre Überlebenschancen auch im Gefängnis, etwa in der „Judenzelle", (Krylová 1972a, 29) kaum vorhanden. Die Vernichtungslager wurden offen benannt: „Die Juden wurden entweder Ferntransporten zugeteilt, meist ins Gas nach Auschwitz, oder sie endeten in der Totenkammer." (Kulišova 1963, 34f; vgl. auch Krylová 1972a, 4) Doch während das Gestapo-Gefängnis aus der Perspektive der Häftlinge geschildert wurde, die Empathie weckt, blieb die kurze Darstellung des Ghettos auf nüchterne Zahlen und Fakten beschränkt. Die Überbetonung der politischen Häftlinge, das völlige Verschweigen der Existenz des Internierungslagers für Deutsche 1945–1948 und die Marginalisierung des Ghettos ziehen sich durch fast alle Publikationen, aber von einem Verschweigen der ‚Sonderbehandlung' jüdischer Häftlinge kann nicht gesprochen werden.

Die große Ausnahme in Bezug auf den Raum, der dem Ghetto darin eingeräumt wird, stellt erwartbarerweise die Theresienstadt-Publikation aus 1967, der Hochphase der Liberalisierung, dar. Zwei der drei AutorInnen sind jüdische Ghetto-Überlebende, Josef Polák und Karel Lagus, die 1964 eine Monographie über das Ghetto Theresienstadt veröffentlichten. (Polák und Lagus 1964)[50] In der 119 Seiten umfassenden Publikation sind jeweils über 40 Seiten der Kleinen wie der Großen Festung, also dem Ghetto gewidmet, aber bereits vor dem Abschnitt über das Ghetto kommen in der Einleitung und dem Teil über die Kleine Festung die Begriffe ‚Juden' oder ‚jüdisch' über siebzig Mal vor. (Kulišova, Pólak und Lagus 1967) Das Kapitel über das Ghetto schildert minutiös alle Schritte von der Deportation nach Theresienstadt und der Ankunft dort, über den leidvollen Alltag bis zur Deportation in die Vernichtungslager – zwar meist nicht in den Worten einzelner Häftlinge, aber doch aus ihrer Perspektive. Ein Zitat aus dem Tagebuch des vierzehnjährigen Peter Fischler, der 1944 in Auschwitz-Birkenau ermordet wurde, soll den Alltag aus der Perspektive der Kinder verdeutlichen. (Kulišova, Pólak und Lagus 1967, 70) Nicht nur NS-TäterInnen, auch tschechische Gendarmen werden erwähnt, wobei zwischen dem Leiter des Wachdienstes, dem eifrigen Diener der SS und Kollaborateur Janetschek und den gewöhnlichen Gendarmen unterschieden wird, die den Häftlingen halfen. (Kulišova, Pólak und Lagus 1967, 61)

Unterschiede zwischen den anderen sechs Publikationen aus Theresienstadt zwischen 1963 und 1988 ergeben sich vor allem bei der Einbettung des Ortes in

---

[49] Dank an Petra Kaboňová und Florian Ruttner für die Übersetzungen aus den tschechischen Führern.
[50] Für diesen Hinweis danke ich dem/der anonymen GutachterIn meines Beitrags über „Terezín und Jasenovac – Umkämpfte Gedenkstätten vor und nach 1989" (Radonić 2021).

einen größeren ideologischen bzw. historischen Kontext. 1963 dominierte die sozialistische Ideologie noch stärker als in Jasenovac: Der westliche Imperialismus insbesondere der USA sei schuld am Zweiten Weltkrieg gewesen und auch den „deutschen Monopolisten [...] ging es im Grunde um die Liquidierung der Handelskonkurrenz". (Kulišova 1963, 69) Schließlich wurden der US-Imperialismus und Westdeutschland mit NS-Deutschland gleichgesetzt. (Kulišova 1963, 8) Außer in der Einleitung fand sich dieser antiimperialistische Jargon des Kalten Kriegs vor allem im Schlussabschnitt über das Ghetto, in dem nicht nur die USA, sondern auch Israel mit dem nationalsozialistischen Staat gleichgesetzt wurden:

> Millionen Juden wurden vor der völligen Ausrottung bewahrt. Es ist daher ein Verbrechen am jüdischen Volk, wenn sich der heutige jüdische bürgerliche Nationalismus mit den Imperialisten verbündet. Die Rassenfrage ist keine Nazispezialität, es ist eine alte Waffe der imperialistischen Bourgeoisie. Der rassistische Aberglaube spielt in den heutigen imperialistischen Hetzkampagnen eine nicht minder wichtige Rolle als vor Jahren bei Hitler.
> (Kulišova 1963, 69)

Hierbei hätte sich die „tschechische Bourgeoisie", „um höhere Gewinne zu erzielen und im Bestreben, an den Ergebnissen der imperialistischen Politik Nazi-Deutschlands mitzuverdienen" (Kulišova 1963, 6), mitschuldig gemacht. Tschechische Gendarmen als Wachen wurden nicht erwähnt. Unter den deutschen Tätern wurden auch Aufseher genannt, die den Häftlingen geholfen hätten. (Krylová 1972b, 18) 1972 rückten dann „Kommunisten, die der Widerstandsbewegung angehörten" (Krylová 1972a, 3) – wie erwartet – in den Vordergrund, eine Gleichsetzung der USA, Deutschlands oder Israels mit dem Nationalsozialismus findet sich hier nicht mehr.

4.1.4 Visuelles Material im Wandel: Individualisierung vs. nationalistische Mobilisierung

Die Darstellung der Rolle von Frauen im Zweiten Weltkrieg (Radonić 2018a), ein Thema, das mich seit meiner Diplomarbeit begleitet (Radonić 2004), gehört zwar nicht zu den Kernfragen dieser Untersuchung, entpuppte sich bei den sozialistischen Guides jedoch als ein interessanter Punkt. Während für alle drei hier analysierten sozialistischen Museen in den 1960er Jahren ein signifikanter Wandel etwa im Umgang mit dem, was wir heute als Holocaust und Porajmos oder Genozid an Roma und Sinti bezeichnen, festgestellt wurde, lässt sich dies in Bezug auf die Darstellung von Frauen nicht sagen. Die Ausstellungen bzw. Museumspublikationen aus den liberaleren 1960ern unterscheiden sich diesbezüglich nicht von repressiveren Phasen davor oder danach. In liberalen wie repressiven Zeiten werden in Theresienstadt Frauen als handelnde Akteurinnen, Täterinnen wie Opfer benannt: die „Gattinnen der dortigen Aufseher" als Aufseherinnen (Kulišova 1963, 40), Frauen als politische Häftlinge (Krylová 1972b, 34) und „Partisaninnen" (Krylová 1972b, 33), insbesondere „die Kommunistin Milada Pixová", die in Theresienstadt für den Widerstand arbeitete. (Krylová 1972a, 17; vgl. Krylová 1972b, 35) Auch in den Jasenovac-Guides werden Frauen nicht auf passive Opferschaft reduziert, sondern 1985 etwa als Beispiel für individuellen Widerstand im Lager genannt: Frauen, deren Kinder weggenommen oder gequält wurden, griffen die WächterInnen in diesen Situationen an. (Trivunčić 1985, 67) Im slowakischen Guide aus 1977 soll ein Foto der Bildunterschrift zufolge die „Bevölkerung" zeigen, wie sie zu den Waffen greift, es sind aber fast ausschließlich Frauen zu erkennen. (Múzeum SNP 1977, 34) 1985 sehen wir auf einem der 88 Fotos eine mit zahlreichen Orden ausgezeichnete Partisanin. Jedoch sind diese Darstellungen von Frauen als Akteurinnen keinesfalls die Regel. Im Guide aus 1977 sind 28 der 94 Fotos Porträtaufnahmen von Widerstandskämpfern und wichtigen Persönlichkeiten, allesamt Männer. (Múzeum SNP 1977) Auf zeitgenössischen Aufnahmen werden Frauen hier vor allem als Museumsbesucherinnen oder -führerinnen gezeigt.

In Bezug auf visuelle Elemente lässt sich in Publikationen aus dem Aufstandsmuseum, aus Theresienstadt wie aus Jasenovac zunächst die Abwesenheit von Menschen feststellen. Die diachrone Analyse des visuellen Materials (Radonić 2016b, 181f) förderte einen frappanten – mit Ausnahme des Ausreißers aus 1967 – kontinuierlichen Wandel zu Tage: Der Theresienstadt-Guide aus 1963 enthält 24 Fotografien auf 75 Seiten, ausschließlich Fotos leerer Höfe, Gebäude und Zellen der Festung. (Kulišova 1963) In der liberalen Phase 1967 ist auch auf der Bildebene alles anders: neben zwölf Fotos leerer Höfe und Gebäude sind hier auch acht Zeichnungen von Kindern und Jugendlichen inklusive ihres Namens, Geburtsjahres und Todesjahres in Auschwitz enthalten, ein Ausnahmefall im Hinblick auf die sehr frühe Individualisierung der Opfergeschichten. 1972 sind dann erneut Häftlinge nur einmal eher zufällig auf einer Abbildung des Wachturms des Konzentrationslagers in Litoměřice zu sehen. (Krylová 1972a, 6) Im Fotoband aus 1974 zeigen von den insgesamt 84 Aufnahmen einige auch Täter und Häftlinge, diese aber nur als anonyme Menge oder als Leichen. Aber auch zehn Zeichnungen der Häftlinge aus der Kleinen Festung und dem Ghetto sind hier enthalten. Diese werden jedoch als Abbildungen der historischen Realität, zum Beispiel der „Judenzelle" präsentiert. (Novák 1974, 60) Die erste Publikation, die als Versuch der umfassenden Individualisierung der Opfer betrachtet werden kann, ist der Hochglanzband aus 1988 mit 370 visuellen Elementen auf 280 Seiten. 28 davon zeigen private, namentlich zugeordnete Porträts politischer Häftlinge der Kleinen Festung, sieben von Ghettohäftlingen. Hinzu kommen noch 25 Zeichnungen aus der Kleinen Festung und rund 90 aus dem Ghetto, davon über 30 von Kindern angefertigte – nun als Belege ihres kreativen Schaffens unter unmenschlichen Lebensbedingungen vor ihrer Ermordung, meist in Auschwitz-Birkenau.

Hier wird für ‚ganz normale' Opfer Empathie geweckt – während nur mehr acht Prozent der Fotos Gebäude und Höfe zeigen. Dies spiegelt sich auch im Narrativ der Publikation wider: Während etwa bei der Typhusbekämpfung nach der Befreiung des Lagers mal die Rolle sowjetischer, mal tschechischer Ärzte stärker betont wurde, werden nun erstmals die Häftlinge nicht mehr nur als Opfer dargestellt: „ein großes Verdienst an dessen Bekämpfung hatten auch die ehemaligen Häftlinge selbst" (Památník Terezín 1988, 263), heißt es nun.

Im slowakischen Fall lässt sich ebenfalls der Fokus auf Gebäude feststellen, ohne dass dies in der sozialistischen Ära noch durchbrochen wird. Die Massenexekutionen in Nemecká werden etwa durch eine Außenaufnahme der Kalkfabrik dargestellt (Múzeum SNP 1985, 61), in der 900 Menschen ermordet wurden, die zerstörten Dörfer durch ein menschenleeres Foto eines verbrannten Dorfes. Die Opfer spielen also als Individuen keine Rolle, Repression wird durch brennende Gebäude dargestellt. Alle fünf Guides zeigen hier auf dem Titelbild das Museum von außen, wenn auch ein deutlicher Unterschied zwischen der sozialistischen Inszenierung des Gebäudes mit dem Massenaufmarschplatz davor und dem postsozialistischen Guide mit einem Ausschnitt der markanten Fenster zwischen den Museumshälften zu sehen ist.

Auch die Jasenovac-Führer zeigen zunächst die Blume und andere Mahnmale, die neben der Gedenkstätte errichtete Schule, einen Baum, an dem Hinrichtungen stattfanden, die Ortschaft[51] Jasenovac in den 1980ern und oftmals die Brücke der ‚Brüderlichkeit und Einigkeit', die neben der Gedenkstätte über die Save führt und symbolträchtig Kroatien und den serbischen Teil Bosniens, das ehemalige Hauptlager also mit seiner größten Exekutionsstätte auf dem anderen Ufer in Donja Gradina verbindet. (Trivunčić 1985) Wenn Opfer abgebildet werden, dann als anonyme „Kinder ohne Mütter im Lager". (Trivunčić 1974, 34)

Die Jasenovac-Publikation aus 1986 hingegen wirkt wie ein Vorbote des Krieges. Sie verwendet nicht mehr die kroatische Variante des Serbokroatischen (*ijekavica*), sondern nur mehr serbische Ausdrücke, etwa für Jude *jevrej* und nicht *židov*. Im Sinne der serbischen Mobilisierung im „Krieg der Erinnerung"

---

51 Die kroatischen wie die slowakischen Publikationen muten zuweilen merkwürdig an, wenn sie den Gedenkort mit touristischer Bewerbung der Gegend verknüpfen: „ein schöner Ort, der wegen seiner reichen Fisch- und Jagdgründe sowie seiner Hausspezialitäten viele Gäste anzieht. Jedes Jahr besuchen tausende Menschen, Angehörige der Häftlinge, überlebende Häftlinge und Mitkämpfer Jasenovac, sie kommen, um den Toten die Ehre zu erweisen und an die Grauen des Faschismus zu erinnern." (Babić 1966, 16)

(Radonić 2010), der mit den Jugoslawienkriegen einherging, kommt hier erstmals eine ‚Leichenberge-Pädagogik' zum Einsatz. Als ob das größte Todeslager der Ustaša nicht verbrecherisch genug gewesen wäre, werden die kroatischen Ustaša in dieser Phase im Sinne der Mobilmachung des serbischen Nationalismus dämonisiert: 1986 dominieren unter den 53 Fotos jene abgetrennter Köpfe, aufgedunsener Wasserleichen, ermordeter Kinder und von Leichen in Massengräbern. (Lukić 1986) Eine Aufnahme zeigt einen Mann, dessen Kopf hinuntergedrückt wird und den „Ustaša aus Jasenovac mit einem Beil töten." (Lukić 1986, 17) Das Foto hat aber nichts mit Jasenovac zu tun, sondern zeigt von Deutschen begangene Verbrechen an Slowenen. (Mataušić 2008, 72–74)

Auch in der zweiten ständigen Jasenovac-Ausstellung, welche 1988 die Dauerausstellung von 1968 ablöste, beherrschte nun ein Fries den Raum, auf dem ausschließlich großformatige Fotos von Folter und massakrierten menschlichen Körpern zu sehen waren, von denen die meisten nicht in Jasenovac aufgenommen wurden. Auch die von Antun Miletić, dem leitenden Archivar des Militärhistorischen Instituts in Belgrad, und dem Museologen Dragoje Lukić kuratierte Wanderausstellung, die ab 1986 drei Jahre lang durch Jugoslawien tourte, „overwhelmed the audience with graphic portrayals of violence." (Byford 2020, 109) Sie setzte ebenfalls stark auf Horrorbilder, die auch in diesem Fall wenig Bezug zu Jasenovac aufwiesen. Die langjährige Direktorin des postsozialistischen Jasenovac-Gedenkmuseums, Nataša Jovičić, wies später kritisch darauf hin, dass die Ausstellung auch Soldaten der Jugoslawischen Volksarmee vorgeführt wurde. (Jovičić 2006a, 296) Sie deutet dies als serbische Vorbereitung auf den Krieg: „In this ideology, the victims of Jasenovac became mere instruments to generate and inspire the crimes that the Yugoslav People's Army committed during Croatia's Homeland War." (Jovičić 2006a, 296) Dass der spätere kroatische Präsident Franjo Tuđman darauf mit Verharmlosung der Ustaša-Verbrechen und der Angabe einer viel zu geringen Opferzahl von 30.000–40.000 Opfern reagierte, lässt Jovičić an dieser Stelle aus.

Somit erreicht der in den 1960er Jahren erstmals deutlich spürbare Nationalismus in den späten 1980er Jahren Jasenovac mit voller Wucht und der Ort wird zum Symbol des Krieges um die Erinnerung, der den Jugoslawienkriegen voranging. (Radonić 2010, 127) Obwohl ein Belgrader Statistiker (Kočović 1985) und ein kroatischer Demograph (Žerjavić 1989) in Bezug auf die Zahl der Jasenovac-Opfer im Wesentlichen zu denselben Ergebnissen kommen, nimmt die Manipulation der Opferzahlen im sich geschichtspolitisch überschlagenden Tagesgeschehen einen prominenten Platz ein. Serbische NationalistInnen sprechen von über einer Million Jasenovac-Opfern und vertreten die Vorstellung von ‚kroatischer Genozidalität'. Tuđman (1990, 316) hingegen schreibt in seinem 1989 erschienenen Buch *Bespuća povijesne zbiljnosti* („Irrwege der Geschichtswirklichkeit") von bloß 30–40.000 Ermordeten und gibt antisemitische Zitate wieder, wonach

Juden im Lager bewaffnet gewesen wären und an den Ermordungen teilgenommen hätten. (Tuđman 1990, 318)

In den tschechoslowakischen Museen findet sich hingegen keine derartige nationalistische Mobilisierung, wie auch die Trennung der beiden Staaten bald darauf friedlich vonstatten geht. In Terezín setzen 1988 die systematische Individualisierung der Opfer und der Fokus auf das künstlerische Schaffen ‚ganz normaler' Häftlinge vor ihrer Ermordung in Vernichtungslagern ein. Der dämonisierende Jasenovac-Bildband aus 1986 und die Ausstellung aus 1988 nehmen hingegen den serbischen aggressiven Nationalismus vorweg. Die willkürlich Jasenovac zugeschriebenen Bilder und Videoaufnahmen des Grauens lassen sich – gerade dank des Vergleichs mit Theresienstadt – als Überwältigungs- und Mobilisierungsstrategie im Sinne des „Krieges um die Erinnerung" (Radonić 2010) charakterisieren. Die friedliche Transformation im tschechoslowakischen und die kriegerische Trennung im jugoslawischen Fall scheinen in den Entwicklungen der späten 1980er bereits angelegt. Selbstredend ist der unterschiedliche Charakter der beiden Gedenkstätten hierbei relativierend zu berücksichtigen, da Jasenovac vom kroatischen Staat, Theresienstadt hingegen vom NS-Regime mit Tschechen als Wachen betrieben wurde.

4.2 1990–1999: Die Wende und die Museen

Der Sozialwissenschaftlerin Głowacka-Grajper folgend wurde in der Einleitung der Begriff ‚postsozialistisch' als ein Terminus bestimmt, der nicht nur auf die Aufarbeitung der sozialistischen Ära zielt, sondern auch auf die Transformation von Erinnerungskultur und Geschichtspolitik in Bezug auf zuvor marginalisierte und tabuisierte Ereignisse während des Zweiten Weltkriegs oder die Kriegsend- und Nachkriegsverbrechen. Bevor wir zu den neuen Ausstellungen über sowjetische Verbrechen kommen, wird hier zunächst die postsozialistische Transformation der drei bisher besprochenen Museen umrissen.

4.2.1 Theresienstadt, Museum des Slowakischen Nationalaufstands und Jasenovac nach der Wende

In Theresienstadt, dem Museum des Slowakischen Nationalaufstands und in Jasenovac kam es nach der Wende zu gravierenden Veränderungen – wenn auch in völlig unterschiedliche Richtungen –, bevor noch irgendeines der anderen sieben untersuchten Museen eröffnet wurde. In Terezín wurde 1990 Jan Munk, Präsident der jüdischen Gemeinde Tschechiens, dessen Eltern 1941 nach Theresienstadt deportiert worden waren, als Direktor eingesetzt. Mit Unterstützung von Präsident Václav Havel (Blodig 2005, 226) und rechtzeitig zum Besuch des israelischen Staatspräsidenten Chaim Herzog (Munk 2001, 19) eröffnete 1991 endlich das Ghetto-Museum (Abb. 10): am 16. Oktober, dem fünfzigsten Jahrestag des Beginns der Deportationen tschechischer Jüdinnen und Juden in den ‚Osten'. Dies war so rasch nach der Wende möglich, weil die MuseumsmitarbeiterInnen seit den 1960er Jahren das Projekt inoffiziell weiterbetrieben, Dokumente und Objekte gesammelt hatten. (Munk 2001, 19) Den Neubeginn verdeutlichte auch eine internationale Konferenz mit dem Titel *Theresienstadt in der Endlösung der Judenfrage*, die im November 1991 „Historiker, Mitarbeiter der Gedenkstätte und Überlebende zusammenführte." (Benz 2013, 237; Sniegon 2003, 194)

Abb. 10: Das Ghetto-Museum in Theresienstadt/Terezín.

In der Folge avancierte Theresienstadt auf internationaler Ebene zu einem der bekanntesten Erinnerungsorte im Zusammenhang mit dem Holocaust und wurde vor allem von ‚westlichen' BesucherInnen aufgesucht. (Sniegon 2017, 37) Im Gegensatz dazu spielen innenpolitisch in der tschechischen Geschichtspolitik der 1990er weder Terezín noch der Holocaust eine nennenswerte Rolle. (Sniegon 2017, 38; Kolář und Kopeček 2007, 206 f; Frankl 2003) 1995 wurde auch in der Kleinen Festung eine neue ständige Ausstellung über das Gestapo-Gefängnis eröffnet. (Blodig 2004, 181) Als die Gedenkstätte im selben Jahr erstmals eine Ausstellung über das in Theresienstadt von 1945–1948 angesiedelte Internierungslager für Deutsche eröffnete und 1997 eine Publikation[52] darüber herausgab, führte dies zu keinen öffentlichen Kontroversen, sondern galt als notwendiger Schritt. (Munk 1998, 9) Weiterhin stark im tschechischen Diskurs, der Historiographie und den Schulbüchern marginalisiert blieb die Erinnerung an die Verbrechen gegen Roma. 1997 wurde dies erstmals Gegenstand einer Kontroverse über die Verantwortung von TschechInnen für die Lager Lety und Hodonín und um die auf dem Gelände des ehemaligen Lagers Lety befindliche Schweinefarm. (Frankl 2003, 181) Theresienstadt hingegen hat 1991 die Marginalisierung der Erinnerung an das Ghetto scheinbar endgültig hinter sich gelassen, besteht heute aus dreizehn Gedenkorten und -ausstellungen, hat unverändert seinen internationalen Stellenwert und bleibt in der tschechischen Geschichtspolitik unkontrovers, was aber auch dazu führt, dass kaum wissenschaftliche Analysen über die Gedenkstätte und ihre Ausstellungen publiziert werden.

Das Museum des Slowakischen Nationalaufstands veröffentlicht 1990 einen kurzen Museumsguide, der zwar erwartungsgemäß auf das sozialistisch-antiimperialistische Vokabular verzichtet, aber darüber hinaus stark von der Unsicherheit der Übergangszeit geprägt ist. (Radonić 2014a, 493) Die Rolle der kommunistischen Aufständischen wird nicht mehr wie in den vorangegangenen Publikationen überbetont, vielmehr werden nun die bürgerlichen Kräfte ausführlich behandelt. Zugleich wird aber immer noch die entscheidende Rolle der Sowjetunion im Aufstand positiv hervorgehoben: „Es bleibt ein historischer Fakt, dass die Hilfe der Sowjetunion für den Aufstand die umfassendste war – von der Größe und dem Inhalt her." (Múzeum SNP 1990, 25) Auch die tschechoslowakische Idee eines gemeinsamen Staates wird noch positiv bewertet. Am auffälligsten ist das Fehlen jeglicher Charakterisierung des Tiso-Regimes, also der sogenannten Slowakischen Republik 1939–1945, und ihrer Kollaboration mit dem NS-Regime. Hier ist meist neutral von der „Bratislava-Regierung" die Rede oder, im Kontext der Aktivitäten der Aufstän-

---

52 Im Gegensatz zum minutiös anhand vieler Dokumente belegten leidvollen Alltag der Internierten werden die Morde an den deutschen Häftlingen und Gewalt gegen sie allerdings nur kurz erörtert und in den Kontext der „zwangsläufigen" Rache gestellt: „Das Verhältnis zu den Internierten wurde durch die damalige politische Lage determiniert, als jeder Deutsche für den Feind und den Schuldigen gehalten wurde. Diese allgemein verbreitete Einstellung machte sich in dem Grenzgebiet noch markanter bemerkbar und ganz andere Dimensionen bekam sie in Theresienstadt – dem Symbol der nazistischen, an Tschechen verübten Gewalt. Die in die Festung kommenden Deutschen mußten also zwangsläufig zur Zielscheibe der Haßäußerungen und der Rachsucht werden, insbesondere seitens der ehemaligen Häftlinge, die plötzlich die Rolle der Mächtigen übernahmen. Eben das ‚wilde' Anfangsstadium der Existenz des Lagers wird mit den an den Internierten verübten Akten des Unrechts und der Gewalttätigkeit verbunden." (Poloncarz 1997, 66)

dischen höchstens vom „existierenden Regime" (Múzeum SNP 1990, 9). Überraschenderweise spielt Demokratie als positives Konzept überhaupt keine Rolle. Die Tschechoslowakei der Zwischenkriegszeit ist zwar vor allem wegen der „Idee tschechoslowakischer Staatlichkeit" (Múzeum SNP 1990, 4) positiv besetzt, doch ihr demokratischer Charakter bleibt unerwähnt. *Personae non gratae* tauchen aus der Versenkung auf, etwa der in der Zwischenkriegszeit bedeutende slowakische Kommunist und Dichter Vladimír Clementis, der den Krieg im Westen verbrachte und in den 1950ern in der ČSSR verfolgt und 1952 im Rahmen des Slánský-Prozesses hingerichtet wurde (Múzeum SNP 1990, 6), der 1950 exekutierte Partisanenanführer Viliam Žingor (Múzeum SNP 1990, 23) oder der Leiter der Moskauer Militärmission General Heliodor Píka, der 1949 wegen des Vorwurfs des Landesverrats hingerichtet worden war.

Zum ersten Mal werden nicht nur „rassistisch Verfolgte", sondern auch explizit die „rassistische Verfolgung jüdischer und Zigeuner-Bürger" (Múzeum SNP 1990, 4) erwähnt, jedoch nicht weiter erörtert. In einer im Januar 1990, also bereits zwei Monate nach der ‚Samtenen Revolution' eröffneten Sonderausstellung präsentierte das Museum 100 Fotografien von den Befreiungen der Konzentrationlager Auschwitz, Majdanek, Dachau, Sachsenhausen, Mauthausen und Buchenwald. (Sniegon 2017, 175) Das Thema der Ausstellung war die Erniedrigung menschlicher Wesen durch die dem Faschismus entstammende Gewalt. Die Ausstellung wurde zwar rund um den Jahrestag der Befreiung von Auschwitz eröffnet, doch die Ethnizität der Opfer wurde nicht angegeben und somit das realsozialistische Narrativ weitergeführt. 1992 veranstaltete das Museum zusammen mit israelischen HistorikerInnen tschechoslowakischer Abstammung, der bekannteste von ihnen Yehuda Bauer, sowie Überlebenden anlässlich des 50. Jahrestags der Deportation der slowakischen Jüdinnen und Juden eine Konferenz über die „Tragödie der slowakischen Juden", bei der der historische Ablauf chronologisch nachgezeichnet wurde. (Tragédia slovenských židov 1992, zit. n. Sniegon 2017, 176) Eine Auseinandersetzung mit dem nationalistisch-katholischen Narrativ gab es jedoch nicht[53] und in der Ausstellung blieb der Holocaust weiterhin unerwähnt. (Sniegon 2017, 178)

Das Museum und der Guide aus 1990 entscheiden sich also für keine der drei widerstreitenden Strömungen im slowakischen Staatsbildungsprozess, wenn es um die Bewertung der sogenannten ‚Slowakischen Republik' 1939–1945 geht: Weder

---

53 Ein Vertreter dieses nationalistisch-katholischen Spektrums beurteilte 1990 den Aufstand wie folgt: „The Uprising cannot be linked to the Slovak nation. It was created by a few shortsighted politicians and ambitious officers together with some fanatical communists and ruthless opportunists. It resulted in the nation being humiliated and deprived of its dignity. Two months of this idiotic uprising cost about 40,000 lives." (Vnuk 1990, 84, zit. n. Sniegon 2017, 174)

wird das sozialistische antifaschistische Narrativ ungebrochen fortgeschrieben, noch der Aufstand als vor allem bürgerlicher Kampf gegen den Faschismus und für slowakische Selbstbestimmung gedeutet, noch der Aufstand als Verrat am slowakischen Tiso-Staat verstanden, wie die rechtextremen Kräfte und das nationalistisch-katholische Lager ihn sahen. (Lášticová und Findor 2008, 241) 1992 wird eine neue Dauerausstellung mit dem Titel *Slovaks on the battlefields of the World Wars* eröffnet, die jedoch der Museumswebseite zufolge in eine Phase des „search for the new directions of the development of collection-forming, academic research, presentation and educational agencies of the Museum" (Babušíková o. J.) fällt. Das Museum kämpfte nach der ‚Samtenen Scheidung' von Tschechien 1993 um eine neue politische Linie jenseits der sozialistischen Propaganda. Doch als 1994 Vladimir Mečiar die ultra-nationalistische und geschichtsrevisionistische Slovenská národná strana (SNS) in die Regierung aufnahm und das Museum 1996 von einer staatlichen zu einer regionalen Institution heruntergestuft wurde, kämpfte es ums Überleben. Erst nach der Wahlniederlage Mečiars 1998 war das staatliche Kokettieren mit der geschichtsrevisionistischen Verklärung des Tiso-Regimes beendet (Pauličkova 2013, 550) und die Einrichtung erhielt ihren Status als staatliche Institution zurück. Es sollte aber bis zum Jahr 2000 dauern, bis dem zögerlichen Museumsguide aus 1990 ein neuer nachfolgte.

Theresienstadt betrieb also seit 1988 die Individualisierung der Opfer und konnte 1991 das Ghetto-Museum einrichten. Das Museum des slowakischen Nationalaufstands suchte seinen neuen Ort innerhalb der slowakischen Geschichtspolitik, die in der Ära Mečiar zwischen (eingeschränkter) Demokratisierung und Pluralisierung einerseits und geschichtsrevisionistischer Verklärung des Tiso-Staates andererseits gespalten war.

Jasenovac wiederum rückte in den Fokus des serbisch-kroatischen ‚Krieges um die Erinnerung'. (Radonić 2010) Serbische NationalistInnen betonten noch stärker als in den 1980er Jahren die These von der vor allem an Jasenovac festgemachten ‚Genozidalität der Kroaten'. In der Gedenkstätte Jasenovac blieben kriegsbedingt zunächst BesucherInnen aus und das Museum wurde dann im September 1991 geschlossen. Zunächst nutzte es die kroatische Armee, dann die Jugoslawische Volksarmee (JNA) und die serbische paramilitärische Einheit *Wölfe von Vučjak*. Die Frage, welche Seite die Gedenkstätte verwüstete, bleibt bis heute ein Politikum. Während manche behaupten, die kroatische Armee hätte sie „besetzt" und verwüstet (Walasek 2016, 84), bezeichnen andere dies als „Lüge" und beschuldigen ausschließlich die „Četnik-Besatzer" (Matković 2017). Am treffendsten beschreibt die Lage wohl die frühere Gedenkstättenleiterin Nataša Mataušić (2003, 156), wenn sie ausführt, dass der Anteil der kroatischen Armee, der JNA und der Krajina-SerbInnen an der Verwüstung unklar ist, jedoch sie alle die

Räumlichkeiten als Unterkunft und für Kriegsbelange missbräuchlich verwendeten. (Radonić 2018b, 136)[54]

Kurz vor der Ausrufung der Serbischen Krajina in diesem Teil Kroatiens brachte ein Museumskurator die Exponate in den serbischen Teil Bosniens in Sicherheit. In Folge wurden sie dann aber für Hass schürende serbische Ausstellungen über das ‚Auschwitz des Balkans' mit überhöhten Opferzahlen in Banja Luka und Belgrad eingesetzt. (Radonić 2018b, 136) Jovan Byford (2007) zufolge rechtfertigte das Verständnis von Jasenovac als Ort des ‚Holocaust an den Juden und Serben' eine aggressive serbische Politik zur Verhinderung eines neuen kroatischen Genozids. Die Gedenkstätte befand sich 1991–1995 auf dem Gebiet der Republika Srpska Krajina und blieb geschlossen.

Währenddessen rückte auch der kroatische, von 1990 bis zu seinem Tod 1999 semi-autoritär amtierende Präsident Franjo Tuđman Jasenovac in den Fokus seiner Geschichtspolitik. (Radonić 2013, 241f) In Kroatien schien die Trennung von Jugoslawien und seinem antifaschistischen Dogma nur denkbar zu sein in Kombination mit einem positiven Bezug auf den ‚Unabhängigen Staat Kroatien', der laut Tuđman

> nicht nur ein ‚Quisling'-Gebilde oder ein ‚faschistisches Verbrechen' war, sondern einerseits auch der Ausdruck historischer Bestrebungen des kroatischen Volkes nach einem unabhängigen Staat und andererseits ebenfalls der Einsichten internationaler Akteure, in diesem Fall der Regierung Hitlerdeutschlands, die auf den Ruinen von Versailles die Neuordnung Europas schneiderte, in die Sehnsüchte Kroatiens und seine natürlichen Grenzen.
> (Čulić 1999, 20)

Er sei zwar der *Form* nach faschistisch gewesen, sein *Inhalt* hingegen „rein" und „volksbefreiend" geblieben. Die faschistische politische Form sowie der eliminatorische Antisemitismus seien dem Land von außen, von den deutschen Besatzern also, aufgezwungen worden. (Čulić 1999, 25)

Zum Charakter des KZ Jasenovac schrieb der Historiker Tuđman, dass nur „Vorkämpfer des Jasenovac-Mythos" behaupten könnten, das Lager sei „mit der expliziten Absicht errichtet [worden], alle Gefangenen zu liquidieren"; tatsächlich sei es bloß ein „Sammel- und Arbeitslager" gewesen. (Čulić 1999, 25) Er, der in der sozialistischen Ära als hundertprozentiger Titoist galt (Hudelist 2004, 193), setzt nun im Sinne eines radikalen kroatischen Nationalismus Jasenovac mit Bleiburg gleich, dem Ort des angeblich von den PartisanInnen an der flüchtenden Kolonne der Ustaša, Armeeangehörigen und ZivilistInnen begangenen ‚Holocaust an den Kroaten' 1945. Er gibt für Jasenovac viel zu niedrige Op-

---

[54] Ich danke dem Direktor des Gedenkmuseums, Ivo Pejaković, für Informationen zu dieser Frage.

ferzahlen an, um sie mit jenen von Bleiburg vergleichen zu können und baut Jasenovac in sein Projekt der ‚nationalen Versöhnung' ein (Radonić 2010, 163; Radonić 2017, 272): PartisanInnen wie Ustaša hätten im Zweiten Weltkrieg auf ihre je eigene Weise für die ‚kroatische Sache gekämpft'. In Jasenovac als ‚nationaler Versöhnungsstätte' sollten daher auch Knochen von Ustaša begraben werden, die später Opfer der PartisanInnen geworden waren. Nach scharfer Kritik an diesem „Knochenmix" (Ivančić und Čulić 1996) behauptet Tuđman, Jasenovac sei nach 1945 als kommunistisches Lager weitergeführt worden – trotz seriöser wissenschaftlicher Widerlegung (Bašić und Kevo 1997) hält sich das Gerücht bis heute. Da die ‚Universalisierung des Holocaust' zu diesem Zeitpunkt bereits zu weit fortgeschritten war, um eine KZ-Gedenkstätte dermaßen zu missbrauchen, musste Tuđman diesen Plan aufgeben.[55] Kroatien war zu dieser Zeit, in der zweiten Hälfte der 1990er Jahre, international weitgehend isoliert. Für seine aggressiven Versuche der Zerschlagung Bosnien-Herzegowinas zum Zweck der Einverleibung der mehrheitlich kroatischen Herzegowina sowie die starken Demokratiedefizite wurde es heftig kritisiert, änderte seine Politik in diesen Punkten aber bis zum Tod Tuđmans Ende 1999 nicht. Die vehemente Kritik an der geschichtsrevisionistischen Umwidmung einer KZ-Gedenkstätte war jedoch auch in dieser Phase erfolgreich – diese Interventionen konnte die Regierung nicht einfach als ungerechtfertigte Einmischung in interne Angelegenheiten abtun.

Als erstes postsozialistisches Land stellte Kroatien ferner 1998 nach großer internationaler Aufmerksamkeit mit Dinko Šakić einen der KZ-Kommandeure von Jasenovac nach seiner Auslieferung aus Argentinien vor Gericht. Nach Monaten, in denen vor allem in der Voruntersuchung Schuld- und Erinnerungsabwehr, Verschwörungstheorien und Antisemitismus die staatlichen Medien dominierten, fand während des Hauptprozesses 1999 langsam eine Auseinandersetzung mit den grauenvollen Schilderungen der Überlebenden statt und Šakić wurde schließlich zur Höchststrafe von 20 Jahren verurteilt. (Radonić 2012)

Die Jasenovac-Gedenkstätte und das Museum befinden sich zwar nach der Rückeroberung der serbischen Krajina 1995 wieder auf kroatischem Gebiet und diese Wiederherstellung territorialer Integrität wird martialisch mit einem Uniformierten mit Maschinenpistole vor dem Blumendenkmal inszeniert, doch das Museum bleibt bis 2006 geschlossen. Schließlich konnte das USHMM bezüglich der Frage der Rückgabe der Jasenovac-Exponate jedoch ein Abkommen mit Milorad Dodik, dem Präsidenten der bosnischen SerbInnen schließen (Walasek

---

55 So bezeichnete anlässlich des Besuchs des kroatischen Außenministers Granić in Israel 1998 der Direktor von Yad Vashem die Erhaltung von Jasenovac „ohne Veränderung der Gedenkstätte" als eine der Fragen, die Kroatien lösen müsse, um die Beziehungen mit Israel zu verbessern. (Radonić 2010, 182)

2016, 84) und diese wurden aus Banja Luka zur Digitalisierung der Bestände nach Washington, D. C., gebracht, bevor zumindest der erhaltene Großteil der Ausstellungsstücke 2001 nach Kroatien zurückkehrte.

Während Theresienstadt vor allem historische Informationen über den Ort und seine Opfer ausstellt, aber auf symbolischer Ebene in der tschechischen Geschichtspolitik kaum eine Rolle spielt, bleibt der historische Ort Jasenovac von 1991 bis 2006 ohne Ausstellung. Das Symbol Jasenovac und die Überhöhung bzw. Leugnung seiner Schrecken bleiben auch nach dem Krieg der 1990er im Fokus der post-jugoslawischen Deutungskämpfe. (Cipek 2008)

4.2.2 Das slowenische Zeitgeschichtemuseum

The Land Between, so heißt ein Standardwerk über die Geschichte Sloweniens (Luthar 2008), das neben diesem Zwischenstatus auch die Tatsache betont, dass die Geschichte des Landes eher Wenigen bekannt ist. Deshalb wird die Zeit des Zweiten Weltkriegs in Slowenien hier etwas ausführlicher als sonst umrissen, um die Museumsanalyse zu kontextualisieren.

Nach der deutsch-italienischen Besatzung Sloweniens im April 1941 wurden die nördlichen Teile ins Deutsche Reich eingegliedert, die südlichen und südwestlichen ans faschistische Italien, ein kleiner Teil ganz im Nordosten fiel Ungarn zu. Die ersten Kollaborateure in Slowenien waren slowenische Četnici, zwei Gruppen namens *Blaue* und *Weiße Garde*, die von den Italienern bewaffnet wurden und später die *Milizia Volontaria Anti Comunista* (MVAC) formten. Sie kämpften gegen die PartisanInnen, welche sich rasch zum Widerstand gegen die Besatzung formiert hatten und unter denen zunächst nur rund 10 Prozent KommunistInnen waren, doch gewann die Slowenische Kommunistische Partei ab 1943 die Oberhand in der Widerstandsbewegung. Nach herben Niederlagen gegen die PartisanInnen und dem Rückzug Italiens 1943 schlossen sich die übriggebliebenen MVAC-Verbände zu Heimwehr-Verbänden, Domobranzen, zusammen. Diese waren zunächst gespalten: Ein Teil wollte die Kollaboration mit den Nazis minimieren und wenn deren Niederlage absehbar würde, die PartisanInnen bekämpfen, der andere Teil die PartisanInnen mithilfe der Nazis vernichten. (Luthar 2008, 432) 1944 kämpften dann die sechs Bataillone letztendlich alle an der Seite der Wehrmacht. (Luthar 2008, 433)

Es gab in Slowenien verglichen mit anderen vom ‚Dritten Reich' besetzten Ländern wenige Opfer ‚rassischer' Verfolgung, weil nur wenige Minderheiten dort lebten: Bei der Volkszählung von 1931 gab es nur 831 Jüdinnen und Juden in Slowenien. Zusammen mit getauften und nach Slowenien geflohenen Jüdinnen und Juden geht Kranjc (2013, 592) von 1.500 Personen zu Beginn des Zweiten Weltkriegs aus. 30 bis 40 Jüdinnen und Juden wurden aus der deutschen Zone zusammen mit Romnja und Roma nach Serbien und Kroatien deportiert. (Kranjc 2013, 598) In Ljubljana in der italienischen Zone wurden 1941 lediglich 45 slowenischstämmige Jüdinnen und Juden und 108 geflüchtete gezählt. (Kranjc 2013, 599) Die Einheimischen wurden in Lager in Norditalien deportiert, die Geflüchteten in das KZ Feramonti di Tarsia in Süditalien; die Mehrzahl überlebte. Zum Zeitpunkt der Kapitulation Italiens 1943 befand sich nur mehr eine Handvoll Jüdinnen und Juden in Ljubljana, die meisten getauft oder aus dem jüdischen Glauben ausgetreten. Doch auch sie deportierten die Nazis, nur wenige konnten versteckt bleiben. (Kranjc 2013, 600) Domobranzen verbreiteten antisemitische NS-Propaganda und bemühten die Mär vom Judeo-Kommunismus. (Kranjc 2013, 600 f) Sie halfen ab 1943 bei der Festnahme der übriggebliebenen Jüdinnen und Juden in Ljubljana mit.

In Primorska war es Odilo Globocnik, der frühere Leiter der Aktion Reinhardt, dem die Vernichtungslager im Generalgouvernement unterstanden hatten, der die Juden von Triest und Gorizia einsammeln und nach Auschwitz-Birkenau deportieren ließ. Viele wurden auch im KZ Risiera di San Sabba in Triest ermordet.

In der ungarisch besetzten Region Prekmurje war die jüdische Bevölkerung von ungarischen Gesetzen wie dem Numerus Clausus betroffen. Manche wurden in Arbeitslager nach Ungarn oder in die Ukraine gebracht. (Kranjc 2013, 602) Ab März 1944 war nach der deutschen Besatzung Ungarns das Tragen des Judensterns Vorschrift. Im April 1944 mussten sich alle in der jeweiligen Synagoge von Lendava bzw. Murska Sobota versammeln, von letzterem Ort wurden 328 Menschen, insgesamt rund 460 Jüdinnen und Juden aus dem Prekmurje nach Auschwitz-Birkenau deportiert. Nur 65 überlebten den Krieg. (Kranjc 2013, 603; Luthar und Šumi 2004, 39)

In Bezug auf die Verfolgung slowenischer Romnja und Roma ist die Forschungslage noch sehr schlecht. Bekannt ist, dass männliche Roma[56] aus dem ungarisch besetzten Prekmurje zwar Zwangsarbeitsdienst in Ungarn leisten mussten, doch wurde nach heutigem Forschungsstand kein einziger deportiert oder ermordet. (Kuzmič 2013, 78) Hingegen wurden Romnja und Roma Opfer sogenannter „revolutionärer Gewalt" der PartisanInnen: 2017 gab die staatliche Kommission zur Erforschung versteckter Massengräber die Entdeckung eines Massengrabs bei Ljubljana mit Überresten von 53 Romnja und Roma bekannt, die im Mai 1942 von PartisanInnen erschossen worden waren. (Hacler 2017) Als Grund gibt die von Jože Dežman geleitete Kommission „präventive Vernichtung" an – aus Angst davor, dass die umherziehenden Roma

---

[56] Ich danke Vita Zalar für wertvolle Literaturhinweise zu diesem kaum erschlossenen Thema.

die sich in den Wäldern versteckenden PartisanInnen an die italienischen Besatzer verraten würden. Zu Kriegsbeginn hätten der Kommission zufolge 300 bis 400 Romnja und Roma in Slowenien gelebt, Podbersič schreibt hingegen in einer der wenigen Arbeiten über diese „revolutionäre Gewalt", dass 1.000 Romnja und Roma in der Banschaft rund um den Fluss Drau und in Gorenjsko rund 100 Sintize und Sinti gelebt hätten. Beide stimmen allerdings darin überein, dass die PartisanInnen 150 von ihnen getötet haben. Podbersič (2014, 78) nennt jedoch andere Gründe und zwar weniger reißerische als die ‚präventive Vernichtung' der Kommission: traditionelles Misstrauen gegenüber Roma und den durch die nomadische Lebensweise beförderten Verdacht, Roma würden für die italienischen Besatzer spionieren. In einem Fall wurden Ende Mai 1942 die Roma-Angeklagten von einem Partisanengericht bei der Ortschaft Sodražica genau dessen für schuldig befunden und in der Folge hingerichtet. Der Forschungsstand ist hingegen unzureichend, wenn es um die Frage der Verfolgung von Romnja und Roma seitens der italienischen und der NS-Besatzer geht. Die Kommission spricht von 100 von den Italienern ermordeten Romnja und Roma, Podbersič (2014, 78) zufolge hätten die Italiener sie hingegen nicht verfolgt. Das Zeitgeschichte-Institut in Ljubljana gibt an, es seien 186 ermordet worden, davon 90 von den Nationalsozialisten.

Man kann im slowenischen Fall also von einem *small scale Holocaust* einerseits sowie andererseits von einer ebenso geringen Zahl an Roma-Opfern sprechen – wobei vor allem die Ermordung von Romnja und Roma durch PartisanInnen hervorsticht, ein weitestgehend unbekannter Umstand. Zu Kriegsende wurden ferner mindestens 10.000 Angehörige der Heimwehren von den PartisanInnen am Kočevski rog, im Pohorje-Gebirge, in der Zasavje-Region und anderenorts in Slowenien ermordet. (Luthar 2008, 433–439)

Die jugoslawische Geschichtspolitik von 1945 bis 1989 wurde im vorangegangenen Kapitel bereits erörtert: die Debatten über den Zweiten Weltkrieg waren in dieser Zeit vor allem vom kroatisch-serbischen Deutungskonflikt geprägt. Die slowenische Geschichtspolitik nach 1989 weist hingegen eine Besonderheit auf: die reformierten KommunistInnen, welche mit Milan Kučan und Janez Drnovšek in den 1990er Jahren das politische Geschehen dominierten (Bebler 2002, 131–134), haben zwar in Bezug auf die Aufarbeitung der von den PartisanInnen verübten Massenmorde 1945 wenig unternommen. Jedoch muss zugleich im slowenischen Fall in Bezug auf die Debatte um Lustration, also die Entfernung politisch Belasteter aus politischen Ämtern und Aufarbeitung der sozialistischen Ära festgehalten werden, dass es stärker als in den anderen jugoslawischen Republiken die slowenischen Eliten innerhalb der Sozialistischen Republik Slowenien *selbst* waren, die die Demokratisierung betrieben – diese musste also nicht *gegen* sie durchgesetzt werden. Kralj (2014, 73) argumentiert daher, dass es falsch sei, pauschal etwa die

Nicht-Umbesetzung von RichterInnen und PolitikerInnen als mangelnde Aufarbeitung zu bezeichnen, wie dies etwa Troha (2017, 343) tut.

In Bezug auf den Zweiten Weltkrieg erfolgte eine systematische Neudeutung

> der Zeit zwischen 1941 und 1946 [...] erst Ende der 90er-Jahre. Erst ab diesem Zeitpunkt wurde die gesamte Widerstandsbewegung als kommunistisch gedeutet und durch die Gleichsetzung mit der kommunistischen Revolution delegitimiert, während die Massenmorde an Kollaborateuren nach dem Krieg immer stärker betont wurden. Anstatt einer Aufarbeitung der Tabus ab dem Einsetzen der Demokratisierung und der Konzentration auf die damit notwendige Umschreibung setzte ein beträchtlicher Teil der slowenischen HistorikerInnen auf eine starre revisionistische Geschichtserzählung. (Luthar und Radonić 2010, 345)

Die bürgerlich-konservativen Kreise, die von 2004 bis 2008 erstmals eine volle Amtszeit an der Regierung blieben, drängten also auf die dringend notwendige Aufarbeitung der PartisanInnenverbrechen – und verharmlosten dabei die NS-Kollaboration als ‚funktionelle Kollaboration gegen den gottlosen Kommunismus'. In diesem Spannungsfeld bewegt sich die slowenische Vergangenheitspolitik seit der Unabhängigkeit.

Das Zeitgeschichtemuseum Sloweniens in Ljubljana ist hierfür ein schlagendes Bespiel. (Abb. 11) Es ist unter all den diskutierten Museen insofern ein Sonderfall, als sich hier innerhalb ein- und desselben Museums zwei widerstreitende Narrative finden. Das barocke Schloss (Lozic 2011, 89) beherbergte seit 1952 das Museum der Volksrevolution[57] und wurde 1994, vergleichsweise also recht spät nach der Unabhängigkeit Sloweniens 1991, in Zeitgeschichtemuseum umbenannt. 1996 erhielt es seine erste postsozialistische Dauerausstellung über „Slowenen im 20. Jahrhundert", die 1998 für den European Museum of the Year Award nominiert wurde, jedoch in der internationalen wissenschaftlichen Literatur mit einer Ausnahme (Lozic 2011) völlig unbeleuchtet geblieben ist.

Bis 1996 hatte sich der Wandel der Geschichtspolitik des nunmehr unabhängigen Slowenien im Museum vor allem in temporären Ausstellungen niedergeschlagen.[58] Doch auch in der neuen Ausstellung ist der Teil über die Zeit vor dem Ersten Weltkrieg sehr traditionell gestaltet: Texttafeln und Fotos, allen voran von Kaiser Franz Joseph, an den Wänden sowie einige Objekte in zwei

---

[57] 1952 wurde das Schloss zu einem Museum umgebaut, indem nach Plänen des Architekten Edo Mihevc ein Mezzanin über dem Erdgeschoss eingezogen wurde. 1992 wurde das Schloss erneut vom Architekten Jurij Kobe umgestaltet, der den Dachboden zu einem Speicher umbaute und auf der Rückseite einen Aufzug aus Stahl und Glas einbauen ließ. Das Schloss wurde zu einem Kulturdenkmal erklärt. (www.culture.si/en/Cekin_Mansion)

[58] Die Themen waren: *Posters – Elections of 1990*; *Twenty Years since the Foundation of the Democratic Opposition of Slovenia, DEMOS*; *Twenty years since the Foundation of the Slovenian Christian Democrats* und *Twenty Years since the Foundation of Greens of Slovenia*. (Lozic 2011, 91)

Abb. 11: Das Zeitgeschichtemuseum in Ljubljana.

Schaukästen wie eine Trompete, die die Stadt Maribor einer Armeeeinheit spendete.[59] Auch erinnern manche Teile an das jugoslawisch-sozialistische Narrativ des alten Museums, etwa wenn die Beschneidung der Menschenrechte im Königreich Jugoslawien ausschließlich anhand der Verfolgung der KommunistInnen verdeutlicht wird und es nur als ‚Kommunist' Gebrandmarkte sind, die anhand erkennungsdienstlicher Aufnahmen und Karteikarten ansatzweise individualisiert werden.

Dies hatte eine einmalige Konsequenz: 1997 warf der slowenische Schriftsteller Drago Jančar in der Zeitung *Delo* der ständigen Ausstellung vor, „die dunkle Seite der slowenischen Geschichte im Sommer 1945 verdeckt und das totalitäre System schöngefärbt" (Jančar 1998b, 5)[60] zu haben. So würde der Abschnitt über

---

[59] Der Abschnitt über den Ersten Weltkrieg zeugt wie das Narrativ von einer gewissen Gespaltenheit bzw. Unabgeschlossenheit der Ausstellungsumgestaltung. Der Teil im oberen Stockwerk ist dem „Hinterland der Front" gewidmet und wieder konservativ gestaltet: Fotos, Malereien und Poster an den Wänden sowie Schaukästen mit Postkarten, Abzeichen und Dokumenten überwiegen. Im Gegensatz dazu ist der Teil im Erdgeschoss als Szenerie zum Hindurchgehen gestaltet: man geht in einem Raum aus Holz an den Stockbetten der Soldaten vorbei und kann dem Museum zufolge die Erfahrung einer Nachtschlacht erleben. Eine stilisierte Bank im Warteraum einer Bahnstation steht der Texttafel zufolge in diesem Nacherlebensstil für den Abschied von den Soldaten ebenso wie für den Abschied von der österreichisch-ungarischen Monarchie.
[60] Alle Übersetzungen aus dem Slowenischen stammen von der Autorin.

das „Land of Workers and Peasants" die Zeit nach 1945 durchgängig positiv darstellen. Daraufhin wurde Jančar 1998 prompt mit der Ausarbeitung eines zusätzlichen Ausstellungsteils beauftragt. (Troha 2017, 349) Dieser behandelt unter dem Titel *Dark Side of the Moon: A Short History of Totalitarianism in Slovenia, 1945–1990* vor allem die Nachkriegsverbrechen der PartisanInnen. (Abb. 12) In der dazugehörigen slowenischsprachigen Museumspublikation, einer Art kurzem Sammelband, schreibt Jančar, dessen Wohnung bereits in den 1970ern wegen kritischer Äußerungen von der jugoslawischen Staatssicherheit durchsucht worden war (Corsellis und Ferrar 2005, 234), neben alten Radioapparaten solle man auch Mikrofone in den Wänden abgehörter Wohnungen sehen sowie Verhörzellen und Arbeitslager für weibliche politische Häftlinge. Neben Freude auf den Straßen Ljubljanas sollte man auch das Teharje-Lager[61] und Gruben sehen, in die die Toten hineingeworfen wurden, neben Statuen von Tito auch die in den sogenannten Dachauer Prozessen verurteilten SlowenInnen, neben Stafetten und Paraden verbotene Zeitschriften. (Jančar 1998b, 5) In derselben Museumspublikation führt der Mitbegründer der konservativen Slowenischen Demokratischen Partei SDS Jože Pučnik aus, bei den massenhaften Nachkriegsmassakern nach dem 9. Mai 1945 seien 14.000–18.000 Slowenen ermordet worden, die meisten davon Domobranzen, gefolgt von in die Wehrmacht Mobilisierten und Zivilisten. (Pučnik 1998, 12)

Doch die schwach ausgeleuchtete und somit düster gehaltene Ausstellung wie die gleichnamige Publikation arbeiten die Verbrechen nicht bloß auf, sondern dämonisieren die Tito-Ära: Der in Ljubljana lehrende Professor für neuere Geschichte und später 2004–2008 unter Janez Janšar amtierende Kulturminister Vasko Simoniti bezeichnet im zweiten Beitrag mit dem programmatischen Titel *Permanente Revolution, Totalitarismus, Angst* die jugoslawische Nachkriegs-Staatsicherheit *Udba* als „strukturierten und umfassenden Organismus des Bösen", der unter anderem verhaftet, gefoltert, liquidiert und „Konzentrationslager eingerichtet" habe. (Simoniti 1998, 9) Im Schlussabschnitt dieser Publikation über die „Dunkle Seite des Mondes", in dem Jančar auf die Verantwortung Titos und der Parteiführung für die Nachkriegsmassaker eingeht, werden die PartisanInnen dann auch explizit mit dem Nationalsozialismus gleichgesetzt und somit Schuld- und Erinnerungsabwehr in Bezug auf die slowenischen KollaborateurInnen betrieben: „die Befreiungsbewegung wurde zu dem gleichen Bösen, das es bekämpfte. Es sprach die Sprache von Blut und Boden [zuerst auf Slowenisch, dann auf Deutsch geschrieben, Anm. L. R.],

---

[61] Vorort von Celje, wo zuerst die Wehrmacht Gefangene festhielt und später die PartisanInnen slowenische NS-Kollaborateure, die Domobranzen. Am 31. Mai 1945 wurde das Rupnik-Bataillon eingeliefert, in den folgenden Junitagen weitere etwa 3.000 Angehörige der slowenischen Heimwehr, von denen die meisten in der Umgebung ermordet wurden. 2004 wurde dort ein Gedenkpark eröffnet.

Abb. 12: „Dark Side of the Moon" ist dem Totalitarismus in Slowenien gewidmet.

die totale Sprache der Endlösungen. [Wieder auf Deutsch:] Endlösung." (Jančar 1998c, 26) Auf der letzten Seite stellt er dann einen graduellen Unterschied fest: „Der Kommunismus war flexibler als der Nationalsozialismus, weil er länger andauerte und Zeit hatte, sein Unterfangen aufzubauen; weil er verschiedene Phasen durchlief, war er auch offener. Mehr Übereinstimmung bezüglich korporatistischer und kollektivistischer Lösungen finden wir mit dem Faschismus. Der Kommunismus war anders als der Nationalsozialismus und der Faschismus. Er war ein Totalitarismus. Davon gibt es keine zwei [gleichen]." (Jančar 1998c, 28) Auch in der Ausstellung wird das 1945 eingerichtete Sammellager für Domobranzen in Šentvid im Sinne dieser Gleichsetzung von PartisanInnen und Nationalsozialismus als Konzentrationslager bezeichnet.

Individuelle Opfer der unrechtmäßigen Tötungen durch die PartisanInnen werden in der Publikation nicht erwähnt, auf den 28 Seiten werden nur die Todesorte aufgezählt und die Gesamtzahl der Ermordeten genannt. Auch die etwa 150 von den PartisanInnen ermordeten Romnja und Roma kommen weder in der Ausstellung noch in der Publikation vor.[62] Während die Gleichsetzung der PartisanInnen mit dem NS-Blut-und-Boden-Kult und die ‚Endlösung' der slowenischen Domobranzen viel Raum einnimmt, ist in der Publikation das einzige

---

[62] Ein Roma-Massengrab erwähnt erst 2005 eine vom Museum herausgegebene Publikation von Mitja Ferenc (2005) über versteckte Massengräber.

individuelle Zeugnis der Nachkriegsmassaker die von dem Mithäftling Marijan Tršar am 28. Juli 1945 angefertigte Zeichnung eines verzweifelten Mannes in Teharje. Die dazugehörige Totalitarismusausstellung arbeitet hingegen etwas stärker mit individualisierenden Geschichten, fünf werden kurz vorgestellt. Als symbolisch für das Projekt „Dark Side of the Moon" wird das Schicksal von Hildegard Hahn hervorgehoben, was deshalb überrascht, weil es sich hier um eine junge Österreicherin, keine Slowenin handelte. Hahn wollte mit ihrem Freund, dem kommunistischen Spanienkämpfer Josef Martin Presterl Slowenien besuchen, verließ 1947 Wien in Richtung Jugoslawien und ließ ihr zweijähriges Kind bei ihrer Mutter. Das Paar wurde verhaftet und zusammen mit weiteren Überlebenden des KZs Dachau im Rahmen der sogenannten Dachauer Prozesse beschuldigt, Gestapospitzel zu sein. Hahn wurde wie Presterl wegen Spionage zum Tode verurteilt, was in ihrem Fall jedoch aufgrund des Drucks aus Österreich auf 20 Jahre Zwangsarbeit geändert wurde. 1953 wurde sie aus der Haft entlassen.

Jančars Ausstellung löste in Slowenien eine große Kontroverse aus. Renommierte slowenische Historiker kritisierten etwa Simonitis Behauptung, die totalitäre Ära hätte von 1941 bis 1991 fortbestanden. Im Gegenzug bezeichnete Museumsdirektor Jože Dežman, ein ehemals sozialistischer Historiker (Luthar und Luthar 2006, 138) und Hüter der „revolutionären Überlieferung" (Luthar und Radonić 2010, 348), der sich nach 1989 zum Nationalisten wandelte und 2005 Leiter der Kommission zur Erforschung von Massengräbern wurde, die Ausstellung als Meilenstein und bezichtigte drei der wichtigsten slowenischen Historiker, Jože Pirjevec von den Universitäten Koper und Padua, sowie Božo Repe und Dušan Nećak von der Universität Ljubljana, bloß „verkleidete Apparatschiks" zu sein. (Troha 2017, 350)

Der Ausstellungsraum zum Zweiten Weltkrieg hingegen nimmt zwischen diesen beiden Positionen eine neutrale Rolle ein, arbeitet mit Zeitzeugenberichten und auf Deutungen weitestgehend verzichtenden Objekten, Fotos und Dokumenten.[63] (Abb. 13) Auf den Bildschirmen in der Raummitte, die in stehende Menschensilhouetten eingelassen sind, malen ZeitzeugInnen ein differenziertes Bild des Krieges: Peter Kuhar erzählt von Kämpfen gegen die Deutschen und

---

[63] Laut Auskunft der heutigen Museumsdirektorin Kaja Širok wurde er im Gegensatz zu den anderen Ausstellungsteilen seit 1996 nicht verändert. In den Schaukästen werden die Kapitulation der slowenischen Armee, die Okkupation und Zerschlagung der slowenischen Gebiete, die De-Nationalisierung, die Vertreibung von Slowenen, die Zwangsmobilisierung, das Leben unter der Besatzung, die Slowenische Befreiungsfront, bewaffneter Widerstand, Geiseln, Gefängnisse, Konzentrationslager, Weißgardisten, Domobranzen, alliierte Hilfe, Partisanen, „Ljudska oblast / people's authority" sowie die Befreiung thematisiert. Ich danke Kaja Širok für den Austausch über die Veränderungen in der Ausstellung.

Abb. 13: Der Zweite Weltkrieg im Zeitgeschichtemuseum Sloweniens in Ljubljana.

wie er als Partisan verwundet wurde. Cveto Kobal schildert, wie die SS ihn nach Mauthausen brachte und er dort Zwangsarbeit verrichten musste. Pepca Perovšek war bei den PartisanInnen dafür zuständig, Holz für Signalfeuer für die Landung von Flugzeugen zu sammeln, die Alte und Schwerverletzte nach Bari ausflogen. Jože Bogovič erzählt von der Tochter eines Nazis, die ihm als hilfloses Kind Brot zusteckte. Männer erzählen von ihrem Kampf an der Seite der Wehrmacht in Russland bzw. Frankreich vor dem D-Day, einer thematisiert explizit, dass sie nicht aus der Wehrmacht flüchten konnten. Hinter dem Schaukasten mit dem Lagertor[64] finden sich Zeichnungen von den Häftlingen Vlasto Kopač und Ernest Adamič und Sträflingsanzüge.

Bei den Schaukästen über die Weißgardisten und die Domobranzen wird spätestens deutlich, dass die Aneinanderreihung von Uniformen, Kopfbedeckungen, Waffen, Geldscheinen, Postern und Dokumenten ein Urteil darüber vermeidet, wer die HeldInnen und wer die TäterInnen in dieser Geschichte sind. Auf der rechten langen Wand werden die unterschiedlichen relevanten Gruppierungen wie in die Wehrmacht Mobilisierte, Četnik, PartisanInnen, Dorfwachen, Domobran-

---

64 Die Aufschrift „Jedem das Seine" wird hier fälschlicherweise dem „German concentration camp Mathausen" [sic!] zugeschrieben, fand sich historisch jedoch einzig in Buchenwald.

zen, KZ-Häftlinge, Geiseln und Vertriebene je mit einem Symbolbild vorgestellt. Dahinter kommen Propagandaposter von PartisanInnen und Domobranzen, offenbar absichtlich durcheinandergemischt, wie um anzudeuten, dass beide gleichermaßen Propaganda betrieben haben. Folgender Befund konnte nicht überprüft werden, geht jedoch in dieselbe Richtung:

> A museum official told me that certain docents would be chosen to guide children through the exhibits depending on what town or region of Slovenia they were from. This way they could tailor interpretations to cater to the political opinions (about World War Two and the role of the partisans, and anti-partisans) of the children's parents. Certain regions were partisan hot-beds and certain areas were anti-partisan territories. This decision by the museum's leadership was in response to angry letters and phone calls from parents who disapproved of the interpretation their child had received. (Booth 2014, 160)

Das Narrativ über den Zweiten Weltkrieg ist – wie jenes der Publikation des Museums des Slowakischen Nationalaufstands aus 1990 – zögerlich-abwartend,[65] in scharfem Kontrast zur Dämonisierung der PartisanInnen als „Organismus

---

[65] Als Vorgriff auf die 2000er Jahre lässt sich sagen, dass Direktor Dežman 2007 mehrere Räume umgestaltete, etwa jenen über Slowenien 1945–1960, der zuvor „Das Land der Arbeiter und Bauern" geheißen hatte und nun etwa von „Bolschewik racism or party heaven and party hell" (Dežman 2007a) oder dem „Bürgerkrieg" der KP gegen Slowenien handelt. Im Museumsguide wird Kollaboration dann als Warten auf den richtigen Moment zum Widerstand stärker als im Ausstellungsraum über den Zweiten Weltkrieg gerechtfertigt, wenn im Gegensatz zum ansonsten in der Ausstellung gleichlautenden Satz der Verweis auf den Widerstand hinzugefügt wird: *„They continued the policy of waiting for the right moment to resist in relation to the occupying forces, and* in the desire to prevent development in Slovenia oriented towards revolution they opted for military and police collaboration with the Italian and later also the German occupying forces." (Štepec 2009, 19; meine Hervorhebung des neuen Teils) Auch ist das slowenische Museum das einzige der zehn hier untersuchten, dessen englischsprachiger Guide sich in der Zeit der konservativen Wende in Slowenien nach 2004 signifikant von der zweieinhalb Mal so umfassenden slowenischen Version unterscheidet: Während die englische Publikation meist in nüchtern-sachlichem Ton gehalten ist und der Titel *The Making of Slovenia* (Štepec 2009) auf das Verständnis der Nation als Konstrukt verweist, zeugt *Rojstvo Slovenije* (Štepec 2007), also Geburt Sloweniens, von einem organischen Nationsverständnis. Im Gegensatz zur faktenorientierten englischen Version stellt Dežman bereits im Vorwort klar: „Wir Slowenen haben in eineinhalb Jahrhunderten einen verblüffenden Wandel erlebt, in einem dramatischen historischen Boden sind wir von einem Volk zu einer Nation aufgestiegen." (Dežman 2007b, 3) Im slowenischen Guide, dessen Kapiel von verschiedenen AutorInnen verfasst wurden, behauptet Urbanc über die Tatsache, dass Triest nach dem Vertrag von Rapallo Italien zufiel: „Von Anfang an waren Slowenen nationaler Entfremdung (*raznarodovanje*) ausgesetzt, die in der faschistischen Ära zu einem kulturellen Genozid gesteigert wurde" (Urbanc 2007, 136), während sich derart drastisches Vokabular in der Publikation für das internationale Publikum nicht findet. 2011 übernahm mit Kaja Širok eine Historikerin der jungen Generation mit internationaler Erfahrung die Museumsleitung, doch die Änderungen waren vorerst nur in den temporären Ausstellungen und in der Vermittlungsarbeit zu bemerken.

des Bösen" im Teil über die Nachkriegsverbrechen. Der dunkel gestaltete Raum und die Individualisierung der Opfer können als Zeichen der Orientierung an internationalen, vor allem aus Holocaustmuseen stammenden Musealisierungstrends begriffen werden. Die Wände sind – typisch für viele Gedenkmuseen und in starkem Gegensatz zu den anderen Ausstellungsräumen – schwarz mit weißer Schrift und eingelassenen Objekten und Fotografien. Das Licht kommt vor allem von den großen Objektschaukästen an der Wand. Doch jenseits der Ästhetik hält die Universalisierung des Holocaust hier nicht Einzug: In der Ausstellung gibt es im Raum über den Zweiten Weltkrieg zwar den Abschnitt über Konzentrationslager, aber nichts deutet auf jüdische Häftlinge hin. Der einzige Satz über den Holocaust auf den Texttafeln in der Ausstellung wie im englischsprachigen Katalog lautet wie folgt: „In May 1944, the gas chambers of Auschwitz claimed the lives of the majority of the Jewish community living in Slovenia." (Štepec 2009, 17) In der ausführlicheren slowenischen Guide-Version ist dieser Satz der letzte Teil eines Absatzes, in dem es vorher um das „tragische" Schicksal der Gottscheer Sloweniendeutschen geht: Dadurch wird der Kontrast zwischen der „Tragödie" jener Sloweniendeutschen, die nicht bereits vor der NS-Niederlage das Land Richtung Österreich verlassen hatten und von den PartisanInnen interniert wurden, und der neutralen Erwähnung der Gaskammern in der slowenischen Version noch deutlicher. Bildlich sind jüdische Opfer mit einem Foto aus dem ‚Auschwitz-Album' vertreten, über das es heißt: „Arrival of a transport to Auschwitz. Slovene Jews from Prekmurje were also murdered in the gas cells of the camp in May 1944. The Slovene Jewish community from Prekmurje shared the fate of the Budapest Jewish community." (Štepec 2009, 53) Aus der Bildunterschrift erfahren wir also mehr als aus dem Haupttext.

Das slowenische Museum vereinigt in ein- und derselben Ausstellung auf einmalige Weise widersprüchliche Tendenzen: teils ist es in den 1990er Jahren noch dem sozialistischen Narrativ verhaftet, teils dämonisiert es Titos PartisanInnen sowie das sozialistische Jugoslawien und setzt dieses mit dem Nationalsozialismus gleich.

4.2.3 Die sowjetischen Verbrechen in baltischen Museen

Ab den 1990er Jahren konnten jedenfalls erstmals die staatssozialistischen Verbrechen thematisiert werden. Auch im Baltikum fiel mit der Wende das Tabu, über sowjetische Verbrechen zu sprechen.

In Litauen hörte der KGB im Herbst 1991 zu existieren auf. (Rindzevičiūtė 2013, 85f) Bereits im August 1992 wurde dann in der ehemaligen KGB-Zentrale das Museum der Genozidopfer eröffnet. Das Gebäude war im Russischen Kaiserreich 1899 als Gericht errichtet worden, diente den deutschen Besatzern im Ersten Weltkrieg als Verwaltungsgebäude und in der Zwischenkriegszeit, im polnischen Wilno, wieder als Gericht. (Frankovic et al. 2010, 51) Von Oktober 1939 bis Juni 1940 ging Vilnius an Litauen zurück, in dieser Zeit war das Gebäude ein Gymnasium für Knaben. (Peikštenis 2005, 132) Ab dem Herbst 1940 nutzte es die sowjetische Staatssicherheit als Zentrale und Gefängnis, während der NS-Zeit folterte dort die Gestapo und nach der zweiten sowjetischen Besatzung 1944 der KGB. Nachdem der bewaffnete antisowjetische Widerstand in Litauen niedergeschlagen worden war, waren viele Zellen in den frühen 1960er Jahren in Lagerräume des KGB-Archivs umgewandelt worden. DissidentInnen waren dann in 23 der ursprünglich 57 Zellen inhaftiert, die Spuren des blutigsten Terrors aber beseitigt worden. (Peikštenis 2005, 132) Heute beherbergt es erneut ein Gericht, das intensiv beforschte KGB-Archiv und eben ein Museum. (Rindzevičiūtė 2015, 279)

Das am Rande der Altstadt auf dem Hauptboulevard von Vilnius befindliche Gebäude wurde vom litauischen Ministerium für Kultur und Bildung auf Initiative des Verbands der ehemaligen Häftlinge und Deportierten als Museum eingerichtet und den Opfern der beiden sowjetischen Okkupationen gewidmet. (Abb. 14) Das Gebäude avancierte nach 1989 zu einem bedeutenden Gedenkort: 1994 errichtete der ehemalige politische Häftling Vytautas Smitrius im Auftrag des Vereins der ehemaligen Häftlinge und Deportierten neben dem Museum das Denkmal „Altar der Verbannten" in der für Mahnmale für Opfer des sowjetischen Terrors typischen Pyramidenform, einem Totenhügel aus kleineren Steinen mit Kruzifix auf der Spitze. (Makhotina 2017, 311; Frankovic et al. 2010, 51f) Entlang der Außenwand wurden Namen der Opfer des sowjetischen Terrors eingraviert: „May the names of Lithuanian patriots, shot to death in this former KGB building, bear witness to duty fulfilled to the mother land, its honor, freedom, and independence", so die Inschrift. (Wallace 2008, 402)

Bei der Pressekonferenz anlässlich der Museumseröffnung sagte der Gründungsdirektor und Historiker Gintaras Vaičiūnas, er wolle vor allem die „authentische Atmosphäre der Repression" wiederherstellen und eine ständige Ausstellung installieren. (Tiškutė 1992)[66] Der Parlamentsabgeordnete und Vorsitzende des Verbands politischer Gefangener und Exilanten, Balys Gajauskas, der in der sozialistischen Ära lange Haftstrafen in sowjetischen Lagern abgesessen hatte, berichtete bei dieser Gelegenheit, dass nach dem Exekutionsraum, von dem KGB-Häftlinge berichtet hatten, noch gesucht werde. In den 1990er Jahren wurden dann Archäo-

---

66 Ich danke Deimantė Varnaitytė für die Recherche und Übersetzung litauischer Zeitungsartikel über dieses Museum und Ekaterina Makhotina für den Austausch über die Institution und litauische Geschichtspolitik.

Abb. 14: 1992 wurde das Museum der Genozidopfer in Vilnius eröffnet.

logInnen bestellt, die nach den Beweisen für die in den 1950ern umgebauten Räume des Terrors suchten. Zunächst waren im Museum der Genozidopfer jedoch nur die Folterzellen im Keller zu besichtigen, durch die ehemalige Häftlinge führten. (Frankovic et al. 2010, 51f)

1997 unterstellte das Kulturministerium das Museum dem 1993 gegründeten *Genocide and Resistance Research Centre of Lithuania* (Wight und Lennon 2007, 525) und setzte den Historiker und Ethnographen mit Museumserfahrung Eugenijus Peikštenis als Direktor ein (Rindzevičiūtė 2013, 88) – der das Amt bis heute innehat. Damit gelang dem 1988 gegründeten Verband der ehemaligen Häftlinge und Deportierten im Fall dieses Museums eine staatliche Verankerung der Institution, was bei der Mehrzahl der rund 40 weiteren vom Verein initiierten *grasroot*-Gedenkorte scheiterte: Diese ebenfalls im engen ethno-nationalistischen litauischen Narrativ verhafteten Museen der Deportation oder des Widerstands waren unterfinanziert und mussten ohne professionelle KuratorInnen auskommen. (Rindzevičiūtė 2018, 280)

1998 wurde dann der von den Häftlingen vielfach beschriebene Exekutionsraum lokalisiert, der auf KGB-Plänen verschleiernd als „Küche" markiert war. (Mark 2010a, 298; 2010b, 282; Radonić 2014b, 101) Seit dem Jahr 2000 kann dieser besichtigt werden. Ständige Ausstellungen eröffneten Schritt für Schritt erst ab 2002. (Peikštenis 2005, 138) Der Verband stiftete hierfür Selbstzeugnisse, Erinnerungsstücke aus dem Exil, Briefe und Dokumente, Fotografien und Alltagsgegenstände. (Makhotina 2017, 315) Die NS-Zeit aber, in der das Gebäude zwischen den beiden sowjetischen Besatzungen ebenfalls als Foltergefängnis gedient hatte und aus der in den Gefängniszellen noch deutlich erkennbare Spuren der Häftlinge vorhanden waren, wurde dabei ausgespart. Beides, Ausstellungen wie Aussparungen, wird später im Kapitel über die 2000er Jahre erörtert.[67]

Unter den zehn hier untersuchten Museen war die erste Dauerausstellung, die die sowjetische Besatzung behandelte, nicht in Vilnius, sondern im 1993 eröffneten Museum der Okkupation Lettlands in Riga zu finden.[68] Das Museum wurde in einem ursprünglich glänzend kupferroten (Nollendorfs 2008b, 226), nun schwarzen blockartigen Gebäude am Rathausplatz untergebracht. (Abb. 15) Darin hatte sich seit dem 100. Geburtstag Lenins 1970[69] (Blume 2007, 58) bis 1991 ein Propagandamuseum für die Roten Lettischen Schützen befunden, Vorkämpfer der kommunistischen Revolution von 1917, die Riga gegen die deutsche Reichswehr verteidigt hatten. (Nollendorfs 2008a, 280) Dessen Leitnarrativ besagte, dass Letten nicht gegen, sondern für die Rote Armee gekämpft hatten und stellte die sowjetische Besatzung als Befreiung dar. (Lenss 2006, 50f; Meckl 2016, 411) 1993 erfolgte dann die 180-Grad-Wende der Museumsausrichtung, was auch die prosowjetische Zeitschrift *Sovetskaja Molodëž* am Vorabend der Museumseröffnung etwas mürrisch unter dem Titel *Geschichte – Dienerin der Politik*[70] feststellte: „Es stellt sich heraus, dass das Museum der Lettischen Schützen weiterexistieren wird. Doch der düstere Quader hat seinen Inhalt geändert. Alles, was ‚rot' war, landete im Speicher. [...] Jetzt wird dieses Museum eine andere Ausstellung beherbergen – Lettlands 50-jährige Besatzung." (Kabanovs 1993) Finanziert wurde das Museumsprojekt zunächst durch exil-lettische Spenden und später auch öffentliche Gelder. (Fritz und Wezel 2009, 237; Evans 2006, 343)

Gegründet wurde das lettische Museum von Paulis Lazda, der das Land mit seinen Eltern 1944 verlassen hatte (Mark 2008, 350) und Geschichteprofessor an der Universität von Wisconsin wurde. (Michel und Nollendorfs 2005, 350) Er sah die Anerkennung des „okupācijas fakts" (Lazda 2003; Radonić 2017, 278–279; Radonić 2018c, 517–518), der Tatsache, dass Lettland 1944 von der Sowjetunion besetzt und nicht befreit wurde, als überlebensnotwendige Basis für den jungen lettischen Staat an. Das Museum sollte Lazda zufolge die

---

[67] Berichte über die Eröffnung finden sich in den Zeitungen *Respublika* (22.10.1992), *Atgimimas* (26.10.1992) und *Lietuvos aidas* (24.10.1992). Einzig die staatliche Zeitung *Lietuvos aidas* erwähnt auch die NS-Vergangenheit des Gebäudes als Gestapo-Gefängnis.
[68] Ich danke Valters Nollendorfs und dem Museum für die Zusendung der Museumsführer und Katja Wezel für den Austausch zu lettischen Museen.
[69] Unter Stalin hatten die Roten Schützen keine Rolle gespielt, da im stalinistischen Narrativ einzig Russland den Kommunismus populär habe machen können. Erst in der politischen Tauwetterperiode der 1960er Jahre wurde der lettische Beitrag zur sowjetischen Geschichte thematisiert und die Gestaltung des Museums 1968 ausgeschrieben. (Lenss 2006, 50)
[70] Ich danke Inta Lase für ihre Recherche lettischer Zeitungen und Übersetzungen aus dem Lettischen und Russischen, die sie in meinem Auftrag erstellt hat.

Abb. 15: Das Museum der Okkupation Lettlands in Riga.

Fehlinformationen, die den nationalistischen russischen Diskurs über die Besatzung Lettlands dominierten, zerrütten. (Velmet 2011, 192) Es sollte ferner Lettland vor der „Diffamierung" wegen seiner Staatsbürgerschafts- und Sprachpolitik in Bezug auf die russischsprachige Bevölkerung des Landes einerseits und der Rolle von Letten im Holocaust andererseits schützen. (Lazda 2003) Sein Hauptzweck sei es, LettInnen sowie andere Länder über die „tragische Geschichte" (Lazda zit. n. Blume 2007, 36) der baltischen Staaten zu informieren, die von der Welt vergessen worden sei.

Aus einem der wenigen ausgeforschten Zeitungsberichte über die Eröffnung in der Tageszeitung *Latvijas Jaunatne* erfahren wir, dass der Akademiker Jānis Stradiņš die Aufgabe des Museums ebenfalls vor allem darin sah,

> to contribute greatly to the truthful and factual understanding of the genocide that was carried out against the nation: „We do not have to expect a kind of mercy from bigger nations. We have to tell our story to the rest of the world ourselves. We have to keep in mind that big nations will never be able to fully comprehend the sufferings a small nation was exposed to." (Miķelsone 1993)

Die Tatsache, dass die Museumseröffnung trotz der zentralen Lage des Museums in der Altstadt Rigas kaum mediale Aufmerksamkeit erhielt, lässt sich vermutlich damit erklären, dass es sich zunächst um ein exil-lettisches Projekt handelte und sich die Stadtregierung erst abwartend verhielt bzw. eher dazu tendierte, das Gebäude abzureißen und 1995 ein Hotel errichten wollte. (Lenss 2006, 54)[71] Auch die langjährige Museumsleiterin Gundega Michele und der für die meisten Museumspublikationen verantwortlich zeichnende Germanistikprofessor von der Universität Wisconsin Valters Nollendorfs haben nämlich einen exil-lettischen Hintergrund. Michele wurde 1940 in Lettland geboren, ihre Familie flüchtete zu Kriegsende in den Westen, wo sie Chemieprofessorin in Chicago wurde. (Evans 2006, 342) Der 1931 in Riga geborene Nollendorfs floh ebenfalls 1944 mit seiner Familie nach Deutschland, wo er fast sechs Jahre in einem DP-Lager verbrachte und dann in die USA emigrierte. Seit 1996 arbeitet er für das Museum in verschiedenen Leitungsfunktionen. Erst Ende der 1990er Jahre wird das Museum zusehends fixer Bestandteil staatlicher Geschichtspolitik und 1999 nimmt dann Präsident Guntis Ulmanis vom Lettischen Bauernbund, der selbst in der sibirischen Verbannung geboren worden war, an der Eröffnung einer temporären Ausstellung über die Deportationen nach Sibirien im Museum teil, wie dann mehrere Zeitungen berichten. (Medenis 1999; Paparde 1999; Lazdiņa 1999)

Im Gegensatz zum Museum der Genozidopfer betonen Lazda und Nollendorfs neben der sowjetischen Besatzung immer auch die nationalsozialistische, wenn sie über die Aufgabe des Museums sprechen:

> the museum emphasizes the fact that there were two occupations. Nazi occupation must not be misunderstood to be liberation. Nazi policies were clear. Latvia was to them a conquered country, a part of the Soviet Union. Germans ruled it as Ostland; the Latvian Self-Administration was denied any governmental attributes or functions,

so Lazda (2008, 12). Die Vergangenheit sei

> distorted by both the Nazis and the Soviets. Of course the Nazis were a much shorter time [sic!], but both of these totalitarian powers basically wanted to take [Latvia] over and when you want to take over, you impose history on a country. The museum is historically reclaiming the nationhood of a time when the Soviets and Nazi Germans ruled and imposed their history here. (Nollendorfs zit. n. Freutel 2004)

Die ständige Ausstellung über die erste sowjetische Besatzung wurde 1993 eröffnet und in Folge für die Jahre 1939–1991 in jährlichen Etappen 1998 fertiggestellt. (Nollendorfs 2008b, 227) Verglichen mit seinen baltischen Pendants, dem Museum für Genozidopfer in Vilnius und dem 2003 eröffneten Museum der Ok-

---

71 So berichtete die auflagenstärkste lettische Zeitung *Diena* anlässlich der Eröffnung kurz, das Museum sei für seinen Fortbestand dringend auf staatliche Hilfe, vor allem die Verfügung über das Gebäude angewiesen. (Laizāne 1993) Aufmerksamkeit erhielt das Museum 1993 ferner in der exil-lettisch-australischen Zeitung *Austrālijas Latvietis*, die am 23.7. und 30.7.1993 berichtete.

kupationen in Tallinn, widmet das lettische Museum der NS-Zeit die meiste Aufmerksamkeit. Davon wird im nächsten Kapitel noch die Rede sein, wenn die Ausstellung mit den anderen beiden baltischen Museen, die ihre ersten Dauerausstellungen in den 2000er Jahren eröffneten, verglichen wird.

Von Beginn an betonten die lettischen MuseumsvertreterInnen jedenfalls die Rolle der Einrichtung in der Kommunikation mit der ‚Außenwelt': „A part of our mission is to tell the world the story of this country and of its survival during the years of occupation and annexation." (Nollendorfs zit. n. Freutel 2004) Seit 1998 ist das Museum offizieller Programmpunkt für ausländische Staatsgäste (Fitz und Wezel 2009, 237; Evans 2006, 320; Radonić 2017, 271) und wurde seitdem etwa von Queen Elisabeth II., dem spanischen und belgischen König, dem japanischen Kaiser, der deutschen Kanzlerin Merkel, dem tschechischen Präsidenten Klaus oder dem türkischen Premier Erdoğan besucht, wie Fotos im Eingangsbereich des Museums (bis zum Umzug 2012) zeigten. Das führt uns zu einer zentralen Frage dieser Studie, nämlich welche Botschaften die untersuchten Museen an in- und ausländische RezipientInnen mit ihren Ausstellungen senden wollten und wie sich dies im Zuge der EU-Beitrittsbemühungen der postsozialistischen Länder veränderte.

4.3 Die 2000er: Die Kommunikation mit ‚Europa' und die EU-Beitrittsbemühungen

Am Ende meiner Doktorarbeit über kroatische Vergangenheitspolitik machte ich eine Beobachtung, die dann den Ausgangspunkt für diese vergleichende Studie bilden sollte: Die Ästhetik der Dauerausstellung des Jasenovac-Gedenkmuseums (Abb. 16) gleicht stark jener des Holocaust-Gedenkzentrums in Budapest (Abb. 17) – und beide nehmen ‚westliche' Holocaust-Museen, allen voran das USHMM in Washington, zum Vorbild. Obwohl Jasenovac ein ehemaliges Ustaša-Konzentrationslager war, in dem die zwei größten Opfergruppen SerbInnen sowie Romnija und Roma waren und die jüdischen Opfer zahlenmäßig an dritter Stelle kamen, nahm es, wie das Holocaust-Gedenkzentrum in Budapest, nicht *in situ* befindliche *Holocaust memorial museums* in den USA und Israel zum Vorbild. Beide, die kroatische wie die ungarische Ausstellung sind dunkel gestaltet und es dominieren die Namen der Ermordeten in weißer Schrift vor dunklem Hintergrund, die den Opfern zugeordneten auratischen Gegenstände und die Zeugnisse der Überlebenden. Warum diese beiden Ausstellungen sich derart ähnlich sehen – diese Frage stand am Beginn dieses Projekts.

Abb. 16: Jasenovac-Ausstellung (2006).

Abb. 17: Holocaust-Ausstellung in Budapest (2006).

Nach der Jahrtausendwende erhielten die bisher besprochenen Museen neue Dauerausstellungen (Terezín: 2001 Ghettomuseum, 2003 Kleine Festung und Internierungslager für Deutsche; 2002–2004 Museum der Genozidopfer; 2004 Museum des Slowakischen Nationalaufstands; 2006 Jasenovac) und neue Museen wurden eröffnet (2002 Haus des Terrors in Budapest; 2003 Museum der Okkupationen in Tallinn; 2004–2006 Holocaust-Gedenkzentrum in Budapest; 2004–2006 Museum des Warschauer Aufstands).[72] Es gab also beträchtliche Aktivitäten in genau der Zeit, in der sich die Länder um einen EU-Beitritt bemühten.

Die vergleichende Untersuchung der zehn Museen von Estland im Norden bis nach Kroatien im Süden hat zwei unterschiedliche Strategien zutage gefördert, wie postsozialistische Museen im Zuge ihrer Beitrittsbemühungen mit ‚Europa' kommunizieren – auf Text-, Bild- und allgemein ästhetischer Ebene. Unter den zehn Museen lassen sich ihrer Kernbotschaft nach Gruppen erkennen, die interessanterweise unabhängig vom Hauptgegenstand des Museums (Aufstand, Konzentrationslager, Gefängnis mit Folterzellen im Keller) oder der Art seiner Unterbringung (*in situ*, neues Gebäude, umgewidmetes früheres Museum) sind. (Radonić 2014b; Radonić 2017)

Die eine Art von Museen betreibt etwas, das ich als ‚Anrufung Europas' (Radonić 2014a) bezeichne: Diese allesamt staatlich finanzierten Institutionen, allen voran das Jasenovac-Gedenkzentrum in Kroatien, das Museum des Slowakischen Nationalaufstands und das Holocaust-Gedenkzentrum in Budapest, übernehmen zum Teil oder zur Gänze die Ästhetik ‚westlicher' Holocaustmuseen sowie den Fokus auf das individuelle Opfer. Sie widmen den jüdischen und Roma-Opfern als Folge der ‚Europäisierung der Erinnerung' ausführlich Raum und stellen ihre Institution explizit in den Kontext „internationaler Vorgaben" und „europäischer Standards", denen sie als Beleg für ihre ‚Europa-Reife' entsprechen wollen. Interessanterweise sind es vor allem nicht-europäische ‚westliche' *memorial museums*, allen voran das USHMM, aber auch Yad Vashem in Jerusalem, an denen sich diese Museen in ihrer Ausstellungsästhetik orientieren, um ihr ‚Europäischsein' unter Beweis zu stellen. Dies zeigt, wie stark die oben beschriebene ‚Europäisierung der Erinnerung' aus der ‚Universalisierung des Holocaust' hervorgegangen ist.

Den anderen Pol bilden Museen und ihre RepräsentantInnen, die ‚Europa' nicht im Sinne eines Richters ‚anrufen', der über ihre Bereitschaft für den EU-Beitritt zu entscheiden habe, sondern die vielmehr von ‚Europa' verlangen, dass es

---

[72] Einzig das Museum der Okkupation Lettlands blieb von 1998–2012 im Wesentlichen unverändert. Die Dauerausstellung im Zeitgeschichtemuseum in Ljubljana wird seit 1996 laufend in Teilen umgestaltet.

ihre Leiden unter dem Kommunismus, der Sowjetunion bzw. dem Stalinismus anerkenne, insbesondere die beiden großen Deportationswellen aus den baltischen Staaten im Juni 1941 und im März 1949. Das fordern nicht nur etwa für das lettische Okkupationsmuseum die oben zitierten Lazda, Nollendorfs und Stradiņš. Auch der estnische Historiker und Politiker Tunne Kelam, der der Exil-Estin Olga Kistler-Ritso die Gründung des Museums der Okkupationen in Tallin vorschlug, brachte in seiner Eröffnungsrede 2003 den Wunsch zum Ausdruck, das Museum solle

> provide foreign visitors [...] [with] an understanding of the difficult path of the Estonian people, but also of their unique experience of preserving their spirit, language and culture – an experience that we can share with materially better off nations. [...] The crimes of the German National Socialist regime have been condemned authoritatively and universally, while the Soviet Communist regime's equally reprehensible crimes and the genocide carried out on Estonian territory and elsewhere have not been fully analyzed or judged.
>
> (Kelam 2003)

Unter den hier untersuchten Museen sind es vor allem die drei baltischen Museen und das Haus des Terrors in Budapest, die dabei auf symbolischer Ebene Kommunismus und Nationalsozialismus zunächst gleichsetzen, um im Laufe der Ausstellung dann auszuführen, warum die sozialistische Ära ‚schlimmer' gewesen sei.[73] In Folge betreiben sie, was James Mark als „containing fascism" (Mark 2008; 2010a) bezeichnet hat, eine Eindämmung der als bedrohlich für die ‚eigene' Leidensgeschichte erscheinenden Erinnerung an die NS-Besatzung und den Holocaust.

Während es in skandinavischen zeithistorischen Museen oder der Gedenkstätte Westerbork in den Niederlanden bis heute üblich ist, die Dauerausstellungen bloß in der Landessprache zu gestalten, wäre das für beide im Folgenden vorzustellenden Gruppen postsozialistischer Museen völlig undenkbar, die auf ihre jeweils eigene Art mit ‚Europa' kommunizieren.

4.3.1 Beweis des Europäischseins und ‚Anrufung Europas'

Die ‚Anrufung Europas' ist am deutlichsten im Museum des Slowakischen Nationalaufstands, dem Jasenovac-Gedenkmuseum und dem Holocaust-Gedenkzentrum in Budapest zu beobachten. So eine ‚Anrufung Europas' bringt jedoch auch vielfältige Probleme mit sich, wenn sie aufgrund existierender Machtge-

---

[73] Manche Analysen bleiben hingegen auf die Feststellung beschränkt, die Sowjetära und die Nazizeit würden miteinander gleichgesetzt. (Vgl. Stevick 2007, 241)

fälle in ‚Europa' bzw. dem ‚Westen' und zwar nicht offiziell von der EU vorgeschriebener, aber doch vorauseilend angenommener Verhaltenskodices zum Teil inkonsistente Lippenbekenntnisse produziert, wie nun anhand der drei Museen gezeigt wird.

4.3.1.1 ‚Europa' und das postsozialistische Museum des Slowakischen Nationalaufstands

Wenn das Museum des Slowakischen Nationalaufstands in der zentralslowakischen Stadt Banská Bystrica in den letzten Jahren internationale Aufmerksamkeit erregte, so vor allem im Zusammenhang mit Marian Kotleba, dem Parteivorsitzenden der rechtsextremen Ľudová strana Naše Slovensko [Volkspartei Unsere Slowakei, ĽSNS], der in Banská Bystrica geboren ist und von 2013 bis 2017 Regionalpräsident des Landes Banská Bystrica war. Als anlässlich des 70. Jahrestags des Aufstands wie üblich der Präsident der Selbstverwaltungsregion die Gedenkveranstaltung eröffnen sollte, meinte der seit 2006 amtierende heutige Museumsdirektor Stanislav Mičev etwa zum österreichischen *Standard*: „Ich lade doch keinen Faschisten dazu ein, den antifaschistischen Aufstand zu feiern." (Litschko 2014) Ansonsten ist es dem Direktor zufolge ein „international weitgehend vergessener Aufstand". (Thanei 2014)

Diese Unbekanntheit steht in völligem Gegensatz zu der zentralen Rolle, die der im Oktober 1944 niedergeschlagene Aufstand gegen das Dritte Reich und die einheimischen KollaborateurInnen des Tiso-Regimes im slowakischen Gedächtnis spielt – und das nicht nur in der sozialistischen Ära, sondern auch heute. (Hudek 2011, 830) Die neue Slowakische Republik begründete ihren demokratischen Charakter auf dem antifaschistischen Kampf in den Jahren 1944 und 1945 (Hudek 2011, 840), während der Aufstand zugleich ein Angriffsziel für Revisionsversuche nach 1989 bildete, da nationalistische AutorInnen und HistorikerInnen die bloße Existenz eines slowakischen Staates im Zweiten Weltkrieg über alles andere stellten, was keinerlei positiven Bezug auf den Aufstand zulässt. (Lášticová und Findor 2008, 241) Als Vladimír Mečiar, der bis 1998 fast durchgängig slowakischer Ministerpräsident war, 1993 die damals rechtsextreme *Slovenská národná strana* [Slowakische Nationalpartei, SNS] in die Regierung holte, wurden Geschichtsrevisionismus wie positiver Bezug auf den Nationalaufstand beide Teil der Geschichtspolitik (Bútora 2007), bis Mečiar 1998 die Wahl verlor und das Land seinen Weg aus der internationalen Isolation suchte. 2007 betonte dann Premier Róbert Fico etwa unmissverständlich die Wichtigkeit des Aufstands: „The Slovak National Uprising is the backbone of the modern Slovak history and the government under my lead will not accept any questioning of its importance." (Zit. n. Hudek 2011, 840) Regelmäßig nehmen heute der slowakische Präsident und Premier an den Feierlichkeiten am Jahrestag des Aufstands im Museum teil. (TASR 2012)

Die international marginale Rolle des slowakischen Nationalaufstands steht auch in auffälligem Gegensatz zur ‚Anrufung Europas', der Selbstverortung des diesem Aufstand gewidmeten Museums im internationalen Kontext – zumindest seit den slowakischen EU-Beitrittsbemühungen.[74] Bei einer Konferenz über den Aufstand als Eintrittskarte der Slowakei in ein demokratisches Europa (*SNP 1944 – vstup Slovenska do demokratickej Európy*) führte Museumsdirektor Ján Stanislav aus, der Aufstand habe die Grundlage für die demokratische Rekonstruktion der nationalen Identität geschaffen und führte in Kooperation mit 32 Völkern das Land ins demokratische Europa. (Stanislav 1999, 13, zit. n. Mannová 2011, 219) Auf einer weiteren Konferenz über die Ziele und Profile von Geschichtsmuseen führte derselbe Gestalter der heutigen Ausstellung aus, man müsse die Interessenssphäre des Museums erweitern, „um in der Lage zu sein, europäischen Standards zu entsprechen." (Stanislav 2001, 95, zit. n. Sniegon 2017, 187) Als einziges slowakeiweit mit dem Holocaust befasstes Museum entwickelt es in dieser

---

[74] Im Jahr 2000 war das nun staatliche und nicht mehr regionale Museum jedoch noch nicht bei der ‚Anrufung Europas' angelangt: Es veröffentlichte einen nationalistischen Guide, der die Rolle der slowakischen Armee verklärte. War im Guide von 1985 (Múzeum SNP 1985, 49) noch vom „Wandel der klerikal-faschistischen Armee in ein Werkzeug des Volksbefreiungskampfes" die Rede, wurde die Rolle der slowakischen Armee in Tisos NS-Satellitenstaat verharmlost. In der englischen Ausgabe wird die slowakische Armee als „main source of resistance troops" (Slovak National Uprising Museum 2000, 4) charakterisiert. Sie habe nur „unfreiwillig" an den Angriffen auf Polen und die Sowjetunion teilgenommen: „It should be noted that Slovak soldiers were actually forced to go to the Eastern front and their feelings about this fact were rather negative." (Slovak National Uprising Museum 2000, 12–13) Ferner wird zuerst behauptet, dass bloß 70–75 slowakische Soldaten an der Ostfront gekämpft hätten, um gleich im nächsten Satz von 500 dort getöteten slowakischen Soldaten und Offizieren zu sprechen. (Slovak National Uprising Museum 2000, 13) Die Umdeutung der Kollaborationsarmee 1939–1944 gipfelt in der Aussage, dass „from the very beginning the role of the Slovak Army was clear: it would take part in the armed resistance." (Slovak National Uprising Museum 2000, 29) Der tschechische Historiker Vilém Prečan (2011, 218) führt hingegen aus, dass sich in der westlichen Slowakei nur die Militärgarnison in Trnava, 50 Kilometer nordöstlich von Bratislava, dem Aufstand angeschlossen hat, während sich Bratislava, Nitra und die gesamte restliche Westslowakei nicht beteiligten. Der Holocaust wird 2000 zwar inkludiert, allerdings unter der Überschrift *Persecution of Opposition*: Der Faschismus habe den staatlichen Autoritäten ermöglicht, „to use their power to persecute anti-fascists, whether Communists, Protestants, Catholics or Jews." (Slovak National Uprising Museum 2000, 14) An anderen Stellen in der Publikation wird der Holocaust als Folge jüdischen Widerstands missinterpretiert. Romnija und Roma finden als „Zigeuner" nur einmal bei der Aufzählung von in KZs inhaftierten Gruppen Erwähnung. (Slovak National Uprising Museum 2000, 15) Zum Wandel des Narrativs in den fünf Museumsguides siehe auch die Übersichtstabelle im Methodenkapitel.

4.3 Die 2000er: Die Kommunikation mit ‚Europa' — 101

Zeit Kontakte zu Yad Vashem, dem Holocaust Memorial Museum in Washington, dem Anne-Frank-Haus in Amsterdam und Theresienstadt. (Sniegon 2017, 190) Im vor dem EU-Beitritt verfassten Ausstellungskonzept heißt es:

> Wenn die Slowakei heute danach strebt, am europäischen Integrationsprozess teilzuhaben, sind der antifaschistische Widerstand und der SNP als politisches Kapital, das nicht vergeudet werden darf, von Bedeutung. Nach dem slowakischen EU-Beitritt im Mai 2014 wird dieser Aspekt der slowakischen militärischen und demokratischen Traditionen noch wichtiger werden. Das wird die Chancen des Museums des Slowakischen Nationalaufstands verbessern, den antifaschistischen Widerstand und den SNP als Teil des europäischen antifaschistischen Widerstands im Zweiten Weltkrieg zu präsentieren. Auch die westeuropäischen demokratischen Länder haben ihre progressiven demokratischen Traditionen auf derselben Grundlage aufgebaut. (Stanislav und Tóth 2003, 7)

Die heutige Dauerausstellung auf Slowakisch und Englisch stammt aus 2004, dem Jahr der ersten großen EU-Osterweiterung. (Abb. 18) Vor allem der Titel der Ausstellung kommuniziert unverkennbar mit ‚Europa': *Slovakia in Europe's Antifascist Resistance Movement 1939–1945*. (Radonić 2014a, 493, Radonić 2017, 273) Auch in den Überschriften der einzelnen Texttafeln, die zusammen mit unbeschrifteten Fotos auf einem Bildschirm und einer Computerarbeitsstation den jeweiligen Abschnitt einläuten, findet sich dieser Bezug auffällig häufig. Sie lauten *Europe after 1918*, *Europe after 1938* oder *International Participation in the SNU and help of the Allies*. Die Entwicklung der Slowakei wird hier nicht etwa vor allem im Kontext der Tschechoslowakei der Zwischenkriegszeit, sondern im europäischen Zusammenhang verortet.

Ferner wurde gemäß der ‚Europäisierung des Holocaust' der Vernichtung der slowakischen Jüdinnen und Juden mit der 2004 eröffneten Ausstellung erstmals ein größerer eigener Abschnitt gewidmet. Während die helle, durch die Glaswand[75] lichtdurchflutete Ausstellung ansonsten von unzähligen Waffen, Orden und Uniformen in Glasvitrinen, wie sie für klassische Kriegsmuseen typisch sind, dominiert wird, fällt im Holocaust-Abschnitt an der Rückwand des ersten Raums vor allem eine Stele mit namentlich zugeordneten Privatfotos auf, die stark an den *Tower of Faces* im USHMM erinnert.[76] (Abb. 19) Die Porträts sind zwar ehe-

---

[75] Die im Kapitel über die sozialistische Ära beschriebene architektonische Gestaltung des für die Zwecke des Museums errichteten Gebäudes zeichnet sich durch die beiden Museumshälften aus: durch getönte Glaswände blickt man aus der Ausstellung auf den Gedenkbereich zwischen den beiden Hälften hinunter.

[76] Dr. Yaffa Eliach, die Enkelin von Yitzhak Uri Katz, des Dorffotografen des im September 1941 ausgelöschten jüdischen Ortes Eišiškės im heutigen Litauen hatte in jahrelanger Recherche diese Privatfotos aufgespürt und namentlich zugeordnet. Sie waren von Katz, seiner Frau Alte und ihren Assistenten Ben-Zion Szrejder und Rephael Lejbowicz aufgenommen worden.

Abb. 18: Die Dauerausstellung im Museum des Slowakischen Nationalaufstands.

malige Ausweisfotos und tragen daher in der linken unteren Ecke alle einen Stempel, doch unterscheiden sie sich, wie im USHMM, stark in Größe, Ausschnitt und Pose. Manche sind professionelle Aufnahmen, andere zu Porträts umfunktionierte offensichtliche Ausschnitte aus Alltagsszenen vor Häuserwänden, Bäumen oder Bücherregalen, im Wintermantel mit Hut oder im schönen Kleid, breit lächelnd oder ernst. Unter jedem Foto steht im Ausweis handschriftlich vermerkt der Name der Person. Inmitten der Fotos findet sich ein Zitat von Elie Wiesel – „Forgetting them means letting them die again" – wodurch die Individualisierung der Opfer, um die Erinnerung an sie zu wahren, auch explizit als Ziel angegeben wird. Einzig die jüdischen Opfer werden in dieser Installation wie in Washington abgebildet.

Der Begriff ‚Holocaust' wird in dieser Dauerausstellung jedoch nicht verwendet, auch in den englischen Ausstellungstexten nicht – sehr wohl aber in der im Wesentlichen von denselben Kuratoren, Dezider Tóth und Ján Stanislav, entwickelten Ausstellung in der slowakischen Länderausstellung in Auschwitz-Birkenau. (Radonić 2014a, 496) Die Ausstellung in Banská Bystrica behandelt

---

Über 1.000 dieser Fotos, die von ungefähr 100 Familien stammen, sind in der Installation im USHMM zu sehen.

Abb. 19: Stele mit Privatfotos im Museum des Slowakischen Nationalaufstands.

den Holocaust hingegen unter dem Namen „(final) solution of the Jewish question", wobei die „Endlösung" nicht unter Anführungszeichen gesetzt wird, was auf der Museumswebseite zumindest an einigen Stellen passiert.[77]

Während slowakische Jüdinnen und Juden nun also erstmals ausführlich als Opfer thematisiert werden, werden sie bei ihrer Erwähnung als Aufständische im Guide merkwürdigerweise in die Kategorie von ‚Fremden' eingeordnet und nicht als SlowakInnen begriffen: „The Belgian citizens, the Netherlanders, the Spaniards, the Greeks, the Australians, more than 1.750 Jews also participated in the Uprising." (Museum of Slovak National Uprising 2006, 79) Obwohl also ungefähr jede und jeder Zehnte unter den PartisanInnen Jüdin oder Jude war, werden die 1.750 Personen, die „auch" an dem Aufstand teilnahmen, hier einerseits als AusländerInnen, andererseits im Zusammenhang mit der vom Britischen Geheimdienst eingeschleusten „Amsterdam-Gruppe" als zionistische, von Großbritannien und der Jewish Agency entsandte GeheimdienstlerInnen charakterisiert,

---

[77] Auf den Info-Screeens in der Ausstellung heißt es einmal genauer: „definitely – in the sense of Nazi policy – solve the Jewish problem in Slovakia in form of deportation into extermination camps".

die die Lage von Juden in der Slowakei beurteilten – dass viele von ihnen dabei umkamen, wird in der Publikation nicht thematisiert. So wird etwa nicht darauf eingegangen, dass Chaviva Reiková aus ebendieser Amsterdam-Gruppe aus der Gegend von Banská Bystrica stammte und nur auf dem Info-Screen, also kaum wahrnehmbar in der ‚Hierarchie der Sichtbarkeit', wird ihrer Exekution in Kremnička 1944 ohne weitere Erklärungen zu ihrer Person erwähnt. Im Zuge der „Europäisierung des Holocaust" beschränkt sich in Banská Bystrica die Empathie also auf jüdische *Opfer* – während in der Länderausstellung in Auschwitz zahlreiche Juden unter den Aufständischen erwähnt werden, ohne sie als Nicht-Slowaken darzustellen: Sie waren „a part of the anti-fascist resistance in Slovakia and the Slovak National Uprising (SNU) in 1944. 1650 Jews were in the SNU, 269 of them died." (Slovak National exposition in Oświęcim o. J.)

In Banská Bystrica wird im Abschnitt über „The Tragedy of Slovak Jews" die slowakische Mitverantwortung für den Holocaust klar benannt. So wird etwa deutlich gemacht, dass „from March 25th till October 20, 1942 Slovak Government deported by its own legal-administrative means almost 58.000 Jews from Slovakia to Nazi extermination camps" und „Slovakia paid 500 Reich Marks to the Third Reich for each deported Jew as evacuation fee. The deportations were brutally organized particularly by the members of Hlinka's Guard and the FS." Der Ausstellungskatalog spricht im Gegensatz zur Ausstellung an einer Stelle auch den einheimischen Antisemitismus an: „The principles of anti-Semitism started to be applied also in Slovakia after the seizure of power by ‚Ludaks'." (Museum of Slovak National Uprising 2006, 60) Die Ausstellung verhandelt hingegen auf den Info-Screens nur die NS-Ideologie und den NS-Antisemitismus:

> The application of Nazism was based on the ability to synthetize the contradictory elements – socialism for workers, anti-Bolshevism for employers, nationalism for traditional conservatives and anti-Semitism for those, who sought a guilty party of the war defeat and economic crisis – to one ideology.

Auf der Museumswebseite werden im Abschnitt über die „Judenfrage" die Verantwortlichen namentlich benannt: „Deportations became the worst crime for which the authorities of the Slovak Republic were responsible (mainly Prime Minister V. Tuka and Minister of Interior A. Mach)." (Karcol o. J.) Zum Massenmord in Kremnička und Nemecká nach der Niederschlagung des Aufstands heißt es unmissverständlich auf den Info-Screens:

> These were premeditated and planned extermination actions, carried out in secret at strict security precautions. The direct participants in the murders (the POGH members) were under the pledge of secrecy on the basis of SS-Obersturmführer Deffner's order. They had to confirm it by their signatures. This fact proves that both the organizers and the executioners were fully aware of the actual character of their criminal deeds.

Dieser ‚Anrufung' Europas, der teilweisen Übernahme archetypischer Formen des Ausstellens von Holocaust-Geschichte und der Benennung slowakischer TäterInnen steht ein stark nationalistisches Geschichtsnarrativ in jenen Teilen der Ausstellung gegenüber, die auf die slowakische Geschichte bezogen sind. So wird in Bezug auf die Tschechoslowakei der Zwischenkriegszeit das demokratische Regierungssystem zwar erwähnt, aber es überwiegt eine negative Darstellung der ungelösten slowakischen Frage. (Radonić 2014b, 92) Das habe in einer Art Quasi-Automatismus zum Aufstieg der Hlinka-Partei von Josef Tiso geführt, da diese vor allen anderen Gruppierungen die slowakische Autonomiebewegung repräsentierte. Im Abschnitt über die Entstehung des nationalsozialistischen Satellitenstaates, der als „Slowakische Republik" bezeichnet wird, steht die „offene Aggression Ungarns" im Rahmen des sogenannten „Kleinen Krieges" im März 1939 im Vordergrund – das erste in der Ausstellung präsentierte Opfer ist also ‚die Slowakei'.

Das Kollaborationsregime, die sogenannte ‚Slowakische Republik' wird nicht in Anführungszeichen gesetzt, sondern es wird angedeutet, dass ein anfangs unabhängiger Staat mit einem funktionierenden Parlament existiert hätte, der sich erst nach und nach zu einem autoritären Regime entwickelt habe. Auf den Info-Screens, auf die an verschiedenen Orten in der Ausstellung zugegriffen werden kann, wird noch ausgeführt, dass 27 Staaten[78] inklusive Großbritannien und Frankreich die Slowakische Republik (wie üblich ohne Anführungszeichen) anerkannt hätten. „The Slovak Republic tried to practise an independent foreign policy till the Salzburg negotiations on July 28, 1940." Das Satellitenstaat-Dasein wird also als spätere Entwicklung behauptet. Auf diesen 71 Info-Screen-‚Seiten' über die Schaffung eines „totalitären Staates" in der Slowakei wird nur ein „totalitäres" Merkmal erwähnt, die Alleinherrschaft der Hlinka-Partei.

So trägt das Panel über den Tiso-Staat auch den neutralen Namen „Political Life in Slovakia 1938–1944". Darin findet sich nur ein Satz über Repressionen, ‚Errungenschaften' hingegen werden positiv hervorgehoben, ohne in Zusammenhang mit ersteren gestellt zu werden: „In spite of the authoritarian regime the Slovak Republic achieved many positive results in the areas of economy, science, schools and culture, owing to the war boom." Im Ausstellungsführer aus 2006 wird diese Aussage durch den Zusatz relativiert, „although they were limited by the totalitarian regime restrictions." (Museum of Slovak National

---

[78] Wie bei den sportlichen Wettkämpfen ist auch hier „Kroatien", also der Ustaša-Staat, vor allem in der Foto-Sammlung prominent vertreten. Der eine Satellitenstaat scheint also als Beweis eigenständiger Existenz des anderen herangezogen zu werden.

Uprising 2006, 51)⁷⁹ Die genauere Auseinandersetzung mit den einheimischen TäterInnen bleibt der Ausstellung in der Filiale des Museums in Nemecká vorbehalten. Auch wird der Bürgerkriegsaspekt, dass also im Aufstand SlowakInnen gegen SlowakInnen kämpften, in diesem Ausstellungsabschnitt unterschlagen, wenn es heißt: „The Slovak revolt against Nazism was also the struggle for maintenance of Slovakia's national existence and identity." Barbara Lášticová und Andrej Findor schreiben über die Tücken der Europäisierung: „On the other hand, the European frame of reference can become a frame for excuses when considering the unforced participation of Slovak citizens in the gradual annihilation of their Jewish fellow citizens – it happened everywhere else, so why to pay special attention to the Slovak case?" (Lášticová und Findor 2011, 174)

Am Ende der Ausstellung (aber kaum in der Publikation aus 2006) wird schließlich die Verfolgung der Aufständischen und der GegnerInnen des Regimes nach der Gleichschaltung des Landes im Februar 1948 behandelt. Die meisten von ihnen emigrierten oder wurden vor Gericht gestellt. Nur wenn man die Biographien der Anführer des Aufstands auf der Museumswebseite liest, wird deutlich, dass alle zuerst in der Kollaborationsarmee der Slowakischen Republik gedient hatten, bevor sie die Seiten wechselten. (Commanders o. J.)

Lášticová und Findor (2008, 237) ist zuzustimmen, wenn sie betonen, dass das Museum im europäischen Geschichtskontext präsentiert wird, doch es ist anzuzweifeln, ob es als „cornerstone of the European cultural integration" betrachtet werden kann. Zutreffender scheint da Sniegons Charakterisierung des Narrativs als „national-europäisch". (Sniegon 2017, 166) Denn die ‚Anrufung' Europas findet hauptsächlich auf einer Lippenbekenntnis-Ebene sowie in der Ästhetik des Holocaust-Abschnitts statt, die sich auf die Inhalte und Form der Auseinandersetzung mit der Vergangenheit nur bedingt auswirkt. Das Helden-

---

79 Auf der Museums-Webseite werden diese „Errungenschaften" ausführlich beschrieben: Die Slowakische Wirtschaft blühte aufgrund von „war conjuncture and clever economy policy of the state [...] Also traditional strenuousness, low spending and enthusiasm of Slovak nation caused by possibility to administrate own country with own potential, contributed." „Home sport contests were organized without problems till autumn 1944. Also international competitions, mainly with German, Hungarian and Croatian teams, were organized" (Karcol o. J.). Es scheint also nichts auszumachen, dass nur für Massenmord verantwortliche Länder für Sportwettbewerbe übrig geblieben sind. Auf der Webseite wird aber auch erwähnt, dass die wirtschaftlichen Erfolge etwas mit der Tatsache zu tun hatten, dass das Land „belonged to Jewish owners before" und dass „except economical development, also departure of Czech employees and disqualification of persons of Jewish origin from economical process, contributed to that fact." (Karcol o. J.) Leider ist der Webeintrag nicht datiert, er zeigt aber, dass Museumswebseiten im Gegensatz zur copyright-geschützten Dauerausstellung den Vorteil haben, leichter auch in problematischen Aspekten überarbeitet werden zu können.

narrativ und die Repräsentation ‚der Slowakei' als Opfer dominieren, während die Verbrechen des Tiso-Staates zwar korrekt benannt werden, aber keinerlei Auseinandersetzung mit der Ideologie der regierenden Hlinka-Partei stattfindet. Das slowakische Museum verwendet auffällig häufig das Wort ‚Europa'. Dennoch erweist sich der Nationalismus keinesfalls als überwunden, wenn dem NS-Kollaborationsregime Tisos, der „Slowakischen Republik", in der Ausstellung „many positive results in the areas of economy, science, schools and culture" zugestanden werden.

4.3.1.2 Das Gedenkmuseum Jasenovac als „Zugpferd nach Europa"

Die aktuelle Ausstellung im kroatischen Jasenovac[80] stammt aus 2006 und ihre Funktion wurde von einem kritischen kroatischen Journalisten als „Zugpferd nach Europa" (Pavelić 2005) bezeichnet. Die kroatischen EU-Beitrittsverhandlungen stockten zur Zeit der Ausstellungsplanung aufgrund des Vorwurfs der mangelnden Zusammenarbeit mit dem Haager Tribunal für das ehemalige Jugoslawien (ICTY) bei der Suche nach dem kroatischen General Ante Gotovina, der 1995 die Rückeroberung der serbischen Krajina durch kroatische Kräfte befehligt hatte.[81] Nach Tuđmans Tod Ende 1999 hatte es in Kroatien von 2000 bis 2003 ein kurzes Intermezzo einer sozialdemokratisch angeführten Regierung gegeben. Von 2003 bis 2011 regierte nun aber wieder die ehemalige Tuđman-Partei, die HDZ, das Land, nun mit proeuropäischer Ausrichtung unter Premier Ivo Sanader. Geschichtspolitik spielte in diesem Zusammenhang eine von manchen völlig offen angesprochene instrumentelle Rolle. Als Sanader 2005 bei der Gedenkveranstaltung in Jasenovac die Ustaša-Verbrechen unmissverständlich verurteilte, schrieb der Kolumnist Mijić in der links-liberalen Tageszeitung *Novi list*: „Wäre diese Rhetorik früher erfolgt und länger aufrechterhalten worden, wäre auch unser Bild in der Welt wesentlich positiver gewesen, was auch den Eintritt in die europäische Familie erleichtert hätte."[82] (*Novi list*, 25.4.2005; Radonić 2014a, 499) Zwei Monate später meinte derselbe Mijić anlässlich von Sanaders

---

[80] Vom Museumsgebäude selbst ist hier nie die Rede, weil es sich bei dem Bau aus den 1960er Jahren um einen unansehnlichen ebenerdigen, funktionalen Klotz handelt, rechts der Ausstellungsteil ohne Fenster, links der Personaltrakt mit Fenstern, davor neuerdings ein Raum mit großen Fenstern für die Vermittlungsarbeit mit Gruppen. Als Blickfang dient hingegen das von Bogdan Bogdanović 1966 errichtete Mahnmal in Form einer Blume weiter hinten im Gedenkareal.
[81] Letztlich wurde Gotovina mithilfe der kroatischen Regierung auf Teneriffa festgenommen und am ICTY zunächst zur Höchststrafe von 24 Jahren verurteilt, in zweiter Instanz jedoch freigesprochen.
[82] Alle Übersetzungen aus dem Kroatischen stammen von der Autorin.

Israel-Besuch nicht ganz frei von antisemitischen Welterklärungen: „Es ist gewiss keine kleine Sache, ein in Weltkreisen relativ kleines, aber furchtbar einflussreiches Land wie Israel definitiv auf seine Seite ziehen zu können. Ein Feind weniger und Partner mehr ist ein großer Erfolg, insbesondere da unsere Zukunft in vielem von der Gnade der Mächtigen abhängt." (*Novi list*, 29.6.2005)[83]

Neutraler formulierte im Vorwort des Museumsguides der für die Gedenkstätte zuständige HDZ-Kulturminister, das Gedenkmuseum sei „part of the European cultural heritage and symbolizes a place which requires remembering and encourages learning about the history of a nation", die, wie es in der kroatischen Version heißt, immer schon mit der Welt und Europa kommuniziert habe. (Biškupić 2006, 5) Der Kulturminister bestellte die in den USA ausgebildete Kunsthistorikerin Nataša Jovičić als Direktorin der Gedenkstätte. Sie betonte, die Ausstellung sei „in Zusammenarbeit mit internationalen Experten" entwickelt worden, damit sie „international erkennbar und im Kontext internationaler Standards" (*Vjesnik*, 14.2.2004) zu verstehen sei. „Wir wollten Teil des modernen europäischen Bildungs- und Museumssystems sein und den Vorgaben folgen, die wir von den mit diesen Themen befassten Institutionen erhalten", so Jovičić. Als Vorbilder nannte sie aber interessanterweise nicht andere KZ-Gedenkstätten, sondern das Anne-Frank-Haus in Amsterdam, das United States Holocaust Memorial Museum in Washington und die israelische Gedenkstätte Yad Vashem. Sie orientierte sich also an *memorial museums*, die sich nicht an den Orten der Massenverbrechen befanden, was sich auch im Namen des *Jasenovac Memorial Museum* niederschlägt.

Jovičić wollte nach Vorbild des Anne-Frank-Hauses „eine tragische Lebensgeschichte mithilfe weniger Objekte erzählen." (*Vjesnik*, 24.5.2004) Der unterschiedliche Charakter der beiden Institutionen wird nicht reflektiert: „Sogar durchdringender als das Holocaust Memorial Museum in Washington und das Anne Frank Haus in den Niederlanden entschied sich die Direktorin der Gedenkstätte Jasenovac, die Kunsthistorikerin Nataša Jovičić dazu, die gesamte neue

---

[83] Sanader selbst zieht bei seiner Ansprache in Yad Vashem zwei Lehren aus dem Holocaust: einerseits das obligatorische ‚niemals vergessen' als internationale Botschaft, andererseits dient ihm jedoch der Besuch der israelischen Holocaustgedenkstätte dazu, ‚die Kroaten' als die ‚neuen Juden' von heute zu porträtieren, wie ich bereits in meiner Dissertation ausführlich dargelegt habe. (Radonić 2010, 335–337) „Man darf auch die Aggression, die Kroatien erduldet hat, nicht vergessen, da auch wir Opfer eines so schrecklichen Wahnsinns wurden, wie es der Nationalsozialismus und der Faschismus waren und wir, die Bürger Kroatiens, wissen am besten, was es bedeutet, Aggression zu ertragen," so Sanader. Aus seinem Besuch in Yad Vashem zog er folglich die Lehre, dass man „in Kroatien ein ähnliches Museum für die Opfer des Heimatländischen Krieges erwarten könne. (*Vjesnik*, 29.6.2005) Jelena Subotić (2019, 9) spricht hier von „memory appropriation" bzw. einer narzisstischen Identifikation mit jüdischem Leid.

Museumsausstellung [...] den Opfern zu widmen", so die Tageszeitung *Vjesnik*. (7.3.2004) Über den Köpfen der BesucherInnen hängen in dem Raum mit durchgehend schwarzen, labyrinthartigen, teils schrägen Wänden 277 Glastafeln mit den Namen der Opfer in weißer Schrift vor dunklem Hintergrund,[84] zahlreiche von den Häftlingen produzierte Gegenstände sind in frei im Raum stehenden oder in den Wänden eingelassenen Schaukästen ausgestellt, Fotos und Videos der Opfer dominieren die Ausstellung. Die nun nach ‚Europa' ausgerichtete HDZ wollte offensichtlich mit einer neuen Jasenovac-Ausstellung ein internationales Signal setzen. Wieder sind der dunkle Raum (Kalčić 2007) sowie der starke Fokus auf die individuellen Opfer, ihre Namen, geschriebenen wie Video-Zeugnisse und Gegenstände Referenzen auf ‚westliche' Vorbilder. Von den 221 Fotografien im Museumsguide sind bei weitem die meisten Porträts der Opfer aus der Zeit vor oder während des Krieges, die durch Namen und Kurzbiographien ergänzt werden. Dies weckt Empathie mit den Opfern, etwa wenn man immer wieder hofft, aus den Biographien dieses einen jüdischen Paares, des serbischen Mädchens oder der Partisanenkämpferin werde hervorgehen, dass sie überlebt haben. Die Individualisierung der Opfer erweist sich also als ein starkes Werkzeug der Musealisierung und des Gedenkens.

Die Gedenkstätte verfügt noch über ein weiteres starkes Mittel gegen die jahrzehntelange Manipulation der Opferzahlen im Dienste des vor allem serbisch-kroatischen ‚Krieges um die Erinnerung': das Projekt der namentlichen Identifizierung der Opfer. Diese 83.145 namentlich bekannten Opfer werden etwa auf den Computerarbeitsplätzen in der Ausstellung oder auf der Museumswebseite aufgeschlüsselt nach Nationalität, Männern, Frauen und Kindern sowie Todesjahr. Während das slowakische Museum diese Metaebene des Umgangs mit der Vergangenheit nach der Wende und Unabhängigkeit des Landes nicht thematisiert, behandelt die Jasenovac-Ausstellung die „zahlreichen Debatten mit diametral entgegengesetzten Positionen" ganz explizit. In Jugoslawien habe man vor 1990 offiziell behauptet, in Jasenovac seien 700.000 Menschen ermordet worden, während im unabhängigen Kroatien die Zahl auf 30–40.000 reduziert worden sei, so die Ausstellungstafel.

Doch auch im kroatischen Fall birgt die Bemühung um den Beweis des Europäischseins im Zuge der Beitrittsbemühungen durch die Übernahme ‚westlicher' Musealisierungstrends Probleme: Täter werden in Jasenovac nur am Rande thematisiert, Täterinnen wie etwa Aufseherinnen des Frauen- und Kinderlagers gar

---

[84] Damit stehen Gedenken und Information über historische Fakten unmittelbar nebeneinander, während die meisten anderen Gedenkmuseen, auch jene *in situ* wie etwa Theresienstadt, diese beiden Elemente räumlich voneinander trennen.

nicht erwähnt. Auf zweien der ständig gezeigten Fotos sind Täter abgebildet. Unter einer Aufnahme vom Besuch des Ustaša-Führers Pavelić bei Hitler 1941 heißt es, dieser habe Pavelić seine „volle Unterstützung für den Genozid an der serbischen Bevölkerung" zugesagt. Während der Massenmord an der jüdischen und Roma-Bevölkerung im Ustaša-Staat tatsächlich im Kontext des Vernichtungsprojekts des ‚Dritten Reiches' gesehen werden muss, lässt sich der Verweis auf Hitlers volle Unterstützung ausgerechnet bei dem eigeninitiativ von den Ustaša und teils gegen die explizite Intervention der Nationalsozialisten vor Ort betriebenen Massenmord an der serbischen Bevölkerung als eine Strategie der Externalisierung von Verantwortung begreifen. Verstärkt wird dieser Eindruck durch die untergeordnete Position Pavelićs, der auf einer Treppe stehend zu Hitler aufsieht. Auf dem zweiten Foto ist hinter einem jüdischen Häftling, der gerade seinen Ehering abnimmt, ein Ustaša-Wachmann zu erkennen. Das Foto ist jedoch zugeschnitten, sodass wir den anderen Wachmann, der einen Fez, die muslimische Kopfbedeckung, mit einem Ustaša-Abzeichen trägt, nicht sehen. (Abb. 20) In anderen Versionen dieses Fotos, wie sie auf der USHMM-Webseite oder in der Ausstellung des Ghettokämpfer-Kibbuz in Israel zu sehen sind, ist der Fez hin-

Abb. 20: In der Jasenovac-Ausstellung.

gegen erkennbar. (Radonić 2019a, 257) Die Tatsache, dass auch Muslime zum KZ-Personal gehörten, wird in Jasenovac somit buchstäblich weggeschnitten.

Bezeichnet werden die TäterInnen in der Ausstellung als „Ustaša-Behörden", „Ustaša-Bewegung" oder als „verantwortliche Ustaša", doch dies geschieht nur selten und nicht in jenen Teilen, in denen es um Massenmord geht, wo passive Formulierungen wie „wurden getötet" überwiegen. Namentlich genannt werden neben „Pavelić und seinen Mitarbeitern" einzig „Ljubo Miloš, der Ustaša-Oberleutnant" und nebenbei in der Erklärung eines Metallobjekts Ivica Matković, der von Januar 1942 bis März 1943 Jasenovac-Kommandant war. An den Computerarbeitsplätzen in der Ausstellung und auf der Museumswebseite, also dort, wo man bestimmte Informationen nur findet, wenn man bewusst danach sucht, werden neben Ante Pavelić elf weitere Ustaša-Täter vorgestellt. Nach den Kurzbiographien und Porträtfotos von fünf führenden Köpfen des Ustaša-Regimes folgen sieben unmittelbar für den Lagerkomplex Jasenovac Verantwortliche wie die Kommandanten Miroslav Filipović Majstorović, Ljubo Miloš oder Dinko Šakić. So unverzichtbar die Zeugnisse der individuellen Opfer sind, so nötig wäre hier eine ‚integrierte Geschichte', die auch an prominenter Stelle die Täter, aber auch Täterinnen im Frauenlager beleuchtet.

Auch die genauen Gründe für die Verfolgung müssen Teil so einer Geschichte sein. In der Tuđman-Ära kam die Behauptung auf, die Opfer seien politische Gegner des Ustaša-Staates gewesen; also wurde in Bezug auf den ersten Ausstellungsentwurf eingewandt, es sei unverzichtbar, zu zeigen, dass vor allem Angehörige der aus rassistischen Gründen verfolgten Bevölkerungsgruppen ermordet worden waren. Nach der ersten Vorstellung des Ausstellungskonzepts wurden dann aufgrund dieser Kritik neben den Namen der Opfer, die zu Beginn der Ausstellung auf einem Bildschirm durchlaufen, deren ethnische Zugehörigkeit, das Geburts- und Sterbejahr hinzugefügt, auch um deutlich zu machen, dass Kinder und Greise ebenfalls massenhaft ermordet wurden.

Der beinahe ausschließliche Fokus auf individuelle Opfergeschichten birgt eine weitere Gefahr. Nataša Jovičić kritisierte zu Recht die veraltete Pädagogik des Horrors der früheren Ausstellung, die mit schockierenden Fotografien anonymer Leichenberge und entstellter Leichen arbeitete. Sie schoss dann jedoch weit über das Ziel hinaus: „Wenn man sich an die Opfer als individuelle Gesichter und nicht als anonyme, bestialisch ermordete Menschenmasse erinnert, dann ‚schicken wir vom Ort des Verbrechens eine Botschaft des Lichts'. Auf zeitgenössische Weise präsentierte Historiographie sieht so aus, dass die Topographie des Terrors in die Topographie des Lebens umgegossen wird" (*Vjesnik*, 7.3.2004), so Jovičić in einem Zeitungsinterview. Diese Enthistorisierung und Dekontextualisierung am Ort des Todeslagers drückt sich in der Museumspublikation außer im Fokus auf Privatfotos der Opfer auch darin aus, dass ein Viertel aller visuellen Elemente Bogdanovićs Blume zeigen, die er selbst bereits als hoffnungsfrohes, zukunftsweisendes Symbol, das niemanden anklagt, bezeichnet hatte. Jovičić (2006b, 9) begriff den Gedenkort vor allem als „der Zukunft gewidmet" sowie als „modernes und dynamisches Menschenrechtszentrum" (*Vjesnik*, 27.2.2004). Laut Museumswebseite gehe es in Jasenovac darum, die Konsequenzen des Verweigerns menschlicher Würde deutlich zu machen und Gewaltlosigkeit, Demokratie und Menschenrechte zu lehren. (Jasenovac Memorial Site o. J.) Bei meinem neuerlichen Aufruf der Museumswebseite 2020 war diesem *mission statement* eine – leider undatierte – Ergänzung vorangestellt worden, die sich deutlich von der von Jovičić, die 2016 als Direktorin abgelöst wurde, betriebenen Enthistorisierung abhebt:

> In the Memorial Museum, human suffering and resistance to evil are personal, but the collective historical horrors and Ustasha crimes committed against children, women, men, Serbs, Roma, Jews, Croats, Slovenes, Muslims and those of other nations, religions or ideologies are in no way generalised. Instead, these things are made specific and real.
> (Jasenovac Memorial Site o. J.)

Das Grauen des Lageralltags lässt sich jedoch auch anders als durch Horrorfotos vermitteln und vor allem ist Jasenovac schlicht kein Ort des „Lichts" und des „Lebens". Auch in diesem Punkt konnte vor der Ausstellungseröffnung eine zumindest geringfügige Änderung des Konzepts erwirkt werden. Vier der brachialen Tötungswerkzeuge wurden in einer Glasvitrine am Boden hinzugefügt, die auf die Besonderheit des Lagers, das auch als ‚Manufaktur des Todes' bezeichnet werden kann, verweisen. Eine Gaskammer gab es in Jasenovac bekanntlich nicht, nur die wenigsten Opfer wurden erschossen, die meisten mit großen Hämmern und Messern ermordet. Die nachträglich in das Konzept aufgenommene Vitrine zeigt, dass man diese schreckliche Besonderheit thematisieren kann, auch ohne – wie in der Ausstellung aus 1988 – überwältigende und Grauen erregende Fotografien abgetrennter Köpfe und aufgeschlitzter Leichen zu zeigen.

Ferner ist bis heute das Areal der *In-situ*-Gedenkstätte, die sich auf dem Gelände von Jasenovac III, des Hauptlagers des KZ-Komplexes, befindet, nicht in das Ausstellungskonzept eingebunden. Es gibt zwar in der Ausstellung einen Plan der „Jasenovac-Exekutionsorte". Aber wenn man nicht weiß, dass die darauf verzeichneten Orte Krapje und Bročica die Namen der Lager Jasenovac I und II waren oder dass sich unter dem Namen Uštica das „Zigeunerlager" verbirgt, kann man die komplizierte Geschichte des Lagerkomplexes daraus nicht erschließen. Nur bei den Computerarbeitsplätzen und auf der Museumswebseite werden einige Informationen dazu angeboten, wenn man explizit danach sucht. Auch gibt es keinen Hinweis darauf, wie man die anderen Lagerteile heute erreichen kann und was sich dort gegenwärtig befindet. Der einzige

Plan der Örtlichkeiten rund um das Museum ist ein aus den 1960er Jahren stammendes Metallrelief auf einem Sockel mitten auf dem Gelände der Gedenkstätte – auf dem Weg vom Museum zum 1966 von Bogdan Bogdanović errichteten Mahnmal in Form einer riesigen, begehbaren, in den Himmel weisenden Blume aus Beton. Auf diesem Relief sind die Baracken, die Küche, die Ziegelbrennerei, die Werkstätten, das Krankenhaus, die Gräber usw. vermerkt – im Relief die damaligen Gebäude und die heutigen Gedenklandschaftsmerkmale übereinandergelegt. Rund um die Ausstellungseröffnung war auch angedacht, einen Lehrpfad zumindest auf dem Gelände des Hauptlagers anzulegen. Die von Jovičić oft bemühten internationalen ExpertInnen kritisierten diesen Punkt auch explizit. So betonte die Direktorin des USHMM, Diane Saltzman, dass es angesichts der Zerstörung des Lagers 1945 wichtig wäre, so einen Pfad mit schriftlichen Zeugnissen und Fotografien anzulegen. (*Vjesnik*, 2.12.2006; Radonić 2018b, 137) Bis heute bleibt das Relief aus den 1960er Jahren aber die einzige Kontextualisierung des Geländes. (Abb. 21) Die Orientierung an dem Konzept der *memorial museums* und nicht an anderen KZ-Gedenkstätten *in situ* kommt hier deutlich zum Tragen.

Abb. 21: Die Gedenkstätte Jasenovac.

Der Einfluss der ‚Universalisierung des Holocaust' und die Orientierung an Holocaust-Museen schlagen sich auch in dem Umstand nieder, dass zumindest in einer Bildunterschrift in der Ausstellung versucht wird, den Antisemitismus zu thematisieren und sich davon abzugrenzen, während der Hass auf die serbische und die Roma-Bevölkerung gar nicht weiter behandelt wird. (Radonić 2018c, 523) Zu sehen ist ein Ustaša-Plakat, auf dem ein Ustaša gegen eine mit Davidsternen versehene Schlange kämpft. Auf dem Plakat steht: „JUDEN. Ausstellung über die Entwicklung des Judentums und ihre zersetzende Tätigkeit in Kroatien vor dem 10. April 1941. Lösung der Judenfrage im Unabhängigen Staat Kroatien." Hierzu führt die Ausstellung aus: „Diese Ustaša- und Nazi-Propaganda wird widerlegt durch die Tatsache, dass Architekten und Bauherren jüdischer Abstammung in Zagreb in den ersten Jahrzehnten des 20. Jahrhunderts viele wichtige Gebäude errichtet haben." Freilich ‚widerlegt' diese Bildunterschrift keinesfalls die in der Propaganda vorgetragene Vorstellung vom zersetzenden Charakter der imaginierten jüdischen Gegenrasse. Bestenfalls kann der Verweis auf die produktive Arbeit von Architekten und Bauherren als hilfloser Einwand dagegen gelesen werden, dass man sich mit dem Antisemitismus gegen ‚nützliche' Mitglieder der Gesellschaft richtete. Auffällig ist jedenfalls, dass es offensichtlich leichter fällt, den Antisemitismus als Motiv für die Verbrechen zu thematisieren, als sich mit dem spezifischen Ustaša-Hass auf ‚die Serben' auseinanderzusetzen. Denn den Antisemitismus konnte man als einen Import der Nationalsozialisten nach Kroatien interpretieren, wohingegen die Feindschaft der Ustaša gegen die Serben ein hausgemachtes ‚Problem' darstellte. Die Ausstellung spricht unumwunden vom „Genozid" an der serbischen Bevölkerung und nennt Jasenovac unmissverständlich ein Todeslager, doch die selbstkritische Auseinandersetzung mit dem Hass auf die serbische Bevölkerung scheint nach dem Krieg der 1990er Jahre schwieriger als jene mit dem Antisemitismus.

Im Gegensatz zur slowakischen Ausstellung, in der die Rolle der Bevölkerung auf die Bemerkung reduziert wird, „viele" hätten Juden geholfen, wird im kroatischen Museumskatalog, der eine Art Sammelband aus der Feder verschiedener AutorInnen ist, festgehalten: die Bevölkerung „had to go through a full Ustašization" (Jakovina 2006, 28). Jakovina (2006, 34) zufolge seien viele BürgerInnen mit Pavelić und dem Funktionieren der Regierung unzufrieden gewesen, „but not necessarily by the fact that an own state had been created". Ein ganzes Unterkapitel ist den Belegen dafür vorbehalten, dass der „Unabhängige Staat Kroatien" weder unabhängig, noch ein Staat, noch ein kroatischer Staat war (Jakovina 2006, 27), was im Kontrast sowohl zum Narrativ des slowakischen Museums als auch zum dominanten Diskurs der Tuđman-Ära im Kroatien der 1990er Jahre steht. Im Gegensatz zu beidem steht auch die nüchterne Erörterung der „Errungenschaften" des Ustaša-Staates im Kontext von Zensur, „verbotenen Schriftstellern", Propaganda und Ustašisierung. (Jakovina 2006, 30; Radonić 2014a, 502) Andererseits wird aber auch nicht diskutiert, warum dieser

Satellitenstaat von Hitlers und Mussolinis Gnaden neben Rumänien als einziges Kollaborationsregime selbständig Todeslager betrieb – und nicht etwa in einem annektierten Gebiet, sondern im Fall von Jasenovac nur 100 Kilometer von der Hauptstadt Zagreb entfernt.

Ein weiterer Unterschied zum slowakischen Guide ist, dass die Kapitel der Jasenovac-Publikation von unterschiedlichen AutorInnen stammen. Diese Pluralität führt dazu, dass ein serbischer Autor den Genozid an den Serbinnen und Serben in seiner Spezifik erörtern kann, der berühmte jüdische Historiker Ivo Goldstein den Holocaust usw. Drago Roksandić kommt daher auch im Kapitel über die serbischen Opfer kurz auf die Frage zu sprechen, warum die Ustaša ‚den Serben' die Schuld an allen Übeln in der kroatischen Geschichte seit dem 15. Jahrhundert gaben. Doch er kommt unmittelbar darauf zu dem Schluss, dass noch niemand die Ustaša-Ideologie in Bezug auf ‚die Serben' systematisch untersucht habe. Diese Ideologie sei widersprüchlich, da in manchen Regionen Serbinnen und Serben zwangsgetauft werden sollten, während die Ustaša zugleich behaupteten, dass „paläo-balkanische" Serben keinerlei ethnische Gemeinsamkeit mit ‚den Kroaten' hätten. (Roksandić 2006, 83) Eine weitere Konsequenz dieser pluralen, aber nach ethnischen Kriterien vorgehenden Struktur ist, dass die Schicksale weiblicher Häftlinge, von Kindern, Homosexuellen oder Prostituierten, die im Band als „persons calling down ignoble jobs" bezeichnet werden oder von „roamers" (Kevo 2006, 191), nie systematisch erörtert, sondern nur nebenbei erwähnt werden.

Doch trotz aller Kritik änderten sich seit 2006 in der Ausstellung nur Kleinigkeiten, wie die Anpassung der Übersicht über die namentlich identifizierten Opfer an die neuesten Forschungsergebnisse. In der Phase einer wieder sozialdemokratisch angeführten Koalition 2011–2016 wurde eine Neugestaltung der ständigen Ausstellung mehrfach diskutiert und Nataša Jovičić wurde 2016 als Direktorin vom lokalen Historiker und langjährigen Mitarbeiter der Gedenkstätte Ivo Pejaković abgelöst. Nach dem neuerlichen Wahlsieg der HDZ 2016 stellte die ehemalige Tuđman-Partei Staatspräsidentin *und* Regierung, eine – wie wir auch gegenwärtig in Polen beobachten können – problematische Konstellation. Die Regierungsriege der ersten sechs Monate nach dem Wahlsieg der HDZ im Januar 2016 wurde vielfach als rechtsextrem kritisiert, und insbesondere Zlatko Hasanbegović – der als Kulturminister für die Gedenkstätte Jasenovac zuständig war – fiel durch geschichtsrevisionistische Äußerungen vor allem in Bezug auf Jasenovac auf, die wenig erstaunten, wenn man von seiner Autorenschaft in der von der Ustaša-Exilorganisation Kroatische Befreiungsbewegung (*Hrvatski oslobodilački pokret* – HOP) herausgegebenen Zeitschrift *Nezavisna Država Hrvatska* weiß. (Index.hr 2016) Doch während es kurz danach aussah, als würde Kroatien in die geschichtspolitischen Fußstapfen Ungarns und Polens treten, gab es sechs Monate nach dem HDZ-Wahlsieg aufgrund des Zusammenbruchs der Koalition Neuwahlen, und die HDZ führte danach mit gemäßigterem Personal eine neue Koalition an.

Die Verharmlosung des Ustaša-Staates wird auch jetzt von der Regierungspartei zum Teil mitgetragen und gerechtfertigt. So kommentieren KritikerInnen, im Tuđman'schen Versöhnungskonzept hätte der ehemalige Partisane Tuđman wenigstens das antifaschistische Narrativ als eines von zwei möglichen begriffen, was nun nicht mehr der Fall sei. Gleichzeitig machen sich in den letzten Jahren wieder eine Fixierung auf Bleiburg als Ort der „kroatischen Tragödie" und die Verbreitung der zuletzt von den Ustaša verwendeten Losung *Za dom spremni!* [Für die Heimat bereit!] bemerkbar, die auf eine neue Dominanz geschichtsrevisionistischer Narrative verweisen. In dieser Atmosphäre ist es vermutlich von Vorteil, dass die ständige Ausstellung in Jasenovac nicht verändert wird – vor allem, wenn man bedenkt, dass die größten Opferverbände die Mitwirkung an der jährlichen Gedenkveranstaltung an der Seite der Regierung einige Jahre lang für unmöglich hielten. Erst der Wahlsieg des ehemaligen sozialdemokratischen Premiers Zoran Milanović bei den Präsidentschaftswahlen 2020 beendete die ungebrochene Dominanz der HDZ, was sich sofort auch auf dem Gebiet der Geschichtspolitik zeigte. Im Gegensatz zu seiner Vorgängerin Kolinda Grabar-Kitarović bezeichnet er *Za dom spremni* als Ustaša-Gruß und verließ eine vom Verteidigungsministerium organisierte Gedenkveranstaltung für den Kroatienkrieg, als sich mehrere Personen, die den Spruch auf ihren T-Shirts trugen, vor ihm aufbauten. (Balen 2020) Auch die VertreterInnen der Opferverbände beendeten aufgrund dieses Wandels dessen, was an der kroatischen Staatsspitze sagbar ist, ihren Boykott der Jasenovac-Gedenkveranstaltung und nahmen im April 2020 an der Seite von Präsident und Premier im April 2020 wieder daran teil.

In Bezug auf die ‚Anrufung Europas' und deren Tücken lässt sich zusammenfassend festhalten, dass im kroatischen Fall der starke Fokus auf die individuellen Opfer und die Orientierung an USHMM, Yad Vashem und dem Anne-Frank-Haus – und nicht etwa an anderen KZ-Gedenkstätten – dazu führt, dass der *In-situ*-Charakter des ehemaligen Konzentrationslagers ebenso in den Hintergrund tritt wie die konkreten TäterInnen und ihre brachialen Tötungswerkzeuge, die Jasenovac den Beinamen ‚Manufaktur des Todes' einbrachten.

4.3.1.3 Das Holocaust-Gedenkzentrum in Budapest (2004/2006)

Im Zuge der EU-Beitrittsbemühungen Ungarns führte die erste Orbán-Regierung im Jahr 2000 einen Holocaust-Gedenktag ein (Ungváry 2011, 300), beschloss die Neugestaltung der alten sozialistischen Ausstellung im ungarischen Länderpavillon in Auschwitz-Birkenau[85] und trat 2002 der International Holocaust Remembrance Alliance (damals ITF) bei. (Radonić 2018b, 139) 2001 verkündete der Fidesz-Kulturminister Zoltán Rockenbauer im Parlament, dass in Budapest ein Holocaust-Museum eröffnet werden soll. Fidesz bewilligte die Finanzierung des Holocaust-Gedenkzentrums (HDKE) im März 2002 (Mihok 2005; Csillag 2002, 21) – Wochen nachdem das Haus des Terrors, das weiter unten analysiert wird, eröffnet worden und auf Kritik gestoßen war. (Morvay 2002) Der anhaltende Protest gegen die im Haus des Terrors vertretene einseitige Lesart ungarischer Geschichte „verschreckte die Regierung Orbán derart, dass sie den Weg für das Holocaust-Museum frei machte." (Schneider 2004; vgl. Fritz und Hansen 2008, 76) Doch nach den Wahlen 2002 konnte sich Fidesz nicht mehr an der Regierung halten und somit auch nicht den Inhalt des neuen Museums bestimmen. Nachdem sich die beiden politischen Lager auf keinen parteiübergreifenden Konsens bezüglich der Museumskonzeption einigen konnten, entließ am 1. Juli 2004 der Kulturminister der vom Sozialisten Péter Medgyessy angeführten Regierung alle bisher mit der Ausstellungsbetreuung Beauftragten. Er betraute „die bekannte Holocaust-Forscherin Judit Molnár mit der Ausarbeitung dieser Ausstellung" und ernannte „den fachlich ausgewiesenen Historiker und Archivar László Varga zum Direktor". (Seewann und Kovács 2006b, 199)

Die von Otto Wagner entworfene prominent gelegene Synagoge innerhalb des ehemaligen Pester Ghettos von 1944, die anfänglich für das Museum vorgesehen war, musste aufgrund ungeklärter Eigentumsverhältnisse aufgegeben werden. (Creet 2013, 57; Mihok 2005, 164) So eröffnete das Museum in einem unterirdischen Raum unterhalb bzw. neben der Ferencváros-Synagoge aus 1924, die nach einem Architekturwettbewerb von István Mányi (2006, 34) renoviert und somit vor dem Verfall bewahrt wurde. Die Synagoge bildet den Schlussteil der Ausstellung, die hier wieder aus dem Untergeschoss an die Oberfläche kommt. „Die Entscheidung über die Unterbringung des Zentrums in einer ehemaligen Synagoge wurde von der Jüdischen Gemeinde getroffen. Der ungarische Staat kam für die Renovierungskosten auf." (Köhr 2007, 12) 1944 und 1945

---

85 Fritz zufolge planten Orbán, István Ihász, ein Museologe des Ungarischen Nationalmuseums, und Mária Schmidt, Direktorin des Hauses des Terrors, für den neuen Ungarn-Pavillon zunächst eine Apologie von Miklós Horthy, des ungarischen Staatsoberhaupts bis 1944. Die demokratischen Aspekte des Regimes und der deutsche Druck sollten überbetont und die ungarische Beteiligung am Holocaust verharmlost werden. (Fritz 2012, 303) Was sich später ab 2002 im Haus des Terrors wiederfand, musste für Auschwitz aufgrund von inländischen und internationalen Protesten verworfen werden. Stattdessen wurden Gábor Kadar und Zoltán Vági, die dann auch die Ausstellung im Holocaust-Gedenkzentrum in Budapest mitgestalteten, mit dem neuen Konzept beauftragt. (Fritz 2012, 306)

waren dort Jüdinnen und Juden aus diesem Teil Budapests interniert worden. Insofern ist der Ort *in situ*, aber als Internierungsstätte war er nur von nachrangiger, lokaler Bedeutung gewesen. (HDKE o. J.; Radonić 2018b, 132)

Vor der Eröffnung der ständigen Ausstellung wurde Kritik an dem Standort des HDKE im winzigen Gässchen *Páva utca* (im Kontrast zum zentral an einem Prachtboulevard gelegenen Haus des Terrors) geäußert, an den hohen Sandsteinmauern, die die Gedenkstätte umgeben und wie eine Art Ghetto abschotten.[86] (Abb. 22) Wegen der in der Entwicklungsphase immer knapper bemessenen Räume und der unterirdischen Lage der Ausstellung bezeichnete sie der Chefredakteur der jüdischen Wochenzeitung *Szombat* als „Holocaust-Tiefgarage". (Seewann und Kovács 2006b, 198; Mihok 2005, 164; Radonić 2014d, 13) Obwohl die Synagoge, in der die Ausstellung endet, nicht mehr religiös genutzt werden sollte und keine Thora beherbergt, wurden die Verbindung mit Glauben

---

[86] Der verantwortliche Architekt István Mányi verteidigte die hohe Mauer zunächst mit dem Hinweis, diese diene „dem Schutz gegen äußere Einflüsse und gibt der Gedenkmauer vom Innengarten her einen unvergänglichen Status. [...] Die Betonung liegt hier in der Beschwörung der Stille." (Mányi 2006, 35) Später in demselben Text fügt er jedoch in Bezug auf die „viel kritisierte, massive Steinmauer", an deren Innenseite die Namen der Opfer eingraviert sind, hinzu: „Auch ich finde keinen Gefallen an diesen Wänden, aber dieses mit acht Millimeter großen Buchstaben geschriebene, erschütternde Namensverzeichnis bedarf einer so gewaltigen Fläche. Diejenigen, die diese Massivität beanstandeten, haben nichts aus dem Holocaust gelernt." (Mányi 2006, 37) Seine Aussage gegenüber den vor allem jüdischen KritikerInnen der „Ghettoisierung" wirkt arrogant und aggressiv. Auf derselben Seite behauptet er hingegen gleichmachend: Das Judentum stehe hier „für alle unschuldigen, verschleppten und ermordeten Menschen." (Mányi 2006, 37) Meiner Einschätzung nach ist die architektonische Gestaltung des Museumsgeländes beeindruckend, ihre Erklärungen durch den Architekten jedoch zweifelhaft. Mányi habe sich eigenen Angaben zufolge mit dieser Aufgabe auseinandergesetzt, „um mich mit den Opfern zu identifizieren." (Mányi 2006, 41) Den Holocaust vergleicht er dabei mit Naturkatastrophen: Die „wie durch ein Erdbeben aus ihrem Gleichgewicht gerückten instabilen Natursteinquader" verkörpern „die Suche nach einer Antwort auf die die Geschichte der Menschheit erschütternde Katastrophe des Holocaust." (Mányi 2006, 37) Da der Holocaust „nicht interpretierbar" sei, beschreibt er ihn als Naturgewalt, als „Vergegenwärtigung eines Erdbebens." (Mányi 2006, 37) Er überließ den KuratorInnen auch bereits fertig gestaltete Ausstellungsräume, mit denen sie arbeiten mussten und die dem Architekten zufolge den Holocaust nachfühlbar machen sollten: „Wir entwickelten eine Raumfolge, die mit ihren Neigungen, mit den aus der Vertikale kippenden Pfeilern und mit den schrägen Decken ein Nachempfinden dessen erlaubt, was diese Menschen mit der Ausgrenzung durch die ersten Judengesetze, mit der Verschleppung und Selektion auf der Rampe und schließlich mit der die Kehle zuschnürenden Enge erlebten. In dieser räumlichen Enge gedenken wir unserer in Waggons gepferchten Mitmenschen." (Mányi 2006, 39) Das HDKE ist ein Beispiel dafür, dass sich Kunst, gerade auch wenn es um die Shoa geht, in einer Form Ausdruck verschaffen kann, die nicht unbedingt durch verbale Erklärungen einzufangen ist. Mit der Behauptung, man könne durch enge oder dunkle Ausstellungsräume dem Holocaust gewissermaßen nachspüren, steht Mányi jedoch leider nicht alleine da.

Abb. 22: Hohe Mauern umgeben das Holocaust-Gedenkzentrum in Budapest.

und die Reduktion der Shoa auf eine religiöse Dimension problematisiert. (Seewann und Kovács 2006a, 53; Ungváry 2006, 212) So sagte Imre Kertész seine Teilnahme an der feierlichen Eröffnung mit der Begründung ab, dass das Gedenken an den Holocaust eine „gesamtgesellschaftliche Angelegenheit und keine Frage des Judentums, schon gar nicht der jüdischen Religion" (Schneider 2004) sei.[87] Vor der Fertigstellung der Dauerausstellung wurden neben einer kleinen Ausstellung über Roma-Opfer (Meyer 2014, 145) – dank einer Leihgabe von Yad Vashem – Fotografien aus dem sogenannten ‚Auschwitz-Album' gezeigt, das SS-Männer von den ankommenden Transporten ungarischer Jüdinnen und Juden 1944 aufgenommen haben. (Seewann und Kovács 2006b, 199; Fritz 2008, 143) Dies ließ die Befürchtung aufkommen, dass die Mitwirkung ungarischer Behörden im Museum heruntergespielt werden könnte, weil in Auschwitz-Birkenau nicht mehr die UngarInnen wie zuvor in der Heimat (mit) zuständig waren. (Mihok 2005, 164; Fritz 2010, 170) Doch diese Debatten und Sorgen scheinen sich mit der 2006 eröffneten ständigen Ausstellung, die die ungarische Mitverantwortung für den Holocaust schonungslos aufarbeitet, erübrigt zu haben. Wie bei

---

[87] Ausführliche Debatten wurden vor allem in den ungarischen Zeitschriften *Élet és irodalom* und *Múlt és Jövő* geführt.

keinem anderen der hier analysierten Museen war das Konzept zuvor einer transparenten öffentlichen Diskussion unterzogen worden.[88]

Der Eröffnung, über die es viel positive Berichterstattung in ungarischen Medien gab, wohnten der ungarische und der israelische Staatspräsident sowie der damalige französische Außenminister Nicolas Sarkozy bei. (Mihok 2005, 166; Creet 2013, 48) Anlässlich dieses Ereignisses bat der Bürgermeister von Budapest, Gábor Demszki, um Entschuldigung „für das Verbrechen, das die ungarische politische Gemeinschaft zwischen 1938 und 1944 gegen das ungarische Judentum verübt hat." (Zit. n. Mihok 2005, 161) Da das Museum in ungarischen Medien anfänglich als „jüdisches Museum" vorgestellt worden war, hob Staatspräsident Ferenc Mádl in seiner Eröffnungsrede hervor, dass es nicht um das Judentum, sondern um ein Kapitel der ungarischen Geschichte ginge. (Seewann und Kovács 2006b, 198)

Neben dem slowakischen und kroatischen kommuniziert auch dieses dritte, ungarische Museum intensiv mit ‚Europa' und dem ‚Westen': 2004 eröffnete das HDKE anlässlich des 60. ungarischen Holocaust-Gedenktags zwei Wochen vor dem EU-Beitritt Ungarns, obwohl die ständige Ausstellung erst zwei Jahre später fertiggestellt werden konnte. Diese symbolträchtige Eröffnung kann somit als Ausdruck der ‚Europäisierung des Holocaust' begriffen werden. Am Holocaust-Gedenktag sagte Ministerpräsident Péter Medgyessy: „Heute, da ich [...] die Dokumente des Beitritts zur EU unterzeichne, ist es besonders wichtig, dass wir nicht nur an die gemeinsame und glückliche Zukunft, sondern auch an die gemeinsame und traurige Vergangenheit denken." (Fritz 2010, 174) Das HDKE verfolge ein Programm „basierend auf Museumstechniken aus Westeuropa", so der ehemalige Direktor Szabolcs Szita. (Molnár 2012) Prägend sind in der Ausstellung entsprechend dem Vorbild ‚westlicher' *Holocaust memorial museums* – wie in Jasenovac – die dunkle Raumgestaltung, der Fokus auf individuelle Opfer, ihre wenigen als auratische Objekte inszenierten Besitztümer und ihre Zeugnisse – nicht nur von Jüdinnen und Juden, sondern auch Romnija und Roma. Als Vorbild wird das US Holocaust Memorial Museum genannt. Im Außenbereich erinnern die Sandsteinmauern stark an die Architektur von Yad Vashem in Israel.

---

88 Die von Gábor Kádár und Zoltán Vági verfassten Ausstellungstexte wurden im Sommer 2004 unter der Leitung von Judit Molnár von über 70 Personen diskutiert. Als Ergebnis der Diskussion wurden unter anderem die Teile über die Zeit vor 1920 und nach 1945 signifikant gekürzt. (Molnár 2012) Danach wurde das Skript noch von fünf ExpertInnen bewertet, der Sozialpsychologin Mónika Kovács, dem Ästhetik-Experten Sándor Radnóti und drei HistorikerInnen, István Deák, Krisztián Ungváry und Mária Ormos. Die Ausstellung wurde ferner vor der Eröffnung auf der Museums-Webseite ausführlich zur Diskussion gestellt und im Anschluss daran nochmals überarbeitet – ganz im Gegensatz etwa zum Jasenovac-Gedenkzentrum, dessen Konzept die Direktorin sogar dem Rat aus VertreterInnen der Opfer, der Gemeinde und des Staates erst sehr spät vorlegte.

Die Möglichkeiten der Ausstellungsgestaltung waren durch den bereits 2004 von István Mányi fertiggestellten Umbau des Synagogengeländes und die Errichtung des unterirdischen Raums teilweise vorgegeben. Die meist dunkel gehaltenen Räume umfassen Texttafeln in weißer Schrift, Fotografien, Videoscreens und von Raum zu Raum weniger werdende weiße Lebenslinien an den Wänden. Im ersten Raum finden sich Schaukästen mit Gegenständen, die als für die Opfer ‚typisch' erachtet werden, also nicht näher bezeichnet, weder biografische noch forensische Objekte sind. Die gleichen Schaukästen stehen im letzten Raum, also nach der Vernichtung, leer. Der lange, schmale Gang zwischen dem ersten und dem zweiten Raum wird von über den Köpfen der BesucherInnen hängenden Großformat-Fotos und dem Geräusch marschierender Soldaten dominiert und noch beim Betrachten der Ausstellungstafeln im zweiten Raum erzeugt das Geräusch immer näherkommender Stiefel ein Bedrohungsgefühl. Dieser enge Gang und die Geräuschkulisse sind die einzigen Elemente der Ausstellung, die einem emotionalisierenden Reenactment nahekommen. Als gestalterisches Element ferner erwähnenswert sind vor allem antisemitische Verlautbarungen, die im dritten Raum auf Seilen zwischen der Decke und Betonbalken am Boden in Augenhöhe platziert sind und die Verbote in Form von Blockaden im Raum übersetzen.

In der ungarisch- und englischsprachigen Dauerausstellung ist die Individualisierung der Opfer sehr präsent: Die Geschichten von vier sehr unterschiedlichen jüdischen und einer Roma-Familie begleiten auf Bildschirmen oder Audio-Stationen die BesucherInnen von Raum zu Raum, durch die Phasen der Entrechtung, Enteignung, Beraubung der Freiheit, der menschlichen Würde und des Lebens. (Radonić 2014c, 5) Es handelt sich hierbei um die Geschichten einer Familie von „Oberschichts-Plutokraten"[89], Mittelschichts-Ladenbesitzern, Veteranen des Ersten Weltkriegs und Sekretärinnen bis hin zu einer orthodox-jüdischen Familie aus der Karpatho-Ukraine – sowie einer seit 1930 niedergelassenen Roma-Familie aus der Baranya. Diese Geschichten der Familienmitglieder wecken Empathie mit den Verfolgten. So erfahren wir etwa über die Familie Bárdos, dass die Frauen im Zuge der Ausplünderung Opfer von Leibesvisitationen wurden, die von Hebammen durchgeführt wurden, wobei weniger als vier Liter Wasser verwendet worden waren, um fünfhundert Frauen zu untersuchen.

Zusätzlich dazu werden individuelle Biographien und Fotos von Opfern auf Tafeln vorgestellt. Anne Franks Biographie wird jene des ungarischen Mädchens Lilla Ecséri zur Seite gestellt: Auch sie führte ein Tagebuch, musste ihre Wohnung ver-

---

89 Das HDKE thematisiert nicht, dass eine dieser fünf Familien zunächst vom Krieg profitierte: Die Manfred-Weiss-Werke produzierten Waffen und Flugzeuge, bevor nach dem deutschen Einmarsch den meisten Familienmitgliedern 1944 erlaubt wurde, nach Portugal zu fliehen. Das sei eine Ambivalenz, die das Museum Julia Creet (2013, 54) zufolge ausblende.

lassen, weil sich Deutsche darin einquartierten, und sich in den letzten Kriegswochen hungrig und müde allein durchschlagen, nachdem sie von ihrer Mutter getrennt worden war, die den Krieg nicht überlebte. Im sechsten Raum über die Vernichtung in Auschwitz wird auf den Info-Screens die Geschichte zweier orthodoxer Juden aus der Karpatho-Ukraine ausgeführt: Sie hätten die Mitglieder des Jüdischen Sonderkommandos gefragt, ob es Zeit für das Sterbegebet sei, fingen an zu beten und baten die Sonderkommando-Leute, mit ihnen auf das Leben zu trinken und ihren Tod zu rächen, bevor sie friedlich in die Gaskammer gingen und das Sonderkommando weinend zurückließen. Die achtzigjährige Frau eines Rabbiners aus einem Transport aus Kassa (Košice) habe hingegen lauthals die ungarische Regierung und jene jüdischen Anführer verflucht, die in Reden die Gemeinden beruhigt hätten und dann vor den Deportationen geflohen seien. In Videos von Interviews mit Überlebenden sowie im letzten Raum, der den jüdischen Reaktionen auf die Verfolgung, den Judenräten und dem zionistischen Widerstand gewidmet ist, kommen die AkteurInnen selbst zu Wort: Auszüge aus dem Tagebuch von Adam Czerniaków, dem Vorsitzenden des Warschauer Judenrats, und aus Memoiren von Samu Stern, seinem Budapester Konterpart, werden verlesen.[90]

Das Beispiel HDKE führt uns vor Augen, dass ‚Individualisierung der Opfer' verschiedenste Dinge, also eine ganze Bandbreite an Zugängen bedeuten kann: Vom kontextlosen Ausstellen namenloser Privatfotos über das Sprechen *über* individuelle Opfer und ihre Biographien in direktem Zusammenhang mit ihren Privatfotografien, manchmal in direkter Gegenüberstellung mit erkennungsdienstlichen Aufnahmen der TäterInnen, bis hin zur *agency*, die den ProponentInnen selbst gegeben wird, indem sie in Tagebüchern oder (stärker gesteuert) in Überlebenden-Interviews ihre eigene Perspektive und Handlungsspielräume erörtern. Aktives Handeln, das das Bild vom bloß passiven Opfer konterkariert, muss hingegen keinesfalls individuellen Personen namentlich zugeordnet werden,

---

90 Meyer (2014, 167) beurteilt diesen im Gegensatz zu den restlichen dunklen Räumen weißen Teil als bloßen Nachtrag: „This section, in terms of content, placement and colour relates agency to the side." Der Eindruck, dass die Mehrheit passiv auf die zunehmende Verfolgung reagiert habe, sei problematisch. „Jews as active agents, as presented in section one, disappear and instead become objects in the story of their persecution." (Meyer 2018, 131) Interessant ist hier, wie sich der aktuelle Trend, den Opfern verstärkt *agency* zuzusprechen, zu den historischen Tatsachen der Verfolgung in Ungarn verhält, wo der Großteil zumindest der männlichen jüdischen Erwachsenen sehr früh in den militärischen Zwangsarbeitsdienst eingezogen worden war, was Widerstand stark erschwerte. Der Ausstellungskatalog weist hier auf einen Unterschied im Verhalten zwischen Juden und Roma hin: „The organization of the Gypsy forced military labour companies was rendered difficult by the fact that unlike Jews, Gypsies did not enroll obediently, and if they were captured and pressed into service, they escaped at the first opportunity." (Karsai, Kádàr und Vági 2006, 33)

um wirkungsvoll auf Widerstand in undenkbarsten Situationen hinzuweisen, wie dies die Ausstellung im Abschnitt über ‚Jewish Reactions' im siebten, im Unterschied zu davor nun hell gehaltenen Raum ebenfalls tut:

> Nevertheless, some Hungarian Jews deported to Auschwitz-Birkenau often tried to resist even at the doors of the crematoria. In the dawn of May 26, 1944, hundreds of condemned Hungarian Jews refused to enter the gas chambers and tried to break out from the closed sector of Crematorium V. Under the glare of floodlights, they were all shot. On May 28, another Hungarian transport revolted at the same place. [...] On October 7, 1944, after months of preparations, the Jewish SONDERKOMMANDO in Birkenau rose in revolt. The Jews blew up Crematorium IV., attacked the guards and broke out of the camp. While escaping, they cut through the barbed wire of the women's camp so that girls and women could also escape. By the end of a whole day of firing and pursuit, all the rebels had been killed; but in addition to 451 prisoners, three SS were also killed in the fights. At that time, half of the members of the SONDERKOMMANDO were Hungarians.

Für den Museumsvergleich ist besonders spannend, wie die Ausstellung mit ungeklärten Fragen umgeht: In inner-jüdischen Debatten umstrittene Fragen wie jene über die Rolle der Judenräte und des zionistischen Widerstands werden in diesem siebten Raum als ebensolche unter der Überschrift „Dilemmas" präsentiert. Der Judenrat hätte meist die falsche Entscheidung getroffen, da die Anführer der ungarischen Regierung gegenüber loyal blieben, obwohl diese gegen sie Krieg führte. Obwohl sie über die Massenvernichtung Bescheid gewusst hätten, hätten sie zum Gehorsam aufgerufen. Doch einige hätten auch außerordentlichen Mut beim Schutz der Verfolgten und der Organisation von Vorräten für die Budapester Ghettos gespielt. In Bezug auf das zionistische Rettungskomitee von Rezsö Kasztner heißt es, es habe mit den Nazis verhandelt und 1.700 Personen in die Schweiz retten können, was manche als heroische Tat und mache als die Rettung von ausgewählten Wenigen auf Kosten vieler betrachten. Im Gegensatz zum weiter unten vorgestellten Haus des Terrors, das sehr stark Deutungen und Empfindungen vorgibt, stellt das HDKE also auch gesellschaftspolitische Diskussionen als offene Fragen aus.

Wie anhand von Jasenovac gezeigt wurde, birgt der Fokus auf die individuellen Opfergeschichten die Gefahr einer Identifizierung mit den Opfern unter Ausblendung der TäterInnenperspektive. Doch im HDKE wird auch den TäterInnen viel Raum gegeben und die ungarische Mitverantwortung für den Holocaust schonungslos aufgearbeitet. Die Hauptverantwortlichen für die Deportationen werden gezeigt: neben Eichmann und zweien seiner SS-Offiziere Andor Jaross, Innenminister der ungarischen Kollaborationsregierung, und das „Deportations-Trio", bestehend aus den Staatssekretären László Endre und László Baky sowie dem Gendarmarie-Oberstleutnant László Ferenczy, der die Deportationen vor Ort leitete. „During the spring and summer of 1944, the entire state apparatus of wartime Hungary, save the army – that is, from cabinet members down to the lowliest clerk of the smallest village – was actively engaged in organising the despoliation and expulsion of Jews", so der Ausstellungstext. Als Täter werden ferner vor allem Gendarmen genannt, die systematisch Jüdinnen und Juden ausraubten, ihnen nicht erlaubten, Lebensmittel in die Ghettos mitzunehmen, sie vergewaltigten oder vor den Augen ihrer Familienangehörigen folterten, um von versteckten Wertgegenständen zu erfahren. Einmalig für postsozialistische Gedenkmuseen sind darüber hinaus drei Fotografien, die die ungarische Bevölkerung bei der Plünderung von Ghettos zeigen (Abb. 23) und somit die bereitwillige Bereicherung nicht nur umfassend auf der Textebene, sondern auch visuell dokumentieren – auch Frauen werden hier als Täterinnen gezeigt. (Radonić 2014d, 15)

Abb. 23: „Lokale Landbevölkerung plündert ein verlassenes Ghetto".

Antisemitismus und Antiziganismus werden visuell an Fotografien des antisemitischen Bischofs Ottokár Prohászka und einer rechtsextremen Demonstration festgemacht, als Antiziganisten werden ein Bischof, ein Professor und ein Unterpräfekt vorgestellt. Die Ausstellungstexte machen Antisemitismus in Ungarn explizit zum Thema: „In the 1880s, ‚modern', racially motivated antisemitism reared its head in Hungary, too, its proponents declaring that the Jewish ‚race' intended to dominate the world, and to that end exploited and destroyed nations." Als Befürworter der antisemitischen Maßnahmen seit 1920 nennt die Ausstellung Angehörige rechtsextremer Jugendorganisationen an ungarischen Universitäten, extremistische Parteien und Zeitungen sowie Schriftsteller und Journalisten, die die magyarisierten Namen ihrer jüdischen Kollegen in Anführungszeichen setzten. Das Horthy-Regime wird als „right-wing, antisemitic, nationalist and anticommunist" charakterisiert, wobei sich der Ausstellungstext explizit gegen die Externalisierung der Verantwortung wendet:

> It was not under pressure from German leadership that Hungarian governments prepared the first anti-Jewish bills, and the Parliament and Regent Horthy passed them into law not

in fear of the Nazi army, but under pressure from the Hungarian extreme right, and at most in emulation of the German model.[91]

Bereits in Bezug auf die Zeit vor der deutschen Besatzung wird auf die Fatalität der Erkenntnis „signifikanter" Mittelschichtsgruppen hingewiesen, dass sie vom Raub jüdischen Eigentums profitieren könnten. Nach der deutschen Besatzung sei ferner ‚arisiertes' Eigentum an die nichtjüdische Bevölkerung weitergegeben worden, wobei von einer „active and gleeful cooperation of a not insignificant part of the local population" die Rede ist. Schonungslos wird die Mitverantwortung hier aufgearbeitet:

> Confiscated Jewish property was claimed by [...] masses of the non-Jewish population. Hundreds of thousands of people applied for Jewish property, while some simply broke into and ransacked the sealed homes of deportees. In Budapest alone, 60,000 persons put in claims for Jewish apartments, and the claims of 22,000 were found to have „merit".[92]

Von den hier analysierten Museen ist das HDKE somit dasjenige mit der stärksten Inklusion des ‚negativen Gedächtnisses' an die von der Mehrheitsbevölkerung begangenen, nicht selbst erlittenen Verbrechen.

Der problematische Versuch einer Rücksichtnahme auf den nationalistischen Diskurs in Ungarn findet sich hingegen bei der Bemühung, zu unterstreichen, wie integriert und wichtig ‚die Juden' für Ungarn gewesen seien. Dass sie in der Ausstellung häufig als „ungarische Staatsbürger" oder als „zu Juden erklärte ungarische Staatsbürger" bezeichnet werden, muss als Reaktion auf die in Ungarn seit Langem geführten Debatten über die Frage verstanden werden, ob Jüdinnen und Juden als Teil der ungarischen Nation betrachtet werden können. Die Budapester Jüdinnen und Juden werden einmal in der Ausstellung als Teil einer größeren Leidensgemeinschaft charakterisiert:

---

91 Die von Imke Hansen und Regina Fritz formulierte Kritik, wonach „entgegen der sonst sehr kritischen Ausstellungsnarration in der im Raum ‚Entrechtung' gezeigten Dokumentation die Verantwortung von Reichsverweser Horthy marginalisiert" werde (Fritz und Hansen 2008, 80) und „die bereits vor dem deutschen Einmarsch eingeführten ungarischen antisemitischen Maßnahmen" nicht „kritisiert" (Fritz und Hansen 2008, 81) würden, kann hier nicht nachvollzogen werden. (Vgl. dazu ausführlicher Radonić 2014b, 96; 2014c, 7) Fritz nimmt diese Kritik später teilweise zurück, wenn sie in ihrer Dissertation schreibt, dass „in der Ausstellung auf zahlreichen Texttafeln die antijüdischen Maßnahmen des Horthy-Regimes ausführlich dargestellt werden." (Fritz 2012, 302)

92 Somit kann der von Fritz geübten Kritik hier nicht zugestimmt werden, wenn sie schreibt: „Beispielsweise wird die materielle Bereicherung der ungarischen Bevölkerung an den Deportationen anhand von zwei Fotografien thematisiert, die Texttafeln gehen auf diesen Aspekt jedoch nicht näher ein." (Fritz 2012, 301)

> Tens of thousands of the politically persecuted, as well as deserters from the army, were hiding in the capital during the siege, so the persecution of Jews could easily be seen as part of the suffering of the city, the country and its entire population. Budapest had the best-integrated Jewish community in the country; the greatest number of „mixed" professional, business, indeed, family relationships could be found in the city.

Darüber hinaus betont die Ausstellung, dass sich eine „überwältigende Mehrheit" der ungarischen Jüdinnen und Juden als Teil der ungarischen Nation, ihrer Sprache und Kultur sowie als „Ungarn mosaischen Glaubens" verstanden hätte. Sie seien „loyale Staatsbürger" gewesen und hätten eine große Rolle bei der Modernisierung Ungarns gespielt. Rabbi Löw, dessen Biographie exemplarisch für andere Opferschicksale in der Ausstellung vorgestellt wird, habe, so heißt es im Ausstellungstext, auf Ungarisch gepredigt und die ungarische Sprache und Literatur als unverzichtbar für die von ihm eingerichtete ungarische Schule erklärt. Sein Sohn wird als Symbolfigur für integrierte Juden vorgestellt, während in Bezug auf orthodoxe Jüdinnen und Juden Begriffe wie „alt", „traditionell", „streng" und „altertümliche Regeln" verwendet werden. Aus einem Brief des Dichters Miklós Radnóti geht hervor, dass er sich als „ungarischer Dichter" versteht, nicht „jüdisch fühlt", aber dazu gemacht wurde. Der erfolgreiche Geschäftsmann Samu Stern, eine führende Persönlichkeit in der jüdischen Gemeinde, wird mit den Worten zitiert, die ungarischen Juden seien ein unverzichtbarer Teil, ja „Söhne" der ungarischen Nation. Auch wenn das Museum damit dem nationalistisch-revisionistischen Narrativ bewusst widerspricht, lässt sich diese Argumentation auch so lesen, dass man ‚die Juden' nicht hätte verfolgen und umbringen dürfen, *weil* sie so gut integriert gewesen seien und so einen wichtigen Beitrag für Ungarn geleistet hätten.

Die Hälfte des achten und letzten Raums ist den Kriegsverbrecherprozessen in der Nachkriegszeit gewidmet.[93] Dennoch wurde als gewichtiger Kritikpunkt gegen die Ausstellung vorgebracht, dass sie im Wesentlichen 1945 aufhöre und somit nicht thematisiere, dass

> ein Großteil der Täter nach 1945 nicht zur Verantwortung gezogen wurde, dass die ungarische Bevölkerung den zurückgekehrten Juden oft feindlich gegenüberstand, dass es im Jahre 1946 zu Pogromen in der ungarischen Provinz kam, und dass auch die ungarische

---

93 Ein Foto zeigt Döme Sztójay, der nach der deutschen Besatzung Ministerpräsident wurde und vier weitere Angeklagte vor dem Volksgericht, ein anderes den Pfeilkreuzler-Anführer Ferenc Szálasi und ein drittes László Endre, der nach der deutschen Besatzung mit Eichmanns Kommando die Ghettoisierung und Deportation organisierte – beide am Galgen. Auf dem Info-Screen sind Videos über fünf als Kriegsverbrecher Angeklagte zu sehen.

Revolution 1956 nicht frei von antisemitischen Ausschreitungen blieb. Auch müsste die Rezeption des Holocaust nach 1945 und vor allem die Frage, wieso erst jetzt eine solche Institution eingerichtet wurde, thematisiert werden. (Fritz 2006, 312)

Diese Aussparung begründet die Kuratorin damit, dass im Zuge der öffentlichen Debatte des Ausstellungskonzepts im Vorfeld der Eröffnung die Frage heftig diskutiert worden war, ob die Ausstellung bis zur gegenwärtigen Erinnerung an den Holocaust ausgedehnt werden oder mit 1945 enden sollte – mit dem Ergebnis, dass der bereits ausformulierte Teil über die Zeit nach 1945 erheblich gekürzt wurde. (Molnár 2012) In den wenigen Verweisen auf die staatssozialistischen Verbrechen wird dabei nur einmal in Zusammenhang mit den Biographien der Zwillingsschwestern Éva und Mirjam Mózes auf die antisemitischen Kontinuitäten nach 1945 eingegangen: „Because of the Communist dictatorship and renewed antisemitism, they emigrated to Israel in 1950." An anderer Stelle werden alle ‚Opfer' hingegen über einen Kamm geschert: „Within a few years, another dictatorship and continuing oppression were to be the fate of the population of Hungary, whether they were Jews, gentiles, Roma or non-Roma."

In Bezug auf die Inklusion individueller Opfer- und Täterbiographien, des ‚negativen Gedächtnisses' sowie von gesellschaftspolitischen Dilemmas nimmt das HDKE unter den hier systematisch untersuchten postsozialistischen Museen dennoch eine Vorreiterrolle ein. Im Vergleich dazu unreflektiert wirkt der Umgang mit historischen Fotografien, den ich nun am Ende dieses Kapitels beleuchten möchte. (Radonić 2016b, 189–191) Der Trend in den Ausstellungen der letzten Jahre geht zusehends dahin, historische Fotografien als Dokumente zu begreifen, über die man möglichst viel Kontextwissen über FotografIn, Aufnahmeort, -zeitpunkt und -kontext sowie die Verwendungsgeschichte des Fotos bereitstellt – wie dies etwa in der 2014 eröffneten Dauerausstellung im Museum der Geschichte der polnischen Juden in Warschau der Fall ist. Die Budapester HDKE-Ausstellung aus 2006 lässt diese Kontextualisierung hingegen vermissen.

Besonders auffällig ist in diesem Zusammenhang eine Montage historischer Fotografien, die auf fünf Bildschirmen im Raum über „Deprivation of Life" gezeigt wird. (Abb. 24) Darin werden erstens Fotos aus dem oben erwähnten ‚Auschwitz-Album', das SS-Männer von der Ankunft *verschiedener* Transporte ungarischer Jüdinnen und Juden aufgenommen haben (Hördler, Kreutzmüller und Bruttmann 2015), unter dem Titel „A Day in Auschwitz" mit einem fortschreitenden Zeitstempel so montiert, dass sie den Eindruck erwecken, sie stammten von ein- und demselben „Hungarian Jewish transport from Beregszász" vom 26. Mai 1944. Was das ‚Auschwitz-Album' ist, wird zwar an anderer Stelle im Museum, bei der Biographie von Lili Jákob, die das Album zu Kriegsende in Mittelbau-Dora fand, erklärt, jedoch kein Zusammenhang mit den Fotos auf diesen fünf Monitoren hergestellt.

Abb. 24: Montage historischer Fotografien im Holocaust-Gedenkzentrum in Budapest.

Zweitens wurden dort abwechselnd mit diesen von Tätern aufgenommenen Fotos kommentarlos auch jene einzigartigen Fotos hineinmontiert, die als einzige derzeit bekannte Fotos die Vernichtung selbst zeigen und für die Mitglieder des Jüdischen Sonderkommandos in Birkenau ihr Leben riskiert hatten. Diese vier „Bilder trotz allem", wie sie Georges Didi-Huberman (2008) in dem ihnen gewidmeten Buch bezeichnet, wurden möglich, weil es Mitgliedern des Sonderkommandos mithilfe des Widerstands von außerhalb des Lager gelungen war, eine Kamera in jenen Teil von Birkenau zu schmuggeln, in dem 1944 aufgrund des Mangels von Zyklon B im Zuge der Vernichtung der ungarischen Jüdinnen und Juden die Leichen in Gräben neben der Gaskammer verbrannt wurden. Die Aufnahmen selbst werden dem ‚Griechen Alex', der für die Verbrennung zuständig war, zugeschrieben (Didi-Huberman 2008, 11) bzw. neuerdings genauer dem ehemaligen griechischen Offizier Alberto Errera, einem sephardischen Juden, der sich als Widerstandskämpfer in Aleksos (Alex) Michaelides umbenannte und im April 1944 nach Auschwitz-Birkenau verschleppt wurde. (van Pelt, Ferreiro und Greenbaum 2019, 157) Auch wenn die genaue Identität des Fotografen 2006 noch nicht bekannt war, die Umstände, etwa das Schmuggeln des Films in einer Zahnpastatube, waren es schon.

Die Verwendungsgeschichte dieser vier besonderen Fotos zeigt auch jenseits des Budapester Museums das sich wandelnde Verständnis von historischem Bildmaterial auf. Das erste Foto wird in den meisten Museen und Gedenkstätten, so auch im HDKE, in der Dauerausstellung in Yad Vashem aus 2005 und auf dem Gelände des ehemaligen Vernichtungslagers Birkenau selbst, weggelassen, da es sozusagen ‚Nichts' zeigt – aber ein vielsagendes Nichts: Alex riskierte mit den geheimen Fotos nicht nur sein eigenes Leben und zielte daher falsch, zu sehen sind nur Baumkronen gegen das Licht. Auch das zweite Foto ist schief und nur im linken unteren Eck sind Frauen beim Entkleiden Minuten vor ihrer Ermordung zu sehen. Dieses Foto wird meist gedreht und auf den Bildausschnitt mit den Frauen zugeschnitten, was wiederum den Entstehungskontext buchstäblich wegschneidet.[94] Die letzten beiden Fotos zeigen die Mitglieder des jüdischen Sonderkommandos beim Verbrennen der Leichen. Sie nahm Alex vermutlich aus der Gaskammer auf, deren Türrahmen jedoch als störender schwarzer Rahmen in den meisten Ausstellungskontexten weggeschnitten wurde, so auch im HDKE, das mit dieser Aufnahme seine Montage „A day in Auschwitz" beendet. „The murdered are burned in ditches" ist der einzige Kontext, den das HDKE herstellt. Zwischen dem Täterblick der SS-Männer und den vom Jüdischen Sonderkommando aufgenommenen Fotos wird also keinerlei Unterschied gemacht. Im Gegensatz zum HDKE und anderen Ausstellungen aus den 2000er Jahren werden etwa im Museum der Geschichte der polnischen Juden in Warschau die vier Fotografien als besonders auratische Dokumente gebührend inszeniert und durch ein schriftliches Zeugnis eines Mitglieds des Jüdischen Sonderkommandos kontextualisiert. (Radonić 2016b, 191–192)

Auch jenseits solcher „Ikonen der Vernichtung" (Brink 1998) steht die Verwendung von Fotos im HDKE zuweilen im Gegensatz zur Individualisierung der Opfer. So zeigt der Raum „Deprivation of Rights" vier Fotografien, die lapidar mit „With the Star of David ... " untertitelt sind. Die hier abgebildeten Jüdinnen und Juden werden also nicht als Individuen gezeigt, sondern symbolisieren ‚die verfolgten Juden' und illustrieren die antisemitische Kennzeichnungspflicht. Dabei werfen die Fotos zahlreiche Fragen auf: auf dem einen sind drei Jungen zu sehen, zwei mit Davidstern am Anzug, der mittlere aber nur mit Spuren eines offenbar zuvor entfernten Davidsterns. Ein Farbfoto zeigt eine junge Frau, die glücklich lächelnd im Garten steht und nicht einmal den Versuch macht, mit ihrem langen Halstuch auf dem Privatfoto den Davidstern zu verdecken. Während bei anderen Fotos zumindest Aufnahmeort und -jahr genannt werden,

---

94 Das HDKE zeigt dieses Foto nicht auf den fünf großen Bildschirmen, sondern auf den kleineren Info-Screens: zugeschnitten, aber als einziges der drei gezeigten mit etwas Kontext: „Photograph taken by the resistance movement in the camp: when the dressing rooms were full, the victims had to undress in front of Crematorium V." (Bildschirm-‚Seite' 31 von 41 in Raum 5: Deprivation of Life)

steht hier nicht etwa, dass das in diesem Fall unbekannt sei. Ein weiteres dieser Fotos, das eine Großfamilie zeigt, findet sich auch in Yad Vashem bzw. dessen Katalog zur Dauerausstellung und so erfahren wir zumindest Ort und Jahr der Aufnahme: „Eine jüdische Familie im Ghetto von Budapest, 1944". (Gutterman und Shalev 2005, 190) Wie ich im nächsten Kapitel zeigen werde, setzt das HDKE diesen Einsatz ‚typischer', um nicht zu sagen stereotypisierender Fotos bei der Darstellung von Romnja und Roma in noch stärkerem Ausmaß fort.

Zusammenfassend lässt sich sagen, dass das Holocaust-Gedenkzentrum, insbesondere seine Ästhetik und die im Wesentlichen zeitgleich mit dem ungarischen EU-Beitritt erfolgte Eröffnung Ausdruck der ‚Anrufung Europas' sind. Doch dieser Signalcharakter des Museums als eine Art Eintrittsticket nach ‚Europa' mindert nichts an seinem Wert als einer kritischer Aufarbeitung verpflichteter Institution. Unabhängig von dieser ‚externen' Motivation besuchten zahlreiche Schulklassen die sich an internationalen Vorbildern orientierende und auf selbstkritische Aufarbeitung ausgerichtete Ausstellung, die somit ein Gegengewicht zum nationalistischen kollektiven Opfernarrativ im Haus des Terrors darstellt, auf das weiter unten eingegangen wird. Im Kapitel über die neuesten geschichtspolitischen Entwicklungen gehe ich ferner noch auf die Geschichte des HDKE in der Ära seit Orbáns Wahlsieg 2010 ein. Doch zunächst widme ich mich nun der Darstellung der Roma-Opfer im HDKE und den anderen beiden Museen, die eine ‚Anrufung Europas' betreiben.

4.3.1.4 ‚Anrufung Europas' und Inklusion von Roma-Opfern

Der Genozid an den Romnja und Roma[95] war jahrzehntelang ein völlig vernachlässigtes Thema. Erst im Zuge der ‚Europäisierung der Erinnerung' findet diese Opfergruppe in den letzten 20 Jahren nun auch außerhalb Deutschlands, wo sich die Bürgerrechtsbewegung bereits früher Gehör verschaffte, verstärkt Beachtung – wenn auch dabei vielfach Vorurteile reproduziert werden. Um dieser Marginalisierung entgegenzuarbeiten, ist ihrer (Nicht-)Darstellung in den Museen an dieser Stelle ein eigenes Kapitel gewidmet. Besondere Berücksichtigung finden dabei visuelle Darstellungen aufgrund der jahrhundertealten ‚Tradition' stereotyper ‚Bilder des Zigeuners'. (Reuter 2014)

---

[95] Während in Deutschland von ‚Sinti und Roma' gesprochen wird, ist in Österreich von ‚Roma und Sinti' die Rede. Im Englischen wird ausschließlich der Begriff ‚Roma' verwendet. Für den postsozialistischen Raum gilt: je weiter östlich und südlich, desto weniger Sintize und Sinti gibt es, in vielen der hier untersuchten Länder leben ausschließlich Romnja und Roma. Daher wird im Folgenden, auch um aufgrund der geschlechtsneutralen Schreibweise keine unlesbaren Sätze zu produzieren, in diesem Kontext immer nur von Romnja und Roma die Rede sein, außer es geht um individuelle Sintize und Sinti.

Als Ergebnis des Vergleichs postsozialistischer Gedenkmuseen lässt sich hierbei als erstes festhalten, dass nur die Museen jener Gruppe, die eine ‚Anrufung Europas' betreiben, Romnja und Roma überhaupt inkludieren. Die oben vorgestellte slowakische, kroatische und ungarische Dauerausstellung, alle aus der Zeit zwischen 2004 und 2006, gehen als einzige unter den zehn Dauerausstellung in den 2000er Jahren nennenswert auf Roma-Opfer ein, wie im Folgenden dargestellt wird.[96] Die Museen der zweiten, weiter unten vorzustellenden Gruppe, die keinen Beweis des ‚Europäischseins' des jeweiligen Landes in diesem Sinne antraten, inkludieren Romnja und Roma in ihren Ausstellungen in den 2000er Jahren nicht.

Die ‚Europäisierung der Erinnerung' beinhaltete, wie oben bereits ausgeführt, zunächst die Auseinandersetzung mit der Mitverantwortung der eigenen Nation für die Vernichtung der europäischen Jüdinnen und Juden. In einem zweiten Schritt folgte dann die Inklusion zuvor noch stärker marginalisierter Opfergruppen, wie eben Romnja und Roma. (Radonić 2015, 66) Dem Genozid an den Romnja und Roma wurde auf wissenschaftlichem Gebiet wie in der Selbstorganisation verstärkt Aufmerksamkeit gewidmet. (Kapralski 1997, 276) So versammelten sich 1994 Romnja und Roma aus aller Welt in Auschwitz, um 50 Jahre nach der Auslöschung des ‚Zigeunerlagers' in Birkenau dieses Ereignisses zu gedenken. Die Vereinigung polnischer Roma entschied sich dazu, ihren Sitz nach Oświęcim zu verlegen – um auf diese Weise an der symbolischen Bedeutung von Auschwitz zu partizipieren. (Kapralski 1997, 277) Doch war diesen Versuchen, mehr internationale Aufmerksamkeit zu erlangen, zunächst wenig Erfolg beschieden.

Seit etwa 15 Jahren betonen mittlerweile aber auch die Europäische Union und der Europarat, wie wichtig es sei, an den Roma-Genozid zu erinnern. Der Menschenrechtskommissar des Europarats hebt hervor: „the importance of teaching about Roma history cannot be overemphasised. Teaching about Roma history, raising awareness of the Roma genocide during the Second World War, and building and maintaining memorial sites are the least states could do to honour Roma victims." (Hammerberg 2011; vgl. Thornton 2014, 111–112) Eine Resolution des Europäischen Parlaments (EP) aus 2005 nennt nicht nur Roma als eine Opfergruppe des Nationalsozialismus, sondern verknüpft die Erinnerung mit den gegenwärtigen Angriffen auf Roma, denn „lasting peace in Europe must be based on remembrance of its history." (European Parliament 2005a) Eine zweite

---

[96] In Theresienstadt sind laut Auskunft von Vizedirektor Vojtěch Blodig, dem ich für seine wiederholten hilfreichen Auskünfte und Materialien zur Gedenkstätte danke, nur eine Handvoll Roma-Opfer inhaftiert gewesen, das Museum fördert jedoch Roma-bezogene Projekte und unterstützt das Museum der Roma-Kultur in Brno bei der Vorbereitung der Ausstellung im ehemaligen ‚Zigeunerlager' Lety.

EP-Resolution aus demselben Jahr bekräftigt: „the Romani Holocaust deserves full recognition, commensurate with the gravity of Nazi crimes designed to physically eliminate the Roma of Europe." (European Parliament 2005b)

Mit dieser Aufwertung einer bisher lange vernachlässigten Opfergruppe auf europäischer Ebene hängt ihre Inklusion in jene Museumsausstellungen zusammen, die rund um die EU-Osterweiterung bzw. im Zuge der Beitrittsverhandlungen Kroatiens eröffnet wurden. Das Museum des Slowakischen Nationalaufstands, das Jasenovac-Gedenkmuseum und das Holocaust-Gedenkzentrum in Budapest inkludierten in dieser Phase zum ersten Mal Romnja und Roma in nennenswertem Ausmaß in ihre Dauerausstellungen. Dabei reproduzieren sie in ihrer Darstellung jedoch zum Teil haarsträubende Stereotype und lassen im Gegensatz zur Darstellung anderer Opfergruppen eine Individualisierung, die Empathie mit den Opfern wecken könnte, weitgehend vermissen.

Im Museum des Slowakischen Nationalaufstands wurde am 2. August 2005 zur Erinnerung an die Liquidierung des „Zigeunerlagers" in Auschwitz ein Roma-Mahnmal eingeweiht. (Abb. 25) Dies geschah im Zuge der von der BürgerInneninitiative *In minorita* initiierten und vom Museum sowie dem Kulturministerium mitgetragenen Initiative *Ma bisteren!* („Vergiss nicht" auf Romanes). Es handelte sich hierbei um das zweite derartige Mahnmal in der Slowakei nach jenem in Čierny Balog, welches bereits in der sozialistischen Ära für die „Zigeuner-Opfer", die nach der Niederschlagung des Slowakischen Nationalaufstands 1944 dort exekutiert worden waren, errichtet und 1995 durch ein zweites ergänzt wurde. Zeitgleich wurde in Banská Bystrica die erste slowakische (temporäre) Ausstellung über die Verfolgung der Roma eröffnet. (Husova 2006, 3; Closa 2010, 141; Mannová 2011, 233) Seitdem wird jährlich Anfang August in dem Museum des „Roma-Holocaust" gedacht.[97] Doch sogar diese eigens dem Roma-Gedenken gewidmeten Veranstaltungen zeugen im Gegensatz zum Holocaust-Gedenken noch von der Absenz eingeübter Phrasen oder einer ausgiebigen Beschäftigung mit dem Thema. So versuchte der Museumshistoriker Stanislav Mičev die Unbekanntheit des „Roma-Holocaust" in der Slowakei dadurch zu erklären, dass „die Roma in der Slowakei nicht so ein grausames Schicksal wie die jüdische Bevölkerung erlitten haben. Sie waren mehr mit administrativen Einschränkungen ihrer Lebensumstände und Menschenrechte konfrontiert." (SITA 2009) Roma-VertreterInnen protestierten ferner, als es ihnen – im Gegensatz zu den VertreterInnen der in der Ausstellung vielfach beschworenen 32 am Aufstand beteiligten Nationen –

---

[97] Getragen wird die Gedenkveranstaltung von dem Verein *In minorita*, dem Slowakischen Nationalmuseum, der Milana-Šimečka-Stiftung und dem SNU-Museum, wie Zeitungen regelmäßig berichten. (*SME* 2.8.2007; 2.8.2009; 31.7.2010; 3.8.2013)

nicht erlaubt wurde, anlässlich der Feier des 60. Jahrestages des Aufstands ebenfalls ein eigenes Band auf den gemeinsamen Kranz der Nationen zu heften. Schließlich hätten Roma auch ihr Leben für den Aufstand gegeben und seien nach Auschwitz deportiert worden. (SITA 2004)

Abb. 25: Gedenkstein für den „Roma-Holocaust" im Museum des Slowakischen Nationalaufstands.

Abgesehen von dem 2005 eingeweihten Mahnmal „für den Roma-Holocaust 1939–1945" an der Fassade des Museums werden Romnja und Roma in der Dauerausstellung nur auf den Info-Screens behandelt, also niedrig in der ‚Hierarchie der Sichtbarkeit', da nur BesucherInnen darauf stoßen, die explizit dieses Kapitel auswählen.[98] In den Ausstellungstexten werden sie unter den Begriff „racially persecuted people" subsumiert. Auf den interaktiven Info-Screens sind acht der rund Tausend Seiten Information unter dem Titel „Persecution and repressions against Romany population" den Roma-Opfern gewidmet. „From autumn 1942 to autumn 1944 the Roma question in Slovakia was solved in form of labour camps for antisocial and difficult to adapt people", heißt es dort etwa. Der Begriff „Roma question" wird hier nicht unter Anführungszeichen gesetzt und auch gibt es keinerlei Distanzierung von der Darstellung der Roma als asozial.

---

98 Romnja und Roma werden ferner in der ebenfalls vom Museum betreuten Ausstellung in der Gedenkstätte Nemecká behandelt.

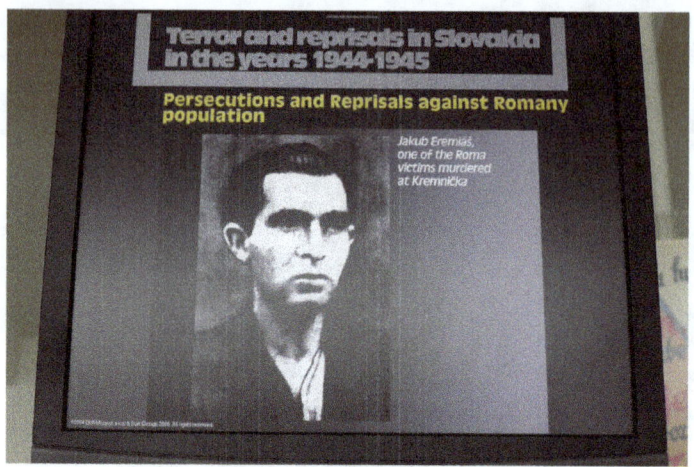

Abb. 26: Romnja und Roma auf dem Computerbildschirm im Museum des Slowakischen Nationalaufstands.

Doch während in der sozialistischen Ära Roma in den Museumskatalogen aus 1977, 1985 und 1990 nicht vorkommen (Radonić 2015, 67) und in jenem aus dem Jahre 2000 einmal erwähnt wurden,[99] gehen die Info-Screens nun ausführlich auf die massenhafte Ermordung von Romnja und Roma nach der Niederschlagung des Slowakischen Nationalaufstands im Herbst 1944 ein, werden die Erschießungen und das Verbrennen von Romnija, Roma und ihren Kindern in kleinen Dörfern wie den großen Hinrichtungsstätten Kremnička und Nemecká behandelt. Als Täter werden nun erstmals nicht nur deutsche, sondern auch slowakische Täter benannt: „At Kremnička and Nemecká the Nazis and members of POHG [Pohotovostných oddielov Hlinkovej gardy – special units of the Hlinka guard, L. R.] shot dead 82 Roma on November 17th and 21st 1944." Auch im Guide heißt es:

> Also the members of the Flying Squads of Hlinka's Guard, flying squads of gendarmerie, anti-partisan groups Edelweiss, Jozef and the others participated, together with Nazi military and police-security bodies, at persecutions of the antifascist resistance members, the SNU participants, Jews, Roma, and civilians suspicious of supporting the insurgents.
> (Museum of Slovak National Uprising 2006, 72)

Die Mehrzahl der Fotografien auf diesen acht Bildschirmseiten zeigt die Exhumierung von Massengräbern, zuerst anonyme Leichen im Schlamm, dann auf Holzplanken. Ein Foto verdeutlicht auf besonders schlagende Weise die für die

---

[99] „In the camps Jews, Gypsies, socially discriminate people – non-Aryans – were placed, having been deprived of all citizen and human rights." (Slovak National Uprising Museum 2000, 15)

Visualisierung von Roma-Opfern typische entmenschlichende Abbildung anonymer Leichen: Auf ihm sieht man, wie zwei Männer einen kopfüber hängenden toten Rom mit einem Seil, das am Bein des Leichnams befestigt ist, aus einer Grube ziehen. Zum Schluss der acht Seiten finden sich hier jedoch auch zwei Porträtfotos junger Männer, Jozef und Jakub Eremiaš, zweier erstmals namentlich bezeichneter Roma, die am 20. November 1944 in Kremnička ermordet wurden. (Abb. 26) Während andere Opfer auf den Bildschirmen meist mit Privatfotos gezeigt werden, bleibt dies bei den Roma-Opfern die Ausnahme – und eben nur niedrig rangierend in der ‚Hierarchie der Sichtbarkeit'.

Im kroatischen Fall wurden in den Museumsführern aus Jasenovac „Zigeuner – Roma" (Trivunčić 1974, 28; vgl. Radonić 2015, 70) bereits seit 1974 zumindest kurz erwähnt, denn wie wir heute wissen, waren sie mit über 16.000 Ermordeten die zweitgrößte Opfergruppe in diesem Ustaša-Todeslager.[100] Aber erst die aktuelle Ausstellung aus 2006 bezieht sie stärker ein, vor allem wenn von den Opfern rassischer Verfolgung im Ustaša-Staat und in Jasenovac die Rede ist: „Serbs, Jews and Roma were murdered with no verdict since they did not fit into the proclaimed Ustaša concept of racial and national purity." Ein zentrales Element der Ausstellung sind 16 Videozeugnisse von Überlebenden. Einer von ihnen war Nadir Dedić, der als Junge im bosnischen Teil des Ustaša-Staates verhaftet wurde, doch nicht, weil er ein Rom war, sondern weil er beschuldigt wurde, ein Signalfeuer für PartisanInnen entzündet zu haben. Abgesehen von diesem Video und dem Nennen von Roma in der Aufzählung der Opfergruppen finden sich ausführlichere Informationen nur auf den Computerarbeitsplätzen und gleichlautend auf der Museumswebseite. Wenn man danach sucht, kann man erfahren, dass die meisten Romnja und Roma im Sommer 1942 nach Jasenovac gebracht wurden, Ältere und Kinder sofort in Donja Gradina ermordet, Arbeitsfähige in das Hauptlager oder in das ‚Zigeunerlager' Uštica gleich daneben verfrachtet wurden. „Almost no Roma who entered the camp, regardless of age or gender, survived." (Roma in Jasenovac Concentration Camp o. J.)

Im aktuellen Jasenovac-Ausstellungsguide (Benčić Rimay 2006) stehen die rund 200 privaten Porträtfotografien der (vor allem serbischen, jüdischen und kroatischen) Opfer und deren Kurzbiographien im Vordergrund. Romnja und Roma sind hingegen auf visueller Ebene bloß durch vier von TäterInnen aufgenommenen Fotografien präsent, die Stereotype von auf dem Erdboden sitzenden Romnja und Roma[101] reproduzieren oder zeigen, wie eine zahnlose alte

---

[100] Namentlich identifiziert wurden bisher 5.608 ermordete Kinder, 5.688 Männer und 4.877 Frauen.
[101] Auf den Computerarbeitsplätzen und der Museumswebseite sind zwei dieser Fotos enthalten, das der zahnlosen Frau und das der am Boden Sitzenden, hier aber beschriftet: „Uštica –

Frau und ein Mann in erniedrigender Weise gegen einen Stacheldrahtzaun gedrückt werden. Während die Kurzbiographien der jüdischen, serbischen und kroatischen Opfer zusammen mit ihren Empathie weckenden Privatfotos immer wieder die Hoffnung schüren, am Ende der Kurzbiographie werde stehen, diese eine sympathisch lächelnde Person habe überlebt, fehlt dieses Element bei den Roma-Opfern. Könnte man auch einwenden, dass entsprechende Privatfotos aus der Zwischenkriegszeit nicht verfügbar seien, so stammen manche der im Guide enthaltenen Fotografien auch aus der Nachkriegszeit – und hier lässt sich, wenn auch nur wenige überlebt haben, die Behauptung nicht aufrechterhalten, es gebe *keine* Privatfotos von Romnja und Roma, die dem TäterInnenblick entgegengesetzt werden könnten.

Im Kapitel über die Roma-Opfer bemüht die Autorin das „schlimmere" Schicksal der Roma, wenn sie über den „vergessenen Roma-Holocaust" (Lengel-Krizman 2006, 159) schreibt, der im Gegensatz zur Welle von Protest gegen die Massenvernichtung der Juden stünde, „although, it must be admitted, their numbers were much greater than those of the Roma" (Lengel-Krizman 2006, 155), als ob es eine Art Wettbewerb des Leids wäre. Am Ende des Kapitels beschwört sie – völlig in Stereotypen gefangen – buchstäblich das „schlimmere Leiden":

> It is certain that in comparison to the other inmates, the Roma had the worst time of it in the camp. Although they were used to persecution, the world of the concentration camp, in which hatred and evil ruled, was completely foreign to them. For a ‚people of freedom and unlimited movement' the barbed wire of the camp was unthinkable.
> (Lengel-Krizman 2006, 170)

Die mittlerweile verstorbene Historikerin Narcisa Lengel-Krizman, die 2003 die erste seriöse Monographie über den „Genozid an den Roma" in Jasenovac vorgelegt hat, deren Erkenntnisse sie auch hier einbringt, befördert in dieser Museumspublikation jedoch pseudo-pädagogisierende Stereotype: „In time they learned the value of gold. [...] Money comes and goes and is subject to change. Their experience of wandering through various countries taught them this golden wisdom." (Lengel-Krizman 2006, 157) Für kein anderes Kapitel wäre es denkbar, sich über die Entstehung der serbischen Sprache oder die Herkunft von Jüdinnen und Juden auf kroatischem oder jugoslawischem Boden auszulassen, doch im Roma-Kapitel sind nur vier Seiten der Verfolgung im Zweiten Weltkrieg gewidmet, während der Rest für Aussagen wie jene reserviert ist, dass Romnja heute nach wie vor gerne bunte Kleider trügen. (Lengel-Krizman 2006, 158) Es handelt sich hier vielleicht um einen gut gemeinten, aber – wie ich

---

House of Loud Weeping, the place where Roma (women and children) were housed during 1942." (Roma in Jasenovac Concentration Camp o. J.)

nicht umhinkann, festzustellen – schiefgegangenen Versuch des ‚Näherbringens' von Romnja und Roma, die als von ‚uns' unterschiedene ‚Andere' gedacht und visuell dargestellt werden.

Während ferner die Kapitel über die anderen Opfergruppen von Wissenschaftlern, die selbst Serbe, Jude respektive Kroate sind, verfasst wurden, schrieb eine Nicht-Romnja über die Roma-Opfer. Die anderen Kapitel enthalten zahlreiche Zeugnisse der Überlebenden, Tagebucheinträge und Zeugenaussagen, doch in Bezug auf die Roma heißt es: „Die Berichte der wenigen Überlebenden sind so drastisch, dass wir sie als wahr und authentisch akzeptieren können oder auch nicht." (Lengel-Krizman 2006, 170) Die Autorin entscheidet sich in der Folge dagegen und somit fehlen nicht nur Privatfotografien, sondern auch Romnja- und Roma-Stimmen gänzlich in dem Kapitel. Dieses Vorgehen wird nicht einmal durch einen Verweis auf die vielleicht unzulängliche Quellenlage und die Instrumentalisierung der Überlebenden im sozialistischen Jugoslawien zu begründen versucht.

Lengel-Krizman (2006, 164) kommt einmal auf die Frage von Widerstand zu sprechen: „After about ten days in these conditions, most of the inmates were so physically and mentally debilitated that they had no thoughts of organised resistance." Als Empathie weckende Stelle findet sich am ehesten diese über ein

> terribly moving concert which the Roma put on for their own people and the other inmates [...] at a time when the murder of their fellows was reaching its culmination. There were just a few terrified groups of Roma left in the camp, among them a singing group and some musicians [...]. The next day they were led away to Gradina and killed, though the sound of their singing echoed in the ears of the remaining Jasenovac prisoners for a long time, like a funeral march for all the victims of the „mindless Ustasha terror".
>
> (Lengel-Krizman 2006, 166)

Es ist wohl kein Zufall, dass die einzige emotionale Textpassage ‚Roma-Musikern' gewidmet ist, die in Jugoslawien wie im post-jugoslawischen Raum mehrheitlich geschätzt wurden und werden, was sich als philoziganistischer Teil des Antiziganismus begreifen lässt, aber Romnja und Roma wieder als exotische ‚Andere' begreift. Außerhalb des Roma-Kapitels werden diese nur an einer einzigen Stelle erwähnt, wenn es heißt: „the Roma were virtually eliminated." (Jakovina 2006, 30) Was damit fehlt, ist die einmalige Tatsache, dass sich bosnische Behörden erfolgreich für die Rettung muslimischer Romnja und Roma eingesetzt haben, die somit im Gegensatz zu den ChristInnen in vielen Fällen verschont wurden. (Biondich 2002, 37) Erklärt werden kann das vermutlich am besten damit, dass Bosnien-Herzegowina 1941 dem ‚Unabhängigen Staat Kroatien' einverleibt worden war und man die bosnischen Behörden günstig stimmen wollte, da die Ustaša kaum Personal hatten, um gegen Widerstände aus Sarajevo vorzugehen. Diese wichtige historische Besonderheit fehlt hier also ebenso wie individualisierende

Geschichten, die in Jasenovac den Kern des Ausstellungskonzepts bilden, aber den anderen Opfergruppen vorbehalten bleiben.

Das Budapester Holocaust-Gedenkzentrum ist dasjenige der drei hier erörterten Museen, das den Romnja und Roma bei weitem am meisten Aufmerksamkeit widmet. Der erste Raum, in dem die Vorstellung der „Jews in Hungary" und der „Roma in Hungary" gleich viel Platz bekam, erweckt sogar auf den ersten Blick den Eindruck, als sei das Museum jüdischen und Roma-Opfern gleichermaßen gewidmet. (Abb. 27) Auch findet sich unter den fünf Familien, deren Schicksale die BesucherInnen von Raum zu Raum auf Bildschirmen begleiten, neben vier jüdischen Familien auch die Roma-Familie Bogdán-Kolompár aus Biscérd in der Barany im Süden Ungarns, was zumindest in diesem Punkt dem Ansatz der Individualisierung folgt.

Abb. 27: Im ersten Raum des Holocaust-Gedenkzentrums in Budapest.

Die Problematik der Darstellung von Romnja und Roma im Holocaust-Gedenkzentrum ist aber zum einen dem Umstand geschuldet, dass die von Empathie mit den jüdischen Opfern und einer schonungslosen Auseinandersetzung mit den ungarischen TäterInnen geprägte Ausstellungskonzeption erst nachträglich ‚die Roma' als Gegenstand ‚dazubekam', diese Opfergruppe also auf Initiative von Roma-AktivistInnen unter der Leitung von Péter Szuhay vom Ethnographischen Museum in Budapest zum ursprünglichen Konzept der Ausstellung hinzugefügt wurde. (Kovács, Lénárt und Szász 2014) Und so liest sich das dann auch auf den Ausstellungstafeln: ‚auch' Roma seien erniedrigt worden, fielen ‚ebenfalls' pseudo-medizinischen Versuchen zum Opfer. Diese Nachträglichkeit gipfelt in der Aussage: „in the concentration camps death harvested among

Roma *as well*. [...] Gypsies died by the thousand in that camp, *too.*" [Hervorhebungen von L. R.] Weder die abwechselnde Verwendung der Begriffe „Roma" und „Zigeuner" noch die Frage werden im Museum thematisiert, ob die Tatsache, dass die Verfolgung von Romnja und Roma in einem Holocaust-Museum behandelt wird, auch heißen soll, dass von einem „Roma-Holocaust" ausgegangen wird. Bei der öffentlichen Diskussion des Ausstellungskonzepts im Vorfeld der Eröffnung war bereits gefordert worden, dass der „Roma-Holocaust" entweder umfassender behandelt oder ganz weggelassen werde (Molnár 2012), doch der Charakter einer Hinzufügung ist geblieben.

Die Diskrepanz zwischen der empathischen Darstellung der jüdischen Opfer und der Distanz zum anderen ‚Gegenstand' kommt am stärksten in folgenden Aussagen über ‚diese Leute' zum Ausdruck: „It was these people that the authorities kept trying to settle or drive to the territory of neighboring countries. [...] The job of the authorities was not made easier by the fact that the law never defined who was to be regarded as a Gypsy", heißt es auf der Ausstellungstafel. Reaktionen auf die Verfolgung von Jüdinnen und Juden werden unter der Überschrift „Responses of Gentiles", also von Nichtjuden, verhandelt, Reaktionen auf den Mord an den Romnja und Roma fehlen jedoch.

Zum anderen wird im Museumsguide das „Schicksal" der Romnja und Roma in eigenständigen Unterkapiteln behandelt, sodass es im Unterkapitel über das Leben in Auschwitz nur um die jüdischen Häftlinge geht, während die Massaker an den Romnja und Roma später gesondert behandelt werden. Auf diese Weise wird erst in diesem Roma-Kapitel implizit klar, wie eng die Schicksale von Romnja und Roma und der ungarischen Jüdinnen und Juden miteinander verknüpft waren. Das ‚Zigeunerlager' in Birkenau hätte im Sommer 1944 in Vorbereitung auf die Massendeportation der ungarischen Jüdinnen und Juden am Tag des ersten Transports aus Ungarn liquidiert werden sollen. Die Romnja und Roma wehrten sich, wurden aber dennoch am 2. August ermordet, wie im Guide ausgeführt wird. (Karsai, Kádàr und Vági 2006, 53)

Die Verflochtenheit der Geschichten der beiden Gruppen flackert so nur an einzelnen Stellen auf, etwa wenn es in der Ausstellung heißt, dass in Polen sesshafte Romnja und Roma in jüdische Ghettos deportiert und später zusammen mit den Warschauer Jüdinnen und Juden in Treblinka ermordet wurden. An zwei Stellen wird explizit das Leiden beider Gruppen zusammen geschildert, obwohl der ‚Auch Roma'-Charakter der Formulierungen hier ebenfalls auffällt: „Roma imprisoned in Komárom, which functioned as the largest collecting camp, had to undergo ordeals very much like those suffered by the Jewish victims of the summer deportations: their provision was poor, they often had no latrines at all, and their captors beat them" und „EINSATZGRUPPEN following the advancing German army in Soviet territory often massacred Gypsies along with Jews."

Das HDKE ist das einzige der drei Museen, das explizit auf Antiziganismus eingeht, wenn auch nicht annährend im selben Ausmaß wie oben über den Antisemitismus ausgeführt wurde. Über die Behandlung von Romnja und Roma in der Zwischenkriegszeit heißt es: „Under the pretext of disinfecting, delousing Gypsy settlements, the authorities sometimes acted with brutal force, making sure that Roma men and women were shorn of their hair, including body hair. The occasionally bitterly anti-Gypsy views and suggestions of low-level public officials and local civilians were usually not supported by competent authorities in the Ministry of the Interior." (Karsai, Kádàr und Vági 2006, 33)

Wie unterrepräsentiert die Roma in dem Museum jedoch sind, verdeutlicht die Tatsache, dass sich im Guide neben 51 Fotografien von Jüdinnen und Juden nur zwei von Roma und eines von einem „young Sinti girl from Holland" (Karsai, Kádàr und Vági 2006, 33) ohne Ungarnbezug finden. Nicht dazugesagt wird, dass es sich bei letzterem um Settela handelt, deren Aufnahme zur Ikone des Roma-Genozids geworden ist. Settela blickte im Lager Westerbork unmittelbar vor ihrer Deportation nach Auschwitz-Birkenau wenige Sekunden lang aus einem Deportationswaggon hinaus, was der jüdische Häftling Rudolf Breslauer in einem Film über Westerbork im Auftrag der Nazis einfing. Settela wurde jahrzehntelang für eine Jüdin gehalten, bis sie 1994 eine Überlebende, die mit ihr zusammen deportiert worden war, als Anna Maria (Settela) Steinbach aus Buchten im Südosten der Niederlande identifizierte. Der Guide nennt ihren Namen aber nicht. Während die Bildunterschriften von 20 der 51 Fotos von Jüdinnen und Juden ihre Namen enthalten, wird einzig das Familienbild der Roma-Familie Bogdán-Kolompár, deren Schicksal die BesucherInnen von Raum zu Raum begleitet, namentlich zugeordnet: „Erzsebet Bogdán with her daughter, Juliska (on her lap) and Aranka." (Karsai, Kádàr und Vági 2006, 73; vgl. Radonić 2018b, 142) Auch werden die vier überlebenden Romnja, deren Interviewauszüge auf den Info-Screens unter dem Titel „Persecution of Roma" angeschaut werden können, nicht namentlich vorgestellt – im Gegensatz zu den Überlebendenberichten von Jüdinnen und Juden, wie Meyer (2014, 194) herausgearbeitet hat.

Der Einsatz von Objekten macht ebenfalls den Unterschied deutlich: Symbolische, stellvertretend-illustrative Objekte wie Arztbesteck, Theatergucker, Kerzenständer und ähnliches verweisen ausschließlich auf jüdische Opfer, den Roma zugeordnete Objekte gibt es keine. Lassen wir einmal die Frage außer Acht, wie sinnvoll es ist, ‚typisch jüdische' Objekte kontextlos auszustellen. Jedenfalls kann, da es sich nicht um historisch oder biographisch zugeordnete Objekte handelt, das Fehlen der ‚Roma-Objekte' in diesem Fall keinesfalls darauf zurückgeführt werden, dass keine auffindbar waren – was etwa bei namentlich zuordenbaren Privatfotografien ungarischer Romnja und Roma aus der Zwischenkriegszeit der Fall zu sein scheint.

Anders als bei der Betonung des hohen Assimilationsgrads des ungarischen Judentums werden Romnja und Roma stärker als fremd begriffen, wenn auch einige von ihnen „gern gesehen" gewesen seien. So wird unterschieden zwischen „willkommenen" reisenden Künstlern und „hoch angesehenen und stattlich vergoltenen" „Zigeuner-Musikern" einerseits und „umherwandernden Zigeunern" andererseits. Birga Meyer (2018) weist darauf hin, dass zwar einerseits die Fotos von arbeitenden Romnja und Roma das Vorurteil konterkarieren, diese seien ‚arbeitsscheu'. Andererseits würden vor allem im ausführlicheren Text über die Romnja und Roma im ersten Raum Stereotype bedient werden, wenn es in Bezug auf die Roma heißt: „they clung to their nomadic way of life and permanently lived in tribal, clannish circumstances". Auf Fotografien sind sie mit schmutziger Kleidung, am Boden sitzend, mit ungekämmten und ärmlich bekleideten Kindern repräsentiert – eine ethnographische Ikonographie als schmutzige Andere. Dies ändert sich jedoch in Zusammenhang mit der Verfolgung, wenn Läuse und Seuchen als Folgen der KZ ausgewiesen werden.

Während in der Ausstellung Fotos von Jüdinnen und Juden teilweise mit Angabe der genauen Adresse lokalisiert werden, steht bei einem der Bilder auf der Roma-Tafel: „Roma women wandering and begging somewhere in Hungary, 1910s" – nicht etwa, dass nicht bekannt sei, wo genau und von wem das Foto aufgenommen worden war. Dies hat einerseits selbstredend etwas mit der historischen Lebensweise eines Teils der Roma-Bevölkerung zu tun. Andererseits hat es auch Tradition, Roma und Romnija als außerhalb der Städte, Märkte und Dörfer und somit außerhalb der Gesellschaft darzustellen bzw. abzulichten, in anonymen Landschaften umherwandernd. (Holzer 2008, 48; Baumgartner und Kovács 2007, 19) Auf diesem Foto ‚irgendwo' in Ungarn raucht eine Frau Pfeife. Dies ist ebenfalls ein beliebtes Motiv der ‚Zigeunerfotografie': meist werden als Matriarchinnen dargestellte Wahrsagerinnen Pfeife rauchend abgelichtet. (Baumgartner und Kovács 2007, 21) Auf Seite 53 von 79 ist dann im Guide erstmals von „Hungarian Gypsies" die Rede; bis dahin fand sich kein Hinweis darauf, dass die AusstellungsmacherInnen auch im Fall der Romnja und Roma darum bemüht gewesen wären, sie als Teil der ungarischen Nation darzustellen. Diese Darstellung der Romnja und Roma als Andere bzw. Fremde hängt zweifelsohne mit den starken antiziganistischen Kontinuitäten nach 1945 in Ungarn und Europa zusammen – sowie mit dem pogromartigen Antiziganismus in den postsozialistischen Ländern nach der Wende. (Liendo Espinoza 2014)

Dass es auch anders geht, zeigt eine Ausstellung, die im Gegensatz zu den drei gerade besprochenen ausschließlich dem Genozid an den Sinti und Roma gewidmet ist. Sie gehört zwar nicht zu den hier systematisch untersuchten Museen, soll jedoch aufgrund ihres bewussten Umgangs mit der Problematik stereotyper Darstellung zum Abschluss dieses Kapitels kurz umrissen werden. Die im ehemaligen Stammlager Auschwitz angesiedelte Ausstellung über die Verbrechen an Sinti und Roma wurde vom Dokumentations- und Kulturzentrum Deutscher Sinti und Roma in Heidelberg erarbeitet und am 2. August 2001 eröffnet.

Stereotype Darstellungen werden hier explizit als Problem benannt, etwa wenn es im Katalog heißt: „Die differenzierte Lebenswirklichkeit der Sinti und Roma in ihren jeweiligen Heimatländern muss von den weitverbreiteten Vorstellungen und Klischees über ‚Zigeuner' grundsätzlich unterschieden werden." (Rose 2010, 12) Diese Ausstellung zeigt zwar ebenfalls Fotos von Romnja und Roma als MusikerInnen, inkludiert wurden bewusst aber auch klischeefreie, sozusagen ‚neutrale' Privataufnahmen aus der Vorkriegszeit, aber auch unerwartete, stereotypes Denken in Frage stellende Aufnahmen, etwa von Sinti und Roma als Box-Meister oder Offiziere im Ersten Weltkrieg.

Einen Großteil der Ausstellung füllt der Gedenkraum mit den Namen der Opfer als starkes individualisierendes Element, das durch eine Vielzahl von Privataufnahmen und Kurzbiographien vervollständigt wird. Die Ausstellung ist zu einem großen Teil nach Ländern gegliedert und hierbei ist auffällig, dass aus einigen wenigen Ländern keine namentlich zugeordneten und genau lokalisierten Privataufnahmen zugänglich waren. Aus Rumänien fehlen jegliche Fotos von Opfern, jene aus Ungarn stammen aus dem Ethnographischen Museum in Budapest und konnten aufgrund fehlender Informationen nicht namentlich zugeordnet werden – was zu einem gewissen Teil auch eine Erklärung für die fehlende Individualisierung im HDKE liefert, wenn auch nicht bei Settela Steinbach. Nur in einem Fall findet sich bei den aus Ungarn stammenden Fotos eine Ortsangabe: „musizierende Roma-Kinder in Budapest" (Rose 2010, 202). Wenigstens zeitlich können die meisten dieser Fotografien aber verortet werden, und es sind vielfach Privataufnahmen, etwa eines Hochzeitspaares oder ein Familienporträt, nicht bloß Roma bei der Ausübung eines Handwerks oder beim Musikmachen.

In der Ausstellung überwiegen bei weitem aber namentlich zugeordnete Privataufnahmen und Porträts „westlicher" Sintize und Sinti wie Romnja und Roma aus Ost- und Südosteuropa. Neben ganz „gewöhnlichen" Schicksalen werden auch KünstlerInnen wie Bronisława Wajs vorgestellt, von der „eines der bedeutendsten literarischen Zeugnisse polnischer Roma" stammt, die autobiographische Ballade „Blutige Tränen", in der sie schildert, „wie sich die Familie auf ständiger Flucht vor den deutschen Mordkommandos in den Wäldern Wolhyniens verbarg." (Rose 2010, 140) Das Gedicht und eine Privataufnahme der Künstlerin verdeutlichen den Kontrast zwischen anonymen Fotos von im Schmutz sitzenden halbbekleideten Menschen ‚irgendwo' und einem individualisierenden Zugang.

Auch werden Romnja und Roma als handelnde AkteurInnen im Zweiten Weltkrieg vorgestellt, nicht nur als Opfer. Gezeigt werden Widerstandskämpfer, Angehörige der Exiltruppen (Rose 2010, 136–138), aber auch „Selbstbehauptung und Widerstand" (Rose 2010, 282–289) im ‚Zigeunerlager' in Birkenau ist ein eigenes Kapitel gewidmet. Darin werden geschmuggelte Briefe gezeigt, Fluchtversuche geschildert und vor allem die Widerstandsaktion vom 16. Mai 1944 thematisiert, bei der sich zuvor gewarnte Häftlinge bewaffnet gegen ihre Vergasung zur Wehr setzten, ebenso wie dann bei der endgültigen Liquidierung des ‚Zigeunerlagers' in der Nacht vom 2. auf den 3. August 1944.

Diesen Zugang begründet der Direktor des Dokumentations- und Kulturzentrums Deutscher Sinti und Roma in Heidelberg, Romani Rose, im Vorwort des Katalogs explizit mit den folgenden Worten: „Im Zentrum der Ausstellung in Block 13 stehen die Biographien der von Verfolgung und Vernichtung betroffenen Menschen. [...] Die menschenverachtenden Täterdokumente werden bewusst konfrontiert mit den Zeugnissen der Opfer." (Rose 2010, 8) Dieser reflektierte Umgang mit Fotografien geht maßgeblich auf Frank Reuter, den langjährigen Mitarbeiter ebendieses Dokumentationszentrums zurück, der mit *Der Bann des Fremden. Die fotografische Konstruktion des ‚Zigeuners'* 2016 ein Standardwerk zu dem Thema vorgelegt hat und darin festhält:

> Mit dem Bemühen, die vordem anonymen Opfer als Individuen sichtbar werden zu lassen und die Blickmacht der Täter zu brechen, wird ein notwendiges Gegengewicht zur Dominanz der NS-Fotografien geschaffen. Zugleich wirkt die Binnenperspektive der Privatbilder auf die offiziellen Propagandafotos des NS-Staates zurück, zum Beispiel wenn beide Sphären im Rahmen einer Ausstellung gegeneinandergestellt werden. Die Intimität des familiären Blicks desavouiert und delegitimiert den menschenverachtenden Blick der Täter und schärft das Bewusstsein für die visuellen Stigmatisierungsstrategien der Nationalsozialisten. (Reuter 2014, 254)

Im Sinne einer ‚integrierten Geschichte' sind im Katalog aber auch von Tätern gemachte Aufnahmen von Gewalt und Tötungsaktionen enthalten, etwa von einer „Erschießung von Sinti und Roma im ‚Generalgouvernement' durch Angehörige der SS und der Ordnungspolizei" (Rose 2010, 127). Auch Porträtaufnahmen von Tätern (keinen Täterinnen) werden gezeigt, ihre konkreten Verantwortlichkeiten und Verbrechen beschrieben – etwa jene von Otto Ohlendorf, der 1941 und 1942 die „Einsatzgruppe D" leitete, die in der Ukraine und auf der Krim auch Tausende von Sinti und Roma ermordete (Rose 2010, 85), oder von Engelbert Guzdek, der „auf Befehl der Gestapo Massenerschießungen von Roma in Szczurowa und den umliegenden Orten" (Rose 2010, 128) durchführte. Da logischerweise ein Schwerpunkt der Ausstellung auf dem ‚Zigeunerlager' in Birkenau liegt, werden die hierfür verantwortlichen „SS-Männer mit übergeordneter Funktion", aber auch die

„SS-Männer im ‚Zigeunerlager'" soweit möglich mit Porträtaufnahme bzw. späterer bei ihrer Verhaftung gemachter Aufnahme vorgestellt.[102] Denn, so Reuter,

> ein Ansatz, der sich auf das Privatleben der Opfer vor ihrer Verfolgung fokussiert, [birgt] auch die Gefahr einer einseitigen Emotionalisierung und der Überidentifizierung mit den Ermordeten, wodurch das eigentliche Ziel – die historische Aufklärung – unterminiert zu werden droht. Denn zu einem tieferen Verständnis der nationalsozialistischen Menschheitsverbrechen gehören eben auch die Strukturen der Tätergesellschaft sowie die Motive und Mentalitäten der Täter, Tatbeteiligten und Zuschauer. (Reuter 2014, 254)

Schließlich werden in der Roma-Ausstellung auch die antiziganistischen Kontinuitäten nach 1945 klar benannt, wenn es im Vorwort von Romani Rose heißt:

> Viele der Täter, die für den Völkermord an unserer Minderheit mitverantwortlich waren, konnten bei Behörden oder in der Privatwirtschaft ungehindert Karriere machen. Die Deportationen von Sinti und Roma in die Vernichtungslager wurden als vorgeblich „kriminalpräventiv" gerechtfertigt, dieses Denken fand sogar Eingang in die Urteile höchster deutscher Gerichte. (Rose 2010, 9)

Neben der individualisierenden Darstellung vor allem der Opfer, in kleinerem Ausmaß aber auch der Täter, wird in der Ausstellung wie im Katalog ein weiterer, weitaus streitbarerer Punkt stark gemacht: die Betonung einer ‚gleichartigen' Verfolgung von Jüdinnen und Juden und Romnija und Roma. Dies wird im Katalog zunächst postuliert: „‚Holocaust' bedeutet auch die Ermordung von schätzungsweise 500.000 Angehörigen unserer Minderheit im nationalsozialistisch besetzten Europa." (Rose 2010, 8) Später ist dann durchgehend vom „Holocaust an den Sinti und Roma" (Rose 2010, 12) die Rede. Es werden unzählige NS-Dokumente zitiert und zum Teil abgebildet, in denen Maßnahmen gegen die jüdische Bevölkerung wie gegen Sinti und Roma in einem Atemzug verkündet wurden. In gewissem Sinn erinnert es an den Sprachduktus des Holocaust-Gedenkzentrums in Budapest, wenn im Katalog betont wird, dass „Sinti und Roma *ebenso* wie Juden den diskriminierenden Bestimmungen der ‚Nürnberger Rassengesetze' unterworfen wurden." (Rose 2010, 25) Solche Formulierungen zeugen von dem langen Kampf um die Anerkennung der Verbrechen an Romnja und

---

102 Die Ausstellung stellt mit dieser Individualisierung der Täter aber auch im Vergleich mit den anderen Länderausstellungen und der Hauptausstellung des Staatlichen Museums Auschwitz-Birkenau eine Ausnahme dar, denn Täter kommen in diesen vor allem kollektiv als „Deutsche" oder „Nationalsozialisten" vor. So werden etwa in der polnischen Länderausstellung mit dem Titel *Kampf und Märtyrertum der Polnischen Nation 1939–1945* keine Porträtfotos von NS-VerbrecherInnen gezeigt, die einzigen drei zeigen paradoxerweise sowjetische Verantwortliche für die Massenerschießung polnischer Offiziere in Katyn 1940 und finden sich neben einer Briefmarke, die Katyn und Auschwitz gleichsetzt.

Roma als rassistischem Massenmord. Die Rede vom „Roma-Holocaust" war als Strategie der Bürgerrechtsbewegung sicherlich hilfreich, um mehr Aufmerksamkeit für die lange marginalisierte Gruppe zu erhalten. In der wissenschaftlichen Analyse sollten, neben der im Zweiten Weltkrieg vielfach verflochtenen Verfolgungsgeschichten der beiden Gruppen, aber auch die spezifischen Ursprünge und pathischen Projektionen, die den Antiziganismus vom Antisemitismus (und Rassismus) unterscheiden[103] jenseits von Opferkonkurrenzen und -hierarchien präzise bestimmt werden. Auch könnte der Begriff ‚Porajmos' für den Genozid and den Romnja und Roma stärker als Begriff etabliert werden, der die Spezifik antiziganistischer Projektionen, der Verbrechen und Kontinuitäten nach 1945 in den Blick nimmt und nicht einfach als ‚Roma-Holocaust' begriffen wird. (Hancock 2006)

Die Museen der zweiten Gruppe, die im Folgenden analysiert werden, klammern Romnja und Roma wie bereits erwähnt in ihren Dauerausstellungen in den 2000er Jahren im Wesentlichen vollständig aus.[104] Dies änderte sich beim litaui-

---

[103] Während der Vorläufer des modernen Antisemitismus in der christlich-antijudaistischen Vorstellung zu suchen ist, ‚die Juden' seien für Jesus' Tod verantwortlich, galten ‚die Zigeuner' als ‚schlechte' oder ‚böse' Christen, die z. B. einer antiziganistischen Vorstellung zufolge der Heiligen Familie die Herberge verweigert hätten. (Neuburger 2015, 64) Anders als im kolonialen Rassismus, der sein Objekt als naturhaftes Wesen immer einem bestimmten Ort zuweist, ist das antiziganistische Bild zentral bestimmt durch die Vorstellung der Heimatlosigkeit. Im Rassismus dominiert das projektive Bild eines arbeitsscheuen Naturwesens, das unmittelbar von der fruchtbaren Natur des globalen Südens von der Hand in den Mund lebe. Antisemitismus und Antiziganismus sind hingegen beide mit einer Verschwörungstheorie gekoppelt, beide Gruppen werden als ‚arbeitsscheue Parasiten' in der eigenen Kultur vorgestellt, aber unterschiedlich: ‚Der Jude' lebe von der schweißtreibenden Arbeit anderer, ‚der Zigeuner' unterlaufe hingegen den Prozess der Zivilisation. ‚Der Schwarze' eigne sich die Früchte der Natur an, der ‚Zigeuner' hinterlistig die Früchte der Arbeit anderer, jene ‚Dinge, die schon einen Besitzer haben'. Antisemitismus ist ein ideologisches Welterklärungsprogramm, ‚der Jude' wird als negative Autorität angesichts unbegriffener abstakter Herrschaftsverhältnisse in der bürgerlich-kapitalistischen Gesellschaft, als Inkarnation der Moderne imaginiert. Die Idee von einer ‚zigeunerischen' Verschwörung verbleibt hingegen auf der Ebene von Alltag und Lebenswelt. Sie ist keine abstrakte Verschwörung, sondern die Vorstellung von überall verbreiteter Kleinkriminalität, deren ProponentInnen nicht als Verkörperung eines abstrakten Prinzips erscheinen, sondern als allgegenwärtige, leibhafte Plage. (Neuburger 2015, 66)
[104] Einzig im deutschsprachigen Führer des Museums der Okkupation Lettlands heißt es: „Gleich nach der Besetzung waren Juden und Roma als ‚rassisch absolut minderwertig' der Vernichtung preisgegeben und umgebracht worden." (Nollendorfs 2010, 58) Roma werden dort auch einmal im Zusammenhang mit dem Arājs-Kommando und seiner „systematischen Vernichtung von Juden und Roma zunächst in Riga und später in ganz Lettland" (Nollendorfs 2010, 55) erwähnt, von 2.000 Roma-Opfern ist hier die Rede. Im lettisch-englischen Führer aus

schen und estnischen Okkupationsmuseum erst in den vergangenen Jahren, worauf im Kapitel über die neuesten Entwicklungen weiter unten eingegangen wird.

4.3.2 Betonung des Leidens unter dem Staatssozialismus und ‚containing nazism'

Die Museen der zweiten Gruppe versuchen nicht, im Zuge der EU-Beitrittsbemühungen das Europäischsein ihres Landes unter Beweis zu stellen, sondern die MuseumsvertreterInnen verlangen im Gegenteil von ‚Europa', es möge das Leiden ihres Landes in der staatssozialistischen Ära anerkennen. Zu dieser Gruppe zählen das Museum der Okkupationen im estnischen Tallinn, das Museum der Okkupation Lettlands in Riga, das Museum der Genozidopfer in Vilnius sowie das Haus des Terrors in Budapest. In ihren Dauerausstellungen verläuft die Unterscheidung zwischen ‚unseren' Opfern, der Mehrheitsbevölkerung Estlands, Lettlands, Litauens oder Ungarns, und den ‚anderen' – in dieser Gruppe der Museen meist den jüdischen Opfern, die als bedrohlich für die eigene Opfererzählung begriffen und daher durch unterschiedliche Strategien marginalisiert werden.

4.3.2.1 Das Museum der Genozidopfer in Vilnius

Dies lässt sich am deutlichsten im Museum der Genozidopfer im litauischen Vilnius beobachten, das bereits oben im Kapitel über die 1990er Jahre kurz vorgestellt wurde. Es handelt sich hierbei um das „prominenteste und populärste Museum der Stadt, dessen Beliebtheit unter Touristen gar das Nationalmuseum

---

2008 kommen sie nur einmal in der Formulierung „Holocaust of the Jews and the Roma instigated by the Nazis" vor. (Nollendorfs 2008c, 64) In der Ausstellung am neuen, temporären Standort während des Umbaus des Museumsgebäudes findet sich ein neues NS-Dokument eines Ortskommandanten mit der Parole „Zigeunern ist das Betreten der Stadt Limbaži verboten." Im Museum der Okkupationen in Tallinn kamen Roma in der ständigen Ausstellung aus 2003 nicht vor. In der von der neuen Direktorin Viires koordinierten temporären Ausstellung bzw. in deren Guidebook *Attacks and Migrations* aus 2014 wird auch die Verfolgung von Roma erwähnt: „Approximately 400–1.000 gypsies were executed in Estonia, including the people from other countries." (Viires 2014, 14) Auch hier finden sich Stereotype: „Although the life can be hard at times, the gypsies are a proud nation, they value their roots and do not hide their origin." (Viires 2014, 38) Auf der Romnja und Roma gewidmeten Doppelseite finden sich neben Fotos anonymer Menschen auch die KZ-Überlebenden Slava Smirnov, Boxtrainer, sowie Mihhail Ivanov und Harri Fenge, Letzterer inklusive fröhlichem historischen Foto mit Ziehharmonika und heutigem Foto. (Viires 2014, 38–39)

übertrifft – in der Stadt ist es gut ausgeschildert und gilt nach der üblichen Reiseführerskala als ‚sehr sehenswert'." (Frankovic et al. 2010, 51; vgl. Wight und Lennon 2007, 526; Makhotina 2011, 214) 2002 wurde die Ausstellung über die Jahre 1939–1941 bis zum Ende der ersten sowjetischen Besatzung eröffnet, 2004 jene über den bewaffneten antisowjetischen Widerstand 1944–1953. Gleich zu Beginn werden die beiden Zugänge des Museums deutlich: das Ausstellen von Grauen und Leichen einerseits, von individuellen Opfern und HeldInnen als Teil einer kollektiven Opfererzählung andererseits. Im Eingangsbereich prangen den BesucherInnen – ohne weitere Erklärung – übergroße Aufnahmen anonymer Skelette entgegen, sowie erkennungsdienstliche Aufnahmen politischer Häftlinge aus dem Spezialarchiv Litauens, die auch das Cover des Museumsguides bedecken (Rudienė und Juozevičiūtė 2006a), jedoch nicht namentlich benannt werden.

Der Audio-Rundgang führt in den Folterkeller, wo es vor einer Zelle über die zweite sowjetische Besatzung heißt: „The original cells of those years have not survived. This recreated cell shows as accurately as possible what a cell looked like in the immediate postwar years."[105] In einer Zelle sieht man Geschirr, Besteck und Häftlingskleidung, die Monsignore Alfonsas Svarinskas, ein ehemaliger Häftling, dessen erkennungsdienstliche Aufnahmen man auch auf der Ausstellungstafel davor sieht, zur Verfügung gestellt hat. Diese Kleidung wurde von Häftlingen in Speziallagern sowie von zum Tode Verurteilten getragen, während in diesem Gefängnis Häftlinge ihre eigene Kleidung trugen. Es folgen eine Wasser- und eine Gummizelle – der Audioguide schildert die grausame Folter durch den KGB. Der Museumsdirektor weist auf Fotografien von Leichen hin:

> Am Ende des Korridors befindet sich die so genannte Opferwand: Fotos zeigen die leblosen Körper von Partisanen, die während des Partisanenkampfes zwischen 1944 und 1953 zur Einschüchterung der litauischen Bevölkerung auf öffentlichen Plätzen abgeladen wurden. (Peikštenis 2005, 137)

Die Fotos sind zwar nummeriert, aber es finden sich keine Informationen über die Getöteten. Der Keller hat Gedenkstättencharakter: „er setzt auf Affekte, er-

---

[105] Seit 1940 gab es 50 Gefängniszellen, später weniger, wie im Guide ausgeführt wird: „Only at the beginning of the 1960s, when the anti-Soviet resistance was broken, were most of the cells used to house the KGB archives. The remaining 23 cells (later on, 19) were still used for the imprisonment of dissidents and fighters for human rights." (Rudienė und Juozevičiūtė 2006a, 7) Die Verkleinerung des Gefängnisses wird im Guide zunächst nicht etwa mit einer repressionsfreieren Zeit in der Sowjetunion erklärt, sondern damit, dass es keinen Widerstand mehr gab. Anne Applebaum (2003, 508–510) hingegen erklärt, dass nach Chruschtschows Geheimrede gegen den Stalinschen Personenkult im Februar 1956 das Gulag-System aufgelöst wurde und Millionen Häftlinge entlassen wurden. Später im Guide ist dann mehrfach vom „softening of the regime" (Rudienė und Juozevičiūtė 2006a: 9, 15) nach Stalins Tod die Rede.

zeugt Empathie für die Opfer der Gewalt. Der Besuch des Kellertraktes wird zu einer ‚Erfahrung' – es sind die Enge der Flure und Zellen und die Kälte, es ist die gesamte Atmosphäre, die den Besucher die Isolation und die schweren Haftbedingungen fühlen lässt." (Frankovic et al. 2010, 56) Wight und Lennon (2007, 526) bezeichnen das als „slow crescendo of horror".

Im Erdgeschoss befinden sich Ausstellungen über „Lithuania in 1940–1941", „The Partisan war 1944–1953" und „An unequal fight (Suppression of the Resistance 1944–1953)". Man betritt vom Gang aus das jeweilige Zimmer, in dem etwa auf Glaswänden Text, Fotografien, Dokumente und Geldscheine angebracht sind, während dahinter Objekte platziert wurden, sodass sich die verschiedenen Ebenen beim Betrachten überlappen.

Es dominiert die Darstellung kollektiven Opfer- und Heldendaseins. Dass Litauen vor 1940 keine Demokratie mehr war und als erster der drei baltischen Staaten nach dem Staatsstreich von 1926 zu einem autoritären Regime umgebildet worden war, wird nicht erwähnt. Im Raum über die erste sowjetische Okkupation wird die Zwischenkriegszeit ausschließlich positiv dargestellt: „Lithuania had made significant progress in all spheres of public life during the two decades of independence (1918–1938)." Im Guide ist ebenfalls nur von „independent Lithuania" die Rede. (Rudienė und Juozevičiūtė 2006a, 26)

Wenn in der Ausstellung einheimische Sowjet-KollaborateurInnen behandelt werden, dann vielfach mit Verweis auf bloße „elementary school education" oder ähnliches:

> The reprisal squads, established in July 1944, helped the army to fight against the partisan movement and „to keep order" in the countryside. Most of them were poorly educated men without high ideals. The local population hated and despised them because of their collaboration and numerous robberies.

Als Täter vorgestellt werden in einer Bildunterschrift im vierten Raum auch lokale Kollaborateurseinheiten, die offiziell ‚Volksverteidiger' hießen, aber auf Litauisch aufgrund von Plünderungen und Alkoholismus als ‚Zerstörer' – *Stribai* oder *Stribas* bezeichnet wurden. Sie begleiteten Behördenvertreter in die Dörfer, wirkten an Deportationen mit, fungierten als Dolmetscher für nach Litauen geschickte AusländerInnen und wirkten nur in Ausnahmefällen an Militäroperationen mit. Kollaboration mit den Sowjets kann aufgrund eines umfassenden litauischen Staatsapparats kaum ausgelassen werden, wird jedoch mit Verweisen auf niedrige Schulbildung und Alkoholismus einer Minderheit ‚erklärt'.

Der Raum über den PartisanInnenkampf der ‚Waldbrüder' gegen die sowjetischen Besatzer symbolisiert einen Wald in Form einer Bäume-Wandtapete sowie ein Waldbrüder-Versteck aus Holz, die die BesucherInnen dazu einladen, sich mit den KämpferInnen und den KurierInnen, meist Frauen, zu identifizieren. In die Wände und den Boden sind hinter Glas einige Gegenstände eingelassen, meist namentlich zugeordnete Kämme, ein Kompass, ein Zigarettenetui, ein Feuerzeug, Siegelringe, ein Gebetsbuch und liturgische Fotos, von einer Kurierin gesammelte PartisanInnenfotos usw. In diesem Abschnitt fungiert die Baum-Wandtapete als Hintergrund für Texte und Fotografien bzw. wieder die Glaswand mit den Texten und Fotos als Vordergrund vor den Objekten. Im letzten Raum im Erdgeschoss werden Zeichnungen der Waldbrüder gezeigt.[106] Ekaterina Makhotinas ausführlicher Analyse dieses Ausstellungsteils zufolge

> lassen [sie] auf die verbreiteten antisemitischen Stereotype unter den Kämpfern schließen. Die Karikaturen bebildern besonders das Stereotyp vom „jüdischen Bolschewismus": Sie zeigen sowjetische Funktionäre, die von jüdischer Hand ernährt und geleitet werden, die Darstellung der Juden stützt sich auf antisemitische Körperklischees. Die Karikaturen sind in der Ausstellung weder kritisch kommentiert noch wird die nationalistische und antisemitische Weltanschauung der Waldbrüder offen thematisiert.
> (Makhotina 2017, 318)

Ein Beispiel ist die Nachkriegskarikatur eines sowjetischen Jeeps mit Lenin, Stalin und ‚the Jew Yankl', ohne Kommentar über den antisemitischen Inhalt. (Katz 2009, 265) Verbrechen der Waldbrüder gegen die Zivilbevölkerung werden an einer Stelle angedeutet: „The heads of partisan units demanded that the fighters submit to military discipline and conform to ethical norms, and in every possible way tried to stop disorder and excess. However, some violence against the civilian population occurred, as happens in any war." (Rudienė und Juozevičiūtė 2006a, 36) Welche Verbrechen die eigene Wir-Gruppe hier an wem genau, wann und warum begangen hat, wird nicht einmal angedeutet, weder im Guide noch bei der gleichlautenden Formulierung in der Ausstellung.[107]

Im ersten Stock werden die Themen „Lithuanian civilians in Soviet prisons and labour camps 1944–1956", „Deportations 1944–1953", „The popular resistance 1954–1991", „The KGB, 1954–1991" sowie „The eavesdropping room" behandelt. (Rudienė und Juozevičiūtė 2006a, 51) Es werden bereits aus dem Erdgeschoss bekannte gestalterische Mittel eingesetzt, aber auch lebensgroße Fotos der Verfolg-

---

[106] Im Guide dominieren unter den 149 historischen Fotografien 48 Abbildungen zum Thema PartisanInnenkampf, bei 30 werden die gezeigten PartisanInnen namentlich bezeichnet. Zwei dieser Fotos zeigen Leichen, eines einen Partisanen mit einem verletzten Fuß (auch in der Ausstellung, Raum 3), ansonsten werden nur heldenhafte KämpferInnen gezeigt.
[107] Zu den von PartisanInnen begangenen Morden schreibt Makhotina: „Die Sowjetmacht bekämpfte die Partisanenbewegung durch eine erneute Deportationswelle und durch die Anwerbung von Agenten in den Reihen der Partisanen. In der hieraus resultierenden Atmosphäre des Generalverdachts kam es zu großflächigen Strafaktionen seitens der Partisanen nicht nur gegen Dorfvorsitzende sondern auch gegen ‚einfache' Dörfler, die als ‚sowjetische Agenten' verdächtigt wurden oder in die Kolchosen integriert worden waren." (Makhotina 2017, 320)

ten. Auch werden auf eine Wandtapete mit dem Foto eines improvisierten Friedhofs das Video einer an einem Zugfenster vorbeiziehenden Landschaft sowie historische Fotos projiziert. Die Bereiche über Gefängnisse und Lager enthalten zahlreiche private Gegenstände, Fotos und auch Zeichnungen von Opfern, die alle – sofern bekannt – namentlich genannt werden. Diese wurden dem Museum vielfach von ZeitzeugInnen und ihren Nachkommen gespendet. (Dovydaitytė 2010, 83) Sie deuten individuelle Geschichte an und verorten diese zugleich in der nationalen Erzählung: „Die traditionalen Motive ihrer Ausgestaltung sind nationale Symbole (Vytautas, Trikolore), Motive der Religiosität als Teil der nationalen Identität (Kreuze) sowie Motive des Weiterlebens Litauens im Herzen der Deportierten (Herzen)." (Frankovic et al. 2010, 60) Liturgische Gegenstände der Priester in den Lagern und von Häftlingen hergestellte Jesusstatuen etc. bilden einen Schwerpunkt, der zur Empathie mit den Opfern einlädt, Freundschaftsbeweise wie Stickereien mit Sprüchen einen zweiten, Häftlingskleidung einen dritten. Vorher- und Nachher-Fotos etwa im Falle des früheren litauischen Außenministers, der 1956 nach unzähligen Haftaufenthalten nach Litauen zurückkehrte, oder des von 1920–1926 amtierenden litauischen Präsidenten, ebenfalls 1956 zurückgekehrt, dokumentieren den Verfall der Häftlinge. Am Schluss geht es um „little deportees" – in Sibirien geborene oder in jungen Jahren exilierte Kinder, deren „happy childhood in Lithuania" dem Bemühen gegenübergestellt wird, überhaupt noch das litauische Alphabet zu lernen, wie in dem Fall einer Familie in Tit Ary, die noch nichts vom Tod des Vaters in einem Lager wusste.

Im Guide wird nicht klar unterschieden zwischen Gulag-Häftlingen und Zwangsexilierten.[108] So heißt es etwa manchmal nur kursorisch in der Bildunterschrift: „Tit Ary, Yakutian ASSR". Wenn man also nicht schon vorher wusste, ob dieser Ort Teil des Gulag oder ein Zwangsansiedlungsgebiet war, erschließt sich das aus der Publikation nicht. Diese wohl intendierte Vermengung der Opfergruppen erstaunt, da die Fotos unmissverständlich deutlich machen, wie unterschiedlich die Lebensbedingungen waren. Zwangsexilierte sind in Sommerkleidern beim Tanzen, bei der Erstkommunion, bei Hochzeiten, beim Schlittenfahren etc. zu

---

108 Die Lebensumstände der Exilierten unterschieden sich von jenen der Gulag-Häftlinge: Sie mussten in Spezialsiedlungsgebieten wohnen und arbeiten, durften sich in der Siedlung frei bewegen, brauchten aber Genehmigungen, um diese zu verlassen. Sie mussten sich alle paar Wochen beim NKWD melden. Sie erhielten einen mageren Lohn, durften Land kaufen und es bearbeiten. Sie durften Briefe schreiben und empfangen, die jedoch zensuriert wurden. Sie waren billige Arbeitskräfte ohne jegliche Rechte, wurden von Insekten gebissen und mussten im Winter Kälte erleiden. Während also zum Beispiel PartisanInnen in den Gulag deportiert wurden, kamen ihre Familien in die ‚Sondersiedlungsgebiete'.

sehen – Fotos, die für den Gulag undenkbar wären. 14 der 149 historischen Fotos im Guide zeigen den Gulag: etwa einen Lagerhäftling mit Nummer auf Helm, Arm und Hose, Häftlinge in Minen, in Vorkuta, Priester im Speziallager Inta oder weibliche politische Häftlinge in einer Kleiderwerkstatt im Yavas-Lager.[109] Nur neun der 378 visuellen Elemente im Guide sind Zeichnungen, aber im Vergleich etwa zu Theresienstadt fast gar keine Zeichnungen von Häftlingen, was angesichts des allseits beklagten Mangels an Nicht-Propaganda-Fotos aus dem Gulag (Kizny 2004) erstaunlich ist: nur die Zeichnung einer Kohlemine in Vorkutlag, die ein Häftling an seine Familie in Litauen schickte; die von einem unbekanntem Künstler angefertigte Zeichnung eines Teilnehmers des Retchlag-Aufstands, der bei dessen Niederschlagung 1953 getötet wurde; sowie die Baracken des Norilsk-Lagers in den 1940ern finden sich im Guide.[110] Das zentrale Symbol für die Erinnerung an diese „Deportationen" sind Zugwaggons, mit denen die Zwangsexilierten gen Osten verfrachtet wurden, was nicht als Versuch der Gleichsetzung mit dem Holocaust zu deuten ist, sondern als historische Parallele – wenn auch mit unterschiedlichem Ziel und Ausgang. „Some 5,000 children died in the exile. It was one of the darkest pages of the history of deportations of Lithuanians", so der Guide. (Rudienė und Juozevičiūtė 2006a, 65)

Frauen sind im Guide auf knapp 50 der 182 Fotos zu sehen und zwar in unterschiedlichsten ‚traditionellen' wie kämpferischen Rollen: Witwen, Ehefrauen bedeutender Männer, Töchter, die um ihre getöteten Väter trauern, Lehrerinnen, aber auch Demonstrantinnen, einmal eine, die PartisanInnenkinder aufnahm, Dissidentinnen, Zwangsexilierte, mal mit Kindern, mal bei der Zwangsarbeit, mehrfach als Botinnen (auch in der Ausstellung), Lagerhäftlinge, einmal auch

---

109 Fünf der 14 Fotos werden Häftlingen namentlich zugeordnet, aber nur bei einem erfahren wir, dass es 1959 im Geheimen in jenem Raum aufgenommen wurde, in dem die Häftlinge im Arbeitslager Taishet bei den seltenen Besuchen ihrer Ehefrauen mit diesen allein sein konnten. (Rudienė und Juozevičiūtė 2006a, 55) Bei einem weiteren erfahren wir den Namen des Fotografen, aber nicht, wie es entstehen konnte. Bei nur einer historischen Aufnahme ist die Information vollständig: zu sehen sind sowjetische Truppen, wie sie am 7. Juli 1949 zu Deportierende in Waggons in Grūdiškės einladen. Der Name des Fotografen sowie die Tatsache, dass es sich um ein Geheimfoto handelt, werden genannt. (Rudienė und Juozevičiūtė 2006a, 59) In der Ausstellung findet sich einmal in Raum 5 der Hinweis, das Foto politischer Gefangener in Kolyma sei 1955 mit einer selbstgemachten Kamera im Geheimen aufgenommen worden, in Raum 6 einmal eine Geheimaufnahme von einer Deportation mittels LKW mit Name und Kurzbiographie des Fotografen, der zu 25 Jahren Arbeitslager verurteilt wurde.
110 Ansonsten sehen wir etwa eine Zeichnung von Stalin mit ausgestochenen Augen als Beweis für Antistalinismus bei einem Prozess (auch in der Ausstellung), ein Comic, das sich über Stalin lustig macht oder die Zeichnung der Schlacht von Varčia eines unbekannten Partisanen (auch in der Ausstellung) und eine Widerstandszeichnung aus Vilnius aus 1965.

als Aufstandshelferin (auch in der Ausstellung), einmal als „Freiheitskämpferinnen" mit Gewehren (in der Ausstellung drei Mal), einmal eine Partisanin, die einen Orden erhält (auch in der Ausstellung). Auf einem Foto des sowjetischen Abhördienstes wird auch eine Frau als Täterin gezeigt. In der Ausstellung werden Frauen ferner zwei Mal als Krankenschwestern im Widerstand vorgestellt. Im Abschnitt über den unbewaffneten Widerstand überwiegen Fotos von heldenhaften Frauen, so auch jenes von Monika P.-T., einer Kurierin, die sich bei ihrer Festnahme 1951 zu erschießen versucht hatte und auch nachher ihrem Vorsatz, sich nicht zu ergeben treu blieb, weshalb sie im Krankenhaus Quecksilber aus einem Thermometer schluckte und so Selbstmord beging. Das ‚traditionelle' Opfer- und Heldennarrativ dieses litauischen Museums umfasst also auch ‚fortschrittliche' Frauen als Heldinnen, nicht nur passive Trauernde. Dem visuellen Material zum Trotz bleibt der Ausdruck ‚Waldbrüder' ein männlicher.

Soviel dazu, was das Museum und der Guide zum Gegenstand haben. Nun zu dem, was darin offenkundig fehlt: Auch wenn der Name Museum der Genozidopfer einen Wissenschaftler (Duffy 2007, 118) zu der fälschlichen Annahme verleitete, es handle sich um ein Holocaust-Museum, sind mit dem Begriff ‚Genozid' hier ausschließlich die Opfer der beiden sowjetischen Besatzungen, also der „physical and spiritual genocide against the Lithuanian people" gemeint, wie es im Guide heißt. (Rudienė und Juozevičiūtė 2006a, 3) Die NS-Besatzung zwischen 1941 und 1944, in der das Gebäude ebenfalls als Foltergefängnis gedient hatte, wurde schlicht ausgelassen,[111] obwohl in manchen Zellen im Keller deutliche Spuren von Gestapo-Häftlingen zu sehen waren, zum Beispiel eingeritzte Namen und Jahreszahlen polnischer Häftlinge aus 1943. (Radonić 2018c, 519)

> Die Mehrschichtigkeit des historischen Ortes wird nur durch ein bemerkenswertes Detail preisgegeben: Durch die bewusst freigelegten Farbschichten der Gefängniswände wird das

---

111 So ist es auch nur folgerichtig, dass unter den 378 visuellen Elementen im Guide (Rudienė und Juozevičiūtė 2006a) alle 13 Fotografien von Tätern sowjetische Täter und ihre litauischen Kollaborateure zeigen: Stalin; die Volksregierung von 1940; jenen Innenminister, der die Einverleibung in die Sowjetunion unterschrieben hat; NKWD-Offiziere; Agenten des KGB-Vorläufers MVD oder den stellvertretenden Minister für Staatssicherheit der UdSSR, der für Deportationen im Mai 1948 verantwortlich war – bis auf eine Abhörspezialistin nur Männer. Die einzige Ausnahme ist ein Foto von Stalin und Ribbentrop anlässlich des Hitler-Stalin-Pakts, ein Foto, das in keinem der baltischen Museen fehlt. Von den zwölf Porträts von Opfern (der Sowjetbehörden) zeigen vier führende litauische Politiker der Zwischenkriegszeit und eines den ehemaligen Befehlshaber der litauischen Armee. Sieben Aufnahmen zeigen Gulag-Häftlinge, darunter eine Frau, die als politischer Häftling vorgestellt wird, sowie zwei Anführer von Lageraufständen. Antisowjetische PartisanInnen sind auf zehn Fotos zu sehen, drei davon zeigen ‚gewöhnliche' WiderstandskämpferInnen, also eine Botin, einen Kaplan und einen PartisanInnenunterstützer mit einer geheimen Druckerei im Haus, die anderen bekannte, als Helden dargestellte Kämpfer.

häufige Übermalen und somit der häufige Regimewechsel deutlich. Es ist das einzige Element im Museum, das auf die Vielfalt der Nutzungskontexte dieses Gebäudes hinweist.
(Frankovic et al. 2010, 56)

Der bis in die 1950er Jahre genutzte KGB-Exekutionsraum im Keller, der mittels baulicher Veränderungen versteckt und auf Plänen aus der späten sozialistischen Ära als Küche ausgewiesen worden war, wurde im Jahr 2000 mit viel archäologischem Aufwand lokalisiert und ‚wiederhergestellt'. (Radonić 2014b, 100) „The lack of evidence of communist era suffering was used to illustrate the evil ability of the Soviets to cover up their crimes, and the capacity of post-communist reconstructions to uncover (and thwart) their suppression of the ‚historical truth'." (Mark 2008, 342) In Bezug auf die NS-Zeit hieß es hingegen, es seien zu wenige Spuren vorhanden, um sich dieser Zeit zu widmen. Die Ästhetik des für die Dauerausstellung gestalteten KGB-Exekutionsraums übernimmt aber interessanterweise Musealisierungstechniken von Holocaust-Museen und KZ-Gedenkstätten: Unter dem Glasboden befinden sich persönliche Gegenstände der Opfer: Brillen, Schuhe, Kämme etc. (Abb. 28) Diese wurden jedoch nicht im Gebäude selbst gefunden, also nicht ‚freigelegt', wie die Inszenierung einer archäologischen Ausgrabung nahelegt, sondern von der Erschießungsstätte Tuskulėnai (*Tuskulėnų dvaras*) hergebracht und entsprechend arrangiert. Bei der Führung wird ausgeführt: „It would not be moral to walk on the surface over which the blood ran." (Wallace 2008, 402)

Abb. 28: Der Exekutionenraum im Museum der Genozidopfer.

In der Ausstellung im Erdgeschoss und im ersten Stock fehlt die NS-Zeit und die Geschichte des Gebäudes als Gestapogefängnis bzw. reduziert sich auf folgende zwei Sätze: „However, the new German occupying forces abolished the provisional government instituted by the rebels, and incorporated the country into the Ostland district of the Third Reich on August 5. Lithuania came under the rule of the new invader for three years." Am Ende des Raums über die erste sowjetische Besatzung findet sich auf Knöchelhöhe ein Schild mit folgendem Text: „For visitors willing to get acquainted with the period of Nazi occupation in Lithuania and the Holocaust more extensively we suggest visiting the Vilna Gaon Jewish State Museum." In gewissem Sinne ist die NS-Zeit aber doch in dem Ausstellungsteil über die erste sowjetische Besatzung vertreten:

> Als Sinnbilder ‚bestialischer' sowjetischer Gewalt werden hier ein Bild aus dem Wald bei Telšiai vom 24. Juni 1941 und das Pieta-ähnliche Bild einer Witwe, die ihren ermordeten Mann beweint, ausgestellt. Beide Bilder waren Teil der NS-Propagandaausstellung ‚Das Rote Terror' [sic!] im Kaunasser *Kriegsmuseum* während der NS-Besatzung und werden ohne Hinweis auf diese Provenienz als Propagandabilder präsentiert.
>
> (Makhotina 2017, 317)

Im Guide taucht die NS-Besatzung einzig in der Formulierung „after the three-year-long-occupation by Nazi Germany" (Rudienė und Juozevičiūtė 2006a, 32) und in einer Tabelle mit Opferzahlen aus beiden Besatzungen auf der letzten Seite auf. (Rudienė und Juozevičiūtė 2006a, 79; vgl. Radonić 2017, 280) Dieselbe Tabelle findet sich auch im Erdgeschoss der Ausstellung auf der Tafel „Losses during the occupation" und liefert einen Grund für die Auslassung der NS-Zeit: Den vom Museum hier vorgelegten Zahlen zufolge forderte die NS-Zeit im Vergleich zu den beiden sowjetischen Besatzungen das Vierfache an Todesopfern, vor allem unter den jüdischen LitauerInnen.[112] Diese Tatsache ist Teil der Erklärung, warum die NS-Besatzung und der Holocaust in einer Stadt, die auch als „Jerusalem des Nordens" (Arend et al. 2010) bezeichnet wurde, als bedrohlich für die Opfererzählung der Mehrheitsbevölkerung erscheinen und im Museum ‚neutralisiert' wurden. James Mark (2008) spricht hier von der Strategie des „containing fascism", genauer ist es die Erinnerung an die NS-Zeit und den Holocaust, die hier ‚eingedämmt' wird, um den Opferstatus ‚der LitauerInnen' nicht zu gefährden.

---

[112] Der Tafel zufolge starben während der beiden sowjetischen Besatzungen (1940–41 und 1944–91) 20–25.000 Menschen in Haft, 28.000 „died in deportation" and 21.500 PartisanInnen und ihre UnterstützerInnen wurden getötet. Während der NS-Besatzung (1941–44) wurden 240.000 Menschen getötet „(including about 200.000 Jews)". Nur wenn man die Gesamtzahl kennt, erschließt sich daraus, dass rund 90 Prozent der jüdischen LitauerInnen dem Holocaust zum Opfer fiel.

Diese Auslassung der NS-Zeit fällt im Guide umso mehr auf, als dessen Text offenbar aus einer früheren Publikation entnommen wurde, in der die NS-Zeit enthalten war. Wenn nämlich der Guide darauf eingeht, dass nach dem erneuten Einmarsch der Sowjetischen Armee der neunjährige Partisanenkampf zur Wiedererrichtung des unabhängigen Staates begonnen habe, fehlt der Kontext zum Verständnis des Folgenden sowohl in der litauischen als auch in der englischen Version des Guides:

> The second Soviet occupation caught the resistance organisations of Lithuania unawares. Under the new conditions the Lithuanian Freedom Army (LLA) alone urged all its members to remain in the country, and took decisive steps to organise the resistance. They changed the structure of the organisation, collected weapons and recruited fighters. Over 200 members of the organisation were sent to German intelligence schools expecting to be prepared for guerrilla warfare. (Rudienė und Juozevičiūtė 2006a, 34)

Hier muss ein Abschnitt über die NS-Besatzung und den Widerstand dagegen herausgelöscht worden sein, denn es wird überhaupt nicht klar, wie die alten Strukturen vor der Veränderung ausgesehen haben, dass also die LLA im Dezember 1941 gegründet wurde, aber keinen bewaffneten Widerstand gegen die NS-Besatzung aufnahm, sondern mit politischen und diplomatischen Maßnahmen die Wiederherstellung der Unabhängigkeit erreichen wollte.

In Bezug auf den Gulag lässt sich sagen, dass im litauischen Original in Ausstellung wie Guide vom sowjetischen *lager* die Rede ist (Rudienė und Juozevičiūtė 2006b, 56), während in der englischen Übersetzung der stärker mit NS-Lagern gleichsetzende Begriff *concentration camp* verwendet wird. Das betrifft sowohl den Museumsguide (Rudienė und Juozevičiūtė 2006a, 56), den Guide zur Wanderausstellung *War after War* (Rudienė 2005, 43) sowie Publikationen des Genocide and Resistance Research Center, zu dem das Museum gehört, wo von „the Gulags, the USSR's concentration camps, situated mostly in Siberia" die Rede ist. (Kuodytė und Tracevskis o. J., 5)[113]

---

[113] Auch Anne Applebaum verwendet im Standardwerk über den Gulag diesen Begriff, führt ihn aber im Gegensatz zum Guide aus: „It certainly seems, for example, as if the term *kontslager* first appeared in Russian as a translation from the English ‚concentration camp' probably thanks to Trotsky's familiarity with the history of the Boer War." (Applebaum 2003, xxxiv) Der Begriff selbst wurde zunächst selbstverständlich verwendet, so etwa von der 1928 vom Politbüro geschaffenen und von Yanson angeführten Kommission, deren Aufgabe es war, „to create a system of concentration camps, organized in the manner of the OGPU camps." (Applebaum 2003, 48) Als dann 1931 westliche Länder Importe aus Gulag-Produktion verboten, änderte die Yanson-Kommission den Begriff *konclager* in *ispravitelno-trudovye lagerya* (ITL), also *corrective-labor camps* (Applebaum 2003, 60). 1952 war also in der Sowjetunion nicht mehr von *koncslageri* die Rede. Applebaum zieht zahlreiche Parallelen zwischen dem sowjetischen und

Ferner sind an der gesamten Fassade des imposanten Gebäudes entlang prominent Namen von Hingerichteten eingemeißelt, die der Sowjetmacht zum Opfer fielen (Wight und Lennon 2007, 525; Wallace 2008, 402; Steele 2008), sowie der Spruch „May the names of Lithuanian patriots, shot to death in this former KGB building, bear witness to duty fulfilled to the mother land, its honor, freedom, and independence." Darunter befindet sich auch der Name des 1947 hingerichteten Antisowjetkämpfers und in den Holocaust involvierten NS-Kollaborateurs Jonas Noreika, der auch im Keller im Vorraum zum Exekutionsraum unter der Überschrift „I shall never betray my oath" als Held des anti-sowjetischen Widerstands vorgestellt wird. Die Tatsache, dass man von den sowjetischen Behörden verfolgt wurde, entscheidet, wer sich für die Darstellung als Opfer und Held im Museum eignet, nicht die NS-Vergangenheit. Über Noreika heißt es in der Ausstellung: „During German occupation was appointed Governor of Siauliai County by the Provisional Government. Arrested by the Gestapo in 1943 and incarcerated in Stutthof. Returned to Vilnius in 1945. Formed the Lithuanian National Counsel in 1945. Arrested 1946 03 16." Nicht erörtert wird dabei, dass seine ebenfalls erwähnte schriftstellerische Tätigkeit antisemitische Forderungen nach wirtschaftlichem Kampf gegen ‚die Juden' und den Boykott jüdischen Handels umfasste. (Balčiūnas 2012)

> They omit that he brought together members of the Lithuanian Activist Front (LAF) and the National Labor Battalion (TDA in Lithuanian), both known for the mass murder of peaceful Lithuanian residents (primarily Jews), and maintained close contacts with the structures of the Nazi administration. ... Noreika is accused of taking part in the mass murder of Jews in Plungė and Telšiai, and Šiauliai in the summer of 1941. (Balčiūnas 2012)

Auch Jonas Semaška-Liepa wird hier als antisowjetischer Held geehrt und seine Funktionen werden minutiös aufgezählt:

> After graduation in 1930 assigned to Grand Duke of Lithuania Gediminas 1st Infantry Regiment. Promoted to captain in 1931 and became commander of the 3rd Battalion of the 1st Infantry Regiment. From 1941–1945 served in the German Army. Promoted to mayor in February of 1945. Joined the anti-Soviet resistance movement in the spring of 1945. From September 1945 in charge of the Zemaiciu Legion; kept in contact with Jonas Noreika's Lithuania's National Council. Arrested 1946 04 17.

---

dem NS-Lagersystemen, streicht aber auch entscheidende Unterschiede hervor: „While millions of Soviet prisoners feared they might die – and millions did – there was no single category of prisoner whose death was absolutely guaranteed. [...] The primary purpose of the Gulag, according to both the private language and the public propaganda of those who founded it, was economic. This did not mean that it was humane." (Applebaum 2003, xxxviii)

Nicht ausgeführt wird jedoch, was genau er im Dienst der Wehrmacht tat: Er war Befehlshaber des 13. Litauischen Polizeibataillons, das maßgeblich an der Ermordung litauischer und weißrussischer Jüdinnen und Juden beteiligt war. (Bubnys 2001)

Zusammenfassend lässt sich sagen, dass das Museum der Genozidopfer ein extremes Beispiel für die Eindämmung der als bedrohlich scheinenden Erinnerung an die NS-Zeit und den Holocaust ist: Es verleugnete diese Phase, in der das Gebäude als Gestapo-Gefängnis diente, seit der Museumseröffnung 1992 bis 2011, als in einer kleinen Kellerzelle eine Ausstellung über die NS-Zeit hinzugefügt wurde. Diese Ausstellung analysiere ich später im Kapitel über die neuesten Entwicklungen. Hingegen setzte es die aus Gedenkstätten bekannte Ästhetik des Glasbodens und die aus Holocaust-Museen kommende Individualisierung als Opfer als Musealisierungsstrategien ein.

4.3.2.2 Die symbolische Gleichsetzung und das Museum der Okkupationen in Tallinn

Die weiteren Museen dieser Gruppe, also die beiden anderen baltischen Museen und das Haus des Terrors in Budapest, widmeten sich in ihren Ausstellungen in den 2000er Jahren hingegen von Beginn an nicht nur den sowjetischen und sozialistischen Verbrechen, sondern auch der NS-Zeit bzw. im ungarischen Fall der Herrschaft der ‚ungarischen Nazis'. Bereits auf den ersten Blick erkennbar haben alle drei eines gemeinsam: Am Anfang des Besuchs ist man im Museum der Okkupationen in estnischen Tallin, im Museum der Okkupation Lettlands wie im ungarischen Haus des Terrors mit einer Gleichsetzung von Nationalsozialismus und Kommunismus, Hakenkreuz (oder Pfeilkreuz als Symbol der ‚ungarischen Nazis') und rotem Stern konfrontiert. Im Tallinner Museum der Okkupationen sahen die BesucherInnen seit der Museumseröffnung 2003 (bis zur Umgestaltung 2018) als erstes mitten im Raum zwei stilisierte Lokomotiven, eine mit Hakenkreuz, die andere mit rotem Stern. (Abb. 29) Im Museum der Okkupation Lettlands begann die Ausstellung mit den beiden übergroßen, nebeneinander über Kopf montierten Porträts von Hitler und Stalin. (Abb. 30) Bereits vor dem Haus des Terrors sticht am Dachsims das Nebeneinander von Pfeilkreuz und Stern ins Auge, die dann auch das Museum durchziehen. (Abb. 31) Doch in allen drei Museen wird im Verlauf der Ausstellung die NS-Besatzung als ‚weniger schlimm' bzw. die sowjetischen Verbrechen als das größere Übel vorgestellt.

Abb. 29: Im Museum der Okkupationen in Tallinn.

Abb. 30: Im Museum der Okkupation Lettlands in Riga.

4.3 Die 2000er: Die Kommunikation mit ‚Europa' — 159

Abb. 31: Haus des Terrors in Budapest.

Das Museum der Okkupationen in Tallinn wurde 1998 im Auftrag der von der Auslandsestin Olga Kistler-Ritso finanzierten Kistler-Ritso-Stiftung gegründet und 2003 in einem eigens für die Institution errichteten Gebäude eröffnet.[114] Olgas Mutter war gestorben, als sie noch ein Kind war. Der Vater, der in Kiew Medizin studierte, war bereits 1921 während eines Moskau-Aufenthalts zur Erlangung der Rückreisepapiere für Estland nach Sibirien deportiert worden. Ihr Onkel brachte sie und ihren Bruder aus Russland weg. „Er hatte als lediger Mann keine Möglichkeiten, mich bei ihm zu behalten", so Kistler-Ritso in der Zeitung *Eesti Päevaleht*. (Koch 2003)[115] Auch der Onkel wurde wenig später nach Sibirien geschickt. Sie flüchtete 1944 nach Deutschland und 1949 nach ihrem Doktor in Medizin weiter in die USA. (Koch 2003; Mark 2008, 335; Velmet 2011, 191) Mit ihrem Mann besuchte sie 1998 Estland. Der Historiker, ehemalige Dissident und konservative Vize-Parlamentspräsident Tunne Kelam sagte ge-

---

[114] Mit dem Design wurden nach einer Ausschreibung die estnischen Architekten Indrek Peil and Siiri Vallner beauftragt. Aufgrund von Verzögerungen bei der Baugenehmigung konnte mit den Arbeiten erst im November 2002 begonnen werden, was den Initiator des Museums Kelam zu folgendem Vergleich verleitete: „Although very symbolically much of the construction work took place during an especially cold and long winter reminiscent of Northern Siberia-Kolyma, it is nevertheless of high quality." (Museum of Occupations o. J.a)
[115] Ich danke Neve Albre für die Recherche und Übersetzung estnischer Zeitungsartikel über das Museum.

genüber der estnischen Zeitung *Postimees* über die Entstehung des Museums: „When the Kistler family said that they wanted to do something good for Estonia, I immediately thought of a museum." (Kaas 2002) Das Narrativ ist unverkennbar geprägt von Exilerfahrungen nach der Flucht vor sowjetischer Repression. Auch der Gründungsdirektor Heiki Ahonen ist ein ehemaliger Dissident, der mehrfach von den sowjetischen Behörden verhaftet und schließlich 1988 nach Schweden verbannt wurde, wo er das *Relief Committee for Estonian Political Prisoners* gründete. Er arbeitete ab 1989 für das estnische *Radio Free Europe*, bis er 1998 Vorsitzender der Kistler-Ritso-Stiftung wurde. (Ahonen 2005, 299)

Das Museum war zunächst ausschließlich privat finanziert, hatte aber von Anfang an starke Verbindungen zum politischen Establishment in Estland. Später wurden zwei Drittel der laufenden Kosten vom Kulturministerium finanziert. (Velmet 2011, 191) Bei der Grundsteinlegung für das Museum 2002 waren der Zeitung *Postimees* zufolge der ehemalige Staatspräsident Lennart Meri, der ehemalige Premierminister und Vorsitzende der Partei Isamaliit Mart Laar, der Vize-Vorsitzende des Parlaments Tunne Kelam, die Staatssekretärin Aino Lepik von Wirén und der Stadtsekretär von Tallinn Toomas Sepp anwesend. (Kaas 2002) Der von 1992–2001 amtierende langjährige Präsident Estlands, Lennart Meri, war 1941 mit seiner gesamten Familie im Alter von zwölf Jahren nach Sibirien verschickt worden und durfte während der Sowjetära nicht in seinem Beruf als Historiker arbeiten. (Radonić 2017, 273) In seiner Rede führte er aus, das Museum spreche

> über all jene, die das Licht des freien Estlands gesehen haben und für dieses das eigene Leben und die eigene Freiheit opferten, es spricht von all jenen, die in Sibirien waren, dort geblieben sind, von dort Zurückgekehrten, es spricht von all jenen, die vor dem Totalitarismus in den Westen flüchteten, aber das eigene Herz in Estland ließen, in der Überzeugung, dass sie wieder zurückkommen. (Kalamees 2002)

Auch bei der Museumseröffnung war die gesamte politische Elite des Landes anwesend, jedoch weder der deutsche noch der russische Botschafter, wie Direktor Ahonen (2005, 114) betonte. Nach den Eröffnungsreden durchschnitten schließlich Premier Juhan Parts von der konservativ-liberalen Partei Res Publica und Olga Kistler-Ritso anstatt eines Bandes ein Stück Stacheldraht. (Estonian Government Information Office 2003)

Die Museumseröffnung sowie die Einweihung eines Denkmals für die ‚Waldbrüder' im Nordosten Estlands veranlassten den russischen Außenminister Sergey Lavrov zu einer scharfen Stellungnahme, die den Umgang Russlands mit dem Thema sowjetische Besatzung der baltischen Länder schlagend vor Augen führt und deshalb hier als längeres Zitat Platz findet:

A few days ago in Northeast Estonia with the active cooperation of the municipal bodies of power of the Maidla district a monument was unveiled in a formal ceremony to the group of ‚forest brethren' – activists of the fascist organization Omakaitse – that was destroyed on January 8, 1945, by a Red Army unit. These actions can only be qualified as a desecration of the memory of the victims of fascism and as a striving to whitewash those who on the side of nazi Germany fought against the forces of the anti-Hitler coalition. The attempts by individual Estonian politicians to glorify the Nazis' henchmen on the ground of their ‚struggle for the freedom of Estonia, against the Soviet occupation' completely fit into the framework of the campaign launched recently by local nationalistic circles around the ‚Soviet occupation' theme. Another signature event in this sense was the opening in Tallinn with the participation of the country's Prime Minister, Juhan Parts, and members of the Estonian deputies' corps of a so called museum of the occupation, the display of which very tendentiously elucidates historical events and the outcome of the Second World War. The political patronage by official Tallinn of the striving of the organizers of this action to put the sign of equality between fascist Germany and the USSR is regrettable. Such actions cast doubt on the sincerity of the Estonian leaders' assurances of their commitment to European principles, including with regard to fascism." (Lavrov 2003)

Typisch für die russische Position weist Lavrov einerseits zu Recht darauf hin, dass die ‚Waldbrüder' zum Teil NS-KollaborateurInnen waren. Andererseits will er damit den Widerstand gegen die sowjetische Besatzung vollständig delegitimieren. Die Berufung auf den Antifaschismus und die Entweihung seiner Opfer dient dazu, das ‚Gerede' von der ‚sowjetischen Besatzung', die unter Anführungszeichen gesetzt wird, ad absurdum zu führen. In diesem Sinn bezeichnet Lavrov auch das Museum der Okkupationen als ‚sogenanntes'. Somit signalisiert Lavrov am Vorabend des Abschlusses des estnischen EU-Beitritts, die im Museum vollzogene Gleichsetzung zwischen NS-Deutschland und der UdSSR würde die europäischen antifaschistischen Prinzipien verraten. Polemisch zusammengefasst: Nur Faschisten und ihre Nachkommen würden die sowjetische ‚Rettung des estnischen Brudervolkes' als Besatzung bezeichnen – und solche gehören nicht in eine antifaschistische EU.

Das Museum begreift sich auch als Gedenkort, „it fulfils a special function as a memorial to the multitudes that are buried in unmarked graves", so die erste Ausstellungstafel. Der Innenhof des Museums, durch den man zum Museumseingang gelangt, ist dem Gedenken gewidmet. Der Audioguide erklärt über den Birkenwald: „Sie traten ein durch eine kleine Baumgruppe, die eine bescheidene Erinnerung sein soll an die, die niemals in die Heimat zurückkehrten. Diese Bäume werden noch wachsen und bilden ein Memorial." Steinkoffer, die alle mit „John Smith" und verschiedenen Städtenamen wie Antwerpen, Luxemburg, Stockholm, Casablanca, Vilnius, aber auch Tallinn beschriftet sind, sollen an die Deportationen in den Osten und das Exil erinnern. Entlang der Glas-Außenwand des Museums finden sich auch in der Ausstellung echte alte

Koffer, denen jedoch keine explizite Bedeutung zugewiesen wird, was in der spärlichen Sekundärliteratur zu unterschiedlichen Interpretationen geführt hat.

> Thus a line of prison doors and a similarly long row of suitcases reminds the visitor of the many Estonians who were deported to the Gulag by the Soviet regime. The considerable quantity of suitcases can be read as one of the ways that the displays seek to draw subtle parallels between Nazi and Soviet society and between the Holocaust and the Gulag, not least because exhibitions of suitcases at Auschwitz and elsewhere are a long-standing symbol of the Nazi genocide. (Burch und Zander 2010, 61)

Mark hingegen schreibt: „A line of battered suitcases by the entrance was used to represent the 70.000 Estonians who left the country in the face of the advance of the Red Army in 1944." (Mark 2008, 351) Kuusi enthält sich gänzlich der Spekulation: „Old suitcases, prison doors and radios in open exhibition room" (Kuusi 2008, 108), heißt es hier nur.

Das Museum lässt in der Anhäufung deutungsoffener Objekte also einerseits Mehrdeutigkeit, Polysemie, zu. Über den Hauptraum verstreut stehen verschiedene große Objekte, von denen die meisten (zuweilen etwas willkürlich ausgewählt) den sowjetischen Alltag verdeutlichen sollen: ein Boot, mit dem der Este Joonas Kask mit seiner Familie 1943 nach Schweden flüchtete; zwei Autos (ein in der Ukraine hergestellter Saporoshez SAS-965A aus 1966 und ein Moskvich aus den 1950ern); ein Sodawasser-Gerät, aus dem man für eine Kopeke Soda und für drei Kopeken Soda mit Sirup bekam; unzählige Radioempfänger; ziemlich mitgenommene Telefonzellen, deren Teile für selbstgemachte E-Gitarren verwendet wurden; Türen aus dem berüchtigten Paterei-Gefängnis; eine Seemine, wie sie die Sowjets im Golf von Tallinn produzierten; ein beim sowjetischen Einmarsch 1944 durch ein Bombenschrapnell beschädigter Schreibtisch aus Võru; ein metallischer Körperpanzer aus 1938, wie er vom NKWD beim Einkesseln der Waldbrüder verwendet wurde; ein Klavier; ein Friseurstuhl mit Trockenhaube, denn „The Soviet woman also wanted to be attractive"; eine große, von 1961–2013 verwendete Küchenmaschine aus einem Kindergarten[116] usw. Dem 25-minütigen Audio-

---

[116] Diese dient als Anlass für die Feststellung, jeder habe in der Sowjetunion arbeiten müssen, Mütter hätten nach der Geburt nur 56 Tage bei ihrem Baby bleiben können. Kinderkrippen nahmen bereits zwei Monate alte Babys auf und manche waren 24 Stunden am Tag offen, da in drei Schichten gearbeitet wurde. In den chronologisch aufgebauten Schaukästen erzählen manche Ausstellungsstücke klare Geschichten, etwa von Repression in Form einer Zeichnung des Inneren eines sowjetischen Deportationswaggons, eines zerhackten Buchs von der sowjetischen Liste zu zerstörender Bücher oder von Gegenständen, die nun namentlich benannte estnische Häftlinge in Gefängnissen während der NS-Besatzung herstellten, einer Teekanne mit der Aufschrift NKVD. Uniformen unterschiedlicher Armeen sollen ebenso die verschiedenen Seiten deutlich machen wie ein Foto zweier junger Freunde aus 1946, auf dem einer eine SS-Uniform, der

guide zufolge seien Konsumgüter deshalb ausgestellt, weil manche die 1960er als die goldenen Jahre bezeichneten, so der knappe Kommentar. In der Einleitung des Audioguides werden ungewöhnlicherweise auch fehlende Exponate thematisiert: es müssten ein Deportationswaggon und Fotos von Deportationen, Eingekerkerten und Hingerichteten gezeigt werden, aber diese existierten nicht.

Andererseits ist das Narrativ dort, wo es vorhanden ist, recht geschlossen und typisch für diese Gruppe von Museen, in denen alles dem Primat des postsozialistisch-antisowjetischen nationalen Kanons folgt. Die 2003 eröffnete Dauerausstellung befindet sich in einem aufgrund großer Fensterfronten hellen Raum. (Abb. 32) Auf Estnisch, Englisch und Russisch stellt sie chronologisch in klassischen Schaukästen, die durchgehend an den Wänden entlang verlaufen und Objekte, Fotos, Dokumente und Dokumentarfilme sowie eine Zeitleiste enthalten, die Entwicklung der Jahre 1939 bis 1991 dar.

Abb. 32: Das Museum der Okkupationen im estnischen Tallinn.

Die NS-Zeit wird hier zwar behandelt, doch dient sie vor allem als Folie, um die beiden sowjetischen Besatzungen als die schlimmeren herauszuarbeiten.[117] Sie

---

andere eine sowjetische trägt. Ein vielfach eingesetztes Stilmittel, das politische Umbrüche repräsentieren soll, sind Zigaretten und Streichhölzer aus den verschiedenen Phasen, auf Estnisch und Deutsch oder mit Hammer und Sichel.

117 Im Schaukasten über 1939–1956 enthält die Zeitleiste über die erste sowjetische Besatzung folgende Punkte: „1939: Sept. 28 The ‚Bases Agreement'; Oct. 18 Soviet troops enter bases. 1940: June 17 Total occupation; June 21 Overthrow of government; July 21 Estonian SSR proclaimed; Aug. 6 Annexation. 1941: March 14 The Atlantic Charter; June 14 Deportations; June 22 German-Soviet war begins." In Bezug auf die deutsche Besatzung enthält die Zeitleiste keinen Verweis

habe laut Direktor Heiki Ahonen weniger Opfer verursacht und sei durch einen geringeren Grad an Repression gekennzeichnet gewesen. (Ahonen 2005, 110) „War brought hope for re-establishment of the old life, a kind of double rule with Germans as the gents of the country and participation of the Estonians in the fights." (Ahonen 2008, 237) Die Ausstellung verortet das Problem bei der ersten sowjetischen Okkupation darin, dass „many victims were claimed by the Red Year that followed". Bei der NS-Besatzung hingegen war das Problem vor allem „the ongoing war, along with the danger that Soviet occupation would be reimposed. In terms of the number of lives lost and the intensity of oppression suffered by the people, the German occupation was not actually as harsh as the previous and subsequent Soviet occupations." In der Ausstellung wird der Holocaust nur am Rande erwähnt und trotz des Fokus des Museums auf Objekte findet sich kein einziges in Zusammenhang mit jüdischen Opfern. Direktor Ahonen beschreibt das Jahr der ersten sowjetischen Besatzung als „totale Vernichtung der bisherigen Lebensweise". (Ahonen 2008, 237)

Das Museum orientiert sich dabei am Museum des dänischen Widerstandes in Kopenhagen, das, so der Direktor, „im Gegensatz zu so genannten Holocaust-Museen [...] voll Licht und Farbe und darüber hinaus geräumig [ist]. Die Holocaust-Museen, die ich besucht hatte, waren dagegen eher dunkel, getragen und vermittelten das Gefühl von Unbehaglichkeit." (Ahonen 2005, 107; vgl. Radonić 2014b, 102) Sie seien

> almost church-like. In Holocaust-museums, you are told not to speak loudly, have to behave, but the church atmosphere does not support learning. You are just made to act in a certain way. You are dragged into some kind of environment where there should be no doubts. It's all set. (Ahonen zit. n. Mark 2008, 351)

Die Museen dieser Gruppe bestätigen also auf die eine oder andere Weise, wie universalisiert die Holocaust-Erinnerung als Maßstab ist, an dem man sich abarbeiten zu müssen glaubt, entweder, indem man die Ästhetik von Holocaust-Museen zum Teil übernimmt, wie später am Beispiel des Hauses des Terrors gezeigt wird, oder indem man sich explizit dagegen entscheidet. Ahonen lehnt den Import ‚westlicher' Repräsentationsformen ab, da diese für den estnischen Kontext weniger relevant seien als für andere Teile Europas. Man müsse vielmehr dem internationalen Publikum die Spezifik der estnischen Erfahrung aufzeigen, die den Holocaust nicht in den Vordergrund stellen müsse. Auf die Frage angesprochen, was das Museum über den Holocaust zeige, antwortet er: „Estonia never had a

---

auf Repression, nur die Punkte „1941: Aug. 22 German occupation. 1943: Nov. 28–Dec 1 Teheran Conference. 1944: Feb. 2 Red Army crosses Narva River, entering Estonia again. March 9 Carpet Bombing of Tallinn".

Jewish question and we just simply don't have any physical items from these people who were killed." (Zit. n. Mark 2008, 367)

Über die Suche nach Gegenständen für das Museum berichtet der Direktor:

> Ich selbst besaß einige Objekte aus meiner Haftzeit im Arbeitslager, die sich als durchaus würdig erwiesen, aufgehoben und ausgestellt zu werden. Wir schalteten auch einige Anzeigen in Zeitungen [...]. Ganz allgemein gesprochen waren wir auf der Suche nach allem, was als Ausdruck einer vom Totalitarismus geprägten Atmosphäre gewertet werden konnte. Dies umfasste Exponate mit ideologischer Aussagekraft, ein Vorhängeschloss mit Staatssymbolen etwa, Propagandamaterial oder Objekte aus Arbeitslagern und Strafanstalten. Die Anzeigen brachten jedoch nicht viel ein – es war für die Zeitungsleser scheinbar schwer vorstellbar, dass jemand ‚Müll' sammelt. In den folgenden Jahren knüpften wir Verbindungen zu verschiedenen Organisationen ehemaliger Verfolgter, und letztendlich war es der persönliche Kontakt, der sich als die beste Quelle erweisen sollte. (Ahonen 2005, 109)

Bei den Organisationen ehemaliger Verfolgter handelte es sich ausschließlich um Opfer sowjetischer Repression, ebenso wie beim Museumsdirektor selbst.

Die chronologisch angeordneten Schaukästen enthalten Text einzig in Form von Objekt- und Fotobeschriftungen, die den nicht-estnischen BesucherInnen als übersetzte Exponatenliste mitgegeben werden. Das Narrativ wird hingegen im Audioguide und vor allem in Videos geliefert. In diesen Dokumentarfilmen, die in der Ausstellung über die drei Besatzungszeiten gezeigt werden, bestimmt der antisowjetische Kontext, welchen Beweisen Bedeutung beigemessen wird: Im ersten Video über das „rote Jahr" 1940–1941 wird ‚unser' Leiden auf Empathie weckende Weise geschildert. Die 1911 geborene Tamara Miljutina etwa berichtet über ihren Vater: „It was a regime that lied, they never told the truth, never. They never came to arrest him, oh no, they came to offer him a job at the university and they begged him to come." Terror sei eine zentrale Komponente gewesen. Von der Deportation im Juni 1941 erzählt die 1929 geborene Lea Palvadre, eine „Schülerin": ihr Vater sollte abgeholt werden, aber dann stellte sich heraus, dass auch die ganze Familie mitkommen musste. Elise hingegen hörte die zu Deportierenden durch die Fenster weinen und singen. 1939 habe noch jeder vor dem Krieg Angst gehabt, nun warteten die Esten nur auf den deutsch-sowjetischen Krieg „as their only way out". Aufgrund des Horrors des „roten Jahres" hatte sich ihre Einstellung zu den Deutschen geändert, so der Historiker Enn Tarvel, der für die wissenschaftliche Aufbereitung der Ausstellung zuständig war (Museum of Occupations o. J.a) und der als Erzähler durch die Dokumentation führt. Die sowjetischen Geschichtsmythen werden in diesem ersten Teil überzeugend widerlegt.

Im zweiten Teil über die NS-Besatzung werden hingegen Ausschnitte aus der NS-Propaganda über den „roten Terror" und „bolschewistische Angriffe" im deutschen O-Ton eingespielt, ohne auf offenkundige Lügen wie angeblich noch 1944 erzielte große Kampferfolge einzugehen. (Radonić 2016b, 192) Das NS-Material dient hier nicht etwa dazu, auszustellen, wie das ‚Dritte Reich' sowjetische Verbrechen instrumentalisierte, um die lokale Bevölkerung zu beeinflussen und um Antisemitismus zu schüren, sondern als Fakten. (Mark 2008, 335) Vielmehr verleiht die Dokumentation den NS-Aufnahmen größeres Gewicht, indem sie mit Berichten von Zeitzeugen kombiniert werden, die diese NS-Belege für sowjetische Verbrechen noch als „Schüler" vorgeführt bekommen hatten und ihren Wahrheitsgehalt bekräftigen. (Radonić 2017, 280) Im Gegensatz zur NS-Propaganda wird dann im dritten Video-Teil über die zweite sowjetische Besatzung wieder auf den Propagandacharakter sowjetischer „Lügen" explizit hingewiesen: „Propaganda blamed the Germans for the destruction of cities that had actually been carried out by the Soviet armed forces."

Die bereits aus dem litauischen Museum bekannten ‚Waldbrüder', die nach dem Zweiten Weltkrieg gegen die sowjetische Besatzung kämpften, werden auch in diesem estnischen Museum mit Ausstellungsobjekten und im Video eindrucksvoll dargestellt. Jüdinnen und Juden hingegen werden am Ende des zweiten, 27-minütigen Dokumentarfilms über „The War and the German Years" erstmalig erwähnt. Nach ausführlichen Schilderungen des heldenhaften Kampfes gegen die Sowjets wird im Video plötzlich Bilanz über die Opferzahlen der NS-Besatzung gezogen: „65.000 Estonian citizens have been executed by the Nazis including captured Soviet killers. This figure does not include prisoners of war and the Jews murdered at Kalevi-Liiva and Klooga." Wenn dann in einer insgesamt ein-minütigen Sequenz die ermordeten Juden thematisiert werden, wird bereits im nächsten Satz die Verfolgung relativiert. Dies geschieht nicht durch den Historiker Tarvel, sondern durch den 1930 geborenen Zeitzeugen Elmar Laherand, der wieder als „Schüler" aus der damaligen Zeit vorgestellt wird (nachdem das Eingangstor zum KZ Klooga eingeblendet worden war):

> It's been described as an extermination camp, but I'd call it a labour camp instead because when the working day was over the inmates could go to surrounding villages. So they started to come to us, too. We gave them whatever food there was, potatoes or bread or whatever else we had at the moment. Close relationships developed with a number of people who came to our house repeatedly.

Im Video folgen Fotos von Leichen am Boden einer Baracke. Zum ersten Mal in dem Video fragt nun eine Stimme nach: „But the liquidation of the camp?" Zu sehen sind Aufnahmen von Toten auf Scheiterhaufen aus aufeinander geschlichteten Baumstämmen, jenen Leichen also, die nicht rechtzeitig auf diesen Stämmen verbrannt werden konnten. Darauf der Zeitzeuge:

> Well, it was a task force. Their arrival took place under the cover of secrecy. The guards who had been there were completely replaced. I came from Tallinn by train at night. I saw

lights the night before. The next day I went to see what was going on because there was a pervasive smell of burnt meat. It extended for kilometers. The picture that I saw was extremely morbid.

Wer angeblich fälschlicherweise von einem Todeslager sprach, wo es doch ‚nur' ein Arbeitslager gewesen sein soll, erfahren wir nicht. Die regelmäßigen Selektionen, todbringenden Krankheiten und Hungerrationen im KZ Klooga werden nicht erwähnt. Wir lernen auch nichts darüber, dass in Estland vor dem Krieg 0,4 Prozent der Bevölkerung, also 4.434 Menschen jüdisch waren. (Weiss-Wendt 2013, 195) Die große sowjetische Deportationswelle vom 15.6.1941, bei der auch 415 Jüdinnen und Juden, also zehn Prozent der jüdischen Bevölkerung Estlands zwangsverschickt wurden (Salo 2007, 4), erwies sich als lebensrettende Repressionsmaßnahme. Zwei Drittel (Katz 2012, 9) bis drei Viertel (Weiss-Wendt 2009, 48) von ihnen überlebten. Von den rund 1.000 Jüdinnen und Juden, die während der NS-Besatzung aus Alters- oder Krankheitsgründen zurückblieben, überlebte nur eine Handvoll. Die Jüdische Gemeinde in Estland befürwortet darüber hinaus den präziseren Begriff ‚Holocaust auf dem Gebiet des NS-besetzten Estlands' (Katz 2012), was nicht nur die Vernichtung der rund 1.000 estnischen Jüdinnen und Juden beinhaltet, sondern auch jene von etwa 15.000 Deportierten (Mark 2008, 368) aus Tschechien, Deutschland, Litauen, Frankreich und von anderswo in den Konzentrationslagern und Massenexekutionsstätten.

Wir erfahren auch nichts über die 1941 noch in Estland lebenden 743 Romnja und Roma, von denen bis 1944 die meisten ermordet wurden. Vor allem ‚Umherziehende' waren zu Beginn von den Nazis verfolgt, doch bis 1943 dann auch die zuvor als sesshaft und produktiv eingestuften. Sie wurden ins Arbeitslager auf dem Gut Harku oder ins Tallinner Zentralgefängnis gebracht und vermutlich im Waldgebiet Kalevi-Liiva exekutiert. (Weiss-Wendt 2009, 144–146; Birn 2001, 195–196; Hiio, Maripuu und Paavle 2006, XIX)

Die im Video vielfach bemühten ehemaligen Schüler erzählen hingegen stolz davon, wie sie endlich als Freiwillige der Wehrmacht beitreten durften. Unmittelbar nach den Aufnahmen der aufgeschichteten Leichen sehen wir Fotos fröhlicher estnischer Freiwilliger und der Erzähler erklärt, worin aus Sicht der estnischen Mehrheitsbevölkerung zunächst das Problem bestand: „At the beginning of the war, high and mighty greater Germany didn't need any reinforcements of its military forces. Estonian volunteers were assigned to patrolling the rear in Russia." Schließlich durften sie dann doch auch der Waffen-SS beitreten, „two of us from our village", wie uns Emil Alessma erzählt. (Radonić 2016b, 193) Im Gegensatz zur Personenangabe in der Dokumentation war er also nicht bei der „German army", sondern genauer gesagt bei der Waffen-SS. Das postsozialistische, antikommunistische Narrativ ist hier so prägend, dass in einer Ausstellung von 2003, also ein Jahr bevor Estland der EU beitrat, die Mitgliedschaft in der Waffen-SS stolz als das endlich erreichte Ziel präsentiert werden kann – das Gegenteil einer ‚Anrufung Europas' im oben beschriebenen Sinn.

Dabei fand die Entwicklung des Ausstellungskonzepts keineswegs ohne internationale Kontakte statt, wie die 1999 abgehaltene Konferenz *The Inheritance of the Past* zeigt, die die Kistler-Ritso-Stiftung in Kooperation mit dem Goethe-Institut, dem Informationsbüro des Landes Mecklenburg-Vorpommern bei der Europäischen Union und dem Estnischen Staatsarchiv organisierte und bei der Joachim Gauck, damals Bundesbeauftragter für die Unterlagen des Staatssicherheitsdienstes der ehemaligen Deutschen Demokratischen Republik als Gastredner fungierte. (Museum of Occupations o. J.b)

Velmet (2011, 201) hat in Bezug auf die Ausstellung herausgearbeitet, dass die Motive, aus denen Esten der sowjetischen Armee oder der Wehrmacht beitraten, eine differenzierende und ausgeklügelte Interpretation ihrer psychologischen Profile erfahren. So sagt ein Zeitzeuge im Video: „Of course you wanted to enlist, you would've been dead if you had continued living in the conditions they had us in." Im Gegensatz dazu werden die Feinde in der Geschichte, die Sowjets, ohne jegliche Differenzierung als ‚das Böse' schlechthin dargestellt, als Vandalen, bolschewistische Mörder und Folterer, bei denen es völlig undenkbar wäre, nach privaten oder politischen Motiven zu fragen.[118] Dies ist aus mehreren Gründen bemerkenswert: Wenn die NS-Zeit – aus der Sicht der estnischen Mehrheitsbevölkerung – als ganz in Ordnung dargestellt wird, dann macht dies unverständlich, warum man sich dem antifaschistischen Kampf hätte anschließen und somit in der zweiten sowjetischen Besatzung die Rettung vor den Repressionen sehen können. Auch warum Opfer rassischer Verfolgung in den Sowjets Befreier sehen konnten, wird angesichts der Aussparung des Holocaust und des Genozids an den Romnja und Roma verschleiert. Und schließlich ist die undifferenzierte Schwarz-Weiß-Darstellung ‚der Sowjets' als ‚dem mordenden Bösen' nicht geeignet, die 25 Prozent russischsprachiger Bevölkerung im eigenen Land zu inkludieren. Diese bleibt somit doppelt marginalisiert: durch den estnischen Mehrheitsdiskurs im eigenen Land ebenso wie durch die Instrumentalisierung der Geschichte in Russland. (Lehti, Jutila und Jokisipilä 2008, 409)[119] Als im April 2007 nach der Verlegung der Statue des

---

118 Eine Ausnahme von dieser Regel findet sich gleich zu Beginn des dritten Videos über die Stalin-Ära. Hier kommt der 1926 geborene estnische antisowjetische Partisan Kaljo Randmäe zu Wort: Manche Russen seien auf der Seite der Partisanen gewesen, so habe sie eine russische Familie auf dem Land aufgenommen. „They did not like Communism. The Russian nationality wasn't bad, but the government was."
119 Auch in den Geschichte-Lehrplänen liegt der Fokus deutlich auf Estland und Europa, was für LehrerInnen in russischsprachigen Schulen ein Problem aufwirft, die stärker auch russi-

sowjetischen Bronzesoldaten die russischsprachige Bevölkerung sich aus Protest Straßenschlachten mit der Polizei lieferte, wurden auch die Scheiben des Museums der Okkupationen eingeschlagen – ein deutliches Zeichen dafür, dass sie darin keinesfalls ihre Geschichte repräsentiert sehen. (Burch und Zander 2010, 62; 69)

Dieses estnische Museum hat keinen Museumsguide, seine ausführlichste Publikation (ohne visuelles Material), 2004 herausgegeben vom langjährigen Direktor Ahonen (Neuauflage 2014), trägt den Titel *Estonia's occupation revisited. Accounts of an era.* (Ahonen 2014) Wie schon im Fall der litauischen Ausstellung springt auch hier das Narrativ vom „first year of occupation" zum „return of the Soviet occupation" 1944. (Ahonen 2014, 4) Die ersten zwei Drittel behandeln die „destruction of the Estonian state" und „persecution of the people" unter Auslassung der NS-Besatzung. Diese wird einzig im letzten Drittel unter der Überschrift „Resistance" diskutiert. Mit Widerstand ist aber nicht jener gegen die NS-Besatzung gemeint, es geht vielmehr um „Estonian Citizens in the German Armed Forces" (Ahonen 2014, 2), die „armed and political resistance against the Soviet Union during the Second World War" geübt hätten: die Estnische Legion der Waffen-SS sowie Polizeibataillone aus estnischen Polizisten und Esten, die bei SD und SS gedient haben.

„Angebliche" Verbrechen estnischer Täter während der NS-Besatzung werden nur in einem Satz erwähnt – und geleugnet: „The alleged involvement of the [36th Front Defense] Battalion in the liquidation of the Novogrudok ghetto and in the execution of Jews has not been substantiated." (Ahonen 2014, 38) Das ist umso erstaunlicher, als alle drei Herausgeber des Berichts der estnischen Historikerkommission auch an diesem Museumsband mitgeschrieben haben: Toomas Hiio koordinierte diese *Estonian International Commission for the Investigation of Crimes against Humanity* und ist auch Autor des betreffenden Kapitels der 2014 neu aufgelegten Museumspublikation. Die Kommission kam aber bereits 2006 zum eindeutigen Ergebnis: „The 36th Police Battalion participated on 7 August 1942 in the gathering together and shooting of almost all the Jews still surviving in the town of Nowogródek." (Hiio, Maripuu und Paavle 2006, XXI)

Die Museumspublikation benennt die Verantwortlichen für die sowjetischen Repressionen in Estland ausführlich und namentlich, wenn auch meist nicht dazugesagt wird, ob es sich um einheimische EstInnen oder um aus Russland Angereiste, also um ‚unsere' oder ‚ihre' TäterInnen handelt. Meist heißt das, dass die

---

sche Geschichte vermitteln wollen. (Nugin 2016, 18) 60 Prozent der Fächer sollen auch an russischsprachigen Schulen auf Estnisch unterrichtet werden und Geschichte ist eines davon. (Nugin 2016, 21)

TäterInnenschaft von EstInnen nicht klar benannt wird, aber das gilt auch umgekehrt. So wird etwa in Bezug auf die im August 1941 von der Sowjetunion gegründeten ‚Zerstörerbataillone', die gegen Widerstand gewaltsam vorgingen, nicht dazugesagt, dass es sich beim operativen Befehlshaber Mikhail Pasternak um einen russischen Juden handelte, wie Weiss-Wendt (2009, 51) in seiner historischen Analyse erwähnt. In Bezug auf die Zerstörerbataillone selbst heißt es, zunächst hätten diese vor allem aus Parteimitgliedern und Sowjets bestanden. „Later, men who had been conscripted into the Soviet military were also forced to serve in the ranks of the destroyer battalions. A dozen or more destroyer battalions consisting of about 6,000 men were formed. Most of them were Estonians." (Hiio und Kaasik 2014, 18) Esten werden also dort klar benannt, wo ihr Handeln mit Zwang erklärt werden kann. Warum 75 Prozent der Parteimitglieder EstInnen waren (Maripuu 2014, 27), bleibt hingegen unbeleuchtet und kann angesichts des dämonisierenden Bildes des ‚Feinds' gar nicht plausibel erklärt werden. Auch bei den estnischen Juristen, die die Sowjetbehörden 1940 einsetzten, wird eine Erklärung für die Kollaboration versucht:

> The younger jurists who took their places were graduates of the Faculty of Law of Tartu University, and were individuals that the occupying power regarded as somewhat more trustworthy than their predecessors. There were many jurists in Estonia. It was possible to study at the Faculty of Law even if one was working at the same time. This was an opportunity used by many students who were not well off. In leftwing circles, it was not unusual for someone to have a degree in law, and the occupation forces recruited new cadre in these circles." (Maripuu und Kaasik 2014a, 12)

Das soll wohl nahelegen, dass die neuen Richter etwas weniger gegen die Sowjets waren, weil sie neben der Arbeit studierten und arm waren.

Die Museumspublikation unterschlägt den seit 1933/34 nicht mehr demokratischen Charakter der ‚Republik Estland'. Im Gegenteil erweckt der Abschnitt über die „Liquidation of local government in Estonia" den Eindruck, erst die Sowjets hätten die Demokratie abgeschafft:

> Soviet public law, however, did not recognize the concept of local governments, and in the Soviet Union these were replaced by so-called local state bodies of power, which, unlike democratic local governments, did not decide on how to deal with local matters with the participation of the local residents, but were totally under the control of the central government. (Paavle 2014, 5)

Auch bei der Erörterung des Schicksals der Richter erweckt der Verweis auf die Verfassung und die unabhängige Gerichtsbarkeit den Eindruck einer perfekten Demokratie. (Maripuu und Kaasik 2014b, 11) Im Video wird das Narrativ der goldenen Ära mit volkstümlicher Musik untermalt: „The summer of 1939 was beautiful, people worked in the fields." Bei der Eröffnung des Museums 2003 hatte hingegen Ex-Präsident Meri auf für die baltischen, stark nationalistisch eingefärbten geschichtspolitischen Debatten ungewöhnlich deutliche Weise betont, wie eng Aufarbeitung, Freiheit und Demokratie miteinander verbunden seien:

> This is our house of freedom, and it should remind us of one thing only – of the frail and fragile line that separates freedom and the opponents of freedom. We need to be painfully aware of how parliamentary democracy functions in the smallest country of Europe, of her political parties, her free press, and of how easy it is to step over that thin line and to lose everything in quick order. [...] This museum also places a severe burden of responsibility upon us, for there is never enough freedom in the world. Our existence, our historical experiences, the quarter of the Estonian population that we mourn here, whom we lost – these things we lost because there was often too little freedom between the two World Wars. Even now, there isn't too much of it in our world, and as we enter the European Union and NATO, we would be making a serious mistake if we thought that Estonia has now taken her final shape. (Museum of Occupations 2003)

Der in Estland dominante Diskurs zu dieser Zeit ist jedoch jener der ‚Rückkehr nach Europa', in dessen Mittelpunkt das kollektive Opferdasein steht – „as something obligating Western Europeans to accept Estonia into NATO and the EU." (Lehti, Jutila und Jokisipilä 2008, 408) Erst später bekam dieses Opfernarrativ als Konkurrenz das Bild des kleinen Tigers, der sich erfolgreich von einer sowjetischen Ökonomie zum ernsthaften wirtschaftlichen globalen Player wandelte. Die kürzliche Umbenennung des Museums und Neugestaltung der Dauerausstellung werden im Kapitel über die neuesten Entwicklungen behandelt.

4.3.2.3 Das Museum der Okkupation Lettlands in Riga

Das teils privat, teils staatlich finanzierte Museum der Okkupation Lettlands war bis 2012 in einem schwarzen blockartigen Gebäude am Rathausplatz untergebracht und zog dann während des sich bis heute in die Länge ziehenden Anbaus eines zweiten, weißen Blocks in ein kleineres Ausweichquartier in der ehemaligen US-Botschaft, wie oben schon im Kapitel über die Museumsgründung in den 1990er Jahren ausgeführt wurde.

Der Initiator des Museums, der amerikanisch-lettische Historiker Paulis Lazda begriff wie schon zitiert die internationale Anerkennung des Okkupationsfakts, dass also Lettland 1944 nicht befreit, sondern besetzt wurde, als überlebenswichtig für den jungen Staat (Lazda 2003) – vor allem angesichts der russischen nationalistischen Geschichtsverfälschung, so Lazda. (Zit. n. Velmet 2011, 192) Der Hauptzweck sei es, LettInnen sowie andere Länder über die „tragische Geschichte" (Lazda zit. n. Blume 2007, 36) der baltischen Staaten zu informieren, die von der Welt vergessen worden sei. (Radonić 2018c, 517) 1993 hatte er bei einem Riga-Aufenthalt zusammen mit Museumsdirektorin Gundega Michele die

Museumsgründung beschlossen. (Blume 2008, 37) Wie schon im estnischen Fall haben die Direktorin, deren Familie am Ende des Zweiten Weltkriegs in die USA ging und Chemieprofessorin in Chicago wurde, bevor sie 2002 nach Lettland zurückkehrte, und die Hälfte der MuseumsmitarbeiterInnen einen Exilhintergrund. (Evans 2006, 342; Fritz und Wezel 2009, 238)

Da der exil-lettische Germanistik-Professor Valters Nollendorfs für die meisten Inhalte im Museum verantwortlich zeichnet, stellt dieses Museum viele Informationen auch auf Deutsch zur Verfügung, so auch den Museumskatalog in den Versionen aus 2010 und 2017. Beide setzen sich auf lehrreiche Weise kritisch mit dem sowjetischen Narrativ auseinander. Sie stellen Zitate aus einem sowjetischen Geschichtsbuch dem aktuellen Stand der Forschung gegenüber. Auch widmet sich der Katalog ausführlich Fragen der Terminologie: Der Begriff „Totalitarismus" wird ebenso hinterfragt (Nollendorfs 2010, 37) wie die Frage, ob die Verbrechen der Sowjets gegen die LettInnen als Genozid bezeichnet werden können. Die kurze Antwort lautet: hängt von der Definition ab – eine „strenge Definition" ließe sich im Zweiten Weltkrieg nur auf den Holocaust anwenden, eine breite würde auch die sowjetische Politik einschließen. (Nollendorfs 2010, 87; vgl. Radonić 2018c, 518) Auch die Rolle des Diktators Ulmanis in der Zwischenkriegszeit und dann 1940 wird hier in all ihrer Ambivalenz ausführlich beleuchtet, während sich in der englischen Version aus 2008 nur wenige, vor allem positive Bezüge fanden. Grauzonen wie der Kampf von Letten gegen Letten werden ebenfalls ausgeleuchtet:

> In den Kurland-Schlachten während der Endphase des Krieges wurden häufig lettische Soldaten der Roten Armee gegen die Verteidigungsstellungen der Lettischen Legion in den Kampf geworfen. Nicht selten standen sich hier Vater und Sohn, Bruder und Bruder gegenüber. Es gab sogar Soldaten, die auf beiden Seiten der Front gekämpft hatten. (Nollendorfs 2010, 67)[120]

---

[120] Im Gegensatz zum Katalog schlägt sich die Ausstellung hier doch eindeutig auf die NS-Seite: „Nach den Kämpfen bei Riga befestigten sich die deutschen Truppen und die 19. Lettische Division der Lettischen Legion in Kurzeme (Kurland). [...] Die Rote Armee bricht in Ostpreußen ein, aber Kurzeme bleibt unbesetzt. Die Verteidiger von Kurzeme halten sechs große Angriffe aus, bis zur Kapitulation Deutschlands am 8. Mai 1945. In Kämpfen, die sieben Monate lange dauern, fallen in Kurzeme etwa 3 500 lettische Legionäre bei der Verteidigung der ‚Festung Kurzeme', in der 230 000 Einwohner und mehr als 150 000 Flüchtlinge leben. [...] Nach der Kapitulation Deutschlands bleiben 14 000 lettische Kämpfer in Kurzeme in Gefangenschaft der Roten Armee." Der Kampf in verschiedenen fremden Armeen, wie es im Katalog aus 2010 heißt, war in der Ausstellung aus 1998 noch als die heldenhafte Verteidigung von Flüchtlingen an der Seite der Nazis dargestellt. Dass es sich hierbei um einen deutschen Brückenkopf handelte, der um die Heeresgruppe Nord rund 500.000 Soldaten aller Teilstreitkräfte band und auf Befehl Hitlers diesen um jeden Preis halten sollte, wird hier als lettische Heldengeschichte er-

Kollaboration mit beiden Seiten wird hier ausführlich diskutiert:

> Viele Kollaborateure rechtfertigen die Zusammenarbeit mit der Besatzungsmacht als Tätigkeit zugunsten der einheimischen Bevölkerung, um Schlimmeres nach Möglichkeit zu verhindern. Damit versuchten viele in Lettland ihr Handeln zu rechtfertigen, die ab 1940 mit den sowjetischen Machthabern, aber auch viele, die später mit den nationalsozialistischen Besatzern zusammengearbeitet hatten. Zu Beginn der sowjetischen Herrschaft waren sich die Kollaborateure nicht über den Charakter des Regimes im klaren, bei dem sie selbst später in Ungnade fielen. Der in einem Jahr unter sowjetischer Besatzung erlebte Terror hatte die Bereitschaft zur Kollaboration in der Zeit der deutschen Besatzung begünstigt, was die Nationalsozialisten schamlos für ihre Zwecke ausnutzten. (Nollendorfs 2010, 61)

Der Zulauf zum Sozialismus seit dem 19. Jahrhundert wird erklärt, die Menschen nicht dämonisiert:

> Neben den nationalen Bestrebungen betrachteten die russische Regierung und der privilegierte deutschbaltische Adel auch die Verbreitung der sozialistischen Ideen, die Lettland gegen Ende des neunzehnten Jahrhunderts erreichten, als Bedrohung. Viele Letten sahen im Sozialismus eine andersgeartete Möglichkeit, sich aus der wirtschaftlichen und politischen Abhängigkeit zu befreien. (Nollendorfs 2010, 9)[121]

Diese Diskussion schwieriger und strittiger Fragen erinnert im besten Sinn an das Holocaust-Gedenkzentrum in Budapest.

Auch dieses Museum der Okkupation Lettlands beginnt jedoch, wie alle Museen dieser Gruppe, in der 1998 fertiggestellten Dauerausstellung mit der Gegenüberstellung von Nationalsozialismus und Stalinismus, in diesem Fall in Form von riesigen Porträts von Hitler und Stalin. Im Zentrum des Museumsnarrativs steht das Leiden unter ‚fremden Mächten' und ‚fremden Kriegen'. Gleich im Vorwort des Katalogs heißt es, Lettland

> fiel der Machtgier zweier totalitärer Großmächte zum Opfer. Dies ist die Geschichte der dreifachen Okkupation Lettlands durch die kommunistische Sowjetunion und das natio-

---

zählt. Im Gegensatz dazu findet sich im Guide die Behauptung nicht, Kurland sei „unbesetzt" geblieben oder es habe sich um „Verteidiger" gehalten.

121 Die Frage lettischer Täterschaft in der KP wird später jedoch unter der Überschrift „Letten und angebliche Letten in der Kommunistischen Partei Lettlands" verhandelt und somit die Verantwortlichen als Schein-Letten aus dem eigenen Kollektiv herausdividiert: „Obwohl der Partei aus politischen bzw. aus Karrieregründen neue Mitglieder beitraten, bestand sie im Jahr 1940 hauptsächlich aus Militärangehörigen der UdSSR. Zahlreiche führende Mitglieder der LKP waren nur bedingt als Letten anzusehen. Sie hatten zwischen den Weltkriegen in Rußland gelebt, hatten die stalinschen Säuberungen überstanden und waren so hörig und willfährig geworden. Sie beherrschten die lettische Sprache kaum, und ihre Interessen waren eher russische als lettische. Eine ganze Reihe der Ersten Sekretäre des Zentralkomitees der LKP (höchstes Parteiamt) waren solche russifizierten Letten. (Nollendorfs 2010, 102)

nalsozialistische Deutschland, die die lettische Nation im Lauf eines halben Jahrhunderts bis an die Grenze der physischen und geistigen Vernichtung führte. [...] Das Baltikum wird noch immer häufig mit dem Balkan verwechselt ebenso wie Lettland mit Litauen. Das ist auch nicht verwunderlich. Verborgen in den Gewandfalten großer Imperien, sind die baltischen Völkerschaften – mit Ausnahme der Litauer – bis zum Ende des Ersten Weltkriegs auf der politischen Weltbühne nicht in Erscheinung getreten.
>(Nollendorfs 2010, 6–7)

Im Fokus der Ausstellung steht der Nachbau einer Gulag-Baracke, in der Angehörige der Opfer Blumen niederlegen – ein Gedenkort inmitten des Museums. Sie verdeutliche „die anhaltendste und beschämendste historische Erinnerung des lettischen Volkes im 20. Jahrhundert: Massendeportationen, Arreste, Zwangsaussiedlungen, Tod durch Hunger, Kälte und Krankheiten." (Michel und Nollendorfs 2005, 121) Darüber hinaus ist die Ausstellung weitestgehend wie ein Geschichtsbuch an der Wand gestaltet, ergänzt um stark vergrößerte Fotografien darüber und zwei in der Raummitte stehende Schaukastenreihen mit Objekten der Verfolgten. Den schrecklichen Okkupationsjahren werden ferner auf der rechten Wand in Zusammenarbeit mit dem Lettischen Fotografiemuseum ausgesuchte großformatige Reproduktionen von Fotos über das „Unabhängige Lettland 1920–1940" gegenübergestellt, die Feiertage am Land, Fabriken, Fischer, ein Konzert in der Nationaloper, Landschaften und das Freiheitsdenkmal aus 1935 zeigen – „nationales Selbstbewußtseinssymbol in den Okkupationsjahren." Die gute Zwischenkriegszeit wird – ohne Unterscheidung in Jahre der Demokratie und der Diktatur – den folgenden Okkupationen gegenübergestellt, wir sehen singende, musizierende und feiernde Menschen. Im Katalog werden individualisierende Geschichten erzählt:

> Ergreifend ist die Geschichte von Arturs Aparnieks (1896–1968), Teilnehmer der Freiheitskämpfe für ein unabhängiges Lettland 1918–1920 und Träger des höchsten militärischen Verdienstordens der Republik Lettland. Als Offizier der lettischen Armee wurde er am 20. August 1940, seinem 20. Hochzeitstag, verhaftet. Es folgten Verhöre und Jahre der Haft. 1953 wurde er aus dem Straflager entlassen, durfte aber erst 1956 nach Lettland zurückkehren. Es gelang Aparnieks, eine Ausreisegenehmigung zu erkämpfen und 1966 zu seiner Tochter in die USA auszureisen, wo er an seinem Hochzeitstag nach 26 Jahren der Trennung seine Frau wiedersah.
>(Nollendorfs 2010, 101)

Im Gegensatz zu den anderen beiden baltischen Ausstellungen widmet diese Ausstellung aber allen drei Besatzungen viel Aufmerksamkeit – Gundare (2002, 24) beziffert den Anteil, der der NS-Zeit gewidmet sei, mit 27 Prozent. Lazda wie Nollendorfs war es ein Anliegen, neben den sowjetischen Besatzungen auch die NS-Zeit ausführlich zu behandeln. Im Gegensatz zum estnischen Beispiel oben führt Lazda im englischen Museumskatalog aus:

> The museum emphasizes the fact that there were two occupations. [...] Nazi occupation must not be misunderstood to be liberation. Nazi policies were clear. Latvia was to them a conquered country, a part of the Soviet Union. Germans ruled it as Ostland; the Latvian Self-Administration was denied any governmental attributes or functions.
>
> (Lazda 2008, 12)

Während der deutschsprachige Katalog ausführlicher auf die NS-Repressionen eingeht, macht aber auch diese Ausstellung in fast jedem Abschnitt über die NS-Besatzung deutlich, dass diese weniger schlimm gewesen sei: Verlage konnten trotz Zensur wieder publizieren, 193 lettische KünstlerInnen 1943 eine Ausstellung eröffnen, Zeitungsausschnitte zeigen lettische Kunstausstellungen. Bezüglich der NS-Kolonialpolitik wird betont, dass die geplante Ansiedlung von Deutschen erstens wegen des Krieges scheiterte und zweitens die Sowjets mit 700.000 Menschen ein Vielfaches ansiedelten. In Bezug auf die Wirtschaftspolitik heißt es, dass viele Verstaatlichungsmaßnahmen der Sowjets von den Nazis wieder rückgängig gemacht wurden. Der Katalog stellt das hingegen viel kritischer als Propagandamaßname der Nazis dar (Nollendorfs 2010, 57). In der Ausstellung findet sich nur in einem Satz der wichtige Hinweis, dass auch während der NS-Zeit ZwangsarbeiterInnen aus Lettland nach Deutschland deportiert wurden – was einen starken Kontrast zum Fokus auf sowjetische Zwangsverschickungen darstellt. Von diesen NS-Zwangsverschickungen waren stärker russischsprachige Bevölkerungsteile betroffen, etwa im Zuge der „Lettgallenaktion" 1942, bei der rund 8.000 Menschen nach Deutschland deportiert wurden. Die NS-Zeit kann als weniger schlimm dargestellt werden, da die Perspektive des Museums auf die ethnischen LettInnen fokussiert bleibt. Der Ton ändert sich in der Ausstellung erst, als die Rote Armee Lettland erreicht und die Nazis etwa Facharbeiter für die Kriegsindustrie nach Deutschland verschleppen. Im Katalog wird hingegen auch die jüdische Perspektive eingebracht und explizit mit der ethnisch-lettischen verglichen:

> Für die jüdische Bevölkerung Lettlands stellte die Sowjetmacht ohne Zweifel das kleinere Übel dar. Der nationalsozialistische Terror konzentrierte sich voll und ganz auf sie im allgemeinen. Nach dem kommunistischen Terror erschienen vielen Letten dagegen die Unterdrückungsmechanismen der Nationalsozialisten weniger brutal und eine Zusammenarbeit auf die eine oder andere Weise im Kampf gegen das als solches wahrgenommene größere kommunistische Übel eher annehmbar."
>
> (Nollendorfs 2010, 61)

Doch der einzige bewaffnete, der ‚rote' Widerstand gegen die NS-Besatzung wird im Katalog negativ charakterisiert:

> Im Rücken der Front waren in Lettland auch sogenannte ‚rote Partisanen' aktiv. Dabei handelte es sich nicht mehrheitlich um Einheimische, wie später die sowjetische Geschichtsschreibung vorgab, sondern zum überwiegenden Teil um aus der UdSSR entsandte, von ihr geschulte und gesteuerte Kämpfer, die vor allem im Ostteil des besetzten Lettland, in der

Endphase des Krieges auch in Kurland operierten. Brutale Strafaktionen der Nazis richteten sich gegen die Zivilbevölkerung, der man vorwarf, versprengte Rotarmisten und die roten Partisanen zu unterstützen. (Nollendorfs 2010, 66)

Bewaffneter Widerstand von dieser Seite wird also keinesfalls als heldenhaft dargestellt, sondern als von außen hereingetragen und tödlich für ‚uns' LettInnen. Einzig die „nationalen Widerstandsgruppen" werden als Identifikationsfigur angeboten. Sie setzten sich dem Katalog zufolge (unbewaffnet) für die „Wiederherstellung des unabhängigen demokratischen Staates ein" (Nollendorfs 2010, 68), wie es wiederholt heißt – was jedoch an dieser Stelle im Gegensatz zu sonst verschleiert, dass Lettland vor dem Zweiten Weltkrieg keine Demokratie mehr war.

Im Gegensatz zum estnischen Beispiel zuvor übernimmt die Ausstellung die NS-Propaganda keinesfalls unhinterfragt, wenn darauf hingewiesen wird, dass Material über den sowjetischen Terror verzerrt in der Publikation über das *Jahr des Grauens* aus 1942 präsentiert wurde und NS-Propaganda während der ganzen NS-Zeit in diesem Sinn weiter betrieben wurde. Nollendorfs schreibt ferner dazu:

> Even Jewish sources agree that leftists among the Jewish population were active in the occupation, but point out that this did not apply to most of the Jews in Latvia. Nazi propagandists, however, later exploited Jewish participation in the Communist takeover to accuse the entire Jewish minority in Latvia of being Bolshevik.
> (Nollendorfs 2008, 31, vgl. Radonić 2016b, 198)

Die einheimische Mitverantwortung für den Holocaust wird einerseits klar eingestanden. Andererseits liegt der Fokus auf dem Abstreiten jedweder lettischer Eigeninitiative während des Holocaust und der Beteuerung, „historically anti-Semitism has not been widespread in Latvia".[122] Der entsprechende Ausstellungsabschnitt heißt „Der von den Nazis organisierte Holocaust". Die verschiedenen Instanzen der deutschen Besatzungsmacht werden ausführlich und penibelst

---

[122] Der Katalog ist hier präziser: „Der jüdische Historiker Leo Dribins hebt anerkennend die tolerante Haltung der lettischen Bauern gegenüber den Juden hervor. Zu vereinzelten Fällen von Antisemitismus in der lettischen Gesellschaft kam es erst in der zweiten Hälfte des 19. Jahrhunderts. Anders als in Rußland gab es in Lettland in den achtziger Jahren des 19. Jahrhunderts keinerlei antijüdische Pogrome. [...] Wie andernorts in Europa kam in den zwanziger und dreißiger Jahren auch in Lettland ein sowohl wirtschaftlicher wie auch rassischer Antisemitismus auf. Mehrere Organisationen, darunter die extrem nationalistische Pērkonkrusts (Donnerkreuz), vertraten offen antisemitische Ansichten. Dennoch genossen die Juden in Lettland immer den Schutz des Staates, selbst unter der autoritären Alleinherrschaft von Kārlis Ulmanis." (Nollendorfs 2010, 55)

vorgestellt.[123] Im Vergleich dazu und auch im Vergleich zur ausführlichen Behandlung der Sowjet-KollaborateurInnen fallen die Ausführungen über einheimische NS-KollaborateurInnen knapp aus. „Die Deutschen" hätten erstens „Selbstschutzeinheiten" aus der ehemaligen lettischen Polizei und den Streitkräften gebildet, die „auch zur Durchführung der ersten wichtigen Aufgaben der nationalsozialistischen Besatzungspolitik herangezogen [wurden] – Verhaftung und Liquidierung von zurückgebliebenen Funktionsträgern der kommunistischen Machthaber. Sie hatten nach Bedarf auch an von den Nazis organisierten und von Einsatzgruppen des SD geführten Vernichtungsaktionen jüdischer Einwohner teilzunehmen." (Nollendorfs 2010, 53) Die Ausstellung gibt dafür diese Erklärung: „Zahlreiche Männer treten ein in der Hoffnung auf Wiederherstellung der lettischen Armee und des Staates." Die ‚Selbstschutzeinheiten' wurden später in polizeiähnliche ‚Schutzmannschaften' umgewandelt, die

> nicht nur für Ordnung und Sicherheit im Land sorgen sollten, sondern auch gegen sowjetische Partisanen sowie an der Front eingesetzt wurden. Angesichts des gerade erst überstandenen sowjetischen Terrors waren viele bereit, gegen den Kommunismus als das momentan größere Übel zu kämpfen. Deshalb meldeten sich zunächst Freiwillige für diese Einheiten für eine angeblich begrenzte Dienstzeit. Diese wurde jedoch später willkürlich verlängert, und mit der bloßen Freiwilligkeit war es bald vorbei.
> (Nollendorfs 2010, 53)

Die Ausstellung erklärt wieder: „Im Herbst 1941 werden die ersten drei freiwilligen Polizeibataillone gebildet. Am Anfang des Jahres 1942 wird ‚Freiwilligkeit' zu einem leeren Begriff, der gebraucht wird, um einer Anklage wegen Verstößen gegen die Haager Konvention zu entgehen." Auch die später daraus hervorgegangene Lettische SS-Freiwilligenlegion lässt sich mit dem Hinweis auf die Nicht-Freiwilligkeit einfach behandeln: „Sie bestand nicht aus ‚Freiwilligen,' denn etwa 85 Prozent der Legionäre waren einberufen." (Nollendorfs 2010, 63; 2017, 86) Dass 15 Prozent somit doch Freiwillige waren und ihre Beteiligung am NS-Feldzug mit dem Verweis auf Einberufung und Zwang nicht ‚erledigt' ist, wird nicht weiter thematisiert. Viele aus dem Arājs-Kommando traten später der SS-Legion bei, aber die Legion selbst war heute zugänglichen Quellen zufolge in den Holocaust und Roma-Genozid nicht involviert. (Gundare 2002, 18) Die lettische Beteiligung am Holocaust, vor allem jene des berüchtigten mobilen Mordkommandos von Viktors Arājs wird sowohl in der Ausstellung bis

---

123 In der Ausstellung heißt es: „Das Territorium Lettlands wird in 6 Verwaltungsgebiete untergliedert, die jeweils von Gebietskommissaren verwaltet werden." Der Guide geht weiter ins Detail: „Die von Lohse geführte Behörde mit Hauptsitz in Riga bestand aus vier Abteilungen: dem Zentralamt, der Politik-, der Wirtschafts- und der technischen Abteilung." (Nollendorfs 2010, 57)

2012 als auch im Ausweichquartier wortgleich erörtert. Im Ausweichquartier ist die Ausstellung nur lettisch-englisch, hier der deutsche Text, der bis 2012 auch zu lesen war:

> Die Nazis sind bestrebt, möglichst viele Einheimische in die Judenvernichtungsaktionen einzubinden, ihre Absicht, spontane Judenpogrome zu provozieren, erfüllt sich nicht. Anfang Juli 1941 stellt die Einsatzgruppe A der deutschen Sicherheitspolizei und des SD ein ca. 300-Mann Sonderkommando aus einheimischen Freiwilligen unter der Leitung von Viktors Arājs zusammen. Im Sommer und Herbst 1941 ermorden Mitglieder dieses Kommandos rund 26 000 von Lettlands Juden. Ähnliche Mannschaften werden von den Nazis auch in Jelgava, Valmiera, Daugavpils, Ilukste und andernorts aufgestellt. Die Mitglieder dieser Einheit sowie Angehörige der Ordnungs- und Hilfspolizei werden von den Nazis während der Massenvernichtungsaktionen auch zur Verhaftung von Juden und Bewachung der Mordstätten eingesetzt.

Während die Ausstellung aus 1998 und der englische Katalog aus 2008[124] diese Tatsachen festhalten und es dabei belassen, werden die Massenverbrechen des Arājs-Kommandos in den deutschen Katalogen aus 2010 und 2017 rationalisiert:

> Das Kommando Arājs war beteiligt an inszenierten Pogromen, die mit dem Niederbrennen der großen Choralsynagoge am 4. Juli in Riga ihren Anfang nahmen, sowie an der systematischen Vernichtung von Juden und Roma zunächst in Riga und später in ganz Lettland. Nach Berechnungen des Historikers Andrievs Ezergailis ist das Kommando Arājs für die Ermordung von insgesamt etwa 26.000 Menschen verantwortlich, darunter etwa 2.000 Roma und geistig behinderte Menschen sowie etwa 2.000 kommunistische Aktivisten. Dem Kommando gehörten anfangs etwa 100 Freiwillige an, darunter viele, die durch die nicht lange zurückliegenden sowjetischen Repressionen Angehörige verloren hatten. Ende 1941 umfaßte die Truppe ca. 300 Mann. Im Jahr 1942, als die systematische Vernichtung der jüdischen Bevölkerung in Lettland bereits abgeschlossen war, stieg ihre Zahl auf nahezu 1.200. Wie Studien belegen, traten mit der Zeit viele aus Berechnung in das Kommando ein, um zum Beispiel den direkten Kriegs- oder Arbeitsdienst zu umgehen.
>
> (Nollendorfs 2010, 55; 2017, 75)

Der Massenmord an der jüdischen und Roma-Bevölkerung sowie an ‚Behinderten' wird dadurch ‚plausibel' zu machen versucht, dass Sowjets eigene Angehörige getötet hätten – und als Vermeidung des Kriegs- oder Arbeitsdienstes. Keinesfalls bedeuten die neueren Kataloge im Vergleich zur älteren Ausstellung also ein Mehr an Aufarbeitung der lettischen Mitbeteiligung an den Verbrechen. Völlig anders liest sich da die unmissverständliche Klarstellung der Bildungsbeauftragten des Museums: „Genocide occurred within the Latvian borders, and Latvia's inhabitants, including ethnic Latvians, helped to facilitate it – as persecutors, exe-

---

[124] Der englische Katalog stellt aber auf einer Doppelseite buchstäblich dem ‚Judenmörder' Arājs den ‚Judenretter' Jānis Lipke gegenüber. (Nollendorfs 2008c, 66–67)

cutioners, accomplices, beneficiaries, eyewitnesses and bystanders." (Gundare 2002, 17) Antisemitische NS-Propaganda und ihr Erfolg in Lettland werden einerseits thematisiert, andererseits als Stärkung des Bewusstseins von der jüdischen Mitwirkung an kommunistischen Verbrechen verharmlost.

> Die antisemitische Propaganda der Nationalsozialisten mit ihrer Hetze gegen den sogenannten „jüdischen Bolschewismus," die praktisch alle Juden mit Bolschewiken gleichsetzte und sofort nach dem Einmarsch der Besatzungstruppen begann, führte zwar nicht zu den von den Nationalsozialisten erhofften Judenpogromen und -morden. Doch sie half das Bewußtsein von jüdischer Mitwirkung an den kommunistischen Gewalttaten zu stärken und die Teilnahme von Letten an Judenvernichtungsaktionen zu rechtfertigen. Obwohl die Letten an diesem Verbrechen nicht kollektiv mitgewirkt haben, so war doch die langjährige Relativierung und Verdrängung dieses Verbrechens aus dem öffentlichen Bewußtsein kollektiv. (Nollendorfs 2010, 67)

Der Ausstellung zufolge hätten viele zu helfen versucht: „Viele versuchten den Juden im Ghetto zu helfen, z. B. durch Zustecken von Lebensmitteln. Dennoch verhält sich ein großer Teil passiv gegenüber den Geschehnissen." Lazda spricht sich gegen Kollektivschuld – offenbar sowohl der LettInnen im Holocaust als auch in Form einer Dämonisierung der russischsprachigen Bevölkerung – aus. Es gehe vielmehr um

> recognition that criminal regimes and individuals, and not peoples, ethnic groups or social classes bear responsibility for crimes committed during the occupation period. [...] The two aggressive powers occupied Latvia, destroyed existing social structures, traditions and ethic norms, thus creating an environment in which individual crimes and collaboration with the occupants became possible. [...] The museum rejects accusations against the Latvian nation in the crime of Holocaust, and it does not accuse any other nation in the crime of occupation. (Lazda 2008, 12)

Sobald wir nicht nur nach den Unterschieden zwischen der Darstellung der Besatzungen auf Textebene, sondern auch nach der visuellen und Objektebene fragen, zeigt sich auch in diesem Museum ein bereits bekanntes Muster: der unterschiedliche Umgang mit den individualisiert und voller Empathie dargestellten ‚eigenen' im Gegensatz zu den ‚fremden' Opfern. In der Ausstellung aus 1998, wie sie bis 2012 zu sehen war, dominierten nach dem Teil über den Hitler-Stalin-Pakt 1939 Vitrinen mit zahlreichen Gegenständen der Opfer die Ausstellung. (Abb. 33) Sie werden meist namentlich zugeordnet und durch eine Kurzbiographie ergänzt:

> Nummer der Verhafteten Emīlija Bērziņa: B-2-168. Sie wurde am 25. März 1949 in das Gebiet Tomsk deportiert. Dort wurde sie für das Singen, Umschreiben und Verbreiten lettischer Lieder unter den deportierten Letten verhaftet. Das Gericht verurteilte sie zu zehn Jahren Zwangsarbeitslager. Die Strafe hat sie nördlich des Polarkreises in Abesa verbüßt.

Über das von Visvaldis Aivars gemalte Aquarell *In der Erzgrube* erfahren wir:

> Tragisch ist der Umstand, dass gerade in solchen Verhältnissen Visvaldis Aivars seinen rechten Arm verloren hatte und nicht mehr zeichnen konnte. Das Aquarell ist mit Farben gemalt, welche die Eltern Anna und Pēteris Aivars ihrem Sohn kurz vor ihrer eigenen Deportation am 25. März 1949 noch besorgt hatten.

Abb. 33: Gegenstände der Opfer der sowjetischen Besatzung.

Auch in die Führung[125] wurden wiederholt Empathie weckende Geschichten eingebaut, etwa über die Zeichnung eines Mädchens, das zusammen mit seiner Familie an ihrem Geburtstag von den Sowjets deportiert wurde, weil die Nachbarn, die eigentlich abgeholt werden sollten, nicht zuhause waren. Bei der Führung wurde auch auf ein Holzklavier verwiesen, auf dem nicht wirklich gespielt werden konnte, das aber ein Klavierspieler im Lager gebaut hatte, um weiterhin irgendwie üben zu können. Auch der Ausstellungstext spricht solchen Objekten eine besondere Aura zu:

> To survive slave labour, one needs to learn a lot: the Russian language, the skills to make essential everyday tools and utensils – spoons, needles, face masks, footwear, even paper. All of these were made in secret, while suffering both physical and moral debasement. When a person died, the objects were left to fellow sufferers who were still alive.

Aber all diese über 300 3D-Objekte stammen von Opfern der Sowjets, keine Vitrine ist den NS-Opfern gewidmet, wie die MuseumsmacherInnen bestätigen: „Eine Vitrinenreihe durchquert die gesamte Ausstellungshalle, sie enthält Gegenstände aus den Lagern des GULag. Dies sind nicht nur die wertvollsten, sondern auch die erinnnerungsträchtigsten Ausstellungsstücke, die dem Museum

---

[125] Von der Autorin am 10. Mai 2012 aufgezeichnet.

anvertraut worden sind – samt der persönlichen Erinnerungen, die sie begleiten." (Michel und Nollendorfs 2005, 121) Die Bildungsbeauftragte des Museums kritisiert hingegen dieses Ungleichgewicht. (Gundare 2002, 24) Eine prosowjetische Zeitung wendet ebenfalls nach der Museumseröffnung zynisch, aber letztlich nicht unrichtig ein:

> Alles in allem sind die einzigen authentischen Objekte in dieser Ausstellung die Besitztümer jener, die nach Sibirien deportiert wurden. Nummern, die ihnen in den Lagern zugewiesen wurden, Teekessel und Besteck [...], ein Ehrendiplom, das ein 7-jähriges Mädchen von einer Schule bei Omsk erhielt. All das kann einen angesichts der menschlichen Tragödie keinesfalls unberührt lassen. Doch ein Gedanke drängte sich mir auf: in Salaspils[126] [einem NS-Polizeigefängnis und ‚Arbeitsumserziehungslager', Anm. L. R.] wurden solche Diplome nicht verteilt. (Kabanovs 1993)

Die wenigen Fotos von Jüdinnen und Juden unterscheiden sich stark von jenen vielfach privaten Aufnahmen der nicht-jüdischen LitauerInnen. Der Holocaust-Abschnitt der Ausstellung umfasst einerseits menschenleere Fotos: des leeren Ghettos und des leeren KZ Kaiserwald (*Mežaparks*) in Riga 1941 sowie der Rigaer Großen Choralsynagoge bevor sie das Arājs-Kommando am 4. Juli 1941 niederbrannte. Jüdische Opfer sind nur auf vier Exponaten repräsentiert: einem übergroßen, von Tätern aufgenommenen, erniedrigenden Foto von bereits weitgehend entkleideten Jüdinnen unmittelbar vor ihrer Liquidation in Liepāja 1941; einem Foto von zwei anonymen Juden, die auf der Straße gehen müssen, weil sie den Gehsteig nicht mehr benützen dürfen; einem Plakat, auf dem auf Lettisch steht: „Der Jude gehört nicht zu euch – werft ihn hinaus!", auf dem eine antisemitische Karikatur eines Juden hinter einer lettischen Familie lauert; sowie einem Davidstern aus Stoff: „Erkennungszeichen, das Juden an ihrer Kleidung tragen müssen". Die elf Privatfotografien in diesem Abschnitt zeigen nicht Jüdinnen und Juden, sondern ausschließlich deren lettische RetterInnen. (Abb. 34) Zwei Fotos vom „Juden-

---

[126] Über das Lager schreibt Nollendorfs: „Zum Aufbau des Lagers wurden Juden eingesetzt, die die Vernichtungsaktionen des Rigaer Ghettos Ende 1941 überlebt hatten. Später zählten zu den Häftlingen und Opfern des Lagers überwiegend Menschen aus Lettland und anderen Ländern des von den Nazis gebildeten Reichskommissariats Ostland sowie aus Rußland: straffällig gewordene Zivilisten, Deserteure, Kommunistenunterstützer, Angehörige der nationalen Widerstandsbewegung sowie im Rahmen der sogenannten ‚Banden-' bzw. Partisanenbekämpfung verschleppte Zivilisten und Kinder. Das Lager war geprägt von schwerster Zwangsarbeit und hatte später die Funktion eines Durchgangslagers. Die Gesamtzahl der Häftlinge, die in der Zeit seines Bestehens das Lager durchlaufen haben, wird auf etwa 12.000 geschätzt. Etwa 2.000 Menschen sind hier vor allem durch Krankheiten, Schwerstarbeit sowie unmenschliche Behandlung und Strafen umgekommen. Die sowjetischen Machthaber stilisierten Salaspils später zu einem ‚Massenvernichtungs- und Todeslager' mit Opferzahlen von mindestens 53.000 bis 100.000." (Nollendorfs 2008c, 74)

versteck im Keller des Hauses von Robert Sedols in Liepāja, wo er 11 Juden versteckte" erwecken den Eindruck, es würde sich um die versteckten Jüdinnen und Juden handeln, aber deren Datierung auf den Juni 1945 zeigt, dass es sich offenbar um Nachstellungen in dem Versteck handelt. (Radonić 2016b, 199) Während alle RetterInnen namentlich genannt werden, ist dies bei keinem der jüdischen Opfer der Fall. Es heißt stattdessen: „Žanis Lipke – versteckte 54 Juden" oder „Izidors Ancāns, katholischer Priester, half bei der Rettung mehrerer Juden" oder „Alīna Pekala – versteckte einen Juden" – nicht einmal dieser eine Jude bekommt einen Namen.

Abb. 34: LettInnen, die Jüdinnen und Juden gerettet haben, im Museum der Okkupation Lettlands.

Der Holocaust wird im deutschsprachigen Katalog auf drei von 141 Seiten schwerpunktmäßig behandelt und sonst ab und zu in einem Nebensatz erwähnt. Auf diesen drei Seiten des deutschen Guides aus 2010 sind die einzigen visuellen Elemente die Yad-Vashem-Urkunde für den Judenretter Lipke und das Buchcover der NS-Publikation *Jahr des Grauens* (hier als „Schicksalsjahr" bezeichnet), auf dem Frauen beim Beweinen von NKWD-Opfern zu sehen sind. Ist der Guide auch sonst nicht besonders reich an Empathie weckenden Bildern, so ist hier das gänzliche Fehlen solcher Fotos ebenso auffällig wie jenes von Zeugnissen der Opfer des Holocaust in der Ausstellung selbst. In der neuen deutschsprachigen Version aus 2017 findet sich ein Foto mit sechs Jüdinnen und Juden mit Davidsternen

(Nollendorfs 2017, 73) und das Kapitel umfasst – wenn auch textgleich wie 2010 – nun aufgrund der hinzugefügten Bilder fünf Seiten.

Auch im Fall dieses Museums bleiben wissenschaftliche Analysen somit unzureichend, wenn sie die auf den ersten Blick scheinbare Gleichsetzung von NS- und sowjetischer Besatzung im Museum für bare Münze nehmen:

> the thrust of the Museum's narrative is anti-Nazi and anti-Soviet in equal measure. By reminding the world that Latvia, like the other two Baltic republics Estonia and Lithuania, fell into the USSR's orbit after the signature of the Nazi-Soviet Pact in August 1939 before being formally annexed in 1940, the Museum sets out to underline the political symmetry between the two regimes. (Evans 2006, 320)

Auch die reflektierte Ausgewogenheit des deutschsprachigen Katalogs stößt dort an ihre Grenzen, wo es um die lettische Beteiligung am Holocaust geht. Das entsprechende Kapitel trägt den Titel „Die Mörder verschleiern ihr Verbrechen. Der Holocaust im deutsch besetzten Lettland". Doch der Begriff ‚Holocaust' wird in den deutschsprachigen Katalogen vor allem im Zusammenhang mit deutschen und sowjetischen Mythen von der lettischen Verantwortung dafür verwendet, nicht für die historischen Ereignisse selbst:

> Der Holocaust wurde von den Nationalsozialisten organisiert, doch schrieb man ihn zynisch spontanen Affekthandlungen der einheimischen Bevölkerung ohne Beteiligung Deutscher zu und schuf damit einen Mythos. Auf Befehl wurden Einheimische gezielt bei der Verfolgung und Ermordung jüdischer Einwohner gefilmt und fotografiert. Nach Berichten des SD zerstreuten sich anfängliche Hoffnungen auf spontane Pogrome in Lettland recht bald. Zur Verbreitung des Mythos vom Holocaust in Lettland ohne deutsche Beteiligung trug nach dem Krieg die Propaganda des NKWD bei. (Nollendorfs 2010, 54)

Das nächste Mal kommt der Begriff im Abschnitt über sowjetischen Antisemitismus vor, also vor allem, um festzustellen, dass die Sowjets sich hier nach dem Holocaust auch etwas zu Schulden kommen haben lassen:

> Im Holocaust wurde fast die gesamte jüdische Gemeinschaft Lettlands vernichtet. Jüdische Zuwanderer aus der Sowjetunion füllten die lichten Reihen der Überlebenden und aus dem Exil Zurückgekehrten. Doch das jüdische gesellschaftliche und kulturelle Leben kam im besetzten Lettland nicht wieder zur Blüte. Während der Unabhängigkeitszeit tätige jüdische Schulen blieben geschlossen. Religion und Kultur wurden unterdrückt. [...] Die Unterdrückung der jüdischen Bevölkerung nahm nach der Gründung des Staates Israel 1948 unter dem Vorwand der Bekämpfung zionistischer Tendenzen zu. [...] Erst mit dem Tod Stalins endeten weitere Repressionen, doch antisemitische Tendenzen blieben bestehen. (Nollendorfs 2010, 94)

So wichtig es ist, den Antisemitismus in der Sowjetunion unter Stalin, aber auch danach zu thematisieren – und so sehr sich das lettische Museum dadurch von den beiden anderen baltischen Museen abhebt –, so auffällig ist doch dieser wiederholte Einsatz des Begriffs ‚Holocaust' immer dort, wo andere verantwortlich gemacht und/oder LettInnen entlastet werden sollen:

> Im Rahmen ihres Kampfes gegen den ‚bourgeoisen Nationalismus' in Lettland startete die Sowjetmacht in den sechziger Jahren eine Kampagne, die darauf abzielte, die nationalen Bestrebungen der Letten mit der Ideologie der Nationalsozialisten gleichzusetzen und ihnen Gewaltverbrechen und den Holocaust anzulasten. (Nollendorfs 2010, 117)

Derartige Behauptungen hätten dann „ungeprüft in die westliche Fachliteratur Einzug gehalten und prägen im Westen bis heute negativ und vorurteilsvoll die politische und die öffentliche Meinung über die Rolle der Letten beim Holocaust und anderen Naziverbrechen." (Nollendorfs 2010, 118) Zur Beschreibung des historischen Massenmords im Zweiten Weltkrieg werden hingegen statt ‚Holocaust' Begriffe wie „Judenvernichtungsaktionen", „Vernichtungsaktionen jüdischer Einwohner" (Nollendorfs 2010, 53) oder „Vernichtungsaktionen des Rigaer Ghettos" (Nollendorfs 2010, 54) verwendet. (Radonić 2018c, 518) Im älteren, englischsprachigen Guide (Nollendorfs 2008) wird hingegen der Begriff Holocaust durchgängig wie selbstverständlich verwendet.

Die KuratorInnen schrieben bereits selbst vor vielen Jahren, dass im Museum die Kollaboration und der Holocaust zu wenig behandelt werden und dass dies in der neuen Ausstellung, wenn der weiße Museumsanbau fertig wird, anders sein soll. (Michel und Nollendorfs 2005, 122; Nollendorfs 2008a, 282; Nollendorfs 2011) Bereits heute bricht die museumspädagogische Abteilung am stärksten mit Opfergeschichte und betont Multiperspektivität: Schulklassen sollen die Perspektive von Leidtragenden und ProfiteurInnen einnehmen. Die Bildungsbeauftragte Gundare (2002, 27) fordert: „The Museum of the Occupation should approach a broader range of issues regarding the Soviet regime (beyond the limits of Stalinism and its crimes) as well as uneasy historical issues such as collaboration."

„Containing Nazism", die Eindämmung der bedrohlichen Holocaust-Erinnerung funktioniert in allen drei baltischen Museen graduell unterschiedlich: Das litauische Museum der Genozidopfer ließ die NS-Zeit und den Holocaust ganz weg, das estnische Museum der Okkupationen stellte die estnischen Bemühungen in den Vordergrund, am Nationalsozialismus vollwertig partizipieren zu können und erwähnte den Holocaust nur am Rande, vor allem jene 15.000 nach Estland deportierten Jüdinnen und Juden fehlten gänzlich. Das Museum der Okkupation Lettlands hingegen geht bei der Inklusion der NS-Zeit sowie dem Thematisieren offener Fragen auf der Textebene am weitesten. Umso mehr fällt der Kontrast zwischen den Empathie weckenden Objekten, Privatfotos und Geschichten ‚unserer' Opfer im Gegensatz zu vereinzelten anonymen Bildern und Objekten der Opfer ‚der anderen' auf.

4.3.2.4 Die Übernahme ‚westlicher' Ästhetik und das Haus des Terrors in Budapest

Das vierte Museum dieser Gruppe ist das staatliche Haus des Terrors in Budapest, das Viktor Orbán im Februar 2002 im Wahlkampf eröffnete. Das in den 1880ern errichtete Neo-Renaissance-Gebäude gehörte zunächst einem jüdischen Bierbrauer, dann seinem Erben, dem Maler Isaac/Izsák Perlmutter.[127] 1937 mietete sich die faschistische PfeilkreuzlerInnen-Bewegung[128] in einem Teil des Hauses ein. Im Zweiten Weltkrieg wurde es enteignet und auch nach 1989 nicht restituiert. (Manchin 2015, 238) Das *In-situ*-Gebäude diente den ungarischen NS-KollaborateurInnen, den PfeilkreuzlerInnen, ab 1940 als Zentrale und nach ihrer Machergreifung 1944 als Foltergefängnis. 1945 wählte es dann Gábor Péter explizit als Hauptquartier seiner sozialistischen Staatssicherheitsbehörde aus (zunächst ÁVO, später ÁVH). (Csillag 2002, 20–21; Mihok 2005, 166) Es diente somit bis in die 1950er Jahre erneut als Foltergefängnis (Marsovszky 2002; Fritz 2006, 311; Rév 2008, 66), bis nach 1956 der Keller in einen Klub des Kommunistischen Jugendverbands umfunktioniert wurde. (Schmidt 2005, 164) Bis 2001 erinnerte nur eine bescheidene Gedenktafel an die Geschichte des Hauses, dessen Räume inzwischen kommerziell genutzt wurden. (Ungváry 2011a, 219; Ungváry 2011b, 301)

Die Trägerorganisation des staatlichen Museums, die Stiftung für die Erforschung der Geschichte und der Gesellschaft Mittel- und Osteuropas wurde bald nach dem Regierungswechsel 1998 von der Orbán-Regierung sozusagen als ‚Gegeneinrichtung' zu dem renommierten, aber von Fidesz als ‚sozialistisch' beurteilten Institut für die Geschichte der ungarischen Revolution 1956 und der Stiftung für Politikgeschichte gegründet." (Marsovszky 2002; Fritz 2008, 136) Im Jahr 2000 kaufte die Stiftung das Gebäude am Andrássy-Boulevard und verwandelte es mit hohem finanziellen Aufwand in ein Museum. (Pittaway 2003, 17) Die Stiftung unterhielt drei Einrichtungen: Das Institut des 20. Jahrhunderts, das Institut des 21. Jahrhunderts und das Haus des Terrors. Die Museumsdirektorin und Historikerin Mária Schmidt wurde nicht nur als Leiterin der beiden anderen Institute der Stiftung eingesetzt, sondern gleichzeitig auch als Mitglied im eigenen Aufsichtskuratorium, war Dozentin an der Katholischen Péter-Pázmány-Universität und bis zur Wahlniederlage der Orbán-Regierung Ende April 2002 erste

---

[127] Perlmutter verfügte vor seinem Tod 1932, dass die Mieteinnahmen dem Budapester Jüdischen Museum zugutekommen sollen.
[128] Darunter waren auch einige Frauen, die sich an Verhören und Morden beteiligten sowie versteckte Jüdinnen und Juden meldeten, um an ihr Vermögen zu gelangen. (Pető 2019)

Beraterin des Premiers in Geschichtsfragen. (Marsovszky 2002)[129] Inhaltlich setzte sich Schmidt für die Hervorhebung der Bedeutung des christlichen Erbes sowie des Nationalismus für Europa ein: „So spielte der Nationalismus im 20. Jahrhundert eindeutig eine positive Rolle, denn er bewahrte die Völker, welche die totalitären Diktaturen der Nationalsozialisten und der Kommunisten zu vernichten versuchten." (Schmidt 2011, 166). Zu ihren politischen Agenden gehört der Kampf gegen den Einfluss der „westeuropäischen so genannten ‚political correctness'" (Schmidt 2011, 166), also gegen die „‚politisch korrekt' denkenden linken Intellektuellen" (Schmidt 2011, 167) und „linksliberale ‚Meinungsbildner'" (Schmidt 2006, 96). Ihre Rolle in der Orbán-Regierung seit 2010 wird weiter unten bei den neuesten Entwicklungen erörtert.

Schmidt zufolge erschienen in ungarischen Medien in den drei Jahren nach der Museumseröffnung über 3.000 Zeitungsartikel über das Museum, von denen 2.800 negativ waren. (Schmidt 2006, 95) Vor der Eröffnung der Ausstellung waren die Debatten in den Medien auf die Frage fixiert, ob es legitim sei, die Fassade durch das Anbringen eines schwarzen Rahmens um das Gebäude radikal umzugestalten, während sich die Andrássy út um den Status als Weltkulturerbe bewirbt. (*Magyar Nemzet*, 7.1.2002; 9.1.2002; 23.2.2002; *Népszabadság*, 19.2.2002; 20.2.2002)[130] Während in wissenschaftlichen Texten und kritischen Polemiken über das Haus des Terrors außer Zweifel stand, dass es sich bei der Eröffnung um eine Wahlveranstaltung handelte, wurde dies von der fidesz-nahen Zeitung *Magyar Nemzet* bestritten. Sie diffamierte nur die Veranstaltungen der politischen Gegner als ‚Parteipolitik', als ein „mit politischen Demonstrationen ausgefülltes Wochenende, dessen Höhepunkt ein Ereignis war, das über der Ebene der täglichen Parteipolitik stand, die würdevolle Enthüllung des Hauses des Terrors in Budapest." (*Magyar Nemzet*, 24.2.2002) Vor der abendlichen Museumseröffnung war die rechtsextreme MIÉP vor der Zentrale der Sozialistischen Partei aufmarschiert, dem „wirklichen Haus des Terrors", um sich dann der Kundgebung vor dem Museum anzuschließen. (*Népszabadság*, 25.2.2002) Der liberale Bund Freier Demokraten (SZDSZ) hatte hingegen am nahegelegenen Heldenplatz eine „Abschiedsparty" für die rechte Regierung organisiert und Luftballons mit nicht eingehaltenen Wahlversprechen der Fidesz aus 1998 hochsteigen lassen. (*Népszabadság*, 25.2.2002) Die Sozialistische Partei versammelte sich nicht

---

[129] Später war Schmidt auch Mitglied des wissenschaftlichen Beirates für das Haus der europäischen Geschichte, was das Brüsseler Museumsprojekt verzögerte, da sie mit aller Kraft die Fideszsche Sicht auf die Geschichte durchsetzen wollte.

[130] Ich danke Boglárka Cziglényi für die Recherche und Übersetzung ungarischer Zeitungsartikel in meinem Auftrag.

und rief ihre UnterstützerInnen dazu auf, nicht an den Demonstrationen teilzunehmen. (Horváth 2008, 267)

Zur Eröffnungszeremonie versammelten sich vor dem Gebäude 100.000 Menschen mit Kerzen und ungarischen Nationalfahnen. (Mihok 2005, 166) Orbán hielt die Eröffnungsrede vor dem in rotes Licht getauchten Gebäude: „We have locked the two terrors in the same building, and they are good company for each other as neither of them would have been able to survive long without the support of foreign military force. (Zit. n. Rév 2008, 78) Ungváry widerspricht dieser Behauptung aber entschieden:

> Das ist im Fall der Räterepublik [1919] jedoch nicht wahr. Und im Fall der Sztójay-Regierung [März bis Oktober 1944] wurde dies alles vom größten Teil der ungarischen Beamten durchgeführt. Auch die Radikalisierung der ungarischen Politik durch judenfeindliche Gesetze hatte bis 1942 nichts mit deutschem Druck zu tun, im Gegenteil: ein Teil der ungarischen antisemitischen Maßnahmen war sogar radikaler als die deutschen. Genauso notwendig wäre die Konfrontation der Besucher dieser Ausstellung über die Kollaboration mit der Kádár-Regierung [1956–1988] gewesen. Am 1. Mai 1957 nahmen ja mehrere Hunderttausende am Aufmarsch auf dem Heldenplatz teil [zur Feier der Niederschlagung des ungarischen Volksaufstands von 1956], und auch ein wesentlicher Teil der ungarischen Intellektuellen hat sich später der Kollaboration unterworfen. (Ungváry 2006, 216)

Orbán fuhr in seiner Rede fort:

> Now, we are putting the pain, the hatred behind bars, because we want them to have no longer any place in our lives and in the future. We put them behind bars, but we will never forget them. The wall of the house that, until now, was the boundary between the interior and the street, from now will become the wall between the past and the future. [...] What is inside belongs to the past and we shall become part of the future.
> (Zit. n. Horváth 2008, 266)

Diese Unterscheidung zwischen der Vergangenheit und der Zukunft wurde ein zentrales Element des Fidesz-Wahlkampfs, wenn ganz im Sinne der *mnemonic warriors* (Bernhard und Kubik 2014), der Fidesz-Erinnerungskrieger also, gegen „Kräfte aus der Vergangenheit", die Sozialisten, mobilisiert wurde. (Radonić 2020, 51) Der Leitspruch dieses Wahlkampfs von Fidesz 2002 war folglich: „Die Zukunft hat begonnen". (Horváth 2008, 266) (Sie begann dann aber doch erst mit dem Wahlsieg 2010 und dem darauffolgenden autoritären, geschichtsrevisionistischen Backlash, worauf unten noch eingegangen wird.) Jedenfalls war und ist das Haus des Terrors unzweifelhaft das Flaggschiff der Geschichtspolitik von Fidesz.[131]

---

131 Es ist ferner die einzige unter den hier untersuchten Ausstellungen, die nur in der Landessprache gestaltet wurde – zunächst viele Jahre lang nur mit A4-schwarz-weiß-Kopien engli-

Die für diese Museengruppe typische Gleichsetzung der Symbole beider totalitären Regime beginnt hier bereits am Dachsims, wo Pfeilkreuz und Stern neben dem Wort ‚Terror' eingestanzt sind, und durchzieht das ganze Museum, den Katalog und die Museumswebseite. Krisztián Ungváry (2011a, 221) zufolge werde dadurch „die Darstellung gleichsam zu einer Karikatur der beabsichtigten vergleichenden Würdigung der Totalitarismen, die ja gerade die Zusammenhänge erklären will, ohne alle Maßnahmen und Manifestationen des Terrors untereinander gleichzusetzen." Die Darstellung beider Regime liegt aufgrund der Geschichte des Hauses auf der Hand. Doch wie schon für die oben dargestellten baltischen Museen ausgeführt, entpuppt sich dieser ‚Vergleich' auch hier zunächst als symbolische Gleichsetzung und bei näherer Analyse bloß als Folie, vor deren Hintergrund der Staatssozialismus als das größere Übel dargestellt wird, wofür die Erinnerung an den Holocaust ‚entschärft' und ‚eingedämmt' werden muss. „Die kurze, jedoch schwere Verluste fordernde Besetzung durch die Nazis wurde von der Macht der Sowjets abgelöst, die sich für einen längeren Zeitraum einrichteten", so der deutschsprachige Katalog. (Schmidt 2003, 7) Rév hat jedoch darauf hingewiesen, dass diese Begründung des ‚schlimmeren Übels' einen Haken hat:

> It is as if the Arrow Cross never intended to settle down until the end of time („resurrecting the thousand-year empire"), as if that party had been meant just as a short intermezzo, in contrast to the devious Communists, who intended to rule for long and painful decades. Incidentally, the text does not mention that there was a connection of sorts between the end of the Arrow Cross rule and the entry of the Soviets. (Rév 2008, 64)

Wie schon vielfach in der Literatur festgehalten wurde, sind der PfeilkreuzlerInnen-Herrschaft nur zweieinhalb Räume, der kommunistischen Ära jedoch über zwanzig Räume gewidmet. (Blutinger 2010, 83; Manchin 2015, 239; Hanebrink 2013, 280; Radonić 2018b, 132) Der Grad an Emotion, mit der die Verbrechen dargestellt werden, weicht stark voneinander ab. Die von den PfeilkreuzlerInnen betriebene Folter wird auffällig nüchtern geschildert: „Im Winter des Jahres 1944 folterten die Pfeilkreuzler in den Kellern dieses Gebäudes mehrere hundert Menschen." (Schmidt 2003, 5) Hingegen heißt es in Bezug auf die sozialistische ÁVH auf derselben Katalogseite: „Im Kellerlabyrinth des Hauses erfolgte die Folterung der Inhaftierten auf die schier unvorstellbarsten und schrecklichsten Weisen." (Schmidt 2003, 5) Dementsprechend sind auch Folterwerkzeuge der

---

scher Zusammenfassungen über jeden Raum und kürzlich auch mit Tablets und einer App in verschiedenen Sprachen als Ergänzung.

staatssozialistischen politischen Polizei ausgestellt und werden bei den Führungen stark betont, nicht jedoch jene der PfeilkreuzlerInnen.[132]

Wie schon bei den baltischen Museen fällt auch hier die zentrale Rolle von Zügen, Waggons und Schienennetzen auf: Der lange ‚Gulag-Raum' hat auf den Seiten Bildschirme montiert, die zu Zugfenstern werden, an denen die Landschaft wie während der Deportationen in den ‚Osten' vorbeizieht. Am Boden ist das Netz der Verschickungsrouten nach Sibirien und in andere Lager aufgemalt. Doch auch in diesem Fall sei betont, dass dies *nicht* vor allem als Übernahme von Holocaust-Ästhetik gedeutet werden kann, da „*üblicherweise* mit dem Bild eines Waggons nicht der kommunistische Terror, sondern der Holocaust assoziiert" (Fritz 2008, 139; meine Hervorhebung) werde. Vielmehr bringen Waggons beiderlei Erfahrungen, die Verschickung in die NS-Lager wie in den Gulag zum Ausdruck.

Die ästhetische Anlehnung an Holocaust-Museen kommt hingegen in einer anderen Museumsinstallation zum Ausdruck, die sich für unseren Museumsvergleich als besonders interessant erweist: Das Haus des Terrors übernimmt im Vorraum des Museums auf den ersten Blick die Ästhetik des „Tower of Faces" im USHMM. Wie bei der mehrstöckigen Installation in Washington D. C., die an mehreren Stellen der Ausstellung auf unterschiedlichen Etagen passiert wird (Abb. 35), gibt es auch in Budapest eine über alle Stockwerke reichende Installation mit zahlreichen Porträtfotos von Opfern. (Abb. 36) Bei näherem Hinsehen zeigen diese mit „Victims" überschriebenen Fotos aber nicht wie im USHMM Privataufnahmen unterschiedlicher Größe und Form in allen erdenklichen selbstgewählten Alltagssituationen und Posen, sondern uniforme erkennungsdienstliche, also von TäterInnen aufgenommene Fotos. (Radonić 2014b, 100; Radonić 2014d, 18)

Trotz der Pfeilkreuzler-Vergangenheit des Gebäudes werden auf dieser Wand nur Opfer der staatssozialistischen Repression gezeigt. Zumindest deutet darauf der sowjetische Panzer am Fuße der Installation hin, denn die Porträts sind nicht weiter beschriftet. Die uniformen Individuen verschmelzen hier – im Gegensatz zum individualisierenden Vorbild – zu einer Masse, zu Ungarn als kollektivem Opfer, und zwar der Sowjets. Der „Raum der Tränen", eine Gedenkinstallation mit Lichtern im Keller des Museums, erinnert ferner an die Kindergedenkstätte in

---

132 Darauf wies bei der Exkursion meines Kurses der Universität Wien ins Haus des Terrors (und das Holocaust-Gedenkzentrum) im Januar 2014 auch einer der Studenten hin und fragte den Führer, ob die Pfeilkreuzler denn nicht gefoltert hätten. Dieser antwortete: „Doch natürlich, deswegen wurden sie ausgewählt, weil sie nichts anderes machen sollten als vorher", womit er die vom Museum vertretene, aber historisch unhaltbare These wiederholte, dass es sich bei den Pfeilkreuzler-Folterern und der politischen Polizei nach 1945 um ein und dieselben wenigen Täter gehandelt habe.

Abb. 35: Tower of Faces im USHMM.

Abb. 36: Im Haus des Terrors in Budapest.

Yad Vashem. Positive wie – im estnischen Fall gezeigt – negative Bezüge belegen die ‚Universalisierung des Holocaust', den Holocaust als Bezugspunkt. (Radonić 2018b, 133) Doch diese ästhetische Anlehnung an internationale Vorbilder sagt noch nichts darüber aus, welche inhaltlichen Botschaften das Museum vermitteln will, wie im Folgenden gezeigt wird.

Während alle *In-situ*-Museen die Geschichte des Ortes in gewissem Ausmaß inszenieren, handelt es sich bei dieser vom Bühnenbildner Attila Ferenczfy Kovács gestalteten Ausstellung doch um eine außergewöhnlich farbintensive, laute und überwältigende Inszenierung des Terrors. (Radonić 2018b, 139) In den bisher analysierten Museen waren Nachbauten einer Gulag-Baracke oder eines Schlafsaals aus dem Ersten Weltkrieg sowie ein durch einen engen Raum aus Holz angedeutetes Waldbrüder-Versteck Ausnahmen bei der ansonsten klassischen Ästhetik der Museen, die vor allem auf Objektschaukästen und Wandtafeln mit Text und Fotos setzte. Hier hingegen ist die gesamte Ausstellung eine Art Bühnenbild, in dem eine szenische Inszenierung mittels Pappmachéschweinen, Nachbauten von Galgen und Arbeitszimmern sowjetischer Berater etc. stattfindet, bei der Schaukästen mit historischen Objekten die Ausnahme sind.

„Zuerst hieß die neue Einrichtung ‚Museum für die Opfer der Diktatur', erst später wurde sie zum ‚Haus des Terrors' umbenannt. Die Namensänderung zeigt eine Modifikation des Konzepts an: Aus einer Gedenkstätte der Opfer wurde ein spektakuläres Propagandamuseum." (Kerékgyártó 2006, 301) Mehr als um ein historisches Museum handle es sich um eine „memorial representation with a teleological function, whose main purpose is the affirmation and confirmation of a political identity." (Horváth 2008, 270) Dabei waren historische Details nicht von großer Bedeutung: „As Ferenczffy-Kovács explained, their main objective was to achieve visual intensity. He stressed the importance of turning each room into a visual surprise for maintaining the interest of visitors." (Apor 2014, 330) Direktorin Schmidt erklärte am Vorabend der Museumseröffnung:

> Wir möchten, dass es den Menschen die Kehle zuschnürt, dass die Menschen die Schrecken der Diktaturen, das Leiden der Opfer nachempfinden. Und aus dem Haus des Terrors austretend daran denken würden: wie gut, dass die schrecklichen Zeiten vergangen sind, wie gut, dass wir in Demokratie, in einer freien Welt leben können!
> (*Magyar Nemzet*, 23.2.2002)

Die letzten Sätze einer Museumsbroschüre aus 2002 (ohne Seitenzahlen) deuten ferner die Opfer zu FreiheitskämpferInnen einer abgeschlossenen Vergangenheit um: „The terror's former house demonstrates today that sacrifices brought in the name of freedom are never futile. From the fight against two murderous regimes, the powers of freedom and independence have emerged victorious."

Im Katalog wird mehrfach ‚ganz Ungarn' als Opfer dargestellt, wenn es etwa in Bezug auf den Leiter der sozialistischen Staatssicherheit heißt: „Ein ganzes Land begann den einstigen Schneidergehilfen und seine Terrororganisation zu fürchten." (Schmidt 2003, 5) „Die inneren Ordnungskräfte spezialisierten sich auf die Terrorisierung eines ganzen Landes." (Schmidt 2003, 36) In Bezug auf 1956 wird die Unterscheidung zwischen dem guten Volk und den Bösen ‚da oben' auf die Spitze getrieben: „Als Reaktion darauf, dass zunächst in Debrecen, dann in Budapest beim Gebäude des Ungarischen Rundfunks tödliche Salven auf unbewaffnete Demonstranten abgegeben wurden, erhob sich das ungarische Volk gegen die Macht der kommunistischen Elite." (Schmidt 2003, 61) Das Urteil fällt in den meisten wissenschaftlichen Analysen dieses Museums daher eindeutig aus:

> The exhibition is neither open-ended, nor open-minded, not only does is not endeavor to pose questions, but its answers are extremely simplistic and one-sided. Many forms of „communicative gadgetry" are exploited to their fullest, but hardly ever to promote an interactive rapport or to encourage autonomous interpretation, but merely to pound the message home.
> (Csillag 2002, 39)

Ebenso wie das Narrativ, oder vielmehr „narrative closure" (Hwang 2009, 56), kennt auch die Farbgestaltung der Ausstellung keine Schattierungen. Der eine Terror ist schwarz, der andere rot, letzterer Vorzugsweise aus Plüsch, um den überzogenen sowjetischen Luxus zu symbolisieren, wie dies im schwarzen Auto der sowjetischen Berater und ‚ihrem' Zimmer der Fall ist. Die Propaganda ist bunt, der Alltag hingegen ‚in Wirklichkeit' eintönig/einfarbig, wie im ‚Aluminium-Raum'[133]. „Three-dimensional design and multimedia projections are used for building simulacra, the hyper-reality of representations that establishes itself as reality." (Apor 2014, 338) Bilder haben Vorrang vor Text, der selbst oft nur als Textur eingesetzt ist: „Auf unzähligen Plasmabildschirmen fließen Ströme von Textbruchstücken, Dokumenten, Interviewfragmenten." (Kerékgyártó 2006, 302–303) Videos werden vielfach unbeschriftet eingesetzt, sodass wir im Pfeilkreuzler-Raum etwa Leichen sehen, aber nicht erfahren, welche Toten da wann und von wem zusammengekarrt werden.

Objekte dienen einerseits vielfach als Teil der Installation, als „props for the ‚happening'" (Kovács 2003, 164) – wie etwa die sechs Pfeilkreuzler- und die

---

[133] „The drab, shoddy utensils exhibited on the surrounding shelves are characteristic elements of the period's daily life, the determinants of the general mood", heißt es über den Raum auf der Museumswebseite.

beiden SS-Uniformen, die zahlreichen Gemälde des sozialistischen Realismus, Alltagsgegenstände wie Glühbirnen oder Putzmittel, schließlich Replika der Folterinstrumente in der einzigen original erhaltenen Zelle im 1. Stock. Die umfassende wissenschaftliche Literatur zu diesem Museum betont zu Recht die Dominanz dieser ersten Art des Einsatzes von Objekten. Doch andererseits fördert eine detaillierte Analyse auch klar als solche gekennzeichnete Originalobjekte zu Tage, die in Schaukästen in einigen wenigen Räumen der Ausstellung untergebracht sind. Im ‚Gulag-Raum' finden sich Kreuze, Briefe, z. B. an die Eltern eines Gefangenen sowie einer von Solchenitzyn und einer von seiner Frau, ein besticktes Taschentuch oder eine Trinkflasche, die der Sohn eines Häftlings dem Museum schenkte, eine Jesusfigur eines Pfarrers oder ein Gebetstext in hebräischer Schrift.

Im ‚Raum der Religionen' sind den in Schaukästen angeordneten Gegenständen, „die an das Schicksal der zu den verschiedenen Konfessionen gehörenden Verfolgten erinnern" (Schmidt 2003, 48), die präzisesten Informationen beigefügt. So findet sich hier etwa die Kluft eines hingerichteten Priesters der lutherianischen Kirche. Interessant ist, dass auch die Namen des Richters und Anklägers im vorangegangenen Prozess angegeben sind, sodass man die beiden auf der ‚Galerie der Täter' aus dem Justizbereich identifizieren kann. Neben Kreuzen, einem Priesterumhang oder Jesus- und Mariafiguren finden sich hier auch einige jüdische Reliquien: ein siebenarmiger Leuchter, ein Talmud, eine Kippa sowie das Rabbigewand eines Spenders aus Israel. Meist ist hier angegeben, woher die Gegenstände stammen, etwa von einer zerstörten Mönchsgemeinde oder, in vielen Fällen von der Mindszenty-Stiftung, benannt nach dem Kardinal, dessen Gewand sie ebenfalls zur Verfügung gestellt hat.

Der Schaukasten im ‚Internierungs-Raum' im Keller ist beides, Behältnis für Originalobjekte und Installation: Die in die Wand eingelassenen Wellen laufen so auf den Schaukasten zu, dass sie wie ein Heiligenschein für die in gelbes Licht getauchten „im Lager" angefertigten Erinnerungsgegenstände wirken: ein Feuerzeug, ein Brillenetui, ein Kreuz oder eine auf Zigarettenpapier geschriebene „Zeitung". In einer Vitrine im Keller findet sich schließlich auch ein Original-Wandstück aus einem anderen Gefängnis, in das die Tage als Striche eingeritzt sind, die ein Häftling dort verbracht hat.

Im Gegensatz zu vielen Objekten der Opfer enthalten die sechs Schaukästen mit Gegenständen der TäterInnen im Raum über die 1950er Jahre keine Informationen über die Herkunft der Objekte. Auch hier werden wieder Replikas mit historischen Objekten gemischt. Die Schaukästen beinhalten persönliche Gegenstände, eine Auszeichnung für sowie das Parteibuch von Gábor Péter und eine Lupe, die auf seinen Eintrag im Telefonbuch zeigt, aber auch Propaganda und Folterwerkzeuge, zwei Pistolen, Handschellen und einen Schlagstock nicht ausgewiesener Herkunft. Ein häufig vorgebrachter Kritikpunkt ist somit, dass die Grenzen zwischen ‚authentischen' Objekten, Kopien und Installationen fließend und unklar sind. (Kovács 2003, 164; Kerékgyártó 2006, 302; Rév 2008, 68; Horváth 2008, 270; Apor 2014, 329)

Die Wege wie die Empfindungen werden in diesem Museum stark vorgegeben. Den Höhepunkt des Museums bildet der Folterkeller, in den man mit einem sehr langsam sinkenden Aufzug – meist eng zusammengepfercht – hinabfährt, in dem ein Mann in einem Video erzählt, wie er nach Hinrichtungen auf Galgen die Spuren vom Boden aufwaschen musste. Im Keller angelangt ziehen die dort aufgestellten Galgen viel Aufmerksamkeit auf sich. Bei genauerem Hinsehen kann man jedoch lesen, dass in dem Gebäude keine Häftlinge gehängt wurden und hier keine Galgen standen. Die Geschichte des Reinigungsmannes wie die Galgennachbildungen stehen also für den Terror ‚im Allgemeinen', nicht spezifisch für den in diesem Haus. Ein weniger prominent positionierter Galgen ist hingegen ‚authentisch': „Hier ist jener Galgen zu sehen, der zuerst im Zuchthaus von Vác, dann im Gefängnis in der Kozma Straße stand und der bis 1985 benutzt wurde. In der Andrássy Straße 60 gab es keine offizielle Hinrichtung, ‚nur' Totschlag und Selbstmord", so auch der Guide. (Schmidt 2003, 56) Bei dieser Information handelt es sich um eine Ausnahme in der Ausstellung, die sonst kaum darüber informiert, was Rekonstruktionen sind. Im Mittelpunkt des ehemaligen Folterkellers stehen darüber hinaus (wie im litauischen Museum der Genozidopfer) die verschiedenen rekonstruierten Zellenarten, wie es sie bis in die 1950er Jahre hier gab.

Nur die wenigsten Fotos in der Ausstellung sind beschriftet, etwa jene im Pfeilkreuzler-Korridor und -Raum. Oftmals sollen sie nur Ruinen, Besatzung, Zwangsarbeit, Repression, Tod oder ähnliches illustrieren, ohne dass wir erfahren, was genau darauf zu sehen ist, wie zum Beispiel im Raum „Doppelte Besatzung", im Gulag-Raum, im Raum über Zwangsablieferungen (Foto von Uniformierten in einem Dorf, die auf etwas zeigen), im der Internierung gewidmeten Raum sowie in jenem über Emigration. ‚Beschriftet', nämlich namentlich zugeordnet sind hingegen die Fotos der TäterInnen: auf der Übersichtstafel mit Führungspersonen der politischen Polizei (davon eine Frau), im Raum „(Un-)Rechtsprechung" jene von RichterInnen und AnklägerInnen aus Prozessen, in denen Todesurteile gefällt wurden, sowie die über 200 Porträts in der „Galerie der Täter" im Keller. Viele der hier Gezeigten leben noch.

In einigen der Kellerzellen finden sich auch Porträts, die Opfer neben ihren Kurzbiografien zeigen. Erst aus dem Katalog geht jedoch hervor, dass diese Opfergruppen in unterschiedliche, nicht-chronologische Kategorien unterteilt sind: „Opfer der Revolution und des Freiheitskampfes von 1956", „Opfer der kommunistischen Diktatur", „Bekennende Kirche", „Widerstand gegen die Pfeilkreuzer",

„Opfer der kommunistischen Diktatur aus den Reihen der Arbeiterbewegung" sowie „Opfer der sowjetischen Besatzung und des Gulag". In den Räumen selbst lässt sich das nur anhand der Sterbedaten erahnen. Der 97 Seiten umfassende Katalog (Schmidt 2003) zeigt ausschließlich Fotos von der Ausstellung und dem Museum selbst[134] – und unterscheidet sich in dieser Selbstbezogenheit stark von den anderen Museumsguides. Am Ende des Katalogs folgen elf Seiten lang die Porträts der „Opfer zweier totalitärer Systeme", von „Personen, die ihr Leben oder ihre Freiheit im Kampf gegen die Unterdrückung geopfert haben oder die in den Gulag verschleppt worden sind." (Schmidt 2003, 84) Sie sind völlig unchronologisch und unnachvollziehbar zusammengewürfelt, aber eben individualisiert, 66 Privatfotos und Kurzbiographien, davon sieben Frauen.

Eine eigene Kategorie sind die ZeitzeugInnenberichte, etwa im Gulag-Raum. Diese zeigen am deutlichsten den Unterschied zwischen individualisierenden Opferbiographien und der Einflechtung menschlichen Leids ins Narrativ von kollektiver Opferschaft. Die kurzen Sequenzen bestehen aus etwa vier Sätzen, in denen weder die Namen der Personen noch der Kontext ihrer Erzählung deutlich wird, nur dass sie gelitten haben. So erzählt eine Frau etwas über blutende Füße, ein Mann, dass sie ein Brot auf fünf Personen aufteilen und im Winter am Damm arbeiten mussten, eine weitere Frau beginnt zu erzählen, dass sie von „den Russen" gesehen wurde, aber dann kann sie nicht mehr weitererzählen, die Kamera hält dennoch lange weiter drauf, es kommt nichts mehr außer ihr stummes Leiden. Auch im Vorraum zum Museum sind drei weinende ältere Menschen in kurzen Sequenzen in einer Endlosschleife montiert. Ihre Worte lauten: „‚Es ist möglich zu verzeihen, jedoch nicht möglich, zu vergessen.' Über die Personen, den Ort des Geschehens und den Kontext dieser Aussage ist weder hier noch an den folgenden Stationen der Ausstellung etwas zu erfahren." (Ungváry 2011a, 221)

Der Holocaust wird vor allem durch Fotos auf einem der Bildschirme und eine Videoprojektion der eisigen Donau versinnbildlicht, ins die die von den Pfeilkreuzlern erschossenen Budapester Jüdinnen und Juden fielen. Die vor der deutschen Besatzung Ermordeten werden nicht erwähnt: rund 40.000 Juden, die Ungarn in den militärischen Zwangsarbeitsdienst an die ‚Ostfront' schickte sowie die polnischen und russischen Jüdinnen und Juden, die Ungarn im Sommer 1941 Richtung Ost-Galizien deportierte, woraufhin über 15.000 von ihnen Ende August 1941 in Kamenez-Podolsk von NS-Tätern ermordet wurden. (Gerlach und Aly 2002, 74; Blutinger 2010, 84) Im Gegenteil: Auf der ursprünglichen

---

134 Sowie ein Porträtfoto von Kardinal József Mindszenty, der sowohl von den PfeilkreuzlerInnen als auch von den staatssozialistischen Behörden verhaftet wurde und dem im Museum als einzigem ein eigener Raum gewidmet ist. (Schmidt 2003, 53)

Museumswebseite fand sich zunächst der nach heftiger Kritik entfernte Satz über die mit der deutschen Besatzung im März 1944 eingetretene Veränderung: „The new, collaborating Hungarian government no longer guarded the life of its citizens with Jewish origin." (Zit. n. Rév 2008, 61) Die Erklärungen für die Unterrepräsentiertheit des Holocaust sind aus den estnischen und litauischen Museen oben bereits bekannt: Museumsdirektorin Schmidt begründet sie „mit den kaum vorhandenen Dokumenten und damit, dass die Darstellung der Vorgeschichte und des Holocaust in den Aufgabenbereich eines Holocaust-Museums fiele." (Zit. n. Fritz 2008, 137; vgl. Csillag 2002, 33; Radonić 2014d, 17) 1999 hat Schmidt die Bedeutung des Holocaust so eingeschätzt:

> Im Zweiten Weltkrieg ging es nicht um das Judentum, um den Völkermord. So leid es uns auch tut: Der Holocaust, die Ausrottung oder Rettung des Judentums war ein nebensächlicher, sozusagen marginaler Gesichtspunkt, der bei keinem der Gegner das Kriegsziel war. [...] Es muss auch festgehalten werden, dass die Alliierten Nazi-Deutschland auf keinen Fall deshalb den Krieg erklärt hatten, um die geplante völkermörderische Politik gegen die Juden zu verhindern. Sie hatten weder vor, die Vertriebenen aufzunehmen, noch sie zu schützen. Daher ist für sie nichts Außergewöhnliches, mit anderen Worten Einzigartiges, passiert." (Schmidt 1999)

Zum Verständnis der Geschichte des Holocaust in Ungarn muss man mit der komplexen Geschichte des Landes im Jahr 1944 vertraut sein: Als sich eine Niederlage der Achsenmächte abzuzeichnen begann, sondierte das ungarische Staatsoberhaupt, Miklós Horthy einen Wechsel Ungarns auf die Seite der Aliierten. Um dem zuvorzukommen, marschierte die Wehrmacht im März 1944 (friedlich) in Ungarn ein. Horthy blieb im Amt und es wurde eine deutschlandfreundliche Regierung gebildet. Im Guide liest sich das hingegen so: „Eine Marionettenregierung wurde installiert und man ging daran, die Moral der ungarischen Gesellschaft zu brechen." (Schmidt 2003, 7) Die Deportationen von Jüdinnen und Juden nahmen – im europäischen Vergleich spät – im Mai 1944 volle Fahrt auf, also noch unter Horthy. Die Verschickung von rund 500.000 Jüdinnen und Juden vor allem nach Auschwitz-Birkenau begann mit orthodoxen Gemeinden an der Peripherie. Als die weitgehend assimilierten Budapester Jüdinnen und Juden an der Reihe waren, besaß Horthy noch genügend Autorität und stoppte die Deportationen. Auch setzte er Ende August die von Döme Sztójay angeführte „Marionettenregierung" ab und seinen Vertrauten ein. Erst als im Oktober 1944 Ungarn einen Waffenstillstand mit den Alliierten ankündigte, Horthy abgesetzt wurde und Hitler das Pfeilkreuzler-Regime installierte, wurden weitere 76.000 Jüdinnen und Juden deportiert und die noch verbliebenen jüdischen EinwohnerInnen Budapests ghettoisiert.

Das Museum betont hingegen vereinfachend in Bezug auf die Deportation ungarischer Jüdinnen und Juden, diese habe unter der „deutschen Besatzung" stattgefunden, ohne dass deutlich gemacht wird, dass das bereits unter Horthy und nicht erst während der Pfeilkreuzler-Herrschaft geschah. (Seewann und Kovács 2006a, 53) „Nach der Besetzung begann, unter Mitwirkung der ungarischen Behörden, die Regelung der Judenfrage auf nationalsozialistische Weise, nahm die ‚Endlösung' ihren Lauf", so der Katalog. (Schmidt 2003, 7) Die zweite Erwähnung ungarischer Mitverantwortung liest sich so: „Die neue Regierung" lieferte die Juden „dem mörderischen Rassenhass der Nazis aus." (Schmidt 2003, 9) Im späteren, 2008 publizierten englischsprachigen Katalog sowie auf den Schwarz-weiß-Kopien in der Ausstellung findet sich ferner auch noch dieser entscheidende Zusatz, der die Ausblendung des Antisemitismus des Horthy-Regimes im Vergleich zur deutschen Version aus 2003 abmildert: „The Jews, who had already suffered from the restrictions of the Jewish Laws enacted in 1938, 1939 und 1941, were now in direct peril of their lives." (Schmidt 2008, 7) Bei einer Führung Anfang 2014 behauptete der Guide, unter den PfeilkreuzlerInnen seien Juden „massenweise" deportiert worden, wodurch erneut verdeckt wird, dass bei Weitem die meisten unter Horthy deportiert worden waren. Dieser Verschleierung sitzt dann auch die eine oder andere wissenschaftliche Analyse auf, wenn es etwa heißt: „Two of the House's rooms are dedicated to the fascist atrocities that killed over 600,000 Jewish, Roma and left-wing citizens of Hungary" (Virag 2006, 106, vgl. auch Sodaro 2018, 60), doch für die meisten Opfer waren eben nicht erst die PfeilkreuzlerInnen verantwortlich.

Ungarn wird einerseits als Opfer fremder Mächte, der ‚doppelten Besatzung' dargestellt. Andererseits werden auch ungarische Täter thematisiert und zwar erstens die als „ungarische Nazis" bezeichneten PfeilkreuzlerInnen, die dann angeblich nach dem Krieg ihre Pfeilkreuzler-Uniformen aus- und die kommunistischen Uniformen angezogen hätten – was in einem Video von Schauspielern wie eine Art Burleske (*Népszabadság*, 2.3.2002) sogar nachgestellt wird, jedoch ohne faktische Grundlage eine Kontinuität der beiden Regime und ihrer Schergen insinuiert. (Ungváry 2006, 213; 2010, 156–158; 2011a, 226)[135] Zweitens erörtert die Ausstellung – merkwürdigerweise im Religionen-Raum –, dass unter den Anführern der Ungarischen Volksrepublik und der politischen Polizei viele Juden waren:

> Unter den Führern der kommunistischen Partei und in den Terrororganisationen (PRO, ÁVO, ÁVH, KATPOL, GRO) fanden sich nämlich in beträchtlicher Zahl Kommunisten jüdi-

---

[135] Vielmehr wurden nach Kriegsende 1945 Pfeilkreuzler im Foltergefängnis befragt und gefoltert. (Rév 2008, 62)

scher Herkunft, die nicht nur ihren Gott, aber auch ihr Vaterland und ihre Herkunft verleugnet hatten, als sie zu Handlangern der menschenfeindlichen kommunistischen Ideologie geworden waren. (Schmidt 2003, 51)

Auf der Museumswebseite heißt es ferner, dass die ungarischen Kommunisten 1945 in sowjetischen Panzern zurückkamen, um Rache zu nehmen dafür, was ihnen angetan worden war – womit ‚die Kommunisten' Rév (2008, 65) zufolge implizit als Juden identifiziert werden, während tatsächlich die Mehrzahl dieser Juden Überlebende des ungarischen Militärischen Zwangsarbeitsdienstes waren. Ferner wurden zahlreiche Jüdinnen und Juden ebenfalls Opfer des staatssozialistischen Terrors, etwa ZionistInnen sowie die jüdischen Mitglieder der kommunistischen, jedoch nicht moskautreuen Weishaus- und Demény-Fraktionen. (Ungváry 2006, 213–214; Shafir 2005; Horváth 2008, 271; Radonić 2017, 282)

Drittens kommen neben den zu KommunistInnen gewendeten „ungarischen Nazis" und Juden auch jene Ungarn – etwa in der „Galerie der Täter" mit Porträtfoto – vor, deren Nachkommen, Iván Pető and Tamás Bauer, zum Zeitpunkt der Museumseröffnung als liberale Politiker aktiv waren. Hingegen werden ehemalige Pfeilkreuzler oder staatssozialistische Täter, deren Familienmitglieder dem Museumsrat angehören, nicht auf diese Weise angeprangert. (Ungváry 2011, 222a; Radonić 2020, 53) Und obwohl die Staatsicherheit das Haus seit den 1950er Jahren nicht mehr als Foltergefängnis einsetzte, reicht die Ausstellung bis zur Gegenwart: sie inkludiert Orbáns Rede anlässlich der feierlichen Neu-Beisetzung von Imre Nagy im Sommer 1989 – wie auch kurioserweise seine Rede anlässlich der Museumseröffnung 2002. Währenddessen verlassen auf den Bildschirmen daneben die sowjetischen Panzer gerade Ungarn – womit nahegelegt wird, dass Orbán eine entscheidende Rolle im Umbruchsprozess gespielt habe und die Ausstellung telelogisch auf seine Person hin zuläuft. (Radonić 2017, 283)

Wie schon im litauischen Museum der Genozidopfer werden ferner alle als Opfer dargestellt, die im Staatssozialismus verfolgt wurden, darunter auch NS-Kollaborateure und Täter aus dem Zweiten Weltkrieg, sofern sie „sacrificed their lives or freedom in the fight against oppression", wie es im Guide heißt. (Schmidt 2008, 84). So wird etwa Zoltán Bilkei-Papp an der „Wand der Opfer" gezeigt, der im Jahr 1944 bewaffnetes Mitglied der Pfeilkreuzler-Brachialtruppe war und 1945 antisemitische Flugblätter mit dem Titel „Judenwelt in Ungarn" verbreitete. Dafür wurde er zum Tode verurteilt und hingerichtet. Über György Donáth verrät die Ausstellung nur, dass er im Prozess gegen die ‚Ungarische Gemeinschaft' zum Tode verurteilt wurde. Der Prozess war zwar ein Schauprozess, hatte jedoch einen rationalen Kern: Die ‚Ungarische Gemeinschaft' war eine rassistische Organisation, die keine Juden oder Deutsche als Mitglieder aufnahm. Donáth verbreitete rassistische und antisemitische Broschüren und stimmte als Parlamentsabgeordneter für die Einführung der Judengesetze. (Ungváry 2006, 213–214)

Und um die Geschichte noch komplizierter zu machen, was das Museum jedoch nicht tut, gibt es auch Biographien wie jene von László Rajk, der im Spanischen Bürgerkrieg gekämpft und als Sekretär des Zentralkomitees der illegalen KP von den PfeilkreuzlerInnen verhaftet und von der Gestapo gefangen gehalten wurde. Als die KommunistInnen die Macht übernahmen, wurde er Innenminister, und in dieser Funktion hat er das Gebäude in der Andrássy út 60 oft besucht. Schließlich wurde er aber dann in einem Schauprozess 1949 selbst als „Titoist" zum Tode verurteilt und hingerichtet. (Buden 2009, 195) Wenn Schmidt (2005, 168) also sagt: „Nach unserer Auffassung verläuft die Trennlinie lediglich zwischen Tätern und Opfern", so lässt sich diese Klarheit nur aufrechterhalten, indem man dem antikommunistischen Narrativ Vorrang vor allem anderen einräumt. Dies geschieht unzweifelhaft, wenn letztlich auch der Anführer der Pfeilkreuzler-Bewegung, Ferenc Szálasi und sein Stellvertreter im Keller als Opfer des Kommunismus ausgestellt werden.

Im Museumskatalog aus 2003 wird der autoritäre und antisemitische Charakter des Horthy-Regimes ausgeblendet und es wird als funktionierendes Mehrparteiensystem charakterisiert: „1944 standen an der Spitze des Landes ein gewähltes, legitimes Parlament und eine ebensolche Regierung, oppositionelle Parteien waren legal tätig, ihre Abgeordneten saßen in den Vertretungen. Trotz der kriegsbedingten Beschränkungen gab es die Pressefreiheit. Die ungarischen Bürger lebten besser und freier als ihre Nachbarn." (Schmidt 2003, 6–7) Überraschend ist hingegen die Ausführung über die große Unterstützung für die Pfeilkreuzler:

> Szálasis hungaristische Bewegung wuchs durch ihr soziales Programm, ihre antijüdische und nationalsozialistische Demagogie sowie ihren Radikalismus – nach der Einführung des geheimen Wahlrechts – zu einer bedeutenden politischen Kraft an. Doch ohne deutsche Hilfe und Unterstützung hätte sie nie zu einem Regierungsfaktor werden können."
> (Schmidt 2003, 10)

Doch solche das Narrativ verkomplizierenden Stellen bleiben in Ausstellung, Guide und Museumswebseite die Ausnahme.

Schließlich kann noch festgehalten werden, dass die Eröffnung des Museums im Nachhinein betrachtet tatsächlich zu einer Fidesz-‚Abschiedsparty' wurde. Unter der von den SozialistInnen angeführten Regierung wurde dann – auf Betreiben des Bundes Freier Demokraten – das Budget reduziert. Dies interpretierte etwa Olga Kovacs, deren Vater in dem Gebäude gefoltert worden war, als einen politisch motivierten Versuch des Versteckens der schrecklichen Geschichte des Hauses: „This exhibition makes the details terribly clear, and some people don't like that. Don't forget that many of the torturers in this place are still alive and living in Hungary. They don't want people to be reminded of what they did."

(Zit. n. Eggleston 2003) Einer der Freien Demokraten, die die Reduktion des Museumsbudgets durchgesetzt haben, war Iván Pető, Vorsitzender des Kulturkomitees im Parlament, dessen noch lebender Vater wie schon erwähnt in der „Galerie der Täter" als Mitglied des ÁVH genannt wird. (Eggleston 2003; Fritz und Wezel 2009, 240) Außerdem gestand Premier Péter Medgyessy nach der Wahl, dass er in der sozialistischen Ära Oberleutnant der Spionageabwehr gewesen sei, doch das kostete ihn nicht seine Karriere. (Kovács 2003, 158; Ungváry 2006, 217) Auf der einen Seite steht also der Fidesz-Propagandacharakter des Museums, auf der anderen der wahre Kern der unaufgearbeiteten staatssozialistischen Verbrechen, denen die Sozialistische Partei selbst nach 1989 wohl nie ein Museum gewidmet hätte.

Jedenfalls blieb das Museum bis heute unverändert. Éva Kovács wendet gegen die These von der Budgetkürzung als einem Verstecken der Verbrechen außerdem noch ein, dass das Budget des Museums zuvor dreimal so groß war wie das eines vergleichbaren staatlich finanzierten Museums (Kovács 2003, 167), was nochmals seinen Charakter als Fidez-‚Identitätsfabrik' unterstreicht. Heute, siebzehn Jahre nach Mark Pittaways (2003, 17) Diagnose über die Verwendung der Geschichte seitens der Fidesz-Regierung, erweist sich diese als weitblickend:

> Given the connections made between the legitimacy of the Orbán government and propagandistic views of the past, it was clear that, in the event of its reelection, research and publication in the field of contemporary history would have become all but impossible. As I wrote at the time, government use of the recent past „seems to represent a regressive step away from the positive developments of the first eight years of the system change in the direction of a new form of authoritarianism.

Das Flaggschiff Fideszscher Geschichtspolitik war also eine Vorwegnahme späterer Entwicklungen.

Zusammenfassend lässt sich sagen, dass in diesem zentralen Kapitel zuerst drei Museen der ‚Anrufung Europas' und der Bemühung um den Beweis des Europäischseins zugeordnet wurden. Dann habe ich die Zugehörigkeit von vier weiteren Museen zur zweiten Gruppe herausgearbeitet, die um internationale Anerkennung des eigenen Leidens unter sowjetischen bzw. staatssozialistischen Repressionen bei gleichzeitiger ‚Eindämmung' der als bedrohlich wirkenden Holocaust-Erinnerung bemüht ist. Warum aber sind diese beiden Trends in genau diesen Museen so ausgeprägt? Zuerst meine These zur ‚Anrufung Europas': Obwohl das *In-situ*-Gedenkmuseum Jasenovac das dortige Konzentrationslager zum Gegenstand hat und das Museum des slowakischen Nationalaufstands einen Aufstand in der größeren Region, ähneln sich die beiden Museen in ihrer Kommunikation mit ‚Europa' und zwar aufgrund von zwei Parallelen zwischen der Slowakei und Kroatien. Beide Staaten existierten vor den 1990er Jahren einzig während des Zweiten Weltkriegs als NS-Satellitenstaaten nach der Zerstückelung der Vielvölkerstaaten Tschechoslowakei respektive Jugoslawien. Beide NS-Kollaborationsregime wurden in den 1990ern als Meilensteine auf dem Weg zur Unabhängigkeit verklärt (wenn auch im Kroatien des Historikers Tuđman institutionalisierter als in der Slowakei unter Mečiar, der im Gegensatz zu Tuđman während der 1990er das Land auch nicht ununterbrochen regierte). Die Slowakei wiederum lief lange Zeit Gefahr, den Anschluss an die anderen für die EU-Osterweiterung 2004 vorgesehenen Länder in puncto Demokratisierung und wirtschaftliche Benchmarks zu versäumen (Miháliková 2006, 34), erfüllte die Beitrittsbedingungen dann aber in Rekordzeit in einer Art Aufholsprint. Beide Länder setzten ihre staatlichen Museen, deren LeiterInnen direkt vom Kulturministerium bestellt werden, als ‚Zugpferde nach Europa' ein, die sie vom Geschichtsrevisionismus der 1990er Jahre ‚reinwaschen' sollten.

In der zweiten Gruppe liegt die Spezifik der baltischen Staaten auf der Hand: Sie waren als einzige unter den heutigen EU-Mitgliedern Teil der Sowjetunion. Daraus folgt, dass auch die drei Museen eine besondere Verantwortung dafür trugen, ‚Europa' und der Welt die ‚überlebenswichtigen Okkupationsfakten' zu vermitteln: dass die Sowjetunion das Baltikum 1944 nicht befreite, sondern besetzte – wobei die in der NS-Zeit verfolgten Gruppen, die sehr wohl befreit wurden, hier nicht ‚zählen'. Insbesondere die größten Deportationswellen in den Gulag und die Zwangsansiedlungsgebiete 1941 und 1949 standen im Zentrum der Neuschreibung der Geschichte nach 1991. Die These vom ‚doppelten Genozid', einmal der Sowjets an den EstInnen, LettInnen und LitauerInnen, einmal des Nationalsozialismus (und seiner seltener erwähnten baltischen KollaborateurInnen) an der jüdischen Bevölkerung[136], wurde und wird bis heute in allen drei Staaten, wenn auch in etwas unterschiedlichem Ausmaß, im Kampf um die Anerkennung des ‚eigenen' Leidens eingesetzt. Wie später noch zu zeigen sein wird, findet in den letzten Jahren in den Museen jedoch ein teilweises Abrücken von dieser Strategie statt.

Bleibt schließlich noch der Fall Ungarn mit zwei gegensätzlichen Museen: Das Haus des Terrors in Budapest gehört ebenfalls eindeutig zur zweiten Gruppe von Museen, in der das Leiden unter staatssozialistischen Repressionen im Vordergrund steht und die Erinnerung an die NS-Opfer als bedrohlich für die eigene (kollektive) Opfererzählung erscheint. Doch sowohl dieses Museum als auch das Budapester Holocaust-Gedenkzentrum wurde in seiner ersten Regierungsperiode von Viktor Orbán (1998–2002) initiiert. Die beiden staatlichen Museen sind un-

---

[136] Roma wurden, wie erwähnt, einzig im lettischen Museumsguide sporadisch angesprochen.

zweifelhaft verschiedenen Typen zuzuordnen.[137] Die Tatsache aber, dass sie sich in derselben ungarischen Hauptstadt befinden und gegensätzliche Geschichtsentwürfe präsentieren, verweist auf die Zerrissenheit der ungarischen Erinnerungskultur in dieser Phase. Im Haus des Terrors wird Miklós Horthy, der Ungarn in der Zwischenkriegszeit zunehmend autoritär regierte, als Demokrat verklärt, im Holocaust-Gedenkzentrum demgegenüber als autoritärer Regent vorgestellt, der antisemitische Politik beförderte. Während das Haus des Terrors versucht, die Verantwortung für den Holocaust in Ungarn, sofern dieser überhaupt behandelt wird, zur Gänze den NationalsozialistInnen und wenigen „ungarischen Nazis", wie die PfeilkreuzlerInnen dort bezeichnet werden, anzulasten, wird die ungarische Mitverantwortung für den Holocaust im anderen Museum schonungslos aufgearbeitet, bis hin zu ausnehmend seltenen visuellen Repräsentationen von der Bevölkerung als Täter – und sogar als Täterinnen. Die Zweiteilung der Budapester Museumslandschaft hängt auch mit der zwei- oder sogar dreigeteilten Geschichte Ungarns im Zweiten Weltkrieg zusammen. Das NS-Kollaborationsregime unter Horthy eignet sich offenbar noch für eine Verklärung im Haus des Terrors, aber die zwar nach der deutschen Besatzung, jedoch noch unter Horthy erfolgte Vernichtung der ungarischen Jüdinnen und Juden muss davon irgendwie abgespalten werden – und zwar indem man das vage mit dem erst später installierten NS-Marionettenregime der PfeilkreuzlerInnen verknüpft. Als dieser Drahtseilakt, den das Haus des Terrors vollführt, auf heftige inländische, aber auch internationale Kritik stößt, muss ein zweites Museum her, das die ‚Anrufung Europas' betreibt und eine Art Gleichgewicht herstellt. Was sich seit dieser Zweiteilung der Museumslandschaft mit der Regierung Orbán II seit 2010 gravierend verändert hat, wird weiter unten ausgeführt.

4.3.3 Die ‚In-Betweens'

Zunächst aber zu jenen Museen, die von dieser Struktur der beiden Gruppen abweichen – und den Gründen hierfür. Die Gedenkstätte Theresienstadt/Terezín und das Museum des Warschauer Aufstands werden im Folgenden zu der oben entwickelten Typologie der unterschiedlichen Kommunikation mit ‚Europa' ins Verhältnis gesetzt.

---

137 Bogumił et al. (2018, 5–6) unterscheiden zwischen Museen als „Tempel", welche (wie das Haus des Terrors) *die Wahrheit* zeigen wollen, und Museen als „Forum", die (wie das Holocaust-Gedenkzentrum) offene Fragen und Dilemmata wie die Beurteilung von ‚Judenräten' multiperspektivisch zur Diskussion stellen.

4.3.3.1 Theresienstadt/Terezín

Das markante Gegenbeispiel zur ‚Anrufung Europas', wie sie in der Slowakei, in Kroatien und Ungarn betrieben wird, bietet Tschechien bzw. die Gedenkstätte Theresienstadt. Tschechien verortet seine „goldene Ära" nationaler Unabhängigkeit in der demokratischen Zwischenkriegszeit, also im Gegensatz zu allen anderen hier untersuchten Ländern weder in einem NS-Satellitenstaat, noch einem Staat der Zwischenkriegszeit, der sich in den 1930ern zu einer Diktatur entwickelte. Die Tschechoslowakei blieb als einziger der später sozialistischen Staaten bis zum Münchner Abkommen und der Annexion des Sudetenlandes durch NS-Deutschland am 1. Oktober 1938 demokratisch, erst dann folgten Monate autoritärer Herrschaft bis zur deutschen Besatzung der böhmischen Länder. (Brenner 2008, 104; Iggers 2004, 777) Diese kurze Zeit der sogenannten „Zweiten Republik" war und ist ein kontrovers diskutierter Gegenstand. (Kolář und Kopeček 2007, 207) Doch das „Erbe der Ersten Republik eignet sich aus vielen Gründen als Quelle von Legitimität: Sie war eine parlamentarische Demokratie und blieb dies auch noch, als in allen Nachbarstaaten autoritäre oder totalitäre Regimes die Macht übernommen hatten." (Brenner 2008, 104)

Die Slowakei hätte sich zwar theoretisch auf dieselbe ‚goldene Ära' der Demokratie berufen können, doch dies wäre eben keine Ära *nationaler Unabhängigkeit* gewesen und erwies sich daher als nur bedingt geeignet für die slowakische Neuschreibung von Geschichte nach 1989. Das Protektorat Böhmen und Mähren, zu dem das ‚Dritte Reich' die tschechischen Länder zerschlug, eignete sich umgekehrt keinesfalls als ‚goldene Ära', die in den 1990ern in Tschechien geschichtsrevisionistisch hätte verklärt werden können. Und auch wenn in Tschechien Euroskeptizismus bis heute weit verbreitet ist und das Land ebenfalls mit autoritären Tendenzen kämpft, so standen dennoch demokratische Grundfeste nie in vergleichbarem Ausmaß in Frage wie in Kroatien oder der Slowakei der 1990er Jahre, die starke autoritäre Züge aufwiesen. Tschechien musste also vor dem EU-Beitritt weder einen Beweis seines Europäischseins, noch seiner Demokratietauglichkeit antreten. (Radonić 2021)

Das ist, so meine These, der Grund dafür, warum in der ebenfalls staatlichen Gedenkstätte Theresienstadt keine mit dem slowakischen oder kroatischen Fall irgendwie vergleichbare ‚Anrufung Europas' stattfindet. Eine individualisierende Darstellung der Opfer lässt sich, wie ich im Kapitel über die sozialistische Ära gezeigt habe, bereits 1988 nachweisen – und wird auch in der heutigen Dauerausstellung im Ghetto-Museum aus 2001 wie im aktuellen Führer von

2003 fortgesetzt.[138] Besonders in der Ausstellung über die Kinder unter den GhettoinsassInnen im Erdgeschoss des Museums wird auf Empathie mit den Opfern gesetzt. Im Führer wird ein Einzelschicksal als Verweigerung gegen die Reduktion der Opfer auf Zahlen vorgestellt:

> In der Ausstellung ist es nicht möglich, das Schicksal jedes Einzelnen von Zehntausenden Menschen, die das Ghetto in Theresienstadt durchliefen, nahe zu bringen. Stellvertretend für alle wurde deshalb ein Gefangener ausgewählt, an dessen Beispiel die Sprache der nüchternen statistischen Angaben, die die grauenvollen Zahlen von Deportierten und Toten anführen, personifiziert wird. (Blodig 2003, 87)

Ein externer Zweck, der damit angestrebt wurde, ist in diesem Fall aufgrund der Kontinuität der Individualisierung nicht zu erkennen. Im Gegenteil gehörte hier Theresienstadt eher zu den Vorreitern dieser Entwicklung hin zum Fokus auf individuelle Zeugnisse, vor allem Zeichnungen der Opfer. (Abb. 37)

Abb. 37: Individuelle Zeugnisse in Theresienstadt.

Die Ästhetik der heutigen Ausstellung im Ghettomuseum ist ebenfalls eine völlig andere als in Jasenovac oder im Holocaust-Gedenkzentrum in Budapest, die beide mit dunklen Räumen, weißen Namen der Opfer vor dunklem Hintergrund und wenigen auratischen Zeugnissen der Opfer in Schaukästen arbeiten. Im

---

138 Für die Darstellung der personellen und politischen auf Theresienstadt bezogenen Fragen siehe das Kapitel über die 1990er Jahre.

Ghettomuseum finden sich hingegen die BesucherInnen im ersten großen Raum im ersten Stock in einer hellen Umgebung wieder, die das Innere des Ghettos darstellt (mit Texttafeln mittendrin und an den Wänden), umgeben von symbolischen Fenstern, die den Blick auf Häuserfluchten im Ghetto und einen (gemalten) blauen Himmel freigeben. (Abb. 38) Auch der zweite Raum, der Platzmangel, Hunger, Tod, Arbeit, Gesundheit, Kultur und Religion gewidmet ist, ist hell gehalten. Eine Anpassung an die Ästhetik ‚westlicher' Holocaust-Museen als Beweis des Europäischseins scheint hier nicht vonnöten. Das einzige typische Element, für die Deportation stehende Schienen, findet sich nur in Form von zwei rot leuchtenden Linien am Boden wieder.

Abb. 38: Helle Ästhetik im Ghetto-Museum in Theresienstadt.

Auch auf der Textebene[139] schienen keine Verweise auf ‚internationale Standards' oder ExpertInnen nötig, auf die sich die AusstellungsmacherInnen berufen. Die beiden Gedenkstätten unter den zehn hier untersuchten Museen,

---

[139] Die postsozialistischen Ausstellungen und Museumsführer durch die beiden ständigen Ausstellungen im Museum der Kleinen Festung und im Ghetto-Museum tragen die Handschrift des Historikers Vojtěch Blodig, dem stellvertretenden Leiter der Gedenkstätte, der die Guides entweder alleine oder mit einem Team verfasste. Ausnahmen sind der von Ludmila Chládková verfasste Führer durch das Ghetto aus 1991 (Neuauflage 1995, neue Übersetzung und Bebilderung 2007) sowie die von ihr 2007 veröffentlichte kleine Broschüre über den in den 1990ern entdeckten jüdischen Betraum im ehemaligen Ghetto.

Theresienstadt und Jasenovac, weisen also als *In-situ*-Orte kaum Gemeinsamkeiten auf: Terezín ist an über einem Dutzend Orte innerhalb und rund um die Festungsstadt mit Ausstellungen und Gedenkstätten darum bemüht, die Komplexität des Ortes zu vermitteln, während Jasenovac sehr stark auf den Ort des Hauptlagers fixiert ist und die frühen Lager des Komplexes gar nicht eingebunden sind. (Radonić 2021)

Trotz des weitaus geringeren Ausmaßes der Kollaboration in Tschechien als im slowakischen oder kroatischen Fall finden sich aber auch in den aktuellen Guides zum Ghettomuseum und der Kleinen Festung ähnliche Mechanismen der Externalisierung von Verantwortung. NS-Täter werden in der Ausstellung ausführlich behandelt. Auch Täterinnen werden hier genannt: „Der große Schreck der Frauenunterkünfte in Theresienstadt waren die Angehörigen des Hilfspersonals der SS aus dem nahe gelegenen (damals deutschen) Litoměřice. Eine von ihnen war Elfriede Hübsch, die am 22. Januar 1947 zu 15 Jahren schweren Kerkers verurteilt wurde." Einheimische Täter sind in Katalog und Ausstellung hingegen nur auf einem Foto zu sehen, das die Sonderabteilung der Protektoratsgendarmerie für Wach- und Eskortierdienste zeigt. Tschechische KollaborateurInnen werden nur an zwei Stellen im Guide des Ghettomuseums erwähnt und beide sind problematisch. An der ersten Stelle werden – in der Ausstellung und wortgleich im Guide – einerseits die „eifrigen einheimischen Kollaborateure aus den Reihen der tschechischen Faschisten und Protektoratsbehörden" klar benannt. Andererseits ist dies gekoppelt an die Feststellung, dass ihnen

> die Okkupationsorgane die Teilnahme an der Ausplünderung der jüdischen Bevölkerung nicht [erlaubten], sie hielten die „Arisierung", wie sie den organisierten Raub jüdischen Eigentums nannten, fest in den eigenen Händen. Ihre Strategie ging davon aus, dass nach der Lösung der „Judenfrage" die Lösung der tschechischen Frage folgt. Die „Arisierung" wurde eines der Instrumente für die schrittweise Germanisierung des tschechischen Raums. Ausgangspunkt für ihre Verwirklichung wurde die Verordnung des Reichsprotektors Konstantin von Neurath über das jüdische Eigentum vom 21. Juni 1939, die die Gültigkeit der Nürnberger Gesetze auf dem Gebiet des Protektorats offiziell einführte. Die Verordnung erhielt auch eine Verfügung, dass der „Arisierung" nicht nur Unternehmen mit jüdischer Beteiligung unterliegen, sondern auch solche, die unter „jüdischem Einfluss" stehen. (Blodig 2003, 23–24)

Die Stelle ist komplex: Erstens wird problematisiert, dass sich die tschechischen KollaborateurInnen nicht an der Beraubung der Jüdinnen und Juden beteiligen durften. Zweitens wird der Terminus ‚Lösung' für die ‚tschechische' wie für die ‚jüdische' ‚Frage' verwendet, ohne deutlich zu machen, dass in ersterem Fall nicht die industrielle Massenvernichtung der tschechischen Bevölkerung geplant war. Und drittens werden die TschechInnen als Opfer der Arisierung stilisiert, da damit der Raum ‚germanisiert'[140] werden sollte und auch der bloße Verdacht ‚jüdischen Einflusses' für eine Enteignung gereicht habe. Diesem letzten Punkt widerspricht Jaroslava Milotová, wenn sie nachweist, dass es sich bei „unter jüdischem Einfluss" um eine gängige Formulierung in NS-Verordnungen – auch für Österreich/die Ostmark – handelte. (Milotová 2002, 96) Als ‚Problem' wird hier jedenfalls in allen drei Punkten nicht die Beraubung der jüdischen TschechInnen verhandelt, sondern deren negative Auswirkungen für nicht-jüdische TschechInnen.

Auch im Führer zur Kleinen Festung wird die Verhandlung der Arisierung gekoppelt an die Behauptung, ‚die Tschechen' wären als nächste ‚an der Reihe' gewesen: „Endziel der nationalsozialistischen Politik im Protektorat war die Germanisierungspolitik des gesamten hiesigen Raumes. Der größere Teil der Bevölkerung sollte nach und nach beseitigt, der Rest dann eingedeutscht werden." (Blodig et al. 2009, 12) Der Führer enthält aber auch erstmals das Foto eines tschechischen Kollaborateurs der Protektoratsregierung, Minister Emanuel Moravec, „der zum Symbol einer kompromisslosen Kollaboration mit den Nationalsozialisten und zum Symbol des Verrats der nationalen Interessen der Tschechen wurde" (Blodig et al. 2009, 10–11).

Die zweite Erwähnung von Kollaboration im Ghettomuseum-Führer betrifft die Protektoratsgendarmerie, die Wachdienste im Ghetto übernahm:

> Die gewöhnlichen Mitglieder dieser Einheit verhielten sich in der überwiegenden Mehrheit den Gefangenen gegenüber menschlich und oft fast solidarisch. In vielen Fällen vermittelten sie unter großen Gefahren Kontakte der Gefangenen mit der Außenwelt. Damit unterschieden sie sich stark von ihren hohen Offizieren, den Kollaborateuren Oberleutnant Janeček (der bald die deutsche Schreibweise seines Namens verwendete – Janetschek) und seinem Nachfolger Leutnant Hasenkopf, die bei der Verfolgung und Peinigung der Gefangenen den Angehörigen der SS-Kommandatur in nichts nachstanden. (Blodig 2003, 32)

Als die einzigen einheimischen Täter werden der nicht mehr als Tscheche ‚zählende' (im Kapitel über die staatssozialistische Ära bereits erwähnte) Janetschek sowie ein Leutnant mit einem deutschen Namen präsentiert. In der Ausstellung kommt diese Stelle ohne Externalisierung von Verantwortung aus: „Der Lagerkommandatur wurde eine Sonderabteilung der Protektoratsgendarme-

---

[140] Blodig führt in einer kritischen Rezension des Buches von Wolf Gruner über *Die Judenverfolgung im Protektorat Böhmen und Mähren* aus, worauf sich diese These stützt: Gruner würde die tschechischen und deutschen Arisierungsversuche gleichsetzen, „obwohl der Autor weiter im Text zugibt, bereits im Sommer 1939 sei klar gewesen, dass die ‚Arisierung', wie es in einer Beschwerde [Emil] Háchas beim Reichsprotektor hieß, ein Instrument der Germanisierung werde." (Blodig 2017, 142)

rie für Wach- und Eskortierdienste zugeteilt. Deren Befehlshaber war der Kollaborateur Oberstleutnant Janeček."

Die Ausstellung thematisiert auch die antisemitischen Maßnahmen der Protektoratsregierung viel stärker als der Katalog. Neben ausgestellten tschechischen Zeitungsausschnitten mit antijüdischen Verordnungen heißt es in der Ausstellung: „Die tschechischen Faschisten steigerten nach der Okkupation ihre antijüdische Hetze und bemühten sich um einen Anteil an den Raubzügen gegen die jüdische Bevölkerung." Es wird die „Regierungsverordnung der verstümmelten Tschecho-Slowakei über den Ausschluss der Juden aus dem staatlichen Dienst" gezeigt. Neben einem tschechischen antisemitischen Zeitungsartikel mit dem Titel „Was wird in der Judenfrage getan werden?" aus 1938 heißt es: „Die tschechischen Antisemiten versuchten, sich der Politik Hitler-Deutschlands anzupassen." Die Ausstellung aus 2001 ist also in diesem Punkt im Gegensatz zum Katalog aus 2003 um selbstkritische Aufarbeitung der tschechischen Kollaboration bemüht, was vermutlich dadurch zu erklären ist, dass einer Dauerausstellung mehr Deutungskämpfe vorangehen als der Herausgabe einer Publikation und somit mehr Perspektiven einfließen.

Es ist nicht überraschend, dass sich die Frage der Kollaboration als die ‚heikelste' in den Ausstellungen herausstellt. Aber es ist interessant, dass unabhängig vom tatsächlichen historischen Ausmaß der Kollaboration (Satellitenstaat oder Protektoratsregierung und -gendarmerie), und unabhängig davon, welche Funktion das Museum für die Kommunikation mit ‚Europa' einnimmt, ähnliche Externalisierungsmechanismen der Schuld- und Erinnerungsabwehr (Rensmann 2017, 6) zu beobachten sind.

4.3.3.2 Das Museum des Warschauer Aufstands (2004–2006)

Das größte und bevölkerungsreichste postsozialistische EU-Mitgliedsland kam in diesem Kapitel bisher nicht vor: Polen. Das Museum des Warschauer Aufstands wurde, nach langen vergeblichen Bemühungen, die in der Einleitung geschildert wurden, schließlich erfolgreich von Lech Kaczyński initiiert, der damals Stadtpräsident, also Bürgermeister von Warschau war und dessen Vater am Aufstand teilgenommen hatte, der am 1. August 1944 gegen die NS-Besatzer begann und nach 63 Tagen blutig niedergeschlagen wurde. Kaczyński setzte 2003 ein Team um Direktor Jan Ołdakowski ein, einen Ehrenausschuss aus 57 Veteranen, Geistlichen und VertreterInnen aus Wissenschaft und Kultur sowie einen Programmausschuss aus zwölf HistorikerInnen, MuseologInnen und VermittlungsspezialistInnen. (Dąbkowska-Cichocka et al. 2007a, 15) Das Museum wurde zwischen 2004 und 2006 mit öffentlichen Geldern in Etappen im Gebäude eines alten Straßenbahnelektrizitätswerks eröffnet, das unter der Leitung des Krakauer Architekten

Wojciech Obtułowicz adaptiert wurde: ein 35 Meter hoher Turm mit einer Panorama-Plattform wurde angebaut.[141] Direktor Ołdakowski, zuvor Stadtratsmitglied, ist ein Kulturmanager und Politiker, der 2005 für die PiS ins Parlament gewählt wurde und sich 2010 der PiS-Abspaltung „Polen ist am wichtigsten" (*Polska Jest Najważniejsza*) anschloss.[142]

2004 bei der ersten Etappe der Museumseröffnung war Kaczyński noch nicht Staatspräsident und der postkommunistische Bund der Demokratischen Linken (SLD) führte die Regierung an, doch das Museum war eine wichtige Säule der Geschichtspolitik der PiS-Partei. Mit dem Wahlsieg der PiS 2005 wurde es zu ihrem Flaggschiff. Das Museum kooperiert mit der Stadtregierung bei der Organisation von Veranstaltungen über die polnische Geschichtspolitik, die im Museum stattfinden. (Kurkovska-Budzan 2006, 139) Neben biographischen Motiven Kaczyńskis ermöglichte das Museum auch

> eine Institutionalisierung des Mythos der Warschauer Erhebung. Dieser wiederum unterstützte ab 2005 den Gründungsmythos einer neuen, „Vierten Republik", der von Lech Kaczyński als Präsident der Republik Polen und von Jarosław Kaczyński als Regierungschef geprägt wurde: sich vom Erbe der Volksrepublik Polen abgrenzen und von den antikommunistischen Unabhängigkeitstraditionen aus der Zeit des Ersten und Zweiten Weltkrieges beeinflusste Verhaltensmuster propagieren. (Król 2011, 185)

Das Museum strebt danach, eine wesentliche Rolle in der polnischen Gesellschaft zu spielen: „Erziehung und Meinungsbildung dienen zur Propagierung eines bestimmten Patriotismuskonzepts. Die Rolle eines nationalen Heiligtums des Patriotismus behielt das Museum auch nach Kaczyńskis Abwahl: Dort leisten Funktionäre der Spionageabwehr einen feierlichen Eid ab." (Majewski 2011, 156) Dem Guide zufolge handelt es sich um ein Museum

> particularly defined by patriotism, attachment to freedom, and the fight for independence. [...] from the unsophisticated factory function, it was given a partially sacred function nearly one hundred years later. This is not just a matter of the chapel, but also the Wall of

---

141 Das Konzept stammt von Direktor Jan Ołdakowski, dem Historiker Paweł Kowal, der Theaterwissenschaftlerin Lena Dąbkowska-Cichocka und Joanna Bojarska. (Wiącek 2012, 410) Das Ausstellungsdesign entwickelten drei Absolventen der Polnischen Akademie der Künste: Mirosław Nizio, der auch das Museum im ehemaligen Vernichtungslager Bełzec, das Museum der Geschichte der polnischen Juden und das Ulma-Family Museum of Poles Who Saved Jews in World War II gestaltete, sowie Jarosław Kłaput und Dariusz Kunowski. (*Rzeczpospolita*, 31.7.2004) Ich danke Karolina Trzyna für die Recherche und Übersetzung der Artikel aus dem Polnischen.
142 Diese wurde 2013 in „Polen zusammen" (*Polska Razem*) integriert, die sich 2015 in „Polen Zusammen – Vereinigte Rechte" umbenannte und 2015 wiederum ein Wahlbündnis mit der PiS schloss. Seit 2017 heißt die Partei „Einigung" (*Porozumienie*).

Remembrance, the Freedom Park and numerous places in the exposition. The power plant became a kind of patriotic sanctuary.[143]   (Dąbkowska-Cichocka et al. 2007a, 9)

Im Audioguide heißt es, ungewöhnlich für Gedenkmuseen und historische Museen aller Art: „Wir laden Sie außerdem jeden Sonntag um 12:30 zur Heiligen Sonntagsmesse in der Kapelle des Seligen Vaters Józef Stanek ein, die von dem Museumskaplan zelebriert wird." In der Ausstellung wird Stanek in der Überschrift zu einer Texttafel als „Martyr chaplain" bezeichnet, da er bei der Evakuierung nach dem Aufstand seinen Platz an einen verwundeten Soldaten abgetreten habe. Drei Fotos zeigen den Papst bei seiner Seligsprechung 1999 zusammen mit 107 weiteren „Polish martyrs for Faith and Motherland".

KritikerInnen wenden ein, der Vizedirektor des Museums Paweł Ukielski dichte den Aufstand, der zur völligen Zerstörung Warschaus führte, zu einem Sieg um:

> While its immediate results were tragic, the memory of having resisted totalitarianism sustained and strengthened people during communism as well as discouraged them from beginning another uprising prematurely. Real victory – informed by the memory of the Rising and the legacy of the Polish underground state – came about in 1989 with the end of communism in Poland. The emergence of Poland as an independent and democratic country, Ukielski said, was ultimately a product of the Rising's legacies.
> (Żychlińska und Fontana 2016, 248f)

Ukielski nährt auch die Forderung nach einer von der PiS angeführten Vierten Republik: Dem Vizedirektor zufolge habe die Dritte Republik der 1990er Jahre Ignoranz in Bezug auf die Vergangenheit an den Tag gelegt. Im 21. Jahrhundert hätten dann die Polen begriffen, dass ein derart „kaltes" Gemeinschaftskonzept nicht funktioniere und dass nur eine „Erinnerungsgemeinschaft" wirklichen Wandel bringen könne. Deshalb sei das Aufstandsmuseum gegründet worden. (Ukielski 2006) Das Museum „conveys tradition of Polish 19th century romanticism, its ideas and values expressed in the slogan ‚God – Honor – Homeland' and plays a crucial social role in shaping and maintaining uncritical, mythologized and nationalistic history of the Poles." (Kurkowska-Budzan 2006, 140)

Es ist erstaunlich, wie wenig sich in der Sekundärliteratur über die Museumseröffnung findet – abgesehen von einem Text von Żychlińska und Fontana (2016). Sie fand am 31. Juli 2004 statt, dem Vortag des 60. Jahrestags des Aufstands. Dabei ist es dasjenige Ereignis, dem die Medien im Vergleich mit allen

---

143 Letzterer Ausdruck – *patriotyczną świątynią*, wie es sowohl in der alten als auch in der neuen polnischen Guideausgabe heißt (Dąbkowska-Cichocka et al. 2007b, 9; Dąbkowska-Cichocka et al. 2014, 13), wurde in der englischen Übersetzung 2015 geändert und heißt nun neutraler: „Quite literally the power plant turned into a place of remembrance." (Dąbkowska-Cichocka et al. 2015, 13)

anderen hier untersuchten Museen bei weitem die meiste Aufmerksamkeit widmeten, sodass jeder noch so kleine Aspekt genauestens medial ausgeleuchtet wurde, so etwa die Fertigstellung einer Panzerreplik, das Anbringen einer Glocke im Außenbereich (*Rzeczpospolita*, 26.7.2004), die Lichtprobe vor der Eröffnung (*Rzeczpospolita*, 30.7.2004) oder die Tatsache, dass der ‚Kanal', eine besondere Museumsattraktion, noch nicht fertig sei. (*Rzeczpospolita*, 21.9.2004) CNN und BBC berichteten live über die Feierlichkeiten, an denen auch der deutsche Kanzler Gerhard Schröder, US-Außenminister Colin Powell und der britische Vizepremier John Prescott teilnahmen.[144] Lech Kaczyński, der während der dreitägigen Eröffnungsfeierlichkeiten zwölf Reden hielt (*Rzeczpospolita*, 4.9.2004), wird von der Zeitung *Rzeczpospolita* buchstäblich zum Helden erklärt:

> Der Präsident von Warschau Lech Kaczyński ist seit drei Tagen, neben den Aufständischen, der Held Nummer 1 in der Hauptstadt. Seine Bestimmtheit führte zur Eröffnung des Museums des Warschauer Aufstands – nach Jahren von Erwartung und vergrabener Hoffnung. (*Rzeczpospolita*, 2.8.2004)

Kritische Stimmen sind in *Rzeczpospolita*, in der die meisten Artikel zum Museum von der Journalistin Izabela Kraj stammen, die große Ausnahme. (*Rzeczpospolita*, 4.9.2004)[145] In der *Gazeta Wyborcza* findet sich hingegen ein breites Spektrum an Reaktionen: von beißender Kritik an der „potemkinschen" Eröffnung in Etappen (*Gazeta Wyborcza*, 9.7.2004) bis zur glühenden Verteidigung (*Gazeta Wyborcza*, 6.8.2004). Die Zeitung verlieh dem Museum die Auszeichnung als „Ort des Jahres" 2005.

Die hypermoderne Ausstellung arbeitet, ähnlich wie das Haus des Terrors, mit Inszenierung und Überwältigung, Geräuschen von Bomben, Explosionen, Zivilschutzalarmen und Aufständischenliedern. Oder um es mit den Worten von Vizedirektor Ukielski positiv zu formulieren: Es werde „eine Unmenge an Anreizen verschiedenster Art gegeben – akustische, visuelle und multimediale." (Ukielski 2011, 214) Als erstes modernes Museum habe es neue Standards in der polnischen Museumslandschaft gesetzt. (Szczepanski 2012, 274, Niżyńska 2010, 472; Bömel-

---

144 Putin erklärte anlässlich des Jahrestags des Aufstands: „60 Jahre trennen uns von dem Tag, an dem die Warschauer begannen, gegen die nationalsozialistischen Angreifer zu kämpfen. Dieser Aufstand, ein Heldenkampf polnischer Patrioten in der Zeit des Zweiten Weltkriegs, wurde ein wichtiger Beitrag zu unserem gemeinsamen Sieg." (*Rzeczpospolita*, 2.8.2004)
145 Einmal erfahren wir, dass der ehemalige Aufständische, Poet und Essayist Jerzy Ficowski es ablehnte, Mitglied des Ehrenkomitees des Museums zu werden: „Ich fand einfach, dass man zum Aufstand gehen sollte. Aber ich werde nicht verbergen, dass es für mich eines der tragischsten Erlebnisse in meinem Leben war. Ich halte es nicht für ‚ein schönes Kapitel' in meinem Lebenslauf und in der Geschichte meiner Stadt und meines Landes, sondern für die größte blutige Hekatombe, die uns getroffen hat. Fast alle meine Freunde kamen ums Leben." (*Rzeczpospolita*, 4.9.2004)

burg und Król 2011, 16; Król 2011, 186) Dafür hat sich für polnische Museen der Begriff des ‚narrativen Museums' durchgesetzt. Vizedirektor Ukielski zufolge soll „das Museum seinen Gegenstand erzählerisch darstellen, als eine Abfolge von Ereignissen. Deshalb wurden sämtliche Darstellungsmittel – Fotografien, Filme, Texttafeln, multimediale Darstellungen, szenische Installationen und nicht zuletzt die historischen Objekte – dem Zweck einer vielgestaltigen Erzählung über den Warschauer Aufstand untergeordnet." (Ukielski 2011, 214)

Der Museumsdirektor beschreibt die Form der Ausstellung so: „Wir zeigen die Geschichte wie in einem amerikanischen Film. Wir haben hier die Einführung, die Steigerung der Handlung, den Höhepunkt und die Lösung. [...] Wir arbeiten vor allem mit dem Bild. Der Text – auf Polnisch und auf Englisch – ist nur eine Ergänzung." (*Gazeta Wyborcza*, 2.10.2004) Die Ausstellung will „den Besucher in ihre Erzählung förmlich hineinziehen, indem sie alle Möglichkeiten ausschöpft, um die Atmosphäre der Aufstandstage zu vermitteln", so der Vizedirektor. (Ukielski 2011, 214) Wortgewandt bringt es diese Beschreibung auf den Punkt: „Visitors live through a spectacular and supercharged experience of Warsaw in the grip of war. The route through the museum is presented as a vertiginous free fall through history through which one enters the cosmos of martyrs and saints – the men and women who fought in 1944 to save the city." (Crowley 2011, 367)

Die Beschreibung erinnert an das Haus des Terrors: „In diesem Museum sind die reale Welt und die virtuelle Wirklichkeit miteinander verflochten. Echte Pflastersteine und Erinnerungsgegenstände der Aufständischen und daneben künstliche Ruinen, Plasmabildschirme und Telefongeräte, mit deren Hilfe man die Aufständischen anrufen kann." (*Gazeta Wyborcza*, 2.10.2004) BesucherInnen können zu jedem der 63 Aufstandstage an der entsprechenden Stelle im Museum ein Kalenderblatt mit den wichtigsten Ereignissen abreißen, über Kopfsteinpflaster gehen oder das während des Aufstands operierende Palladium-Kino besuchen, das von einem Aufständischen aufgenommene Filmaufnahmen zeigt. Im ersten Stock sind auch stilisierte Grabsteine zu sehen sowie Ruinen mit Szenen aus den letzten Tagen des Aufstands. Besonders sticht ein Bereich heraus, der im Audioguide als Gedenkstätte bezeichnet wird: Ruinen symbolisierende Metallwände mit eingelassenen Porträts von Aufständischen, davor eingebettet in den Pflasterstein stilisierte Gräber mit improvisierten Grabinschriften, etwa einem beschrifteten Holzkreuz. „A forest of crosses grows in the city", heißt es dazu.

Ausstellung und Guide laden zur Identifikation mit den Aufständischen ein (Heinemann 2013, 482), man solle ihre Gefühle nachempfinden:

> How would I respond to the outbreak of the Rising? Where would I be? How do I evaluate that or a different situation from the view-point of my fate, that of my family or ultimately

the country at large? This question about a personal assessment comprises an important experience of the Museum we are inviting to. (Dąbkowska-Cichocka et al. 2007a, 8)

Im Nachbau der Kanalisation „the low and narrow corridor forces visitors to bend down and squeeze through in the dark, giving a sense of what the insurgents had to go through." (Dąbkowska-Cichocka et al. 2007a, 184) Die Ausstellung ermuntere die BesucherInnen jedoch nicht „to ask the question of whether the Rising was worthwhile, and this is not simply by omission. These are the politics of memory in action." (Waśkiewicz 2010, 56)

Die Einladung zur ungebrochenen, unkritischen, patriotischen Identifikation mit dem Aufstand geht Hand in Hand mit einer Mobilisierung der Jugend. Bereits die Eröffnungsevents wurden von einem landesweiten PfadfinderInnentreffen begleitet. 500 von ihnen nahmen am feierlichen Gottesdienst teil, hielten Wache auf dem Friedhof Powązki und beim Grab des unbekannten Soldaten, verteilten kalte Getränke gegen die Hitze bei der Eröffnung und halfen bei den Feierlichkeiten. (*Gazeta Wyborcza*, 29.7.2004; 2.8.2004; *Rzeczpospolita*, 20.7.2004)

Das Museum richtet sich auch explizit und stärker als andere Museen mit Gedenkcharakter an Kinder. Es sei Vizedirektor Ukielski (2011, 216) zufolge die einzige Einrichtung, „die spezielle Unterrichtseinheiten auch für Kindergärten anbietet. Wir sind davon überzeugt, dass die historische Erziehung mit staatsbürgerlichem Akzent bereits möglichst früh, am besten im ‚fortgeschrittenen Kindergartenalter', einsetzen sollte." Für Kinder ist ein eigener „Saal der kleinen Aufständischen" eingerichtet worden, ein bunter Raum mit einem Holzboden. An der Decke hängen Modellkampflugzeuge, überall stehen Teddybären und Spielzeug. Bereits im Vorfeld der Eröffnung heißt es: „Auf Kindergartenkinder werden hier handgemachte Teddys (die gleichen, wie sie Gleichaltrige vor 60 Jahren hatten) warten. Ältere Kinder werden etwas vom Aufstand erfahren können, indem sie zum Beispiel Feldpost spielen." (*Gazeta Wyborcza*, 21.9.2004) Im Guide wird ausgeführt: „Among many period toys and games, children can draw, play with replica puppet theatre from the Rising, build a barricade or re-enact the experience of their peers in the Scouts' Field Postal Services." (Dąbkowska-Cichocka et al. 2007a, 57) Auf einer Videowand sind als Aufständische verkleidete Kinder zu sehen, die ein Aufstandslied singen, die kleinen BesucherInnen können verschiedene Stempel mit Bezug zum Aufstand auf eine Stempelkarte drücken.

An der Wand steht eine Replik der Statue des „Kleinen Aufständischen" aus 1983: „The little boy with a weapon slung over his shoulder and an oversize helmet symbolizes the freedom that remains an overriding value for all Poles." Hier wird also nicht etwa die Schrecklichkeit des Krieges, die auch Kinder trifft, thematisiert. An einer weniger prominenten Stelle heißt es aber dann doch: „The Rising is a very difficult time for children". Es überwiegt jedoch der Eindruck, der Aufstand sei ein Spaß gewesen. Die Rolle von Kindern im Aufstand wird thematisiert, etwa als ein 10-jähriges Kind durstige Wachposten mit kühler Limonade rettete. Als Held wird ein 12-jähriger Kurier vorgestellt, Korporal Witold Modelski, der an den Kämpfen mitwirkte und für seine Tapferkeit ausgezeichnet wurde, bevor er als einer der letzten Aufständischen in Czerniaków starb. Ausgestellt ist ein Foto von ihm mit Helm und Gewehr als Vergrößerung aus einem Zeitungsausschnitt. Nur vereinzelte Elemente gehen in eine andere Richtung: etwa die Geschichte eines namentlich benannten Mädchens, das nach dem Aufstand die Stadt verlassen musste und zwei Puppen mitnahm, eine von ihnen und eine ihrer getöteten Schwester. Auch die Kinder werden also zur ungebrochenen Identifikation mit dem Aufstand eingeladen.

Außerhalb dieses Raums wirft der Besuch von Kindergartenkindern jedoch die Frage auf, wie diese davor geschützt werden können, ‚drastische' Film- und Fotodokumente anzusehen. Ähnlich wie das USHMM hat auch das Warschauer Aufstandsmuseum diese auf erhöhten, waagrechten Flächen angebracht, die von einer Art Mauer umgeben sind. Paradigmatisch für andere Museen verdeutlicht die Praxis hier jedoch die Problematik dieses Zugangs: Das Unerreichbare übt einen besonderen Reiz aus und daher heben viele Eltern ihre Kinder hoch. Obwohl dort ein Warnschild sagt: „Attention! Drastic scenes!" sehen die Kinder dann bei der Installation im Erdgeschoss etwa Opfer medizinischer Experimente, anonyme Leichenberge und verstümmelte Opfer aus dem Warschauer Ghetto, aus Dachau, Auschwitz, Birkenau, Ravensbrück, Mauthausen sowie polnischen Orten von Massakern wie etwa jenem in Wawer, einem Stadtteil Warschaus, im Jahr 1939. Dies führte jedoch nicht dazu, die patriotische Einladung an Kinder grundlegend zu überdenken.

Trotz dieses patriotischen Charakters des Museums muss aber auch festgehalten werden, dass es im Gegensatz zum Haus des Terrors nicht vollends das Konzept eines Bühnenbilds übernimmt: „After all, an exhibit is not the same as a stage decoration. Nevertheless, the exhibit should put visitors in a certain mood, provide a context, facilitate an encounter with the mementos of history, help interpret and understand them", so der Guide. (Dąbkowska-Cichocka et al. 2007a, 10)

In einzelnen individualisierenden Teilen der Ausstellung werden auch Schicksale von Aufständischen vorgestellt. Zahlreiche Kurzbiographien ermöglichen Empathie mit den Verfolgten und KämpferInnen – der durch die Ausstellung ausgelösten Überwältigung und Kritik in vielerlei Hinsicht zum Trotz. Einen Schwerpunkt bildet die Sicherung lebensgeschichtlicher Zeugnisse zum Aufstand. 2009 haben etwa Museumsangestellte und Freiwillige im Rahmen der Erweiterung der Abteilung *oral history* 450 Gespräche mit ehemaligen Aufständischen geführt – 700 Stunden an aufgezeichnetem Material. (Król 2011, 186) Das Museum sei in mancher Hinsicht dialogic and multivocal in that it draws its content from personal stories rather than grand narratives, in others it tells a more unified story meant to educate patriotic citizens. In doing so, it situates itself within heroic and often martyrological images of the Polish nation and thereby aligns the Warsaw Rising with a moral authority and forecloses certain dimensions of potential critique. (Żychlińska und Fontana 2016, 253)

Das Museum gehört insofern nicht zur oben vorgestellten zweiten Gruppe, als von einer Ausblendung der NS-Verbrechen im polnischen Kontext, im Gegensatz etwa zu Litauen oder Estland, keine Rede sein kann. Die polnische Mehrheitsbevölkerung war in großem Ausmaß Opfer dieser Besatzung, was die NS-Zeit zu einem zentralen Thema polnischer Geschichtspolitik macht. Dennoch erstaunt es – bei aller Präsenz von NS-*Verbrechen* –, wie wenig Raum den NS-*TäterInnen* im Museum des Warschauer Aufstands gewidmet wurde. Monika Heinemann (2017, 79) hat bereits auf die zunächst nur marginale Rolle der Darstellung „der Deutschen" (Niemcy) in einem kleinen Raum hingewiesen (Abb. 39), dem dann 2007 nach interner BesucherInnenforschung im Keller eine zusätzliche Sektion über „Die Deutschen in Warschau" folgte.

Abb. 39: „Die Deutschen" im Museum des Warschauer Aufstands.

Viele Aspekte des Museums erinnern an die baltischen Museen und das Haus des Terrors. Über die beiden Großmächte heißt es zu Beginn der Audioguide-Führung etwa gleichsetzend:

Nach den Erfahrungen zweier grausamer Okkupationen, der deutschen und der sowjetischen, ist den Menschen in Polen vollkommen klar, welches Ziel den Sowjets vorschwebt. Sie wissen, dass die von Osten heranrückende Rote Armee nicht darum kämpft, Polen zu befreien, sondern um den faschistischen Totalitarismus durch ihren eigenen, kommunistischen zu ersetzen.

Abb. 40: „Neues" Polen im Museum des Warschauer Aufstands.

Die „Deutschen" wie die „Sowjetunion" wollten die polnischen Eliten vernichten, so der Museumsguide. (Dąbkowska-Cichocka et al. 2007a, 64) Der Audioguide fährt fort: „Die Deutschen wollen die polnische Nation, deren Herz die Hauptstadt ist, um jeden Preis vernichten. [...] Ein ähnliches Ziel, die Liquidierung der polnischen Eliten, verfolgte auch der zweite Besatzer, die Sowjetunion." Im Aufstand von 1944, der gegen das NS-Regime ausgefochten wurde, sei es darum gegangen, Polen vor einer sowjetischen „Zwangsherrschaft zu bewahren". Vielfach erscheinen auch in diesem polnischen Museum die Sowjets als die wahren Feinde, etwa wenn die Ausstellung mit der Verfolgung der Aufständischen in der Volksrepublik beginnt. Nach 1945 betrachtete man sie als „'the spit-drenched dwarves of reaction' and enemies of the ‚people's homeland'. The fact that they had fought for Poland and for Warsaw, and had been ready to sacrifice their lives, was now considered a crime", wie es in der Ausstellung heißt. (Radonić 2016a, 122) In der Formulierung, sie hätten „für Polen und für Warschau" gekämpft – nicht etwa gegen die NS-Barbarei oder für die Demokratie –, zeigt sich die Ausrichtung des Museums auf nationale Opfernarrative. Relativ prominent im Erdgeschoss plaziert sind Originalteile des im September

1944 von den Nazis zerstörten Königlichen Schlosses, doch die meiste Aufmerksamkeit erhält der Umstand, dass die Sowjets sich nach dem Krieg weigerten, es wieder aufzubauen, was erst nach 1970 durch die Polnische Gesellschaft möglich gemacht wurde. (Dąbkowska-Cichocka et al. 2007a, 55)

Der sowjetische „Verrat" und sowjetische TäterInnen werden in der Ausstellung mit viel mehr Emotion geschildert als es bei den NS-TäterInnen der Fall ist. (Abb. 40) Hitler wird im Guide (Dąbkowska-Cichocka et al. 2007a) in sieben Absätzen erwähnt, Stalin in 25 Absätzen. Im Vergleich mit den anderen hier untersuchten Museen wird deutlich, dass der postsozialistische Entstehungskontext der Ausstellung, die kritische Abarbeitung am sowjetischen Geschichtsnarrativ, den Fokus bestimmt – unabhängig davon, ob die Mehrheitsbevölkerung während der NS-Besatzung wie in den baltischen Ländern vergleichsweise wenige oder wie im polnischen Fall sehr viele Todesopfer zu beklagen hatte. BesucherInnen erfahren aber auch wichtige Fakten über die sozialistische Scheinjustiz: 16 Anführer des früheren polnischen Untergrundstaats wurden in einem Schauprozess vor Gericht gestellt.

Frauen werden mehrfach als Aufständische gezeigt: Bei den Telefonzellen im Erdgeschoss eine damals 16-jährige Kurierin, Sanitäterin und Soldatin; eine Verbindungskraft und Sanitäterin des Parasol-Bataillons, die an der vordersten Front gekämpft habe; sowie die einzige weibliche Kurierin für die Londoner Exilregierung, die 1943 mit den Fallschirm über Warschau absprang und im Aufstand im „Women Military Service" diente. Bei den Biographien in herausziehbaren Schubladen wird Lt. Coll. Maria Witek als erste Generälin im polnischen Militär vorgestellt und in Uniform abgebildet. Sie war seit 1939 und im Aufstand Befehlshaberin des „Women's Auxiliary Service". Auf einem Foto einer Lubliner Soldateneinheit ist in der Mitte auch eine Frau zu sehen. Als Heldin wird etwa Krystyna Krahelska „Danuta" hervorgehoben, die für eine neben ihrer Biographie im Museum stehende und in Warschau in der Zwischenkriegszeit aufgestellte Büste Modell stand:

> In 1939 she graduated from Warsaw University with a diploma in ethnography. Between 1936 and 1937 she posed for Ludwika Nitschowa, who sculpted the Warsaw „Syrena" („Mermaid") Monument. In the undergound she belonged to the Union for Armed Struggle – Home Army. In January of 1943 she wrote a famous song – „Hej. chłopcy, bagnet na broń!" („Fix the bayonets, boys!") She participated in the Warsaw Rising: as a medical orderly in „Jeleń" Division. Her platoon was involved in attack on the House of Press at 3/5, Marszałkowska Street. After the unsuccessful assault „Danute" was trying to dress the wounds of two insurgents at the Mokotowskie Field. She was hit and badly wounded in the chest. Despite surgery performed at night she died in the morning of August 2, 1944. Posthumously she was decorated with the Cross of Valour.

Ein Foto von den Kolonnen nach der Kapitulation zeigt Frauen in Uniform, weitere zeigen ZivilistInnen beim Verlassen der Stadt, dem „Exodus". Darüber hinaus werden Frauen als Botinnen, sogenannte „Kanalfrauen", sowie als Krankenschwestern, LehrerInnen, beim Flicken von Uniformen, Verteilen von Essen etc. gezeigt. Als prominente Täterin ist Wanda Wasilewska mit großem Porträt und einer Biographie mit Hammer-und-Sichel-Stempel vertreten:

> Between 1934 and 1937 she was a member of the Head Committee of the Polish Socialist Party [PPS]. In September 1939 she left for Lwów [Lvov], where she published propaganda lampoons about Poland. She took Soviet citizenship. In 1940 she received mandate to the Soviet Supreme Council. She worked in the Main Political Headquarter of the Red Army. Since June 1943 she was a chairwoman of the Main Committee of the Polish Patriots Union. She co-organized the 1st Kosciuszko Division. In 1944 she was a member of the Polish Communists Central Bureau in the Soviet Union. She was an advocate for the incorporation of Poland to the Soviet Union, co-organized the Polish Committee for National Liberation [PKWN] and became its Vice-President.
> (Dąbkowska-Cichocka et al. 2007a, 132)

Frauen werden also häufig als wichtiger Bestandteil des Aufstands oder als Täterin, nicht nur in typisch ‚weiblichen' Rollen gezeigt.

Mit über 300 visuellen Elementen enthält der polnische Museumsguide aus 2007 (Dąbkowska-Cichocka et al. 2007a) von allen hier untersuchten Katalogen bei weitem die meisten Fotos, Abbildungen von Objekten und Dokumenten. Ähnlich wie beim Haus des Terrors dominieren mit über 170 Fotos Aufnahmen aus der Ausstellung – somit ist die Museumsinszenierung selbst im Fokus der Publikation. Auch die Aufnahmen aus dem Außenbereich (Kapelle, Freiheitspark, Aussichtsturm, Mahnmale) und in dem Teil über die Entstehung des Museums der Arbeiten am Gebäude, dem Gebäude vor dem Krieg, im Krieg, vor der Renovierung und nach der Eröffnung sowie zahlreiche Fotos von den Etappen der Eröffnungsfeierlichkeiten und der Auszeichnungen für das Museum und seine Angestellten bestätigen diesen Trend. Nur 18 der 301 visuellen Elemente sind historische Fotos aus der Zeit des Aufstands und nach seiner Niederschlagung. Diese zeigen aufständische Stellungen, Kochaktionen, Marionettentheater, religiöses Leben und eine Hochzeit. Ferner sind 17 individualisierende, namentlich Aufständischen zugeordnete Objekte abgebildet. Darunter auch ein Stück Papier mit einem von der achtjährigen Barbara Sieroszewska für ihren Vater verfassten Gebet.

> Touched by this gesture, her father put the paper in his wallet which he carried in his left breast pocket. Shot in combat, the bullet stopped at the paper with the prayer written on it by his child. He survived the Rising – and nearly 60 years later, the author of the prayer donated it to the museum collection: the ragged edge of the left-hand corner of the paper is a trace of the bullet that missed its target. (Dąbkowska-Cichocka et al. 2007a, 58)

Im Gegensatz zu diesem Empathie weckenden Gegenstand ist das einzige Jüdinnen und Juden zugeordnete Objekt eine Davidstern-Armbinde, die keine individuelle Geschichte erzählt. Wie schon beim lettischen Museum beschrieben, fällt auch hier der Unterschied zwischen der individualisierenden Darstellung im ersten und dem anonymen Objekt im zweiten Fall auf. Das Interessante ist hier also nicht, wie wenig jüdische ProtagonistInnen vorkommen – das liegt durchaus am Gegenstand des Museums, dem Warschauer Aufstand 1944[146], sondern wie verschieden ‚unsere' und ‚andere' ProtagonistInnen dargestellt werden. Im Guide finden sich 24 bebilderte Kurzbiographien: von 13 Aufständischen, vier zivilen HelferInnen, dem polnischen Premier, drei NS-Tätern sowie zwei polnischen kommunistischen TäterInnen und von Stalin. Die einzige Person, die im Guide aus 2007 weder als Aufständische, UnterstützerIn oder TäterIn vorgestellt wird, sondern als Opfer, ist die auf der Seite über das Warschauer Ghetto behandelte Jüdin Edith Stein, später zum Katholizismus übergetreten als Theresia Benedikta vom Kreuz, 1942 in Auschwitz ermordet und 1997 vom Papst heiliggesprochen. (Dąbkowska-Cichocka et al. 2007a, 68) Das einzige individuell vorgestellte Opfer wird letztlich zur Katholikin. Im Katalog und fast wortgleich in der Ausstellung wird aber auch der Heldenmut beim Ghettoaufstand betont:

> On April 19, 1943 German troops began the liquidation of the ghetto. They encountered resistance from the members of the Jewish Fighting Organization [ŻOB] and the Jewish Military Union [ŻZW]. The ghetto uprising began. About a thousand poorly armed fighters led a heroic and uneven battle.   (Dąbkowska-Cichocka et al. 2007a, 68)

Auch wird erwähnt, dass 348 ausländische Juden im Warschauer Aufstand aus dem KZ in der Gęsia-Straße befreit wurden: „50 of them became members of the ‚Radoslaw' Group, the rest joined the auxiliary units, dealing with transport of the wounded, extinguishing fires, producing and transporting weapons." (Dąbkowska-Cichocka et al. 2007a, 158) Im Gegensatz zur Ausstellung nennt der Guide aber weder den Namen des KZ – Gęsiówka –, noch die Tatsache, dass es sich um ein 1943 auf den Ruinen des Ghettos errichtetes Nebenlager von Majdanek handelt. Jüdinnen und Juden werden zwar fast nie individualisiert, aber im Guide als Gruppe durchaus gelegentlich mit *agency* ausgestattet. In der Ausstellung überwiegt der Eindruck vom passiven Opfer: „das präsentierte dokumentarische Material lenkt jedoch den Blick hauptsächlich auf das Elend und das

---

[146] Die ungewöhnliche englische Bezeichnung „Warsaw Rising Museum" dient zur Abgrenzung vom als bekannter angenommenen „Ghetto uprising" 1943, wie etwa der Museumsmitarbeiter Grzegorz Hanula bei einem Vortrag am 7.11.2014 anlässlich des Jubiläums der „Zeitenwende 1944" in Wien im Heeresgeschichtlichen Museum ausführte.

Sterben der Ghettobewohner. Nicht Helden stehen im Vordergrund der Erzählung, sondern Opfer." (Heinemann 2013, 480)

Während die kleinsten BesucherInnen im „Raum der kleinen Aufständischen" Barrikaden bauen können und man sich auch beim Hindurchzwängen durch einen Kanalisationstunnel mit den Aufständischen im Untergrund identifizieren kann,[147] blicken die BesucherInnen im Abschnitt über das Ghetto von außen in dieses hinein: Durch Gucklöcher sieht man in einem auf Polnisch als ‚Fotoplastikon' bezeichneten Kaiserpanorama etwa Fotos anonymer bettelnder Kinder auf den Straßen des Ghettos oder in einem zwangsweise ins Ghetto übersiedelten Waisenhaus. (Abb. 41) Als Akteur namentlich vorgestellt wird hingegen Marek Edelman, der nicht nur der letzte Anführer des Ghetto-Aufstands war, sondern später auch im Warschauer Aufstand kämpfte, in der Solidarność-Bewegung eine Rolle spielte und Mitglied des Ehrenausschusses des Museums wurde. Im weitgehend identischen Guide aus 2015 ersetzt seine Biographie jene der konvertierten Jüdin. (Dąbkowska-Cichocka et al. 2015, 65)

Abb. 41: Blick durch das Guckgerät ins Ghetto im Museum des Warschauer Aufstands.

---

147 So heißt es im Museumsguide: „The low and narrow corridor forces visitors to bend down and squeeze through in the dark, giving a sense of what the insurgents had to go through." (Dąbkowska-Cichocka et al. 2007a, 184)

Zweimal werden in den beiden Guide-Versionen aus 2007 und 2015 wortgleich die Morde an der Warschauer Bevölkerung als Genozid bezeichnet – was nicht dem Stand der wissenschaftlichen Forschung entspricht: „Mass executions in Wola and Ochota were acts of genocide against the civilian population of Warsaw, one of the most horrific German crimes committed during the Second World War. [...] Systematic extermination of Poles began on August 5 [...] The acts of genocide visited [sic!] on the civilian population continued for a few days." (Dąbkowska-Cichocka et al. 2007a, 101f; Dąbkowska-Cichocka et al. 2015, 100) Die Begriffe ‚Genozid' (in der polnischen Guideversion *ludobójstwo*), ‚systematische Vernichtung' (*eksterminacja*) und Selektion (*selekcja*) setzen das Schicksal der polnischen mit jenem der jüdischen Bevölkerung gleich. „The mass exodus of the civilian population of Warsaw took place during the first few days of October 1944. The Germans directed them to the so called transit camps. [...] A stay in the camp did not usually last longer than a week. During that time the Germans carried out a ‚selection' procedure, which decided the fate of the detainees – deportation to the territory of the General Government or to the Third Reich to forced labour, and in the worst case scenario – to concentration camps." (Dąbkowska-Cichocka et al. 2007a, 168) Auch im ersten Stock der Ausstellung wird unter der Überschrift „Exodus" verhandelt, dass die Evakuierten eine „Selektion" durchlaufen mussten. Antisemitismus oder die Mitverantwortung von Polinnen und Polen am Holocaust werden im Guide gar nicht, in der Ausstellung prominent in der ‚Hierarchie der Sichtbarkeit' nur in einem Satz erwähnt: „Leider gibt es auch solche, die Juden erpressen oder an Deutsche ausliefern." Sehr wohl wird das Thema aber in dem Video von Marek Edelman angeschnitten (Blutinger 2010, 93), der schildert, wie sein Versuch ablief, sich der Heimatarmee anzuschließen: Am ersten Tag sei sein Freund Jurek hinausgegangen und weil er eine Waffe trug, von den Aufständischen nach seinem Ausweis gefragt, dann als Jude beschimpft und erschossen worden.

> On the second day, Kaminski came and said „you're still here? Do you want to join the Rising?" and we said „yes." „No," he said, „you should go where you are welcome and not where you are not welcome. You should join a group that will take you." Where should we go? So we went to the People's Army. They were small and weak, but the Communists welcomed us.

Die KZ-Überlebenden nahmen Edelman zufolge in ihren gestreiften Häftlingsuniformen und verhungernd[148] am Aufstand teil. Sie wurden für lebensgefährliche

---

[148] Kossoy (2004, 333–334) hingegen schildert, dass nach der Befreiung der Juden aus dem KZ Gesiowka diese sehr wohl zu essen bekommen hätten und ihnen daher die gestreiften Uniformen egal gewesen seien – solange bis einer von einem antisemitischen Aufständischen er-

Aufgaben wie das Löschen von Feuern in obersten Stockwerken und das Wegräumen nichtexplodierter Bomben eingesetzt, während ihnen niemand Waffen geben wollte. (Vgl. auch Kossoy 2004, 338) Gut sichtbar heißt es hingegen auf der Tafel daneben: „Polish Jews who were saved from extermination and hid in Warsaw join the Rising. A large number – among them insurgents from the Warsaw Ghetto – join the Home Army." Sieht man sich das Video zur Gänze an, ergibt sich also ein völlig anderes Bild als in dieser vereinfachenden Erklärung.

Während im Laufe der Ausstellung verschiedene AkteurInnen, vor allem Aufständische, in Schubladen, die die BesucherInnen herausziehen können, mit Kurzbiographien vorgestellt werden, steht in zwei zentralen Bereichen das kollektive Opfer im Vordergrund. ‚Die Polen', der Aufstand und das Museum werden als eine organische Gemeinschaft begriffen, wenn mitten im Museum über alle Stockwerke hinweg das „Herz" des Aufstands in Form eines Monuments schlägt, das die BesucherInnen vor allem zu Beginn im Erdgeschoss zu berühren angehalten werden. Das „schlagende Herz des kämpfenden Warschaus", wie es in Audioguide und Katalog heißt (Dąbkowska-Cichocka et al. 2007a, 61) gibt außer Herzschlägen auch „Aufstandsgeräusche" von sich, „recreating the atmosphere of those days", so die Erklärungstafel. Auch die zunächst „unbesiegbare Stadt", die als ganze zu den Waffen gegriffen habe und somit zur „kämpfenden Stadt" wurde, wird schließlich zur „sterbenden Stadt" Warschau – ein kollektives Opfernarrativ. Über die Zeit nach der Niederschlagung des Aufstands durch die NationalsozialistInnen im September 1944 heißt es in der Ausstellung:

> The city slowly died. Even the autumn rains and the severe winter that followed could not extinguish the smouldering ruins. The Germans achieved their objective – not only to destroy Polish culture, but also to erase all its traces. The Soviet troops, stationed on the other side of the river, did not take any action to stop the Germans. Once again, the aims of Hitler and Stalin, deadly enemies, turned out to coincide, as far as policy towards Poland was concerned. It was very convenient for the Soviet dictator that the ‚bourgeois' elite of the nation be destroyed and no trace of prewar Warsaw remain.

Hier werden „die Stadt", „Polen" und die „polnische Kultur" als das größte Opfer dargestellt.

Der polnische Untergrundstaat im Zweiten Weltkrieg wird im Guide wie selbstverständlich als Vertretung aller Polinnen und Polen vorgestellt: „the Polish State

---

schossen wurde, während sein Vorgesetzter nicht eingriff. Daraufhin hätte die Einheit des Überlebenden Goldstein Uniformen und Helme bekommen, um nicht so leicht als Juden erkennbar zu sein. Heinemann (2013, 480) bezieht das Edelman-Video nicht in ihre Analyse ein und dementsprechend kritischer fällt ihr Befund an dieser Stelle aus.

lived on – in the underground, governed by completely legitimate supreme authorities, holding office in exile: the President, Government and Commander-In-Chief." (Dąbkowska-Cichocka et al. 2007a, 66) Borodziej zeichnet hingegen in seinem Buch über den Warschauer Aufstand ein differenzierteres Bild, wenn er darauf hinweist, dass in Polen ab 1926 nach dem Putsch von Józef Piłsudski – dessen Name im Guide mit keinem Wort erwähnt wird – ein Militärregime geherrscht habe, aus deren Rängen sich der Untergrundstaat nach 1939 teilweise gespeist habe, während die Opposition diesen als bloßen Versuch der Wiederherstellung des autoritären Regimes ansah. (Borodziej 2006, 18) Wie das estnische Museum der Okkupationen, das litauische Museum der Genozidopfer und das Haus des Terrors in Budapest setzt sich auch das Warschauer Museum nicht kritisch mit der autoritären Wende in der Zwischenkriegszeit auseinander.[149] Nach dem deutschen Überfall auf Polen haben Borodziej (2006, 18) zufolge alle Parteien ihre eigenen Untergrundorganisationen eingerichtet. Was Borodziej (2006, 19) neutral als ein Rennen um die politische Dominanz im Widerstandskampf beschreibt, existiert im Narrativ des Museums des Warschauer Aufstands einzige als Dichotomie „polnischer Untergrundstaat" vs. kommunistische „Renegaden". (Dąbkowska-Cichocka et al. 2007a, 122)

Das Museum des Warschauer Aufstands lässt sich keinem der beiden oben entwickelten Typen eindeutig zuordnen, wenn auch Parallelen zu den baltischen Museen und dem Haus des Terrors feststellbar sind: Die sowjetischen Verbrechen werden mit mehr Emotion geschildert als jene der ‚Deutschen'. ‚Unsere' polnischen Opfer werden individualisiert, die jüdischen Opfer weitestgehend anonym dargestellt – Roma kommen nicht vor. Fest steht, dass es mit seinem die BesucherInnen ins Aufstandsgeschehen involvierenden Ausstellungsdesign und in der Mobilisierung der Bevölkerung und insbesondere der Jugend für patriotisches Gedenken durch Rockkonzerte, Comicwettbewerbe, historische Nachstellungen des Aufstands etc. sehr erfolgreich war und ist. (De Bruyn 2010; Kurkovska-Budzan 2006, 139) Das Museum des Warschauer Aufstands steht einerseits für eine späte und dringend nötige Würdigung der Aufständischen, andererseits steht das Museumsnarrativ für die autoritäre, von Feindbildern und Verschwörungstheorien geprägte *polityka historyczna* bereits der ersten Ära der Kaczyński-Brüder 2005–2007. Ein Jahr nach dem Flugzeugabsturz am 10. April 2010, bei dem Präsident Lech Kaczyński ums Leben kam, wurde „im Namen der Aufständischen und

---

[149] Auch im Katalog einer vom Museum des Warschauer Aufstands erarbeiteten Ausstellung in der Berliner Topographie des Terrors 2014 wird die weitgehende Abschaffung der Demokratie mehrfach elegant umgangen, wenn immer nur von nationaler Selbstbestimmung die Rede ist. (Grabowska 2014, 50; 56)

der Museumsangestellten" für den „Schöpfer des Museums" eine Gedenktafel am Eingang des Museums enthüllt.

Im Museumsguide aus 2015, der also noch vor dem erneuten Wahlsieg der PiS 2015 erstellt wurde, findet eine Entschärfung statt. Aus dem Museum als „patriotic sanctuary" von 2007 wird 2015 wie schon erwähnt ein „place of remembrance". In Bezug auf Stalins leere Versprechung, den Aufstand zu unterstützen, heißt es 2007: „Stalin's stance was applauded by Polish Communists, who were preparing themselves to take power – unter the cover of Soviet bayonettes – in Polish territories captured by the Red Army." (Dąbkowska-Cichocka et al. 2007a, 132) 2015 fehlt dann der drastische Einschub über die sowjetischen Bayonette. (Dąbkowska-Cichocka et al. 2015, 132) Im Audioguide kommt er jedoch (bei meinem Besuch 2014 aufgenommen) vor, ebenso wie in beiden polnischen Versionen aus 2006 und 2014. Im Abschnitt über Berlings Armee später im Guide sowie im 1. Stock der Ausstellung trägt ein Textkasten 2007 noch die Überschrift „Victims of Uncle Joe's policy" (Dąbkowska-Cichocka et al. 2007a, 126), während es 2015 neutraler „Victims of Stalin's Rising Policy" (Dąbkowska-Cichocka et al. 2015, 126) heißt. In beiden polnischen Ausgaben wird das aus dem Russischen ‚eingepolnischte' Wort *Batjuschka* („Väterchen") verwendet: „*Ofiary polityki batiuszki Stalina*". (Dąbkowska-Cichocka et al. 2007b, 126; 2014, 126)

Die entscheidendste Änderung im Guide ist ein 2015 eingefügtes völlig neues Kapitel: „Controversy surrounding the Rising", das als Reaktion auf die Kritik verstanden werden kann, im Museum werde die Sinnhaftigkeit des Aufstands überhaupt nicht diskutiert:

> A feud over the Warsaw Rising had started even before it broke out and continued while it lasted. [...] The Rising was discussed on many levels, from the political reasons for starting it, through disagreements over Polish policy and diplomacy during WWII to the most fundamental issue of Polish tradition and history. (Dąbkowska-Cichocka et al. 2015, 178)

Eine neue Texttafel aus dem 1. Stock der Ausstellung thematisiert ebenfalls „Views on the rising: The Warsaw Rising stirs up extreme emotions, from more or less factual criticism to glorification. This is apparent when one listens to interviews with decision-makers and participants in the Rising, historians and communist propagandists."

Ferner wurden in der Katalogversion aus 2015 Kinder, die Aufständische spielen, entfernt, weil es an dem unreflektierten Zugang des Museums dazu viel Kritik gegeben hatte. Im Gegensatz zum Guide aus 2007 ist das prominente, große und einprägsame Bild der beiden Kinder mit Helmen, die im Saal der kleinen Aufständischen Barrikaden aus Sandsäcken bauen, verschwunden (Dąbkowska-Cichocka et al. 2007a, 56), vermutlich weil es die Problematik des Saals am augenscheinlichsten darstellte. Obwohl die Bebilderung der Neuauflage jener von 2007 weitgehend entspricht, ist in diesem Punkt jedoch eine Systematik auszumachen. Verschwunden sind auch: das Foto von zwei Kindern, eines davon mit Helm, wie sie Kalenderblätter aus der Ausstellung entnehmen (Dąbkowska-Cichocka et al. 2007a, 73); von einem Jungen, der zu einem ausgestellten Maschinengewehr greift (Dąbkowska-Cichocka et al. 2007a, 89); sowie von Jugendlichen, die im Raum über das Massaker von Wola die Exhumierungsprotokolle studieren. (Dąbkowska-Cichocka et al. 2007a, 100)

Nach der Abwahl der PiS wurden weitere „patriotische" Museumsprojekte von der Regierung von Donald Tusk gestoppt und mit dem Museum der Geschichte der polnischen Juden und dem Museum der Geschichte des Zweiten Weltkriegs fand eine Pluralisierung der Museumslandschaft statt.

4.3.4 ‚Missing museums' in Sofia und Bukarest

Während ‚*mnemonic warriors*' wie Orbán und die Kaczyński-Zwillinge Museen zum Gedenken an die Folter im Haus des Terrors oder den Warschauer Aufstand schufen, die den BesucherInnen die Geschichtsdeutung durch ein augenfälliges, stark an Emotionen appellierendes Narrativ ohne Zweideutigkeiten oder Multiperspektivität fix vorgeben wollen, lässt sich in bulgarischen und rumänischen Museen in Bezug auf den Zweiten Weltkrieg und die sozialistische Ära das Fehlen von alldem feststellen: eine „institutionalisierte Amnesie" (Vukov 2012), ein „lagging behind" (Kazalarska 2008), das „black hole paradigm" (Bădică 2010, 92) bzw. „the missing museum". (Kazalarska 2018) Museen, die in der sozialistischen Ära die Ereignisse im Zweiten Weltkrieg im Sinne des dogmatisch-antifaschistischen Narrativs gedeutet hatten, wurden Anfang der 1990er Jahre entweder zur Gänze oder die jeweiligen Zeitgeschichte-Abteilungen zum Zweck der Überarbeitung geschlossen[150] – und seitdem bis heute nicht wieder geöffnet.[151] (Jung 2015, 61; Boia 2004, 558)

Die Museumslandschaft in Sofia und Bukarest ist ähnlich, und das nicht nur aufgrund vergleichbarer Kontinuitäten der politischen Eliten nach 1989, sondern auch weil beide Länder in Bezug auf den Zweiten Weltkrieg vor derselben Frage stehen: wie man den Seitenwechsel von den Achsenmächten zu den Alliierten 1944 ausstellt. Ein signifikanter historischer Unterschied besteht jedoch darin,

---

[150] Einzig das Museum der Geschichte der Kommunistischen Partei in Bukarest wurde 1989 von Demonstranten verwüstet und deshalb im Februar 1990 geschlossen. (Jung 2015b, 53)
[151] 1999 wurde dann im Auftrag der konservativen Regierung der Union der demokratischen Kräfte (SDS) auch das berühmte Mausoleum des bulgarischen sozialistischen Staatschefs Georgi Dimitrov zerstört.

dass Rumänien unter Ion Antonescu im besetzten Transnistrien Todeslager vor allem für die aus Bessarabien, der Bukowina und Odessa deportierten Jüdinnen und Juden sowie Romnja und Roma betrieb. (International Commission on the Holocaust in Romania 2014) Das größte von ihnen war Bogdanivka. Die jüdische Bevölkerung in den angestammten Gebieten wurde zum Teil auch Opfer von Pogromen der Eisernen Garde, doch die Mehrzahl wurde nicht deportiert. Bulgarien rettete ebenfalls ‚seine Juden', lieferte aber jene aus den ‚neuen Gebieten' Mazedonien und Thrakien an das ‚Dritte Reich' aus. 1989 bestand ebenfalls ein großer Unterschied: Die Wende in Rumänien verlief blutig, wenn auch die politischen Eliten der ‚zweiten Reihe' weitgehend an der Macht blieben. Die Wahl in Bulgarien gewann 1990 die in sozialistisch umbenannte Kommunistische Partei vor der anti-kommunistischen Opposition. Bulgarien und Rumänien traten 2007 zur gleichen Zeit der EU bei, aber im Gegensatz zu den anderen postsozialistischen EU-Ländern ist zu dieser Zeit in den Museen keinerlei ‚Kommunikation mit Europa' feststellbar, weder im Sinne der einen, noch der anderen oben vorgestellten Gruppe von Museen. Für Sofia und Bukarest bezeichnend ist das Fehlen dessen, was hier als ‚Gedenkmuseum' bezeichnet wird – wie überhaupt nur wenige Ausstellungen den Zweiten Weltkrieg oder die staatssozialistische Ära behandeln.

Wie aber untersucht man das Fehlen von etwas?[152] Man sieht sich alle irgendwie verwandten Museen an. Was es gibt, sind nämlich nationale Geschichte- oder Militärmuseen sowie Wohnhäuser wichtiger Persönlichkeiten. Meine Analyse fußt im Folgenden auf dem Besuch aller historischen Museen in Sofia und Bukarest, in denen man die Erörterung der Geschichte des 20. Jahrhunderts erwarten könnte: in Sofia des Nationalen Geschichtemuseums, des Nationalen Militärmuseums sowie des Museums der sozialistischen Kunst (die Holocaust-Ausstellung in der Synagoge war zum Zeitpunkt meines Besuchs 2019 wegen Überarbeitung geschlossen); in Bukarest des Nationalen Geschichtemuseums, des Nationalen Militärmuseums, der Holocaust-Ausstellung in der Großen Synagoge, der Casa Ceaușescu sowie des Nationalmuseums Cotroceni im Palast des Rumänischen Königshauses. (Das Nationalmuseum des Rumänischen Bauern im ehemaligen Museum der KP war in Überarbeitung, vgl. Nicolescu 2017.)[153]

---

152 Ich danke Daniela Koleva, Nikolai Vukov, Svetla Kazalarska und Martin Jung für die wertvollen Diskussionen über mögliche Gründe für das Fehlen von Gedenkmuseen in den beiden Ländern.
153 Das den Opfern des Kommunismus und dem Widerstand gewidmete Memorial Sighet (Jung 2015, 139–164) konnte aufgrund seiner peripheren Lage an der rumänisch-ukrainischen Grenze neun Autostunden von Bukarest entfernt nicht in die Analyse einbezogen werden, die sich vor allem auf die beiden Hauptstädte konzentriert. Auch die kleine Sighet-Filiale in Bukarest

Ausgestellt werden in den Militärmuseen vor allem Sammlungen von Waffen, Uniformen und Orden, in den Häusern von Ceaușescu und der rumänischen Königsfamilie ihre Badezimmer, Möbel, Ehebetten und Kleidungsstücke inklusive Nachtgewänder. Was in beiden Fällen – vielleicht mit Ausnahme des Militärmuseums in Sofia – fast vollständig fehlt, sind historische und politische Einordnungen der Gegenstände. Geben nationalistische Gedenkmuseen in Budapest und Warschau also ein starres patriotisches Narrativ vor, fehlt hier politisch-historischer Metatext in den Ausstellungen weitgehend und das Narrativ kann zum Teil nur durch Rückgriff auf Museumsführer herausgearbeitet werden – ohne dass darum diese Museen weniger nationalistisch wären. Zwar ist jede Auswahl von Fotos und Objekten interessengeleitet und somit auch die Abwesenheit eines erzählenden Textes ein Narrativ,[154] aber auf diese Weise können viele ‚heikle' Fragen ausgespart und Deutungen vermieden werden

4.3.4.1 Bei Ceaușescu, König Ferdinand und Živkov zu Besuch

Wohnhäuser prominenter Herrscher können in Rumänien wie in Bulgarien besucht werden. Im Ceaușescu-Haus, dem Palatul Primăverii in Bukarest, wird bei der Führung[155] kein Wort über das politische Wirken des rumänischen Diktators Nicolae Ceaușescu verloren. Das Haus selbst enthält außer der Zuordnung jedes Raums zum jeweiligen Familienmitglied keinerlei Informationen in Textform. Auch das Faltblatt, das im Haus erworben werden kann, beschreibt ausschließlich bewundernd die unterschiedlichen architektonischen Stile und Möbel in den jeweiligen Räumen der Ceaușescu-Familienmitglieder. Der einzige ‚politische' Hinweis im Museumsfolder besteht darin, dass in Ceaușescus Büro mutmaßlich 1968 auch General Pacepa empfangen wurde, als er kam, um Ceaușescu darüber zu informieren, dass die sowjetischen Truppen die Tschechoslowakei besetzt hätten. Die Informationen bei der Führung beschränken sich darauf, dass Ceaușescu nur 1,65 m groß war, Diabetes hatte, weshalb er viel Schlaf brauchte, nur eine geringe Schulbildung besaß und dass keiner in der Familie auf dem großen Flügel spielen konnte. Erst auf Nachfrage eines Besuchers, ob es denn in dem Haus auch irgendwelche mit dem Bereich Sicherheit zusammenhängenden Räume gäbe, wird deutlich, dass das Haus im Zuge des Um-

---

hat nur erratische Öffnungszeiten und war 2019 während meines Aufenthalts zu Renovierungszwecken geschlossen.
154 Young hat bereits 1993 darauf hingewiesen, dass „even those museums where the artefact is treated as holy object necessarily display collections in ways that suggest meaning and coherence." (Young 1993, viii–ix)
155 Von der Autorin am 4. April 2019 aufgezeichnet.

sturzes Ceaușescus eine Rolle spielte: Ja, es gebe einen Atombunker, doch der Zugang zu diesem sei bis heute von innen versiegelt. Die rumänische Staatssicherheit Securitate habe im Zuge des Sturzes des Regimes durch dahinterliegende Tunnel eine Evakuierung durchgeführt, seitdem habe man keinen Zugang zum Bunker und die Ausgänge seien nicht bekannt. Ausgestellt werden also der architektonische und Designgeschmack der Familie, nicht die Ereignisse, die im Haus stattgefunden haben, geschweige denn das Wirken von Ceaușescu.

Das Nationalmuseum Cotroceni in Bukarest thematisiert ebenfalls vor allem die Gestaltungsentscheidungen von Prinzessin Marie von Edinburgh, von 1914–1927 Königin von Rumänien, das Design der verschiedenen Zimmer und ihre Rekonstruktion nach dem Erdbeben von 1977. Wir sehen auch hier Badezimmer, Schlafgewänder und Ähnliches. Politikgeschichte wird weder in Bezug auf König Ferdinand noch auf den angeschlossenen Sitz des heutigen Präsidenten erzählt.

Dieser Fokus auf Wohnstile ist auch in Bulgarien zu beobachten. Todor Živkov, der seit 1954 Parteichef und von 1956 bis 1989 bulgarischer Staatschef war, ist in seiner Heimatstadt Pravec ein Museum mit einer ethnographischen Ausstellung über typische Architektur aus der Zeit der späten „Bulgarischen Nationalen Wiedergeburt" gewidmet. In einem neuen Raum nebenan werden, wie im Ceaușescu-Haus, Geschenke an Živkov ausgestellt – „however, as a manifestation of cultural diversity around the globe, without any commentary on the political context, and displayed much in the style of a ‚cabinet of curiosities'." (Kazalarska 2018) Im Historischen Museum in Dimitrowgrad, das als sozialistische Stadt in den 1950ern geschaffen wurde, wurde die Ausstellung aus 1986 kaum verändert, aber auch dort wird seit 2017 vor allem eine sozialistische Wohnung mit „authentischen" Einrichtungsgegenständen ausgestellt. Es wird sogar überlegt, diese „Retro-Wohnung" als Appartement zu vermieten. (Kazalarska 2018)

Eine bulgarische Besonderheit ist das staatliche Museum der sozialistischen Kunst in Sofia, das ebenfalls Deutungen des Sozialismus vermissen lässt. Als Hauptattraktion kann der Statuenpark mit Skulpturen sozialistischer PolitikerInnen, ArbeiterInnen, Bäuerinnen und Bauern sowie PartisanInnen bezeichnet werden. (Abb. 42) Begrüßt werden die BesucherInnen am Eingang von jenem roten Stern, der bis 1984 die KP-Zentrale geziert hatte, bis er durch einen pompöseren ersetzt wurde. In einem kleinen ebenerdigen Raum wird ohne Kontextualisierung ein 27-minütiger sozialistischer Propagandafilm gezeigt. Im ersten Stock befindet sich ein Ausstellungsraum, in dem ursprünglich nach der Eröffnung im Jahre 2011 sozialistische Kunstwerke gezeigt wurden. Das Museum, eine Zweigstelle der Nationalgalerie, wurde auf Initiative des Kulturministers Vezhdi Rashidov (Guentcheva 2012) von der amtierenden populistischen GERB-

Partei gegründet. Rashidov, der selbst Bildhauer und auch in der sozialistischen Ära aktiv war, sorgte Nikolai Vukov (2012) zufolge dafür, dass seine eigenen sowie die Werke befreundeter Künstler hier nicht ausgestellt und somit nicht als ‚sozialistisch' stigmatisiert wurden. 2019 ist in diesem Raum eine temporäre Ausstellung von Postern aus der postsozialistischen Zeit ausgestellt, also keine ‚sozialistische Kunst' mehr. Was diesen Begriff letztlich ausmacht, wird im Museum nicht verhandelt. In der im Museumsshop verkauften Publikation über die 2017 gezeigte Ausstellung *Mythologems of the Heroic* wird wenigstens die propagandistische Funktion von Kunst nach 1944 als historisch-revolutionäre und historisch-heldenhafte Kunst thematisiert. (Ushtavaliiski 2017) Die Wahl der Statuen und des Films entbehrt aber jeglicher Kontextualisierung. Vukov (2012) argumentiert ferner, dass mit dem Verweis auf die Existenz dieses ‚Museums', so wenig es auch musealisiert, nun die Forderung nach einer Ausstellung über die sozialistische Ära für Sofia immer wieder stillgestellt werden kann.

Abb. 42: Statuenpark im Museum der sozialistischen Kunst in Sofia.

4.3.4.2 Nationale Geschichtemuseen in Bukarest und Sofia

Die beiden nationalen Geschichtemuseen in Sofia und Bukarest widmen der Antike und dem Mittelalter viel Raum. Das rumänische Geschichtemuseum in Bukarest behandelt seit der Schließung der aktuelleren Teile Anfang der 1990er bis heute nur diese früheren Epochen – zur unüberhörbaren Frustration einer Kuratorin und des Mitarbeiters am Informationsschalter über die schier endlose ‚Überarbeitung' der zeithistorischen Teile. Eine vom Kulturministerium mitgetragene temporäre Ausstellung hatte dort 2001 „Rumänien im Zweiten Weltkrieg" zum Thema. Darin dienten der Hitler-Stalin-Pakt und die Gebietsverluste von 1940 als Rechtfertigung

> für das spätere rumänische Vorgehen im Osten wie im Westen. [...] Die Darstellung der beiden Feldzüge, erst gegen die Sowjetunion und dann gegen Deutschland, war sorgfältig ausgewogen. Es gab keinerlei Anzeichen von Kritik an rumänischen Entscheidungen.

> Neben dem Heldentum rumänischer Soldaten wurden Akte menschlicher Solidarität herausgestellt.
> (Boia 2004, 548)

Diese wertungsfreie Darstellung der Rolle des eigenen Landes ist typisch für die Museen sowohl in Bukarest wie auch in Sofia. Die Sprachregelung, die den Seitenwechsel 1944 von den Achsenmächten zu den Alliierten möglichst unauffällig vermittelt, lässt sich als ‚zuerst Ostfront, dann Westfront' zusammenfassen.

Das Nationale Geschichtemuseum in Sofia thematisiert im Gegensatz zum Bukarester Pendant auf der riesigen Ausstellungsfläche nicht nur Antike und Mittelalter, sondern in einem kleinen Raum auch die Zeit seit der „Wiederherstellung" bulgarischer Staatlichkeit von 1878 bis heute. Es befindet sich seit 2000 in der ehemaligen Präsidentenresidenz von Todor Živkov weit außerhalb des Zentrums. (Vukov 2011, 141) Die Geschichte des Hauses als Živkovs Residenz, die noch überall in Form von Kristallleuchtern, Marmorböden und geschnitzten Holzdecken präsent ist, zwischen denen nun antike Tontöpfe ausgestellt sind, fehlt jedoch völlig. (Kazalarska 2008)

Im Raum über die Zeit zwischen 1878 und 1947 folgt die Anordnung der Schaukästen, wie die Reihenfolge der Beschreibungen im Museumsguide, der traditionellen Unterscheidung: erst Politik- und Militärgeschichte, dann zurück zu den Anfängen der „Entwicklung von Bildung und Kultur". (Nationalhistorisches Museum 2004, 68) Im Gegensatz zu den zahlreichen Texttafeln etwa im Raum über die Zeit im Osmanischen Reich tragen die Schaukästen im Teil über die neueste Geschichte in der Regel nicht einmal Überschriften oder Jahreszahlen. Im Teil über das 20. Jahrhundert gibt es nur einen längeren Text: jenen über die Geburt der Prinzessin 1933 und des Kronprinzen 1937. Diese in keiner Weise heikle Geschichte wird in aller Ausführlichkeit erörtert, Fragen von Seitenwechsel und Kollaboration bleiben jedoch ohne Metatext.

Dem Zweiten Weltkrieg sind drei Schaukästen gewidmet (Abb. 43), im Museumsguide eineinhalb von 72 Seiten (Nationalhistorisches Museum 2004, 67–68). Der erste Schaukasten behandelt die Zeit 1941 bis 1944, doch die Mitwirkung am Krieg an der Seite der Achsenmächte wird nicht kommentiert. Wird der Text wie hier auf Bildunterschriften reduziert, braucht man nicht zu entscheiden, ob die Tatsache, dass die bulgarische Armee 1941 in Mazedonien einmarschierte, als ‚Besatzung', ‚Verwaltung' oder ‚Heimführung' des Gebiets zu bezeichnen ist. Im Museumsführer, in dem Text nur schwerlich vermieden werden kann, heißt es über die Beteiligung Bulgariens an der Seite Deutschlands, Italiens und Japans: „Hauptziel ist wieder die nationale Vereinigung." Die Gebiete in Mazedonien und Thrakien werden hier als „von den Bulgaren administriert", aber nicht als besetzt bezeichnet. Die Kritik gilt hier der Tatsache, dass Großbulgarien nicht realisiert wurde, sondern „bloß Propaganda blieb". (Nationalhistorisches Museum 2004,

67) Die Annexion serbischer Gebiete wird verschleiert, ‚serbisch' kommt gar nicht vor. Stattdessen ist von Gebieten „an der Westgrenze Bulgariens (‚die neuen Gebiete')" die Rede. (Nationalhistorisches Museum 2004, 67) Diese nationale Geschichtsschreibung lässt jegliches auch nur ansatzweise ‚negative Gedächtnis' für dieses Museum undenkbar erscheinen. Auf der anderen Seite dieses Schaukastens werden der PartisanInnenwiderstand sowie die Inhaftierung politischer Häftlinge in Lagern der Königsdiktatur thematisiert. Dieses scheinbar narrativfreie Ausstellen beider Seiten – des königlichen Kollaborationsregimes und der PartisanInnen – erinnert an ein oben schon vorgestelltes Narrativ: die Tuđman'sche Formel für Kroatien, wonach beide Seiten, Ustaša wie PartisanInnen, auf ihre je eigene Art für die ‚kroatische Sache' gekämpft hätten.

Abb. 43: Die drei Schaukästen über den Zweiten Weltkrieg im Nationalen Geschichtemuseum in Sofia.

Ein zweiter Schaukasten hat mit dem Holocaust zu tun – oder genauer gesagt vor allem mit Ehrungen für die bulgarische Rettung ‚seiner' Juden. Hier sind nur zwei Exponate den jüdischen Opfern selbst gewidmet: ein (anonymer) Davidstern sowie eine Zusammenstellung von acht Häftlingsnummern unterschiedlicher Form – „Numbers worn by Jews in the concentration camps of Auschwitz, Buchenwald, Dachau, etc." Alle anderen Exponate stehen im Zusammenhang mit bulgarischen Rettern: „The protest of the democratic community in March 1943 saved 48 500 Bulgarian Jews from extermination. 11 363 Jews from Aegean and Vardar Macedonia were deported to camps of Death, only 12 of them survived." Letzterer Satz ist der einzige Hinweis darauf, dass es einen Holocaust in den von Bulgarien ‚verwalteten' ‚neuen' Gebieten überhaupt gegeben hat.

Im Guide ist ‚den Juden' ein Absatz gewidmet, in dem als Retter besonders der damalige stellvertretende Parlamentspräsident Dimitar Peschew und die Metropoliten Kiril und Stefan hervorgehoben werden, die „dank der Fürsprache von König Boris III." die Juden retteten. „Diese Handlung des bulgarischen Volkes ist eine echte Heldentat, die vom Weltjudentum gebührend eingeschätzt wurde." (Nationalhistorisches Museum 2004, 67) Allerdings folgt eine Einschränkung: „Bulgarien gelingt es aber nicht, die Juden aus den ‚neuen Gebieten' zu retten", heißt es in der deutschsprachigen Version aus 2004. Die ansonsten in diesem Abschnitt wortgleiche neuere englische Version ist hier doppeldeutiger: „Unfortunately, Bulgaria failed to do the same for the Jews from the new territories." (National History Museum 2016, 87) Dies kann sowohl im Sinne von ‚scheitern' als auch von ‚es unterlassen' gelesen werden. Kritische bulgarische WissenschaftlerInnen weisen auf die 1940 in Bulgarien verabschiedete antisemitische Gesetzgebung und die rechtskonservative Verklärung der Rolle des Königs, dessen Rolle bei der ‚Judenrettung' wissenschaftlich nicht belegt sei, hin. (Koleva 2017, 28) Ausstellung und Gedenken sind hier also nicht dem Holocaust, sondern vor allem der Rettung gewidmet.

Der dritte Schaukasten behandelt die Zeit nach dem Seitenwechsel Bulgariens 1944. Unter einem Foto der neuen Regierung heißt es: „The opposition forces took the power on the eve of September 9th 1944 taking advantage of the presence of Russian troops on the territory of Bulgaria. The army, led by officers that changed sides by joining the Fatherland Front, played leading role in the coup d'état." Die Orden aus der alliierten Phase 1944–1945 lösen jene mit Hakenkreuzen ab. Fotos zeigen die Bulgarische Armee, die von Oktober 1944 bis Mai 1945 am Krieg gegen Hitlers Deutschland teilgenommen habe, wobei 33.841 Soldaten und Offiziere getötet worden seien. Geschichtsvermittlung wird hier auf das Minimum an historisch unumstößlichen Fakten reduziert.

Die Nachkriegszeit wird nur bis 1947 in einem Schaukasten in der Ausstellung und in drei Absätzen der 72 Seiten im Guide (Nationalhistorisches Museum 2004, 68) thematisiert. Bereits außerhalb des Raums, im Ausgang, finden sich noch einige Exponate zu Bulgarien nach der Wende, dem NATO- und EU-Beitritt des Landes. Zwischen 1947 und 1989 klafft eine Lücke. Während also das Nationale Geschichtemuseum in Bukarest im Mittelalter aufhört, fehlt im Sofioter Pendant ‚nur' das Narrativ zur Zeitgeschichte.

4.3.4.3 Militärmuseen in Sofia und Bukarest

Die beiden im Folgenden erörterten nationalen Militärmuseen behandeln beide den Zweiten Weltkrieg, unterscheiden sich jedoch: In Bukarest fehlt jeglicher Text abseits der Bildunterschriften, in Sofia ist er in Ansätzen vorhanden. Im 1923 gegründeten und 1986 am heutigen Standort eröffneten, von der rumänischen Armee betriebenen Nationalen Militärmuseum in Bukarest dienen im Gegensatz zum Geschichtemuseum in Sofia wenigstens Landkarten mit dem Datum des jeweils behandelten Ereignisses zur Orientierung darüber, welche Zeit gerade erörtert wird.[156] Ansonsten beschränkt sich jede Deutung auf Bild- und Objektbeschriftungen. Die letzte sozialistische Ausstellung aus 1988 hatte den Personenkult um Ceaușescu auf die Spitze getrieben und den 23. August 1944, an dem Rumänien im Zweiten Weltkrieg die Seiten wechselte, überbetont, um die Jahre der NS-Kollaboration davor ausblenden zu können. (Jung 2016, 59)

Die Jahre 1940–1944 sind in der 2003 neugestalteten Ausstellung über das 20. Jahrhundert im Gegensatz dazu ausführlich behandelt – in dem Sinne, dass sich unzählige Fotografien, Uniformen, Waffen, Orden und sonstige Objekte in diesem Abschnitt befinden, jedoch keinerlei Geschichte dazu erzählt wird. (Abb. 44) Die „Legionäre", also die Eiserne Garde, werden einmal als „extreme right" bezeichnet, aber das bleibt die einzige Deutung. General Antonescu ist mit NS-Außenminister von Ribbentrop bei der Unterzeichnung des Beitritts Rumäniens zum Dreimächtepakt 1940 sowie mit Hitler abgebildet. Die mit Hakenkreuzen versehenen Orden und die Fotos gemeinsamer Einsätze der rumänischen Armee und der Wehrmacht lassen zwar keinen Zweifel an diesem Bündnis sowie daran, dass sie gegen Sowjets kämpften. Doch die vielen Fotos militärischer Operationen, Waffen und Orden verweisen mit keinem Wort auf das Schicksal der Zivilbevölkerung, Verbrechen dieser beiden Regime oder die tiefe Verstrickung der Armee in den Massenmord an der jüdischen und Roma-Bevölkerung. Transnistrien und die von der Armee mitverantworteten Todeslager kommen schlicht nicht vor. Die Soldaten werden kämpfend, marschierend, rastend, ziehharmonikaspielend, mit Hunden spielend, bei Ordensverleihungen und Siegesparaden gezeigt. Verletzte oder gar Tote sind nicht zu sehen. Frauen kommen im gesamten Abschnitt über den Zweiten Weltkrieg auf genau zwei Fotografien als Krankenschwestern vor.

Da der Krieg auf der Bildebene als frei von allen Problemen dargestellt wird, kommt der Seitenwechsel am 23. August 1944 völlig unvorbereitet. Plötzlich wer-

---

156 Die Legende der Karte und der Titel sind aber im Gegensatz zu den Bild- und Objektbeschriftungen ausschließlich auf Rumänisch – wie auch die früheren Epochen in diesem Museum ausschließlich auf Rumänisch behandelt werden.

Abb. 44: Im Nationalen Militärmuseum in Bukarest: Vor dem Seitenwechsel 1944.

den rumänische Soldaten bei der Bekämpfung deutscher Truppen gezeigt. ZivilistInnen sind nun zum ersten Mal seit 1940 zu sehen, vor dem Bukarester Theater, das nun von den Deutschen bombardiert wird, und wie sie im Oktober 1944 in Transsilvanien[157] die „Befreiung" durch die rumänischen Truppen begrüßen. Hatte im Raum davor eine Vitrine „Romania's allies on the Eastern campaign" mit kleinen Flaggen NS-Deutschlands, Italiens, Japans sowie ihrer Verbündeten gezeigt, so zeigt jetzt eine fast deckungsgleiche Vitrine „Romanian army's allies in the Western campaign" inklusive kleiner britischer, amerikanischer, französischer und sowjetischer Flaggen. Man beachte wieder die Sprachregelung: „Eastern campaign" an der Seite der einen, dann „Western campaign" an der der anderen „allies". Die 24 Seiten umfassende Museumsbroschüre deutet den gesamten Zweiten Weltkrieg als „Romanian Army campaign in East" [sic!] 1941 bis 1944 einerseits und dann „Romanian Army's campaign to the West" 1944 bis 1945 andererseits, so die einzige Erwähnung des Zweiten Weltkriegs in dieser meist bloß Daten aufzählenden Zeitleiste. (Military Publishing House 2002, 22–23)

Das Nationale Militärmuseum in Sofia enthält im Gegensatz zu den in diesem Kapitel bisher vorgestellten Museen auch Text, ‚erzählt' also in einem gewissen Ausmaß eine Geschichte. Es wird darauf hingewiesen, dass Bulgarien 1941 dem Dreimächtepakt und 1944 den Alliierten beitrat, doch sofort springt

---

[157] Allgemein zur Erinnerung an die ungarische Deportation nordtranssilvanischer Jüdinnen und Juden nach Galizien und Podolien sowie die rumänische Deportation aus Südtranssilvanien nach Transnistrien vgl. Tibori-Szabó (2020).

das ‚Narrativ' über 1941 zur Schilderung des Umbaus der militärischen Struktur, Infanterie, Kavallerie, Land- und Luftstreitkräfte, jenes über 1944 zur Aufzählung der Offensiven. In Bezug auf die 1941 hinzugekommenen Gebiete wird ein Urteil vermieden, wenn es heißt, die Fünfte bulgarische Armee „entered Macedonia by stages and the 2nd Bulgarian Army entered Aegean Thrace. Bulgarian population in these lands accepted the fact enthusiastically, considering it as its national liberation." Im Gegensatz dazu wird im Fall der serbischen Gebiete in der Ausstellung von „occupation" gesprochen, während es im sonst weitestgehend wortgleichen Guide hier abweichend heißt: „In January 1942 First Bulgarian Corps *took* parts of southeastern Serbia" (National Museum of Military History 2006, 127, meine Hervorhebung). Eine kritische Betrachtung der Rolle Bulgariens, des Militärs oder gar der von diesem in Serbien begangenen Verbrechen wird nicht einmal angedeutet.

Stattdessen heißt es über die in Serbien stationierten Truppen im Guide, in dem 19 von 219 Seiten dem Zweiten Weltkrieg gewidmet sind:[158] „These corps carried out guard, defensive and maneuver tasks." (National Museum of Military History 2006) Dort finden sich im Gegensatz zur Ausstellung auch zwei wertende Passagen. Die Piloten, die 1941 gegen die alliierten Flugzeuge kämpften, „showed bravery and covered themselves with glory, [...] remained in Bulgarian military aviation's history as symbols of heroism and self-sacrifice." (National Museum of Military History 2006, 129) In Zusammenhang mit alliierten Bombardements kommt auch die Zivilbevölkerung vor und zwar als „1 828 casualties and 2 372 wounded" (National Museum of Military History 2006, 129), doch im Krieg begangene Verbrechen fehlen gänzlich. Die andere Erwähnung von „lots of acts of bravery and heroism" im Guide steht dann in Zusammenhang mit den Kämpfen an der ‚Westfront', also an der Seite der Alliierten: „The names of thousand soldiers and commanders remained in the glorious annals of Bulgarian military history." (National Museum of Military History 2006, 133) Die Ausstellung enthält sich solcher Wertungen auf der Textebene gänzlich. Die ausgestellten Fotos ähneln stark jenen aus dem Bukarester Militärmuseum, es sind keine Toten oder Verletzten zu sehen, nur marschierende, kämpfende oder jubelnde Soldaten, was dann wiederum eine deutliche Geschichte erzählt. Auf der Textebene werden die Verluste aber thematisiert, wenn als Bilanz des Zweiten Weltkriegs von 8.000 toten, 22.000 verletzten und 9.000 vermissten Soldaten die Rede ist.

---

[158] Zum Vergleich: Die bulgarische Armee in den Balkankriegen 1912–1913 wird auf 24 Seiten, der Erste Weltkrieg auf 30 Seiten behandelt.

Abb. 45: Der Abschnitt über den Zweiten Weltkrieg im Nationalen Militärmuseum in Sofia.

In diesem Museum werden neben Fotos vor allem Hunderte Uniformen, Waffen und Orden ausgestellt, die folglich auch den Abschnitt über den Zweiten Weltkrieg ausmachen. (Abb. 45) Manche Objekte werden auf den Texttafeln mit Erklärungen der durchnummerierten Gegenstände den BesitzerInnen namentlich zugeordnet und mit biographischen Informationen in einem Satz versehen. Frauen sind im Abschnitt über den Zweiten Weltkrieg zweimal visuell repräsentiert, eine Freiwillige und eine Krankenschwester, allerdings im Gegensatz zum Bukarester Pendant beide in Militäruniform (und in der Bildbeschriftung namentlich benannt).

4.3.4.4 Erinnerung an Holocaust und Porajmos

Dass der Grund für das Fehlen von Museen über den Zweiten Weltkrieg und die sozialistische Ära nicht an mangelnden finanziellen Möglichkeiten liegen kann, beweist die Holocaust-Ausstellung in der Großen Synagoge (*Sinagoga Mare*) in Bukarest. Diese Synagoge dient der kleinen jüdischen Gemeinde in Bukarest nicht mehr für religiöse Zwecke, sondern wurde gänzlich der Ausstellung gewidmet. Während internationale Gelder vor allem in den strukturellen Erhalt der nach dem großen Erdbeben von 1977 schwer beschädigten und verfallenden Synagogen flossen, wurde die Ausstellung mit den einfachsten Mitteln produziert:

Auf Kartonwänden sind mit Klebeband Fotos und Dokumente sowie deren Interpretationen befestigt. Die Geschichte der rumänischen TäterInnen und HelferInnen sowie der individualisiert dargestellten jüdischen Opfer – nicht nur der berühmten wie Paul Celan – werden hier ausführlich behandelt. (Abb. 46)

Abb. 46: Die Holocaust-Ausstellung in der Großen Synagoge in Bukarest.

Eine staatliche Ausstellung über den Holocaust gibt es in Rumänien, das 2004 der International Holocaust Remembrance Alliance beitrat, nicht. 2009 ließ aber die Regierung ein Holocaust-Mahnmal errichten (Abb. 47), auf dem auf einer Texttafel am Treppenabgang die Verantwortung des rumänischen Staates für den Holocaust explizit eingestanden wird: Im Kontext der NS-Verfolgung der jüdischen Bevölkerung habe auch der rumänische Staat

> unleashed its own systematic persecution of the Jews, which was heralded by the antisemitic legislation of 1940. The pogroms in Dorohoi and Galati, in June 1940, as well as those in București, in January 1941, and in Iași, in June 1941, left thousands dead and marked the beginning of the organized destruction of Romanian Jewry. In October 1941, the regime of Ion Antonescu began deporting the Jews of Basarabia and Bucovina to Transnistria, launching a genocidal campaign to eliminate the country's Jewish population. Between 1940 and 1944, the Romanian state was responsible for the deaths of at least 280.000 Romanian and Ukrainian Jews. Twenty five thousand people of Roma origin were also deported to Transnistria, where 11.000 died.

Die Erwähnung der Roma-Opfer ist hier umso beachtlicher, als diese Gruppe in der rumänischen Geschichtspolitik bis dahin fast vollständig ausgeblendet wurde. (Boia 2004, 558)

Abb. 47: Das Holocaust-Mahnmal in Bukarest.

Im Gegensatz dazu ist der Holocaust in Sofia nicht sichtbar, was sicherlich auch daran liegt, dass er im Kernland verhindert werden konnte. Aber die ermordete jüdische Bevölkerung im von Bulgarien ‚administrierten' Mazedonien und Thrakien bleibt dadurch ausgeblendet. Einzig zwei Denkmäler sind den Rettern der jüdischen Bevölkerung gewidmet. Die drei Stelen für die ‚Judenretter' Dimitar Peshev, die Metropoliten und Zar Boris befinden sich zwar in unmittelbarer Nähe der berühmten Nevski-Kathedrale an der Rückwand hinter der Sophienkirche, doch verlässt kaum jemand den Gehweg, um lesen zu können, wofür die Steine da sind, sie bleiben unbekannt. Eine Skulptur ist hingegen sichtbarer im Park gelegen, doch so abstrakt, dass ihr Gegenstand ebenfalls nicht erkennbar ist und von den meisten vermutlich der Kunstgalerie, vor der sie steht, zugerechnet wird.

Welche Gründe lassen sich für das ‚Fehlen' von Gedenkmuseen in Sofia und Bukarest anführen? Stefan Troebst beschrieb 2006 die beiden Länder als

> Fälle, in denen neben Ambivalenz auch Apathie vorherrscht. Kommunismus wird hier also zum einen verstanden als von außen aufgezwungen und dem Wertesystem der eigenen Nation ‚wesensfremd'. Zum anderen aber wird unter Verweis auf Modernisierungseffekte des kommunistischen Regimes betont, es sei dennoch ‚nicht alles schlecht' gewesen. Entsprechend spielt die jüngste Vergangenheit im öffentlichen Diskurs hier nur eine Nebenrolle.
> (Troebst 2006, 33)

Die Geschichtsschreibung war bereits ab Mitte der 1960er in beiden Ländern stark nationalistisch geprägt. (Koleva 2017, 12; Vukov 2012, 142; Boia 2004, 542) In Bezug auf historische Museen hatte dies nach 1989 zur Folge, dass die offensichtlich propagandistischen Teile, wie die dem Personenkult um Ceaușescu gewidmeten, und viele zeitgeschichtliche Abteilungen geschlossen wurden, aber die nationale Ausrichtung ansonsten ungebrochen übernommen wurde. Die Museen sind bemüht, die Teile über die Geschichte vor dem 20. Jahrhundert mit nur oberflächlichen ‚Säuberungen' rasch und im Wesentlichen unverändert wiederzueröffnen. Zuvor tabuisierte Themen wie die Zeit an der ‚Ostfront' – sprich an der Seite der Achsenmächte – bis 1944 werden nun behandelt, bleiben aber im Sinne der Ambivalenz deutungsoffen. (Jung 2016, 84) So führt Vukov für das Nationale Geschichtemuseum in Sofia aus:

> The national and state-framed reading of history was complemented [...] by a sharp disregard to a modification of representation policies after the end of communist rule. The glorification of the nation, the interpretative halo around the peaks in national history at the expense of dramatic lamentation on national failures and tragic moments, not only characterizes the profile of this museum, but also is indicative of the overall conceptualization of national history after 1989. (Vukov 2011, 142)

Die Partei Front zur nationalen Rettung und ihr Vorsitzender Ion Iliescu, Präsident Rumäniens von 1990–1996 und von 2000–2004, standen auf dem Standpunkt der ‚Stunde Null' – mit der ‚Revolution' von 1989 sei der Kommunismus erledigt. (Jung 2016, 424)

Aufarbeitung der Vergangenheit fand vor allem anlässlich außenpolitischer Wegmarken statt: 2003 wurde im Zuge der NATO-Beitrittsverhandlungen die Internationale Kommission zur Erforschung des Holocaust in Rumänien ins Leben gerufen, die Präsidiale Kommission zur Analyse der kommunistischen Diktatur in Rumänien (Jung 2016, 14–15) sowie die „Commission for Disclosure of the Documents and for Announcement of Affiliation of Bulgarian Citizens to the State Security" (Koleva 2017, 19) im Zuge der EU-Beitrittsbemühungen. Die daraus hervorgegangenen Maßnahmen beurteilt Jung als „überhastet und schlecht vorbereitet" (Jung 2016, 359), was bei derlei symbolischer ‚Anrufung Europas' oftmals der Fall ist. Bulgarien trat als bisher letzter der 32 Staaten der IHRA erst 2018 bei. Eine individualisierte Darstellung von Personen jenseits der Heldengeschichtsschreibung fehlt in den meisten Museen in Sofia und Bukarest zur Gänze, mit Ausnahme der improvisierten Holocaust-Ausstellung in der Bukarester Synagoge und im Ansatz angedeutet bei den Objektbeschreibungen im Militärmuseum in Sofia.

Wenn ferner wie im bulgarischen Fall Zeitgeschichte auch nicht in der Schule unterrichtet wird, da alles ab 1940 auf zwei Einheiten am Ende des Schuljahres reduziert wird, die außer bei besonders daran interessierten LehrerInnen nie an die Reihe kommen (Koleva 2017, 20), so erstaunt das Fehlen dieser Zeit in den Museen auch weniger. Verschiedene Initiativen wie jene des bulgarischen Präsidenten Rosen Plevneliev, ein Museum der bulgarischen Geschichte im 20. Jahrhundert im ehemaligen zentralen Mineralbad im Zentrum von Sofia einzurichten, oder die des Leiters des Nationalarchivs, in ‚seinem' Gebäude, das die Staatssicherheit beherbergte, ein Museum des Totalitarismus zu eröffnen, scheiterten. Die Initiatoren waren nicht lange genug im Amt, um diese Pläne umzusetzen, wie Daniela Koleva mir berichtete, die in den in beiden Fällen bereits eingerichteten ExpertInnengremien saß. Die Atmosphäre von Vermeidung, eines „quasi-reconciliationism [...] does not invite competing versions and an open and constructive working out of a narrative of the past." (Koleva 2017, 21) Initiativen wie die 2005 gegründete NGO „Institute for Studies of the Recent Past" (https://minaloto.bg) in Sofia sind selten. Sie versammeln seriöse, international vernetzte WissenschaftlerInnen, die zwar offene Fragen kritisch ansprechen, aber letztlich kaum Einfluss auf öffentliche Debatten nehmen können.

In Bukarest beschloss die Regierung 2016 die Einrichtung eines „Nationalmuseums für die Geschichte der rumänischen Juden und des Holocaust", die dem „Elie Wiesel National Institute for the Study of the Holocaust in Romania" übertragen wurde, welches aus der Holocaust-Kommission hervorgegangen war. (Wiesel Institute 2018) Wird dieses Projekt realisiert, so steht es als erstes staatliches Museum vor der Aufgabe, eine Ausstellung zu gestalten, in der die rumänische Verantwortung für den Holocaust thematisiert wird. Die größte Herausforderung wird hierbei sicherlich die Charakterisierung des Militärs, das für den Holocaust mitverantwortlich war. (International Commission on the Holocaust in Romania 2014) Die Armee genießt in Rumänien ein ungebrochen hohes Ansehen, und das, obwohl sie den letzten sozialistischen Verteidigungsminister Vasile Milea stellte, der am 21. Dezember 1989 nach einigem Zögern in die DemonstrantInnenmenge schießen ließ.

Michael Shafir diagnostiziert für Rumänien eine Externalisierung von Verantwortung: „the implicit or explicit attempt to exonerate the Romanian political community embodied by the state, or segments of that community, from either guilt or responsibility for having participated in World War II as a Nazi ally and from having perpetrated genocidal crimes against the Jews and the Roma." (Shafir 2017, 59) Der Teil über den Genozid verweist auf eine Spezifik, die Rumänien und Kroatien gemeinsam haben und die sich deutlich vom bulgarischen Fall unterscheidet: Die beiden Kollaborationsregime unterhielten als einzige neben dem NS-Regime selbst Todeslager. Diese Geschichte im Museum auszulassen ist also etwas anderes als die Deportationen nach Auschwitz im bulgarischen Fall nicht zu behandeln. Im Gegensatz zu Kroatien, wo sich das größte Todeslager nur 100 Kilometer von der Hauptstadt entfernt befand, liegt das damalige rumänische Gouvernement Transnistrien aber heute teils in der Ukraine, teils in dem De-Facto-Regime Transnistrien / Pridnestrowische Moldauische Republik. Es fällt also nicht in den rumänischen Zuständigkeitsbereich, könnte man argumentieren.

Wie der bulgarische Schriftsteller Georgi Gospodinov in Bezug auf ein Museum des Sozialismus einmal sagte: „the lack of such a museum is our museum". (Zit. n. Kazalarska 2018) Während die unkritische Darstellung der eigenen Nation im ungarischen Haus des Terrors beispielsweise durch explizites Umschreiben von Geschichte geleistet wird, geschieht dies in den Museen in Sofia und Bukarest vor allem durch Auslassung. Der mit dem Museum des Warschauer Aufstands aufgekommene, in der polnischen Debatte durchgesetzte Begriff des ‚narrativen Museums' entfaltet erst durch den Vergleich mit den bulgarischen und rumänischen Museen seine volle Bedeutung. Betrachtet man, wie in Bukarest und Sofia Zeitgeschichte, wenn überhaupt, dann als traditionelle, weitgehend scheinbar narrativlose Sammlung von Objekten und Fotos, die in Vitrinen ausgestellt werden,[159] erklärt dies, warum auch KritikerInnen des Warschauer Museums die Neuheit dieses Ausstellungskonzepts wohlwollend anerkannten, auch wenn sie die nationalistische HeldenInnen- und kollektive Opfererzählung bemängelten. Die Beleuchtung dieser beiden Extreme soll jedoch keinesfalls suggerieren, dass es dazwischen keine große Bandbreite an Ausstellungskonzepten gibt – ganz im Gegenteil.

4.4 Seit 2010: Neueste Entwicklungen in postsozialistischen Museen

‚Dauer'ausstellungen haben derzeit im Schnitt eine Lebenszeit von zehn bis fünfzehn Jahren, daher hat sich erwartbarerweise in den meisten der hier analysierten Museen in den 2010er Jahren auch einiges verändert. Dieses letzte Kapitel konzentriert sich auf die gegenläufigen Tendenzen in den baltischen Ländern im Unterschied zu Polen und Ungarn im letzten Jahrzehnt.

Ich werde zeigen, dass die Museen in den drei baltischen Ländern, die zuvor eindeutige Beispiele für den Fokus auf die sowjetischen Verbrechen und die Ein-

---

[159] Apor führt in Bezug auf das Haus des Terrors aus: „Contrary to national museums' historical exhibition that typically are reluctant to address controversial issues of the past, these new museums are not afraid of formulating strong and, in many cases, provoking ideas on the interpretation of national history and national identity. Arguably, the situation of historical exhibitions in traditional national museums reflects an uncertainty or the incapacity of representing the traumatic recent past." (Apor 2012b, 570)

dämmung der NS-Erinnerung waren, nun zeitverzögert auf die ‚Universalisierung des Holocaust' reagieren und zum Teil die These vom ‚doppelten Genozid' etwas zurücknehmen. Die Anerkennung des „Okkupationsfakts", der Tatsache also, dass die baltischen Länder 1944 von der Sowjetunion nicht befreit, sondern besetzt wurden, erweist sich – von Russland abgesehen – als weitestgehend durchgesetzt. Im Gegensatz zur ‚verbalen Abrüstung' etwa in Vilnius steuert in Ungarn seit 2010 die Fidesz und in Polen seit 2015 die PiS die Geschichtsdeutungen zunehmend staatlicherseits. Im Zuge des autoritären Backlashs und der Beschneidung demokratischer *checks and balances* koppeln sie einen nationalistischen Geschichtsrevisionismus mit autoritären Mitteln der Durchsetzung desselben. Auf den EU-Beitritt folgt hier mit einiger Verzögerung ein anti-europäischer Diskurs, der in Ungarn auch mit einer Hinwendung zu Russland einhergeht. (Rév 2018, 608)

4.4.1 Die ‚Universalisierung des Holocaust' hält im Baltikum Einzug

Das Museum der Genozidopfer in Vilnius wurde oben als radikalstes Beispiel für ‚containing nazism' vorgestellt, weil es die Zeit als Gestapo-Gefängnis in der Musealisierung des Ortes übersprang. Dies trug ihm nicht nur unter litauischen AktivistInnen (Katz 2009, 265), sondern auch in der wissenschaftlichen Literatur viel Kritik ein. (Mark 2008, 341; 2010a, 103–106; Kuusi 2008, 108; Bartuschka 2005, 202; Apor 2012a, 245; Rohdewald 2008, 178; Frankovic et al. 2010, 62; Rindzevičiūtė 2013, 89; Knudsen 2011, 70) 2010 wurde der Ausstellung im ersten Raum über die sowjetische Besatzung zunächst ein Dokumentarfilm über „Nazi Germany structures of repression, which worked on Gediminas 36, Vilnius [Adresse des Museums], 1941–1944" hinzugefügt, der den Massenmord an Jüdinnen und Juden in Paneriai behandelt. (Rindzevičiūtė 2013, 89) 2010 wandten sich ferner sieben BotschafterInnen von EU-Ländern mit einem Brief an den litauischen Innenminister, in dem sie die Gleichsetzung der sowjetischen Verbrechen mit dem Holocaust in Litauen kritisierten. (Baltic News Service 2010) Ende des Jahres wurden dann die Spuren, welche Gestapo-Häftlinge an den Wänden von Zelle 3 hinterlassen haben konserviert. (Abb. 48) Aus diesem Anlass erklärt Direktor Peikštenis, dass es einerseits nicht stimme, dass der Holocaust nicht vorkomme – und verweist auf die Tafel mit den Opferzahlen der drei Besatzungen sowie auf den neuen Dokumentarfilm. Andererseits begründet er aber das weitgehende Fehlen mit den bereits aus den anderen Museen bekannten Argumenten: „Fact is that we lack the facilities. We did not have any exhibits relevant to this topic. Furthermore, we are next to the State Vilna Gaon Jewish Museum 500 meters away, which deals with the Holocaust". (Baltic News Service 2010)

Abb. 48: Spuren von Gestapo-Häftlingen im Museum der Genozidopfer in Vilnius.

Im Oktober 2011 eröffnete Premier Andrius Kubilius dann in Anwesenheit des amerikanischen Botschafters in dieser Zelle Nr. 3 eine kleine Ausstellung über die NS-Besatzung, die die Spuren der Häftlinge kontextualisiert. Kubilius bezeichnete das Museum als das beste Beispiel für Timothy Snyders Buch *Bloodlands*. (ELTA 2011) Dem Premier zufolge sei der Holocaust eine „world tragedy, but at the same time it is a part of one of the most painful gaps of the difficult 20th century in Lithuania's life, which destroyed the culturally, spiritually and emotionally unique Jewish community. [...] Lithuanians joined Holocaust executions as well." (Baltic News Service 2011) Mehrfach war von den Verantwortlichen 2010 und 2011 zu hören, dass die Inklusion dieser Ausstellung nun hoffentlich auch das Problem des vielkritisierten Museumsnamens ‚Museum der Genozidopfer' löse, da nun auch die Opfer des anderen Genozids, des Holocaust, vertreten seien. (Baltic News Service 2010; 2011)

Systematische wissenschaftliche Analysen dieses Raums fehlten bis jetzt, womit meine Arbeit neue Befunde liefert. (Radonić 2018c, 519–520; 2015, 281) Die Inklusion der NS-Zeit und des Holocaust produziert merkwürdige Ergebnisse, wenn es etwa auf der Museumswebseite über den neuen Ausstellungsteil heißt: „The exhibition is held in the 3rd cell of the former KGB prison, where signs made by Gestapo prisoners in 1942–1944 still remain on the walls." (Nazi occupation and the Holocaust in Lithuania o. J.) Obwohl nun explizit auf die Gestapo-Häftlinge verwiesen wird, heißt das Gebäude weiterhin KGB-Gefängnis. Im Audioguide ist ebenfalls noch ungebrochen vom KGB-Gefängnis die Rede, jedoch wurden acht Sätze über die neue Ausstellung hinzugefügt:

This shows writing on the walls by the prisoners, which has been exposed. This was done between 1941 and 1944 when the building was used by the Gestapo. Most is in Polish, though people of various nationalities were locked up there. Beside the Gestapo, the troops of the Vilnius extraordinary detachment engaged in the annihilation of Jews and other Lithuanian nationals who were quartet in the building from February 1944 [sic!] till the end of 1943. At the beginning, about 100 men, later about 40 served in the detachment. The Nazi occupation is one of the darkest periods in the history of the country when around 200 000 Jews were killed. Some Lithuanians participated in the killings. Another 45 000 non-Jewish people also suffered at the hands of the Nazis.

Erstmals werden also auch litauische Täter erwähnt. Im Museum der Genozidopfer hat der neue Raum mit seinem übergroßen Davidstern vor allem Signalwirkung und erweckt den Eindruck, nicht primär der Information oder dem Gedenken zu dienen. (Abb. 49) Der raumhohe Davidstern auf mehrfarbigem Glas und Holz bildet den Mittelpunkt einer hölzernen Installation, die auch Glasflächen umfasst, welche die Häftlingsinschriften schützen. Die kleine Ausstellung, die ebenfalls von diesem Holzrahmen umfasst wird, ist in Abschnitte gegliedert: „Nazi occupation in Lithuania", „Gestapo prison" – jener Teil mit den Inschriften der Häftlinge an der Wand –, „Vilnius ghetto" inklusive „The chronicle of the Vilnius ghetto" in Form von herausgeklappten Texttafeln zum Durchblättern, „Paneriai: a site of mass executions", „Research at mass burial place next to Titnago Street" und „Righteous among the Nations", ebenfalls inklusive herausragender Texttafeln mit den Namen der 816 litauischen Gerechten.

Abb. 49: Ausstellung über NS-Zeit und Holocaust im Museum der Genozidopfer.

Die Ausstellung beginnt mit dem Aufstand, den die *Lithuanian Activist Front* (LAF) am ersten Tag des deutsch-sowjetischen Krieges, als die Wehrmacht das litauische Territorium betrat, gegen die sowjetischen Besatzer organisiert habe. Dabei wird jedoch außen vor gelassen, dass dieselbe LAF in den frühen Tagen des Holocaust in Litauen eine entscheidende Rolle gespielt hat. (Katz 2011) Über die Täter heißt es hingegen: „The occupants also tried to mobilize Lithuanian youth to military and police units. However, the attempt of the Germans in February and March 1943 to form a Lithuanian SS legion failed. Lithuanian youth did not want to join the legion and boycotted the military mobilization and work duties announced by the Germans." In den ersten vier der sechs Absätze in diesem Abschnitt werden ausschließlich nicht-jüdische Opfer behandelt. „The Third Reich was merciless in its persecution of the enemies of the regime: 15,000 Poles, 10–20,000 Lithuanians, and 5–10,000 Russians, Byelorussians, and Roma became victims of the Nazis." Hier werden zwar immerhin Roma erstmals erwähnt, aber RegimegegnerInnen mit Opfern rassistischer Verfolgung vermischt. Dann geht es aber im sechsten Absatz um die jüdischen Opfer und KollaborateurInnen: „The Nazi policies were most painful for the Jews. Although the persecution and execution of Jews were organised by Nazi Germany in most occupied countries, and Lithuania is no exception, the Nazis managed to involve some of the local residents in these crimes." Wie viele und welche LitauerInnen sich an der Vernichtung beteiligt haben, wird hier erst einmal nicht spezifiziert, geschweige denn, warum. Wenn man hier die Verfolgung mit der NS-Besatzung beginnen lässt, werden erneut die Pogrome der ersten Kriegstage ausgeblendet. Während ferner in den oberen Stockwerken davon die Rede ist, dass ‚unsere' Opfer aus der litauischen Mehrheitsbevölkerung ‚deported' wurden, werden sie in diesem Raum ‚transported', was ein entmenschlichender Begriff ist.

Die Fotos dieses ersten Abschnitts zeigen ein Porträt von Horst Wulff, dem Kommissar des Distrikts Vilnius, den deutschen Einmarsch und das Hauptquartier der Besatzungsmacht; die Ehrung gefallener deutscher Soldaten sowie Theodor Adrian von Renteln, Generalkommissar in Litauen, mit Alfred Rosenberg, Reichsminister für die besetzten Ostgebiete, und dem ersten litauischen Protagonisten, Petras Kubiliūnas, lapidar als „representative of the Lithuanian self-government, the first general assessor and general assessor for internal affairs" vorgestellt. Neben einem Foto der schwer beschädigten großen Synagoge in Vilnius findet sich das Foto gehängter Männer mit der wenig Kontext bietenden Bildunterschrift: „Victims of an execution carried out by the Nazis. Šaukėnai, Kelmė district, 26 February 1942". Unterschiedslose Opferschaft wird hier befördert. Unbeschriftet bleibt das Foto einer bewachten Kolonne von Männern in einer Ortschaft. Ein aus einem anderen Winkel von vermutlich derselben Szene aufgenommenes Foto zeigt jüdische Zwangsarbeiter im Sommer 1941. Die einzige

Nahaufnahme eines Opfers zeigt ein „jüdisches Mädchen" mit Davidstern und einer Milchkanne im Ghetto von Kaunas. Die Reihe der Objekte beginnt mit einem Davidstern. Die anderen Objekte, Schere, Schlüsselbund, Patronenhülsen, wurden in Massengräbern bei Neunten Fort in Kaunas gefunden, auch sie werden keiner speziellen Opfergruppe zugeordnet. Dieser Einleitungsabschnitt handelt also vom kollektiven Leiden unter den Nazis.

Im Abschnitt über das Gestapo-Gefängnis wird, obwohl die Ausstellung in dieser Zelle insgesamt wenig Text enthält, ausführlich die Information aus dem ersten Teil wiederholt, die Nazis hätten als Strafe für das Scheitern einer litauischen SS-Division 46 Prominente verhaftet und nach Stutthof gebracht. In diesem Gebäude seien Professor Balys Sruoga und Vladas Jurgutis inhaftiert gewesen, bevor sie in Konzentrationslager verbracht wurden. Das erste namentlich erwähnte jüdische Opfer ist Taibe Rosenkranz, deren auf Jiddisch verfasster Brief aus dem Gefängnis dem großen Stempel zufolge offensichtlich aus dem Bestand des Vilna Gaon Jewish Museums stammt. Die Porträts zeigen Jacob Gens, Judenrat und später Leiter des Ghettos, Bronisław Komorowski von der polnischen Heimatarmee, den schon erwähnten Schriftsteller Balys Sruoga, eine Lehrerin und Mitglied der polnischen Heimatarmee sowie zwei litauische Aktivisten, davon einen litauischen Schriftsteller, der zuvor schon in Vilnius von polnischen Behörden verfolgt worden war. Einige der Gezeigten waren im Gebäude inhaftiert. Über jene Gefangenen, die sich an den Wänden verewigt hatten, so etwa Helena Boufał am 8. Juli 1943, erfahren wir nichts.

Der Abschnitt über das Vilnaer Ghetto enthält zwei Texttafeln, elf Fotos und sieben Dokumente. Wir erfahren, dass sich 29.000 Menschen im großen Ghetto und 9–10.000 im kleinen Ghetto befanden. Ersteres sei mit der Zeit für seine Fachkräfte bekannt geworden, das zweite sei das Ghetto der Nicht-Arbeitenden gewesen. Der erste Absatz, der zu Empathie mit den jüdischen Opfern einlädt, betont, dass diese trotz wiederholter Massaker und Todesangst sich an die Situation anzupassen versucht hätten, mit einem Krankenhaus, Bildungs- und Sozialeinrichtungen, einer Ausspeisung, Schulen (ein Foto zeigt Schülerinnen mit aufgenähtem Davidstern), einer Bibliothek, einem Theater (eine Theaterwerbung ist ausgestellt), einem Symphonie- und einem Jazzorchester. Die Ghettoleitung habe geglaubt, dieses erhalten zu können, wenn es nur ökonomisch produktiv war. Doch auch im Ghetto wären sie verfolgt und brutal ermordet worden, zumindest 18.000 im Rahmen organisierter Kampagnen durch den SD getötet. Die Liquidierung der Ghettos habe mit den kleineren begonnen, einige kamen nach Vilnius, andere wurden in Paneriai erschossen. Am 23./24. September 1943 wurde auch das Vilnaer Ghetto liquidiert.

Die Fotos zeigen polnische, nicht litauische Jüdinnen und Juden. Die Jahreszahlen sind dabei in zwei Beschriftungen falsch. Eines zeigt, wie Menschen in einen Viehwaggon einsteigen: „Jews transported to concentration camps. 1943", doch Yad Vashem zufolge handelt es sich um eine Deportation aus dem Warschauer Ghetto 1942, nicht 1943. (Yad Vashem o. J.) Ein anderes Foto ist mit „Jews driven from their homes, 1941" beschrieben und zeigt alte und kranke Menschen auf einer Pferdekutsche. Über das Foto könnte man sagen, dass es der bekannte jüdische Warschauer Fotojournalist Henryk Ross von einer Deportation aus dem Ghetto Łódź aufgenommen hat. Ross war von Warschau nach Łódź gezogen, kurz bevor er gezwungen wurde, ins dortige Ghetto zu übersiedeln (Davies 2017) – und zwar 1942, nicht 1941, wie die Bildunterschrift behauptet. Diese naheliegende Möglichkeit zur Individualisierung durch den Entstehungskontext des Bildes wird ausgelassen. (Radonić 2018c, 520) Die Ausstellung erweckt ferner den Eindruck, als gäbe es kein Bildmaterial des Holocaust in Litauen. Die Holocaust-Ausstellung des Jüdischen Museums, das sogenannte „Green House", beweist aber das Gegenteil und stellt Opfer aus Litauen individualisiert dar.

Namentlich zugeordnet ist der Facharbeiterausweis von Israel Sabalski sowie der Einband eines Tagebuchs von Grigory Schur aus dem Ghetto und später dem Arbeitslager Kailis. Aus letzterem zitiert wird aber nicht. Ein Gruppenfoto zeigt unzählige Menschen, die als „heads of Vilnius ghetto" vorgestellt werden, darunter Jacob Gens. Die einzigen jüdischen Opfern namentlich zugeordneten Fotos zeigen also beide Gens, ein Titelbild bezeugt das Vorhandensein jüdischer Zeugnisse aus dem Ghetto, daraus zitiert wird jedoch nicht, die Opfer kommen nicht selbst zu Wort.

Während – wie oben gezeigt wurde – die litauischen Opfer sowjetischen Terrors, insbesondere die nach Sibirien deportierten sowie die VertreterInnen des bewaffneten und unbewaffneten Widerstands, in den beiden oberen Museumsstockwerken mit viel Empathie, individuellen, berührenden Geschichten und Gegenständen sowie Hunderten Privatfotos dargestellt werden, erscheinen die jüdischen Opfer im neuen Raum – wie schon in mehreren anderen Museen festgestellt – nicht individualisiert, sondern als anonyme Masse und entpersonalisiert in Zahlen. Typisch ist die „Ghetto-Chronik", die aus unzähligen Daten, Opferzahlen und Fakten besteht, aber völlig unpersönlich die Geschichte der Vernichtung herunterrattert, etwa für 1941: „20 September: 403 Jews from Nemenčinė killed. 22 September: 1,159 Jews from Naujoji Vilnia killed. 24 September: 1,767 Jews from Rieše killed. 25 September: 575 Jews from Jašiūnai killed", so geht das noch lange weiter. Erst innerhalb dieser Chronik erfahren wir – etwas versteckt und verklausuliert – etwas über die Existenz jüdischen Widerstands, aber nur, wenn uns das Kürzel FPO bekannt ist: „FPO fighters mine and blow up a German military train", heißt es in Bezug auf den 18. Juli 1943. Die *Fareynikte Partizaner Organizatsye* (FPO) war eine im Ghetto von Vilnius angesiedelte jüdische Widerstandsorganisation, geleitet von Abba Kovner and Yitzhak Wittenberg.

Wo die Chronik ausführlichen Text enthält, ist dieser problematisch, wenn Juden als Täter an der Seite der Nazis dargestellt werden:

> About 20 Jewish policemen from the Vilnius ghetto assigned to Ashmyany ghetto (Belarus) to select incapacitated prisoner for extermination. The campaign is led by Martin Weiss, a Gestapo officer, and Salek Desler, the head of the Vilnius ghetto police. They select 404 elderly persons and 2 little children. They are escorted to the killing site (next to Uglejovo farmstead, 6–7 km from Ashmyany) by policemen from the Vilnius ghetto.

An dieser Stelle wird die Ausstellung über den Holocaust zu einem Machwerk der Täter-Opfer-Umkehr, nicht Litauer, sondern Juden hätten andere Jüdinnen und Juden zu den Erschießungsstätten „begleitet", als ob sie das freiwillig und aus Mordlust getan hätten, nicht unter Zwang.

Zusammenfassend lässt sich über die Ausstellung in dieser Zelle sagen, dass es als Ausdruck der ‚Universalisierung des Holocaust' begriffen werden muss, dass die Lücke im Museum angesichts seiner Geschichte auch als Gestapo-Gefängnis in den 2010er Jahren nicht mehr tragbar war – und nach der Konsolidierung der litauischen Eigenstaatlichkeit nicht mehr ‚nötig' erscheint. Auch wenn nun der Holocaust im Museum inkludiert ist, zeigt die Art und Weise, wie dies geschieht, dass die Eindämmung dieser Erinnerung immer noch notwendig erscheint, um Empathie weitestgehend den ‚eigenen' Opfern vorzubehalten und um die Frage nach den litauischen TäterInnen auf einige wenige Zeilen beschränken zu können. Über litauische Täter heißt es in der Chronik einzig in Bezug auf den 24. Juni 1941: „local volunteers (*chapuns*) start catching Jewish men. Some are shot dead in Paneriai."

Der allerneueste Ausstellungsteil, der in einer weiteren Zelle im Keller eingerichtet wurde, gilt nun der Verfolgung von Roma-Opfern: „Lithuanian Roma persecution during the Nazi occupation (1941–1944)". Auf der Überblickstexttafel[160] heißt es distanziert bis feindselig, drastischer noch als im Holocaust-Gedenkzentrum in Budapest: „In general, the registration and control of the Roma people remained an unsolved problem of the Nazi occupation." Zitiert wird aber auch das Zeugnis von „Jonas Brižinskas, the Roma of Seredžius", über die Verschleppung seiner Familienmitglieder in das NS-Lager Pravieniškės bei Kaunas, in dem politische sowie jüdische und Roma-Häftlinge interniert waren. Als Täter kom-

---

[160] Da diese kleine, 2015 eröffnete Ausstellung in der englischen Version der Museumswebseite nicht vorkommt und in Litauen kaum mediale Aufmerksamkeit erregt hat, habe ich von ihrer Existenz erst spät erfahren. Mir liegen einzig der Eingangstext auf Litauisch und Englisch sowie Überblicksaufnahmen des Raums vor, über den ich nur sagen kann, dass er außer diesem einzigen Text noch 36 Fotos, acht Dokumente und einen Plan enthält. Ich danke Gero Wollgarten für die Fotos dieses Ausstellungsteils.

men auf der Tafel neben der NS-Sicherheitspolizei und dem Sicherheitsdienst auch (litauische) Gendarmen vor, was als ein weiteres Zugeständnis an internationale Musealisierungstrends gedeutet werden kann.

Trotz der Ergänzungen bezeichnet sich das Museum bis heute unverändert selbst als „KGB-Museum". Die NS-Zeit ist nur in den beiden Kellerzellen, acht Sätzen zum Holocaust-Raum im Audioguide, einem Faltblatt über das Museum und der dazugehörigen Ausstellung im Tuskulėnai-Park sowie zweier Subseiten der Museumswebseite über den Holocaust-Raum (genocid.lt/muziejus/en/1896/a) und die Geschichte des Gebäudes (genocid.lt/muziejus/en/711/c) präsent.

Im Mai 2018 benannte sich das Museum der Genozidopfer schließlich nach vielen Jahren der Kritik in Museum der Okkupationen und der Freiheitskämpfe um, was als Schritt in Richtung ‚verbaler Abrüstung' und Angleichung an die beiden nördlichen baltischen Nachbarn gedeutet werden kann – obwohl seit 1997 kein Wechsel in der Museumsleitung stattfand. Der neue Name findet sich nun über dem Museumseingang und auf den Wegweisern zum Museum sowie auf der Museumswebseite. Eine neue Publikation, die auch die neuen Ausstellungsteile beinhalten würde, ist nicht erhältlich. Der früher eindeutigste Vertreter des Typs ‚containing Nazism' unter den untersuchten Museen verändert sich neuerdings dennoch unübersehbar.

Das Museum der Okkupation Lettlands in Riga, jenes Museum also, das der NS-Zeit im Vergleich mit den anderen beiden baltischen Museen den meisten Raum bot, jedoch die Individualisierung der Opferschicksale ausschließlich ‚unseren' Opfern aus der lettischen Mehrheitsbevölkerung vorbehielt, ist 2012 aus dem schwarzen Block in der Altstadt ausgezogen. Eine weiße zweite Hälfte, das „Haus der Zukunft" wird angebaut. Seit 2006 wurde an dem Konzept für diese neue Ausstellung gearbeitet. Doch die Wirtschaftskrise und Konflikte zwischen der mehrheits-lettischen Geschichtserzählung und der von russischsprachigen PolitikerInnen dominierten Stadtregierung Rigas haben das Umbauprojekt bis heute verzögert. Der Stadtregierung war die weitgehende Ausblendung der Perspektive der russischsprachigen Bevölkerung im Museum ein Dorn im Auge.[161]

---

[161] 2009 wurde Nils Ušakovs zum seit der Unabhängigkeit ersten russischstämmigen Bürgermeister von Riga und blieb das bis 2019. Er ist russischsprachiger Journalist und als Mitglied der sozialdemokratischen Partei *Harmonie* Vorsitzender des Parteienbündnisses *Saskaņas Centrs* (Zentrum der Harmonie), dem auch die Sozialistische Partei Lettlands angehört. Harmonie ist heute die größte Parlamentspartei, da sie die russischsprachige Bevölkerung vereint, während die ethnisch-lettischen Parteien zersplittert sind. Ušakovs Großeltern kamen 1940 aus Russland nach Lettland. „Ušakovs said that in 1940 undemocratic incorporation of Latvia took place, but can it be described as occupation, that's ‚up to the historians to decide'. The major of Riga stressed that one should not forget and not forgive what Stalin's regime has done to Latvia, yet it is not correct to transfer the crimes committed by Stalin to ‚the ordinary people'." (LETA 2009)

Der Konflikt konnte erst 2016 gelöst werden, indem die lettische Regierung das Gebäude zu einem „Objekt von nationaler Bedeutung" erklärte und in Folge dessen den Umbau endgültig bewilligen konnte. (Museum of Occupation of Latvia 2016) Nun wird wirklich gebaut, das neue Museum soll 2021 eröffnet werden. (Abb. 50) 2012 war das alte mit einer kleineren provisorischen Ausstellung in die ehemalige amerikanische Botschaft umgezogen.

Abb. 50: Stand der Bautätigkeit beim Museum der Okkupation Lettlands (2019).

Dem Architekten zufolge soll der weiße Gebäudeanbau der dunklen Vergangenheit „den Weg in die hellere Zukunft weisen". (Nollendorfs 2011) Dem Museum wird eine Gedenkstätte für die Opfer der kommunistischen Machtherrschaft angegliedert. Nollendorfs (2011) plant ein „fünfteiliges quasi-dramatisches Schema: Freiheit – Zerstörung – Unterdrückung – Erhebung – Freiheit." Im Gegensatz zur alten, „zweidimensionalen", soll die neue Ausstellung „emotionaler und dramatischer" werden. Die bereits zuvor ausgestellte Gulag-Baracke bleibt „als wichtigstes Erinnerungsmahnmal" (Nollendorfs 2011) im Zentrum des Ausstellungssaals, aber auch der Holocaust soll Nollendorfs zufolge nun ausführlicher beleuchtet werden. Der „großen Politik und Geschichte wird die Geschichte von Einzelpersonen zugeordnet. An persönlichen Gegenständen, Gedenkstücken, Fotos und Dokumenten werden dem Zuschauer die Schicksale der Menschen vors Auge [sic!] geführt." (Nollendorfs 2011) Ob es hierbei erneut Unterschiede in der Darstellung der verschiedenen Opfergruppen geben wird, muss sich erst weisen.

Beim 2003 eröffneten estnischen Museum der Okkupationen im Glasbau in Tallinn kam es zu einem Generationenwechsel. 2013 starb die Hauptförderin, Olga Kistler-Ritso, und ihre Tochter übernahm die Stiftung. Der langjährige Direktor Heiki Ahonen wurde 2012 von Kadri Viires, diese dann 2015 von der jungen Direktorin Merilin Piipuu abgelöst. Die in Großbritannien ausgebildete Soziologin und Politikwissenschaftlerin Piipuu beschreibt ihr Team 2016 als „young individuals who were brought up by the nationalist history narrative during the 1990s [...] they have increasingly become aware of the restrictive and manipulative influence of this narrative on their later lives and actions." (Zit. n. Kõresaar und Jõesalu 2021)[162] Das Museum wurde 2016 in Vabamu, eine Abkürzung von *Vabaduse Muuseum*, was Freiheitsmuseum bedeutet, umbenannt. Ehemalige DissidentInnen fürchten, dass damit der ursprüngliche Zweck verlorengehe: „to commemorate the suffering of Estonians under the (Soviet) terror regime(s)." (Pääbo und Pettai 2019) Konservative Kräfte kritisierten die Entfernung des Begriffs „Okkupation" aus dem Museumsnamen als Selbstzensur und als Einknicken unter dem Druck Moskaus im Streit um die Deutungshoheit. (Kõresaar und Jõesalu 2017; Weekes 2017) Schließlich wurde das Museum deshalb noch einmal in Vabamu Museum of Occupations and Freedom umbenannt.

Im Juli 2018 wurde dort zum 100. Jahrestag der Unabhängigkeit Estlands eine neue ständige Ausstellung mit dem Titel *Freedom without borders* nach nur sechsmonatiger Umbauzeit eröffnet, die zum Großteil vom estnischen Kulturministerium finanziert wurde. (Kõresaar und Jõesalu 2021) Darin trägt auch dieses Museum der ‚Universalisierung des Holocaust' zum Teil Rechnung. Im Abschnitt „Inhumanity" werden zunächst, wie schon aus den obigen Analysen vertraut, die sowjetischen Deportationen und der Gulag mit den NS-Verbrechen gleichgesetzt. (Abb. 51) „Human suffering" wird hier universalisiert anhand von Symbolen dargestellt, die für Gulag- wie Holocaust-Erzählungen geeignet sind: Koffer und ein rüttelnder Deportationswaggon zum Hindurchgehen, der nun explizit für beide Erfahrungen stehen soll. „The evil of both totalitarian regimes was embodied in the cattle cars that both regimes used: Stalin transported millions of people to the Gulag camps in these wagons, deporting people thousands of kilometres away from their homelands; while Hitler used them to transport millions of people to concentration camps, some of which were also in Estonia", heißt es auf der einleitenden Tafel im „Inhumanity"-Raum.

Im Abschnitt über „Soviet Estonia" wird wieder auch die NS-Zeit mitbehandelt. Pääbo und Pettai (2019) kritisieren aber, dass die in den interaktiven Ele-

---

[162] Ich danke Ene Kõresaar und Kirsti Jõesalu für die Vorab-Zusendung ihrer noch unveröffentlichten Analyse der neuen Ausstellung und den regen Austausch über das Museum.

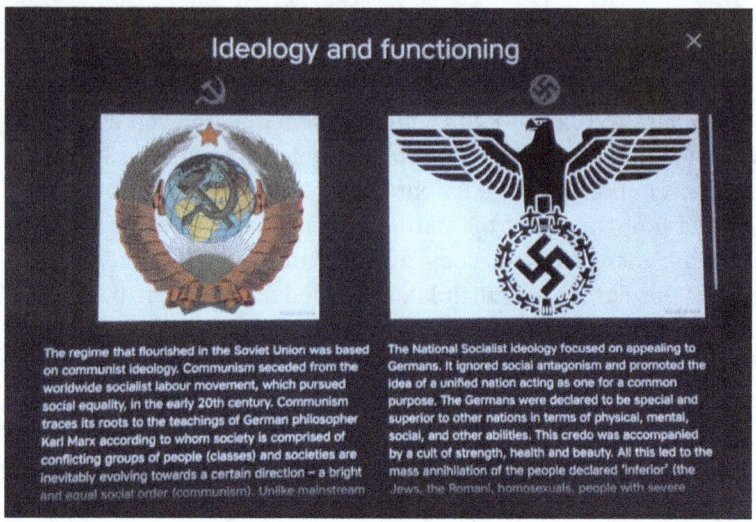

Abb. 51: Die neue Ausstellung im Vabamu in Tallinn (2018).

menten behauptete Gleichbehandlung der beiden „totalitären Regime" durch das Raumdesign Lügen gestraft wird: Die interaktiven Teile sind in einen Tisch in Form eines fünfzackigen Sterns eingebettet und die gesamte Decke wird von einem übergroßen Stalin-Porträt bedeckt. Der diachrone Vergleich mit der früheren Ausstellung zeigt, dass die gleichsetzende Symbolik der beiden Regime, zuvor die Lokomotiven mit rotem Stern und Hakenkreuz, hier wieder aufgegriffen wird, nur um dann – wie in dieser Gruppe von Museen üblich – den sowjetischen Repressionen mehr Raum zu geben.

Es ist aber insbesondere der synchrone Vergleich mit den anderen postsozialistischen Museen, der hier einen neuen Befund erlaubt: Wie schon in der 2011 eröffneten Ausstellung über die NS-Zeit im Museum der Genozidopfer werden auch hier im obigen Zitat ‚unsere' Opfer in den Gulag „deportiert", während die Holocaust-Opfer in die Konzentrations- und Vernichtungslager „transportiert" werden. Der Unterschied, dass die einen einer industriellen Massenvernichtung in Gaskammern zugeführt wurden, die anderen hingegen Opfer der stalinistischen Verachtung von Individuen und des Werts menschlichen Lebens, jedoch nicht systematisch vernichtet wurden, muss in solchen Parallelisierungen zwangsläufig außen vor bleiben.

In Bezug auf die Darstellung von Roma-Opfern erlaubt mein Vergleich der neuen estnischen Ausstellung einerseits mit der alten Exposition und andererseits mit der Darstellung der Roma in den anderen Museen neue Erkenntnisse über dieses Thema, das so oft vernachlässigt wird. Erstens kann gesagt werden, dass im

Gegensatz zur alten Ausstellung aus 2003 die Verfolgung von Roma in dieser Schau nun erwähnt wird. Dies bestätigt meine These, dass die ‚Europäisierung der Erinnerung' und ‚Universalisierung des Holocaust' zur erstmaligen Inklusion der Roma-Opfer in den Ausstellungen führt. Zweitens erlaubt uns der Vergleich mit den anderen Museen darüber hinaus folgenden Befund: Wie ich auch schon bei den früheren Beispielen für die ‚Anrufung Europas' im slowakischen, ungarischen und kroatischen Fall festgestellt habe, erfolgt diese erste Inklusion von Roma-Opfern nie auf die gleiche individualisierende Weise wie bei den anderen Opfergruppen. Auf dem Infoscreen zum Thema „Victims" heißt es bloß: „The Nazis also targeted the Romani people"; und dann unter „Estonian lives lost": „Nearly all local Jewish people (some 1000 people) and more than half of the Romani (an estimated 500 people) were murdered as a result of racial repressions."

In Bezug auf die Ästhetik der neuen Ausstellung im Abschnitt „Inhumanity" lässt sich ferner festhalten, dass die Räume hier nun dunkel gestaltet sind, während der frühere Direktor, wie oben zitiert, die Ästhetik von Holocaust-Museen explizit abgelehnt hatte. Die AusstellungsmacherInnen geben an, sie hätten sich am Museum of Tolerance, also dem Simon Wiesenthal Centre Museum in Los Angeles, dem Anne-Frank-Haus in Amsterdam und dem Jüdischen Museum in Berlin orientiert. (Kõresaar und Jõesalu 2021) Die Ästhetik von Holocaust-Museen dient hier neuerdings als Vorbild in einer Erzählung über universelles menschliches Leid. Vier unterschiedliche Opferschicksale sollen den neuen, individualisierenden Zugang der Ausstellung verdeutlichen: Zu Beginn sieht man vier große Bildschirme, auf denen eine nach Sibirien deportierte Frau, einer der ganz wenigen estnischen Holocaust-Überlebenden, eine Exil-Estin sowie eine Frau, die ihr gesamtes Leben auf der Insel Hiiumaa verbracht hat, gezeigt werden. Doch wir sehen sie nur sprechen, hören jedoch nicht sie selbst, sondern einen estnischen Schauspieler, der *über* sie erzählt. „Therefore, albeit present with their (first) names and faces, the four persons themselves are denied agency for the sake of generalisation." (Kõresaar und Jõesalu 2021) Während Pääbo und Pettai in der ersten bisher veröffentlichten Analyse der Ausstellung festhalten, dass der Ausstellungsfokus auf der Individualisierung liegt, sind Kõresaar und Jõesalu (2021) weitaus kritischer: „At the end, the individualised stories, either told in first- or third-person mode, convey an idea of the universal story of suffering, death, survival and hope rather than a personal history and experience."

Im Audioguide wird zu Beginn das neue Konzept erklärt: „Please do not expect very many facts here. Above all, it's a tour through fragments of memory." Erinnerungsfragmente stehen in der Ausstellung also im Fokus, doch werden erneut nicht alle Opfer auf die gleiche Weise dargestellt. Pääbo und Pettai (2019) diagnostizieren:

> Moving on to the narrow section about the Holocaust in Estonia, visitors find a relative lack of personal objects and stories compared to the Gulag section. [...] Still, the curator of the section clearly made an effort to combine the results of scholarly research on Nazi crimes in Estonia with a few individual memories collected from letters and fragments that survived the War. Here, more than elsewhere, visitors are dependent on the audio-guide, which provides basic information about what happened and who was involved.

Sie führen diesen Mangel zum Teil auf „the small number of Jewish-Estonian survivors whose stories can be told" zurück, doch auch die Schicksale jener, die nicht überlebt haben, können individualisierend dargestellt werden, wie das Estnische Jüdische Museum zeigt. (Abb. 52)

Abb. 52: Ralli und Hanni Ratenberg sowie weitere neun namentlich genannte von insgesamt 120 estnischen Kinder-Holocaust-Opfern im Estnischen Jüdischen Museum in Tallinn.

Im Gegensatz zu Pääbo und Pettai kommen Kõresaar und Jõesalu (2020) zu dem Ergebnis, der Holocaust-Abschnitt sei

> more personalised than the representation of the Stalinist repressions. The Holocaust in Estonia is represented with the life story of Daisy Levin (b. 1933), who was murdered in Pärnu synagogue in 1941. Daisy's story is displayed through photographs and her nanny's letters to her family.

Der Widerspruch zwischen den beiden Befunden lässt sich mit dem Verweis darauf auflösen, dass der erste Text offenbar nach der *Zahl* individualisierender Opfergeschichten fragt, während der zweite das *In-die-Tiefe-Gehen* der individuellen Geschichte anerkennt. Festzuhalten bleibt vor allem, dass in dieser Ausstellung (im Gegensatz zur alten) jüdische Opfer individuell dargestellt werden. Die Opfer ‚rassischer' Verfolgung werden hier aber tendenziell homogenisierend und kollektiv als Ethnie vorgestellt. In den anderen Teilen werden hingegen unterschiedliche Lebensrealitäten erörtert, die ethnisch-estnische Bevölkerung also in ihrer Heterogenität ohne zu werten vorgestellt: die nationalistischen und die assimilierten Exil-EstInnen, die Ausgewanderten im Gegensatz zu den in Estland gebliebenen usw. (Pääbo und Pettai 2019)

Die größte Neuerung ist sicherlich, dass auch Kollaboration, sowohl mit den NS- als auch mit den sowjetischen Besatzern, nun kritisch thematisiert wird als etwas, das jede und jeden von uns betreffen könnte. Im Audioguide wird beim Thema Kollaboration oder Spionage etwa die Frage gestellt: „How would you behave?" Auch Verrat des antisowjetischen Widerstands durch eigene Leute oder Verbrechen der anti-sowjetischen PartisanInnen an der Zivilbevölkerung werden nun erstmals behandelt. Interaktive Elemente fordern hier erneut die BesucherInnen auf, eine Person auszuwählen und eine von drei Entscheidungs- bzw. Handlungsmöglichkeiten zu wählen.

Nach diesem Teil über die Besatzung fährt man aus dem Keller mit einem Aufzug in das lichtdurchflutete Erdgeschoss zu den Teilen über „Recovery" 1987–1991 und „Freedom" hoch, eine einfach verständliche Symbolik. Hier herrscht wieder Stimmenvielfalt, vorgestellt werden ein Punk, eine feministische Aktivistin, ein Umweltschützer, ein Geschäftsmann und ein Nationalist. Die russischsprachige Bevölkerung und ihre aus Moskau weitgehend gesteuerte Einwanderung bleiben zwar im Abschnitt über die sowjetische Ära wieder ausgespart, im Abschnitt über „Recovery" wird die Perspektive der russischsprachigen Bevölkerung nun aber inkludiert.

Diese von Merilin Piipuu verantwortete Ausstellung aus 2018 bringt also unzweifelhaft entscheidende Neuerungen, reproduziert aber auch bekannte Muster, wenn es um das Verhältnis zwischen der sowjetischen und der NS-Besatzung geht. 2019 löste Keiu Telve, eine ebenfalls junge Kulturwissenschaftlerin und Mitarbeiterin des Museums, Piipuu als Museumsdirektorin ab. (Vabamu 2019) Piipuu wurde zur Staatssekretärin für kulturelles Erbe im Kulturministerium der seit 2016 amtierenden Koalition von Zentrumspartei, Sozialdemokraten und der konservativen IRL ernannt. Trotz der anfänglich heftigen Kritik an Piipuu wegen der Neugestaltungspläne für das Museum diente ihr die Museumsleitung also als Sprungbrett in die Politik.

Waren die baltischen Museen vor der EU-Osterweiterung 2004 in unterschiedlichem Ausmaß, aber doch eindeutig Beispiele für die Eindämmung der Erinnerung an die NS-Besatzung und den Holocaust, so fand in diesen Institutionen in den letzten Jahren ein Wandel statt. In Vilnius wurde die völlige Ausblendung aufgegeben und 2011 die NS-Zeit inkludiert. In Riga lässt das neue Museum in den vergrößerten Räumlichkeiten noch auf sich warten. Und in Tallinn wurde die 2003 recht traditionell mit Schaukästen chronologisch gestaltete Ausstellung 2018 unter Einbeziehung internationaler Trends grundlegend überarbeitet. In Vilnius sind NS-Opfer nun auch inkludiert, wenn auch die jüdischen im Gegensatz zu den ‚eigenen' nicht individualisiert werden. Die Tallinner Ausstellung zeigt, dass wenn Roma erstmals inkludiert werden, dann wie beim ersten Mal in den anderen Museen auch hier nicht individualisiert. Jüdische Opfer werden in Tallinn nun bis zu einem gewissen Grad individualisiert dargestellt, doch generell bleibt in dieser Ausstellung die Individualisierung zuweilen nur eine scheinbare und ein Schauspieler spricht *über* die Gulag-Opfer wie die Holocaust-Opfer, die selbst zwar zu sehen sind, aber meist nicht zu Wort kommen. Beide Ausstellungen thematisieren nun NS-KollaborateurInnen, wenn auch Vilnius weitaus rudimentärer als Tallinn.

4.4.2 Der autoritäre Backlash in Polen und Ungarn

Die meisten anderen hier untersuchten Museen blieben in den letzten Jahren weitgehend unverändert,[163] etwa das Museum des Slowakischen Nationalaufstands oder das Jasenovac-Gedenkmuseum. In meinen früheren Analysen der Jasenovac-Ausstellung plädierte ich für eine Veränderung der Dauerausstellung in Richtung einer stärkeren Inklusion der TäterInnen sowie des *In-situ*-Geländes. Doch dann wurden bis 2020 in Kroatien Präsidentin wie Premierminister von der HDZ gestellt und diese verhielten sich den geschichtsrevisionistischen Tendenzen gegenüber im besten Fall ambivalent (Kasapović 2018, 10 f; Radonić 2019b) – jedoch ohne wie in Ungarn und Polen zugleich in demokratische Grundrechte einzugreifen. Das macht die ständige Ausstellung aus 2006 trotz aller Kritik derzeit zu einem kritischen Stachel gegen den Geschichtsrevisionismus, da sie Jasenovac unmissverständlich als Todeslager benennt, in dem die Ustaša aus ‚rassischen' Gründen serbische, Roma- und jüdische Opfer ermordeten. Erst als 2020 der ehemalige sozialdemokratische Premier Zoran Milanović zum Präsidenten gewählt wurde, ist in Kroatien wieder eine Art politisches Gleichgewicht hergestellt.

Ein kritischer Stachel ist in noch stärkerem Ausmaß derzeit das Holocaust-Gedenkzentrum in Budapest bzw. dessen ständige Ausstellung aus 2006. Abgesehen von der Kritik der stereotypen Darstellung von Roma, bleibt dieses Museum in Zeiten des in Ungarn seit 2010 von der Fidesz offensiv betriebenen Geschichtsrevisionismus, der Verklärung von Horthy als Demokrat und der verschleiernden Darstellung der ungarischen Mitverantwortung für den Holocaust das reflektierteste und in Bezug auf das eigene ungarische Kollektiv selbstkritischste der hier analysierten zehn Museen – und somit ein Dorn im Auge der ungarischen Geschichtspolitik. Nach Orbáns Wahlsieg 2010 wurde Direktor László Harsányi

---

[163] Im Zeitgeschichtemuseum in Ljubljana wurden die Ausstellungen über die „Dunkle Seite des Mondes" und die sozialistische Ära nach 1945 nach Auskunft der Direktorin Kaja Širok 2018 umgestaltet, doch konnten diese Änderungen nicht mehr in die Analyse eingebaut werden.

entlassen. 2014 zahlte dann das staatliche Museum für mehrere Monate keine Gehälter an die MitarbeiterInnen aus, sodass kompetente WissenschaftlerInnen die Institution verlassen mussten. Staatssekretär András Levente Gál verlangte eine Neubewertung der Rolle Horthys, und immer wieder wurde eine Änderung diskutiert. Es kam nur zu einer kleinen, etwas kuriosen: Einer der nationalistischen Kritikpunkte an der Ausstellung war, dass im Abschnitt über den Entzug der Rechte von Jüdinnen und Juden zwischen 1920 und 1942 Bischof Ottokár Prohászka zu sehen ist, der bei der Verabschiedung des antisemitischen Numerus Clausus 1920 eine entscheidende Rolle spielte. Es sei illegitim, Prohászka, der 1927 gestorben war, neben Hitler, der 1933 an die Macht kam, auszustellen. (Molnár 2012) Zwischenzeitlich wurde das Foto des Bischofs deshalb durch einen Vorhang verhüllt, was jedoch nur zur Folge hatte, dass die BesucherInnen unbedingt wissen wollten, was sich dahinter verbarg, weshalb der Vorhang rasch wieder entfernt wurde.

Konnte man in den 2000er Jahren in Bezug auf das Haus des Terrors und das Holocaust-Gedenkzentrum noch von einer gewissen Pluralität der Geschichtspolitik sprechen, einer Verklärung der ‚Wir'-Gemeinschaft vs. einer selbstkritischen Aufarbeitung, so verschiebt Fidesz seit 2010 die dominante Geschichtserzählung mit aller Kraft in Richtung des bereits aus dem Haus des Terrors bekannten nationalistischen Narrativs. So ließ die Fidesz-Regierung im ungarischen Holocaust-Gedenkjahr 2014, dem 60. Jahrestag der Deportationen, am Freiheitsplatz das „Denkmal für die Opfer der deutschen Besatzung" errichten, das aufgrund von Kritik im Vorfeld nachts ohne öffentliche Zeremonie enthüllt wurde. Es zeigt den Erzengel Gabriel, der die kollektive ungarische Unschuld darstellt, wie er vom deutschen Reichsadler attackiert wird. (Abb. 53) Die Verantwortung Horthys für die bereits vor seiner Absetzung erfolgte Deportation der ungarischen Jüdinnen und Juden wird somit gänzlich externalisiert und ‚Deutschland' zugeschoben. Obwohl die Presse- und Meinungsfreiheit in Ungarn seit 2010 immer weiter eingeschränkt wird, rief diese Geschichtsfälschung sichtbaren Protest hervor. Das vor dem Mahnmal bereits während seiner Bauzeit spontan entstandene Gegen-Mahnmal besteht bis heute – und zeigt beispielsweise Privatfotos von Holocaust-Opfern mit der Bildunterschrift: „Familie Spiegel, vom Erzengel Gabriel nach Auschwitz deportiert".

Ein anderes Fidesz-Projekt, das ebenfalls für 2014 geplant war, ist die Eröffnung eines zweiten Holocaust-Museums in Budapest. Im Gegensatz zum von hohen Mauern umgebenen Holocaust-Gedenkzentrum in der engen Páva-Straße soll das weithin sichtbare neue Museum am Józsefváros-Bahnhof, von wo aus 1944 die jüdische Bevölkerung der Budapester Vorstädte deportiert wurde, das neue Fideszsche Holocaust-Narrativ repräsentieren. (Abb. 54) Der Name „Haus der Schicksale" (*Sorsok Háza*) orientiert sich am Haus des Terrors. (Radonić

Abb. 53: Das 2014 errichtete „Denkmal für die Opfer der deutschen Besatzung" in Budapest.

Abb. 54: Das „Haus der Schicksale" bleibt noch geschlossen.

2020, 70–73) Mária Schmidt, die Frontfrau der Fideszschen Geschichtspolitik, war lange auch als Direktorin für dieses Museum vorgesehen. Seit 2015 war immer wieder eine Zusammenlegung des Holocaust-Gedenkzentrums mit dem „Haus der Schicksale" im Gespräch. Das neue Museum soll vor allem jüdischer Kinder gedenken sowie „die Herzen der Besucher berühren, vor allem die der jungen Menschen. Die Tragödie des Holocausts muss für sie, die in der glücklichen Lage sind, Bürger eines freien demokratischen Landes zu sein, nacherlebbar werden", so Schmidt. (Verseck 2013) Abgesehen von der Fragwürdigkeit des Anspruchs, den Holocaust „nacherlebbar" zu machen, wird die Holocaust-Erinnerung auch noch dafür verwendet, den demokratischen Charakter des ungarischen politischen Systems zu Zeiten des autoritären Backlashs zu unterstreichen.

Der neben den Kindern zweite Fokus sollen diejenigen UngarInnen sein, die Jüdinnen und Juden gerettet haben, ein Trend, der auch in Polen deutlich zu beobachten ist, wie weiter unten ausgeführt wird. Schmidt plante für das Budapester „Haus der Schicksale" eine „story of love between Hungarian Jews and non-Jews." (Schmidt 2014) Wie schon in der kleinen NS-Ausstellung im Museum der Genozidopfer fällt auch hier der überdimensionale Davidstern auf der Fassade auf. Beide Museen tragen damit der ‚Universalisierung' und ‚Europäisierung des Holocaust' Rechnung, ohne dass dabei die individuellen Holocaust-Opfer selbst im Fokus stehen.

Dieses zweite Budapester Holocaust-Museum konnte allerdings bis heute nicht eröffnet werden, da vor allem der Dachverband der Jüdischen Gemeinden in Ungarn, *Mazsihisz*, Schmidts Geschichtsrevisionismus kritisierte und das Projekt internationale Aufmerksamkeit, etwa der International Holocaust Remembrance Alliance und des israelischen Staates, auf sich zog. Während Schmidt auf die Umsetzung pochte, nahm etwa János Lázár, damals Leiter der Staatskanzlei im Kabinett Orbán III, der das Museum mitinitiiert hatte, eine versöhnlichere Haltung ein und wollte es nicht um jeden Preis trotz der innerungarischen und internationalen Kritik durchpreschen: wenn es die jüdische Gemeinde nicht unterstütze, werde das Museum nicht eröffnet, so Lázár. (*Hungarian Spectrum*, 6.3.2015) Neuerdings unterstützt beziehungsweise legitimiert aber die kleine orthodox-jüdische Chabad-Gemeinde EMIH unter der Leitung von Rabbi Shlomo Köves das Fideszsche Museumsprojekt, sodass es vielleicht doch 2021 umgesetzt werden kann. (*Hungarian Spectrum*, 3.1.2019) Dies gibt eine Ahnung von den Drahtseilakten, die eine Minderheit vollführen muss in einem Land, gegen das das EU-Parlament 2018 ein Verfahren nach Artikel 7 eröffnete, weil die Regierung Orbán durch ihr Handeln die Grundwerte der EU-Verträge verletze, also die Achtung der Menschenwürde, Freiheit, Demokratie, Gleichheit, Rechtsstaatlichkeit und die Wahrung der Menschenrechte einschließlich der Minderheitenrechte. Beide jüdischen Gemeinden haben enge Kontakte mit Israel und es ist für sie bedeutend, dass Fidesz im Gegensatz zur langen antizionistischen Tradition im Staatssozialismus enge Beziehungen mit dem jüdischen Staat unterhält. Wenn es hingegen um den Geschichtsrevisionismus von Fidesz in Bezug auf den Holocaust geht, nehmen sie jedoch eine unterschiedliche Haltung ein.

Bei einer Pressekonferenz über die Museumsplanung versuchte Gergely Gulyas, der Nachfolger Lázárs im Kanzleramt, der die Museumsagenda 2018 übernahm, „Ängste" bezüglich des drohenden Ausblendens ungarischer Mittäterschaft zu zerstreuen. Doch zeigte sich dabei, dass sich seiner Einschätzung nach das Versagen des ungarischen Staates darauf beschränkte, seine jüdischen BürgerInnen nach der deutschen Besatzung nicht beschützt zu haben. (Zit. n. *Jerusalem Post*, 16.9.2018)

Im September 2019 leakte dann die ungarische Wochenzeitung *Magyar Narancs* EMIHs *Vision Document*, das die EMIH im Juni des Jahres der IHRA präsentiert hatte. (Laczó 2019) Auch wenn die Ausstellung also noch nicht existiert, ist es möglich, dieses Konzept zu analysieren. Zunächst fällt der angesichts des Gegenstandes Holocaust ungewöhnlich fröhliche Ton des Konzepts auf: Die Geschichte der Jüdinnen und Juden in Ungarn „offers an extraordinary opportunity to tell a rich, textured, engaging, relevant, and largely unknown story. It opens the door to weaving a distinctly Hungarian narrative, creating an institution and experience unlike any other." (EMIH 2019, 5) Die anonymen AutorInnen wollen Begeisterung schaffen („create a buzz"; EMIH 2019, 11), indem sie den Fokus auf individuelle Geschichten legen, Emotionen hervorrufen und ein „immersive environment" kreieren.

Das Dokument versucht, einen Sinn im Holocaust zu finden und positive Schlüsse daraus zu ziehen. Wenn etwa „the worst exclusions of the war era" erwähnt werden, so nur, um fortzufahren, dass sogar in dieser Periode „lively interactions between Jews and their neighbours" stattgefunden hätten. Die antijüdischen Gesetze der 1930er Jahre werden vier Mal erwähnt, doch niemand wird als dafür verantwortlich benannt. Die PfeilkreuzlerInnen werden erst zum Ende der Broschüre hin erwähnt, aber anstatt als „Arrow Cross" als „Hungarian Iron Cross Movement" bezeichnet. Yitzchak Mais, der ehemalige Direktor des Holocaust History Museum in Yad Vashem und seit 2019 Vorstandsvorsitzender des Museums erklärte, dass der Englischlektor es bloß falsch korrigiert hätte. (Veszprémy 2019) Die ungarische Mitverantwortung kommt zweimal als „active collaboration of the Hungarian authorities" (EMIH 2019, 14), aber ohne weitere Details vor. Wie schon von Schmidt geplant liegt auch laut dem Konzeptpapier der Fokus auf jüdischen Kindern und ungarischen ‚Judenrettern', den „unique personal stories of Hungarian rescuers who chose, often at the risk of their own lives, to follow their conscience." (EMIH 2019, 9) Ziel der Ausstellung sei es

> to strike a balance, avoiding the implication that Hungary was simply a victim of outside forces, while equally steering clear of indicting Hungarian society as a whole. More importantly, suggesting collective blame can create a sense of hopelessness and/or defensiveness in visitors [...]. People will understand the complexity of the Holocaust, and empathize

with its victims, only if we avoid stigmatizing Hungarians generally, and only if we offer an uplifting message of hope by citing those who acted nobly. (EMIH 2019, 13)

Eine dieser ‚erhebenden' Botschaften ist, dass die Mehrzahl der Budapester Bevölkerung überlebt habe – ‚positive' Aspekte werden hervorgehoben, nicht, dass bei weitem die meisten ungarischen Jüdinnen und Juden ermordet worden sind. Die andere ‚erhebende' Behauptung ist, dass der Militärische Zwangsarbeitsdienst, also die Sklavenarbeit, die Zehntausende ungarische Juden das Leben gekostet hat, „may, for some, have offered a sense of national solidarity [...] as a way for Hungarian-Jewish citizens to do their civic duty in the defense of their country" (EMIH 2019, 15) ‚Landesverteidigung' ist hier ein besonders fragwürdiger Begriff, wurden doch die ‚Arbeitsdienstler' von der ungarischen Armee an der ‚Ostfront' an der Seite der Wehrmacht eingesetzt. Es ist kaum vorstellbar, dass solche ‚erhebenden' Botschaften im Zeitalter der ‚Universalisierung des Holocaust' tatsächlich in einem Museum umgesetzt werden, auch wenn Fidesz mehrfach beteuerte, dass Schmidt, die von der Föderation der jüdischen Gemeinden als das größte Hindernis bezeichnet wurde, nun abgesetzt sei.

Die Politik der in Polen seit 2015 erneut regierenden PiS geht in vielerlei Hinsicht in eine ähnliche Richtung. (Radonić 2020, 74–76) Gegen Polen hatte die Europäische Kommission bereits 2017 ein Artikel-7-Verfahren eingeleitet (was bedeutet, dass beide Verfahren niemals zu einem Entzug des Stimmrechts in der EU führen werden, da dafür Einstimmigkeit erforderlich ist und sich Polen und Ungarn gegenseitig davor schützen können). Zuletzt hatte vor allem die gemeinhin als „Holocaust-Gesetz" bezeichnete Novelle des „Gesetzes über das Institut des Nationalen Gedenkens – Kommission für die Verfolgung von Verbrechen gegen das polnische Volk" international für heftige Kritik gesorgt. Bereits während ihrer ersten Regierungsperiode hatte die PiS 2006 ein ähnliches Gesetz verabschiedet, doch war dieses damals vom noch voll funktionsfähigen Verfassungsgerichtshof für verfassungswidrig erklärt worden. (Bucholc und Komornik 2019) Im Gesetzesentwurf von 2016 wurde mit Strafen bis zu drei Jahren Gefängnis gedroht, wenn der polnischen Nation oder dem polnischen Staat „faktenwidrig die Verantwortung oder Mitverantwortung für Verbrechen" zugeschrieben werden sollte, „die durch das Dritte Deutsche Reich begangen wurden" (Sejm 2018), wobei KünstlerInnen und WissenschaftlerInnen ausgenommen sein sollen. Nach zahlreichen internationalen und inländischen Protesten, wie der Selbstanzeige von 45 polnischen StaatsbürgerInnen, die über die von Polinnen und Polen an ihren jüdischen MitbürgerInnen in Jedwabne 1941 begangenen Verbrechen bei der Staatanwaltschaft Erklärungen hinterlegten (Chrzczonowicz 2018), wurde das Gesetz von einer straf- in eine zivilrechtliche Angelegenheit umgewandelt. (Bucholc und Komornik 2019)

Bei der Umgestaltung der Museumslandschaft ließ sich die PiS weniger durch internationale Proteste stören als Fidesz in Ungarn. Die im folgenden besprochenen Museen existierten 2012, als dieses Habilitationsprojekt entworfen wurde, noch nicht. Sie werden dennoch kursorisch in die Analyse mit einbezogen, weil sie neuerdings die geschichtspolitischen Debatten in Polen wie im Ausland beherrschen und von unmittelbaren Auswirkungen des autoritären Backlashs auf die Museumslandschaft zeugen.

Wie Orbán 2002 das Haus des Terrors eröffnete auch Lech Kaczyński 2004 das Museum des Warschauer Aufstands als Wegbereiter der neuen PiS-Geschichtspolitik. Wie Orbán das Holocaust-Gedenkzentrum ermöglichte Kaczyński in dieser ersten PiS-Hochphase das Museum der Geschichte der polnischen Juden (MGPJ) in Warschau als internationales Signal im Sinne der ‚Universalisierung des Holocaust'. „The idea to found the museum was first broached in the mid-1990s by Jeshajahu Weinberg, one of the founders and the first director of both the Museum of the Jewish Diaspora in Tel Aviv and the United States Holocaust Memorial Museum in Washington." (Wóycicka 2008, 241) Die Gesellschaft Jüdisches Historisches Institut propagierte die Museumsidee bereits in den 1990er Jahren. Ihr Direktor Grażyna Pawlak initiierte die Ausarbeitung eines Museumskonzepts und Jerzy Halberstadt, ehemaliger Mitarbeiter des USHMM, wurde der erste Direktor. Im Unterstützungskomitee waren zwei ehemalige Außenminister, Władysław Bartoszewski sowie der berühmte Regisseur Andrzej Wajda vertreten. (Wóycicka 2008, 241) 2004 beschloss der Sejm mit den Stimmen von SLD, PO und der 2001 von den Kaczyński-Zwillingen gegründeten PiS eine staatliche finanzielle Beteiligung. Lech Kaczyński, damals Stadtpräsident von Warschau, sicherte ebenfalls finanzielle Unterstützung zu und wird auf der Museumswebseite als Initiator der offiziellen Museumsgründung 2005 bezeichnet. (Polin o. J.) Das 2013 eröffnete, vom finnischen Architekten Rainer Mahlamäki gestaltete und architektonisch herausragende Gebäude des MGPJ (Abb. 55) wurde durch öffentliche Gelder finanziert, die Ausstellung durch zahlreiche Spenden, der erste Fall einer öffentlich-privaten Partnerschaft in Polen.

Es steht an dem Ort, an dem sich das letzte Hauptquartier des Judenrats befunden hatte, als 1943 der Ghettoaufstand ausbrach – gegenüber des berühmten Denkmals für die Helden des Warschauer Ghettos von Nathan Rappaport und Leon Marek Suzin aus 1948. In der 2014 eröffneten Ausstellung sozusagen auf dem Schutt des Ghettos sind zwei fiktive Straßen entlang zweier historischer Straßen angelegt. Doch die ‚typisch jüdische' und die ‚arische' Straße in der Ausstellung, die entlang der historischen Zamenhof-Straße verlaufen, enthalten nicht die Information, dass die Warschauer Jüdinnen und Juden diesen Weg nehmen mussten, um zum ‚Umschlagplatz' zu gelangen, wo von aus die

Abb. 55: Das Museum der Geschichte der polnischen Juden in Warschau.

Deportationen abgingen – und die BesucherInnen bekommen im Normalfall gar nicht mit, dass es sich um eine historische Achse handelt.

Barbara Kirshenblatt-Gimblett, Professorin für *Performance Studies* an der New York University mit polnisch-jüdischem Background, wurde 2006 zur Leiterin des für die Dauerausstellung verantwortlichen akademischen Teams bestellt. (Roskies 2015) Wie auch der ehemalige Direktor, der Historiker Dariusz Stola, betonte sie häufig, dass das Museum kein Holocaust-Museum sei, sondern sich mit der jahrhundertealten Geschichte der polnisch-jüdischen Beziehungen auseinandersetzt. Doch die meisten einheimischen wie internationalen Debatten über das einerseits vielgelobte, andererseits vielkritisierte Museum kreisen um die Frage der Repräsentation des Holocaust und des Antisemitismus. (Lease 2017; Holc 2018)

Während das Museum des Warschauer Aufstands von nationalistischer Seite hochgelobt und von nicht-nationalistischer für sein romantisch-patriotisches Heldennarrativ kritisiert wird, erfährt das MGPJ Kritik von beiden Seiten. Polnische NationalistInnen verstehen es als ‚jüdische' Institution (Kaluza 2011, 157), die überbetone, dass die Polen den Juden im Holocaust nicht genug geholfen hätten. Kritische antinationalistische WissenschaftlerInnen greifen das Museum hingegen scharf an wegen seiner „obsession with life and erasure of death" und weil es versuche, „to close the mourning after the Shoah, but also fit it into a sort of a new *grand récit* of the Red Sea: about life, salvation and time that heals all wounds." (Tokarska-Bakir 2016, 4) Während die Kritik von ihrer Stoßrichtung her nachvollziehbar ist und das Museum tatsächlich neben dem polnischen Antisemitismus sehr großen Wert auf die Darstellung auch des guten Zusammenlebens legt, kann die Radikalität der Verurteilung hier nicht geteilt werden. Sie erweckt vielmehr den Eindruck, dass ausgerechnet von diesem Museum, das von Kaczyński mitermöglicht wurde, erwartet würde, keine geschichtspolitischen Kompromisse zu machen und frei von politischen Überlegungen die Ausstellung zu gestalten, doch jedes Museum ist auch eine Identitätsfabrik und dient aktuellen Zwecken.

Die Polonistin und Fotografin Elżbieta Janicka fasst das in die Worte – ein polnisches antisemitisches Sprichwort abwandelnd –, dass das Museum „polish duties" (Janicka 2016, 25) habe. Sie kritisiert den Kurznamen POLIN, der 2014 dem Museumsnamen hinzugefügt wurde. Das hebräische *po-lin* (ruhe hier) verweist auf eine Legende über Jüdinnen und Juden, die nach Polen kamen – Janicka (2016, 15) zufolge eine Art Selbstüberzeugungsmythos, dass Polen eine weniger feindselige Umgebung als in Wirklichkeit war. Für die jüdischen Beziehungen mit Polinnen und Polen diente dieser Mythos als „instrument of mercy-evoking persuasion". (Janicka 2016, 130) Später sei er jedoch von der Mehrheitsbevölkerung übernommen worden und „included in the arsenal of symbolic violence as a tool of blackmail." (Janicka 2016, 22) Auch das Museum sei so eine Art von Erpressung: die polnisch-jüdischen Beziehungen würden schöngefärbt, um überhaupt ein Museum möglich zu machen. Aufgrund dieser Kritik ist hier auch nicht, wie in den meisten anderen Texten über die Institution vom POLIN-Museum die Rede, sondern vom MGPJ.

Man kann über die Ausstellung vielleicht am besten konstatieren, dass „the exhibition does not permit the story of suffering to cast too long a shadow over Polish-Jewish history." (Rosenfeld 2016, 259) Das Museum sieht zuweilen aus wie ein Märchenwald der polnisch-jüdischen Beziehungen – und kaum dreht man sich um, wird schonungslos auf der Textebene der tief verwurzelte Antisemitismus thematisiert, was in einem Spannungsverhältnis zueinander steht. Antisemitismus werde „presented in a dispersed way and on the periphery of the master narrative." (Janicka 2016, 40) Einerseits lässt sich einwenden, dass insbesondere der Holocaust-Abschnitt von den renommierten WissenschaftlerInnen Jacek Leociak und Barbara Engelking vom Polish Center for Holocaust Research kuratiert wurde, das wichtige Ergebnisse zum lokalen Kontext des Holocaust und zum polnischen Antisemitismus vorgelegt hat. Andererseits muss auch betont werden, dass die KuratorInnen der einzelnen Galerien mehrfach von oben überstimmt wurden, weshalb etwa die Kuratorin der Post-1945-Galerie Helena Datner sogar das Ausstellungsteam verließ. (Aktivo 2015)

Auf jeden Fall waren die KuratorInnen bemüht, verschiedene Perspektiven zu beleuchten. So befinden sich BesucherInnen zunächst sozusagen innerhalb des Ghettos, überqueren dann symbolisch die Brücke, die über die ‚arische' Chłodna-Straße führte, die die beiden Ghettohälften voneinander trennte –

um sich dann (angedeutet) in der Straßenbahn wiederzufinden, die über ebendiese ‚arische' Straße mitten zwischen den beiden Ghettoteilen hindurchfuhr. (Heinemann 2013, 486–487) Doch auch diese Darstellung ist problematisch, wenn sie die Polinnen und Polen als bloße ZuschauerInnen darstellt, und nicht thematisiert, dass manche auch Steine warfen, viele denunzierten und sich die GhettobewohnerInnen mehr Indifferenz gewünscht hätten. (Janicka 2016, 39)

In dem Teil nach 1945 behandelt die Ausstellung sowohl die Perspektive jener Überlebenden, die nach 1945 das Land verlassen haben, als auch jener, die sich zum Bleiben entschlossen haben. Über die Nachkriegsentwicklung heißt es:

> Dispersed units of the anti-communist underground attacked not only officials of the government apparatus, but also Jews, whom they considered „Commie Jews", based on a common perception dating back to the early twentieth century. In addition, Jews wanting to return to their hometowns looked to the new authorities, and initially to the Soviet army, as their only guarantee of safety. This, too, contributed to the identification of Jews and communism. (Kirshenblatt-Gimblett und Polonsky 2014, 361)

Die Ausstellung behandelt auch Jedwabne, wo 1941 Polinnen und Polen ihre jüdischen MitbürgerInnen ermordeten, ebenso wie Nachkriegspogrome thematisiert werden. Wiederum stoßen sich nationalistische KritikerInnen an diesem vorgeblich starken Fokus, während KritikerInnen von der anderen Seite des politischen Spektrums bemängeln, dass „the information comprising the weak message is placed below eye-level. One is forced to assume a position that is physically impossible to maintain for a prolonged period of time." (Janicka 2016, 41)

Herausragend ist hingegen im Museum der reflektierte Umgang mit Fotografien. Nicht nur erhalten jene vier Bilder, die das jüdische Sonderkommando in Auschwitz-Birkenau unter Einsatz ihres Lebens von der Massenvernichtung aufnahm, wie oben im Kapitel über das Holocaust-Gedenkzentrum in Budapest bereits zum Vergleich herangezogen, den besonderen Platz, der ihnen gebührt. (Abb. 56) Überhaupt werden von NS-TäterInnen aufgenommene Fotos bewusst auf besondere Weise ausgestellt: entweder als Teil des Albums, in dem sie gefunden wurden inklusive ihrer Entstehungs- und Verwendungsgeschichte; oder, wenn sie Fotos von halbnackten, erniedrigten Menschen etwa unmittelbar vor ihrer Ermordung zeigen, dann in einem symbolischen Wald, in dem sich die BesucherInnen anstrengen müssen, um auf das Foto blicken zu können. Diese Fotografien befinden sich auf Augenhöhe von Erwachsenen und sind im Gegensatz zum Museum des Warschauer Aufstands nicht Teil einer mitten im Raum stehenden Installation, die sich für Kinder als unerreichbare und daher umso interessantere Attraktion darstellt. Die Aufnahmen werden jeweils kontextualisiert durch Aussagen derjenigen, die sie aufgenommen haben und ihr antisemitischer Hintergrund ausführlich erklärt. Historische Fotografien sind, wenn manchmal auch daneben vergrößert, um einen ästhetischen Effekt zu erzielen, jedenfalls immer (auch) in der Größe des historischen Abzugs von dem Bild als historisches Dokument ausgestellt und mit allen verfügbaren Informationen versehen. Dieses Museum steht somit im deutlichsten Gegensatz zu früher oftmals verwendeten Fotografien als überlebensgroßen, oft überwältigenden Raumteilern ohne Kontextinformationen oder Berücksichtigung der Frage, ob man selbst seine Verwandten in dieser Weise ausgestellt sehen wollen würde.

Abb. 56: Die vier einzigartigen Fotos und ein Zeugnis aus Birkenau im MGPJ.

Da das MGPJ Antisemitismus von Polinnen und Polen wie auch Jedwabne behandelt, steht es im Widerspruch zur aktuellen Geschichtspolitik der PiS, die dieses Museum 2015 ‚erbte'. Dennoch schützt es auf gewisse Weise die Wahrnehmung als ‚jüdisches' Museum davor, verordneterweise an die PiS-Devise ‚Nieder mit der Pädagogik der Schande!' (Leszczyński 2016) angepasst zu werden. Doch PiS-Vertreter griffen Direktor Dariusz Stola für die temporäre Ausstellung *Estranged. March '68 and Its Aftermath* über den Antisemitismus der 1960er Jahre aus dem März 2018 an, unter anderem, weil sich am Ende eine Wand mit antisemitischen Zitaten befand, von denen zwei ‚Sager' von PiS-nahen JournalistInnen waren. (Kobielska 2018) Als Resultat verlängerte der Kulturminister Direktor Stolas Vertrag nicht, sondern bestand auf einer offenen Ausschreibung für den Posten – die Stola gewann, aber dennoch nicht wiedereingesetzt wurde. Nach einigen Monaten Stillstand gab er im Februar 2020 auf, um die

Museumsarbeit nicht zu blockieren und sein Stellvertreter Zygmunt Stępiński wurde als Museumsdirektor eingesetzt. (Jewish Heritage Europe 2020)

Zwischen den beiden PiS-Regierungsperioden von 2005–2007 und ab 2015 gab ferner Premier Donald Tusk von der liberalen Bürgerrechtsplattform PO 2008 das Museum der Geschichte des Zweiten Weltkriegs in Gdańsk in Auftrag und setzte den Historiker Paweł Machcewicz als Direktor ein. (Radonić 2020, 65–68) Dieser entwarf ein Museum, das nicht Militärgeschichte, sondern die Brutalität und die katastrophischen Auswirkungen des Zweiten Weltkriegs ausstellen sollte. Anfang 2017 konnte es, trotz sofort nach dem PiS-Regierungsantritt einsetzender heftiger Kritik, eröffnet werden. Die umfangreiche Ausstellung behandelt den Krieg in Polen unter starker Berücksichtigung des internationalen Kontexts, Einbeziehung nicht nur der Politik- und Militärgeschichte, sondern auch der Alltagsebene, von Emotionen, Geschlechterverhältnis und Sexualität, wie der verbotenen sexuellen Beziehungen zwischen Bäuerinnen und ihnen zugewiesenen Zwangsarbeitern oder Lagerbordelle.[164] Wie auch das MGPJ thematisiert sie auch die von Polinnen und Polen an der jüdischen Bevölkerung begangenen Verbrechen, allen voran in Jedwabne, aber auch anderenorts. Der Rest ist sozusagen Geschichte: Die Tatsache, dass Direktor Machcewicz zwar nicht ohne weiteres entlassen werden konnte, aber wenige Wochen nach der Museumseröffnung zusammen mit seinen Stellvertretern dennoch gehen musste. Die PiS-Regierung hatte das Museum nämlich auf dem Papier mit einem bis dato noch nicht existenten Museum der Westerplatte zusammengelegt, um die Leitung austauschen zu können, was international sehr große Aufmerksamkeit erregte. „Der vormals international besetzte wissenschaftliche Beirat wurde ‚polonisiert' und provinzialisiert." (Logemann 2020) Der Parteivorsitzende Jarosław Kaczyński erklärte, man werde die polnischen Interessen und die „polnische Wahrheit" verteidigen: „Wir werden das Konzept des Weltkriegsmuseums verändern, damit die Ausstellung den polnischen Standpunkt einnimmt. Die Erziehung junger Polen darf sich nicht auf das Gefühl der Scham stützen, wie das heute der Fall ist, sondern auf ein Gefühl von Würde und Stolz." (Zit. n. Kellermann 2016)

Das Kulturministerium setzte einen lokalen Mitarbeiter des staatlichen Instituts für Nationales Gedenken (IPN), Karol Nawrocki, als neuen Direktor ein und die Ausstellung wurde seitdem – im Gegensatz etwa zum MGPJ, aber auch zum Holocaust-Gedenkzentrum in Budapest, Schritt für Schritt umgestaltet. Im

---

164 Daniel Logemann, der neben anderen die Ausstellungsteile über Zwangsarbeit, Lager und Holocaust kuratierte, wies darauf hin, dass vor lauter Diskussion über die PiS-Angriffe auf das Museum dessen von Beginn an vorliegende polnisch-nationale Grundausrichtung, die trotz des Anspruchs auf Transnationalität immer deutlicher erkennbar gewesen sei, nicht zur Kenntnis genommen wurde. (Logemann 2020)

November 2017 wurde zunächst der Film am Ende der Ausstellung, der auf globale Auswirkungen von Krieg und Rassismus, etwa den Ku-Klux-Klan, Vietnam, den 11. September oder Islamismus behandelte, ausgetauscht durch einen animierten heroisch-patriotischen Film, der ausschließlich auf Polen fokussiert ist. Er enthält Parolen wie: „We saved Jews"; „We give life in the name of dignity and freedom"; „We were betrayed"; „The Pope gave hope of victory"; und „We do not beg for freedom, we fight for it." Ferner wurde im Sinne des bereits erwähnten Trends eine Tafel über jene Polinnen und Polen hinzugefügt, die Jüdinnen und Juden gerettet haben – inklusive eines Fotos der ‚Judenretterin' Wiktoria Ulma mit ihren sechs Kindern.[165] Wie schon im Museum der Okkupation Lettlands, werden auch hier nur die polnischen RetterInnen namentlich genannt und mittels Privatfotos Empathie für sie geweckt: „On 24 March 1944, all members of the Ulma family were murdered by Germans for hiding Jews in their house. At the time of the murder, Wiktoria Ulma was in very late pregnancy." Nicht benannt werden hingegen die Jüdinnen und Juden, die sie versteckt haben, die Familie Szall und die Schwestern Golda und Layka Goldman, die erschossen wurden, unmittelbar nachdem man sie entdeckte. Die RetterInnen zu thematisieren ist ein unverzichtbarer Teil einer vollständigen, ‚integrierten' Geschichte des Holocaust. Doch der aktuelle ‚RetterInnen-Turn' in der Geschichtspolitik des zunehmen autoritären Ungarns und Polens entzieht die Aufmerksamkeit von den Opfern der Verfolgung und vor allem auch der Kollaboration und nimmt stattdessen ‚unsere Helden-Opfer' in den Fokus, eine Holocaust-Geschichte ohne Jüdinnen und Juden.

Zwei neue Texttafeln behandeln ferner nun „The Soviet Genocide on Poles and the Communist State of Mass Terror", also die als „systematic ethnic genocide" bezeichneten Morde an der polnischen Minderheit in der Sowjetunion vor dem Zweiten Weltkrieg. Der Genozid an Polen sei zwar parallel zur Liquidierung anderer Minderheiten vonstattengegangen, doch einzig im Fall der polnischen Minderheit seien 18 Prozent von der Verfolgung betroffen gewesen, von denen wiederum 80 Prozent exekutiert worden seien. Ferner hinzugefügt wurde u. a. das Foto des polnischen Kryptologen Marian Rejewski, der im Auftrag des polnischen Geheimdienstes 1932 als erster den deutschen Enigma-Code entschlüsselte und somit dem Museum zufolge einen der größten polnischen Beiträge zum Sieg über NS-Deutschland lieferte. Andere neue Fotos zeigen die polnischen Auschwitz-Häftlinge Pater Maximilian Maria Kolbe und den polnischen Offizier Witold Pilecki, die sich dort durch heldenhafte Taten auszeichneten.

---

[165] Ich danke dem Museum des Zweiten Weltkriegs für die Aufschlüsselung der Änderungen in der Ausstellung.

4.4 Seit 2010: Neueste Entwicklungen in postsozialistischen Museen — 269

Weitere Änderungen folgen Kaczyńskis Devise, die Ausstellung dahingehend zu transformieren, dass sie den „polnischen Standpunkt" einnimmt und „Würde" und „Stolz" vermittelt. Aufgrund der zahlreichen Änderungen klagen derzeit Direktor Machcewicz sowie die für das Konzept zuständigen Historiker Janusz Marszalec, Rafał Wnuk und Piotr M. Majewski wegen Verletzung des Copyrights. Wenn sie Recht bekämen, würde das in Polen einen Präzedenzfall schaffen, der Copyright auf Ausstellungen ausdehnt.[166]

Der Fokus auf ‚JudenretterInnen' lässt sich in Polen derzeit vielfach beobachten. Am markantesten ist das Ulma Family Museum of Poles Saving Jews During World War II, ein großes Museum im kleinen Örtchen Markowa (Grabowski und Libionka 2017) im südöstlichen Polen, das von der PiS-dominierten Regionalregierung und dem Kulturministerium gegründet wurde. Wieder stehen die Namen polnischer RetterInnen im Vordergrund – und zwar ethnisch polnischer, während jene aus den ukrainischen und griechisch-katholischen Gemeinden ausgeblendet werden. (Wóycicka 2019, 261) Im Gegensatz dazu wird ein Mitglied der polnischen Polizei, der in die Ermordung der Ulma-Familie involviert war, als Nicht-Pole inszeniert: „He was Greek Catholic and therefore some considered him a Ukrainian." (Wóycicka 2019, 261)

Auch die vom polnischen Außenministerium mitfinanzierte Gedenkkapelle (*Kaplica Pamięci*) für ‚Judenretter' in Toruń südlich von Gdańsk (kaplicapamieci.pl) ist hier zu nennen. Sie wurde von Vater Tadeusz Rydzyk ins Leben gerufen, dem Mitbegründer von Radio Maria, der „infamous for his anti-Semitic enunciations" ist. (Wóycicka 2019, 257) Auch dieser Gedenkort wiederholt das bekannte Muster und benennt nur die „RetterInnen": „Józef Ulma, his wife Wiktoria, who was heavily pregnant at the time, and their six children (the eldest one was 8 and the youngest one was 1.5 years old)", nicht aber jene „eight Jews who were hiding [and] were killed as well." (kaplica-pamieci.pl/eng)

Als nächstes Projekt soll 2023 das Museum des Warschauer Ghettos in einem ehemaligen jüdischen Kinderspital beim letzten noch erhaltenen Teil der Ghettomauer eröffnet werden. Es wurde vom PiS-Kulturminister Piotr Gliński initiiert, der 2017 meinte: „I would like this institution to speak of the mutual love between the two nations that spent 800 years here, on Polish land. Of the solidarity, frater-

---

[166] Nachtrag: Im Oktober 2020 entschied das Bezirksgericht in Gdańsk, dass das Copyright der Autoren absichtlich verletzt wurde. (Flieger 2020) Doch die meisten Änderungen wurden als zu geringfügig abgetan und nur der vom neuen Direktor Nawrocki eingesetzte Film am Ende der Ausstellung sollte entfernt werden. Die Autoren haben deshalb Einspruch eingelegt. Ich danke Paweł Machcewicz für die Informationen zum Einspruch. Die Auswirkungen des Urteils sowie die Aussichten für den Einspruch lassen sich zum Zeitpunkt der Drucklegung noch nicht abschätzen.

nity, historical truth too, in all its aspects." (*Times of Israel*, 8.3.2018)[167] Auffällig ist die Parallele zur ungarisch-jüdischen *love story* von Mária Schmidt.

Grabowski fasst zusammen, warum der RetterInnen-Turn problematisch ist: „The Righteous were a desperate, hunted, tiny minority. [...] They were not the norm. They were the exception." (Zit. n. Snyder 2014) Janicka (2016, 9) nennt das Phänomen eine „De-Holocaustization of the Holocaust", die mit einer Darstellung von Polinnen und Polen als Holocaustopfern einhergehe.

Der polnische Fall, also die breit gefächerte Museumslandschaft in Polen inklusive der vielen Gedenkstätten an den Orten der ehemaligen NS-Lager, ließ sich zu keinem Zeitpunkt einfach einem der beiden Pole – ‚Anrufung Europas' oder Betonung der Leiden unter dem Kommunismus bei gleichzeitiger Eindämmung der Holocaust-Erinnerung – zuordnen. Bei allem leidenschaftlichen Fokus auf die sowjetischen Verbrechen, wie er anhand des Museums des Warschauer Aufstands herausgearbeitet wurde, gerieten im polnischen Fall – im Gegensatz zu den baltischen Ländern – die Leiden unter der NS-Herrschaft aufgrund der hohen polnischen Verluste selbstverständlich niemals aus dem Blick. Nicht nur das Museum in Gdańsk, auch das MGPJ in Warschau gerät nun aber zunehmend unter Druck, die Geschichte im Sinne des Fokus auf polnische HeldInnen und Opfer umzuerzählen. Der Versuch der Kriminalisierung der Frage der polnischen Mitverantwortung für den Holocaust bildet dabei den negativen geschichtspolitischen Höhepunkt unter den hier untersuchten Ländern. In Polen kann jedoch immer noch offener Kritik an dieser Entwicklung geübt werden als in Ungarn, wo die wenigen exponierten KritikerInnen dermaßen angegriffen werden, dass viele verstummen – und LehrerInnen mir etwa berichten, dass sie sich nicht mehr trauen, mit ihren Schulklassen das Holocaust-Gedenkzentrum zu besuchen. Das Museum des Warschauer Aufstands und das Haus des Terrors haben ihre Dauerausstellungen seit ihrer Eröffnung nicht verändert. Doch während die beiden Museen zuvor den nationalistischen Pol in der pluralen Museumslandschaft des jeweiligen Landes bildeten, verengt sich heute die Geschichtspolitik der beiden Länder auf das dominante Narrativ der zwei Institutionen.

---

[167] Zur Analyse der ersten Konzeptbroschüre des geplanten Museums siehe Radonić 2020, 74–76.

5 Fazit

Diese erste Typologie postsozialistischer Gedenkmuseen über den Zweiten Weltkrieg in allen ‚östlichen' EU-Mitgliedsländern bricht mit der bisher vielfach üblichen Vorgangsweise, einen Vergleich durch das Zusammentragen von Beiträgen verschiedener AutorInnen etwa in einem Sammelband anzustreben. Die Untersuchung von Museen aus allen postsozialistischen EU-Ländern durch ein und dieselbe Person birgt Risiken, vor allem jenes, den unterschiedlichen historischen und aktuellen geschichtspolitischen Kontexten beim Herausarbeiten verallgemeinerbarer Tendenzen zu wenig Beachtung zu schenken und zu pauschalisieren. Von unschätzbarem Wert waren daher das Studium der Texte einschlägiger LänderexpertInnen, die Möglichkeit, MuttersprachlerInnen mit der Recherche der Zeitungsdebatten zu beauftragen sowie die Diskussion mit den SpezialistInnen vor Ort.

Die Frage nach dem Wandel der (musealen) Geschichtspolitik sowie ihrem Zusammenhang mit Demokratisierungsprozessen wurde für vier verschiedene Phasen beleuchtet: die staatssozialistische Ära, die Wendejahre, die Phase der EU-Beitrittsbemühungen und die aktuelle Krise der europäischen Integration mitsamt den autoritären Backlashs in Ungarn und Polen.

Vor 1989: Der Vergleich jener drei der zehn hier untersuchten Museen, die bereits in der staatssozialistischen Ära existiert haben, zeigte, dass in Theresienstadt, Banská Bystrica und Jasenovac in den vergleichsweise liberaleren 1960er Jahren zuvor marginalisierte Themen erstmals behandelt werden konnten: die ‚slowakische Frage' in der Tschechoslowakei sowie in allen drei Museen die Opfer ‚rassischer' Verfolgung, die mit dem antifaschistischen Heldennarrativ unvereinbar schienen. Die Gedenkstätte Jasenovac auf dem Gelände des größten ehemaligen Ustaša-Konzentrationslagers konnte überhaupt erst in diesem Klima eingerichtet werden. Der repressiven ‚Normalisierung' nach der teils gewaltsamen Niederschlagung der Liberalisierungsbemühungen fielen das Projekt Ghettomuseum in Theresienstadt und die Inklusion des Holocaust im Museum des slowakischen Nationalaufstands dann wieder zum Opfer, in Jasenovac wurde eine verschleiernde Sprache gewählt.

Das vielleicht dramatischste Ergebnis des Vergleichs der beiden Gedenkstätten unter den zehn Museen, Theresienstadt und Jasenovac, geht aus der Analyse der Publikationen und Ausstellungen der beiden Institutionen Ende der 1980er hervor. In Theresienstadt setzt sich mit der umfangreichen Publikation aus 1988 im internationalen Vergleich bereits sehr früh eine Individualisierung der Opfererinnerung durch. Privatfotos und Zeichnungen der Häftlinge lenken erstmals nach Jahrzehnten des Ausstellens leerer Höfe und Gebäude die Aufmerksamkeit nicht nur auf HeldInnen des Widerstands, sondern auch auf die ‚gewöhnlichen' Opfer und ihre Biographien, was Empathie mit den individuellen AkteurInnen erlaubt. Im Gegensatz dazu wird die Jasenovac-Erinnerung, die zuvor in das Dogma von der ‚Brüderlichkeit und Einheit' aller jugoslawischen Nationen eingepresst war, vom zunehmend aggressiven serbischen Nationalismus gekapert. Die Publikation aus 1986 und die ständige Ausstellung aus 1988 enthalten hier plötzlich – im Gegensatz zu früher neutraleren Aufnahmen – zahlreiche Horrorbilder geköpfter Leichen und aufgeschlitzter Bäuche, die in den meisten Fällen gar nicht in Jasenovac aufgenommen wurden. Als ob die Gräuel der Ustaša nicht schrecklich genug gewesen wären, werden sie hier, ebenso wie die Opferzahlenen von Jasenovac, stark übertrieben, in Wanderausstellungen den Soldaten der jugoslawischen Armee vorgeführt und zur Mobilisierung zur Abwehr eines erneuten Genozids an den SerbInnen durch ‚genozidale' KroatInnen eingesetzt. Die kroatischen NationalistInnen, angeführt vom späteren kroatischen Präsidenten und Historiker Franjo Tuđman, antworten mit der Verharmlosung der Ustaša-Verbrechen und unhaltbar niedrigen Angaben über die Opferzahl in Jasenovac. Der Vergleich von Theresienstadt und Jasenovac Ende der 1980er Jahre zeigt schlagend die Vorboten einer friedlichen demokratischen Transformation in dem einen und eines demokratische Prozesse stark bremsenden ‚Krieges um die Erinnerung', in dessen Zentrum Jasenovac steht, in dem anderen Fall auf.

1990er Jahre: Nach der Wende können erstmals auch Museen gegründet werden, die zuvor gänzlich tabuisierte sowjetische bzw. staatssozialistische Verbrechen während des Zweiten Weltkriegs und danach thematisieren: das Museum der Genozidopfer in Vilnius, das Museum der Okkupation Lettlands in Riga sowie das Zeitgeschichtemuseum in Ljubljana. Diese sind ‚postsozialistisch' in dem Sinne, dass die Abarbeitung an der sozialistischen ‚Geschichtslüge' und das Gedenken an die Opfer staatssozialistischer Verbrechen im Vordergrund stehen – bzw. in Ljubljana *eine* Ausstellung diese thematisiert, während ein anderer Teil der Dauerausstellung im selben Museum dem antifaschistischen Narrativ verpflichtet bleibt. In den baltischen Museen erweist sich die Inklusion der russischsprachigen wie der jüdischen Perspektive als schwierig, da sie für die ‚eigene' Opfererzählung als bedrohlich erscheint. In Theresienstadt kann 1991 im bereits in den 1960ern geplanten Gebäude das Ghettomuseum eröffnet werden und somit erhält die zwar nie tabuisierte, aber in der sozialistischen Ära doch marginalisierte Erinnerung an das Ghetto nun einen Raum, während der antifaschistische Widerstand in den Hintergrund tritt. Der Transformationsprozess nach 1989 bringt die Öffnung der zuvor stark reglementierten Geschichtspolitik und zugleich eine ‚Neuerfindung von Geschichte' unter nationalen Vorzeichen.

Während der Kriege im Zuge der postjugoslawischen Zerfallsprozesse kann hingegen von einer ‚Öffnung' der Geschichtspolitik keine Rede sein. Das Jasenovac-Museum wird kriegsbedingt nicht einfach geschlossen, vielmehr tritt sein Kustos mit der Mehrzahl der Exponate im Gepäck eine Reise ins Ungewisse an. Jasenovac wird – nicht zuletzt unter Zuhilfenahme ebendieser Exponate – zum Kern der aggressiven serbischen Kriegsrhetorik, aber auch des kroatischen Geschichtsrevisionismus. Das Museum bleibt auch nach dem Krieg bis 2006 zwar verweist, doch die Gleichsetzung von Jasenovac mit Bleiburg im Kontext von Tuđmans ‚nationaler Versöhnung' aller KroatInnen bildet den Kern der geschichtsrevisionistischen Politik des „autoritären Wahlregimes" (Merkel 2003, 63) bis zu Tuđmans Tod 1999.

2000er Jahre: Zeitgleich mit den EU-Beitrittsbemühungen der ostmittel- und südosteuropäischen Länder eröffnet eine weitere Welle neuer Museen (Haus des Terrors und Holocaust-Gedenkzentrum in Budapest, Museum der Okkupationen in Tallinn, Museum des Warschauer Aufstands) bzw. werden ständige Ausstellungen neu gestaltet (Museum des slowakischen Nationalaufstands, Jasenovac-Gedenkmuseum). Den Kern der hier entwickelten Typologie bildet die Erkenntnis, dass die untersuchten Museen in ihrer Kommunikation mit ‚Europa' zwei unterschiedlichen Trends folgen.

Die erste Gruppe von Museen ist bemüht, ihr ‚Europäischsein' im Zuge der EU-Beitrittsbemühungen durch die Übernahme ‚westlicher' Musealisierungstrends und die erstmalige umfassende Inklusion der Holocaust-Opfer unter Beweis zu stellen. Dies trifft für drei der zehn Museen, das Museum des Slowakischen Nationalaufstands, das Jasenovac-Gedenkmuseum und das Holocaust-Gedenkzentrum in Budapest zu. Interessanterweise wird der Beweis der Bereitschaft für den EU-Beitritt durch die Orientierung an außereuropäischen ‚westlichen' Vorbildern angestrebt: Die postsozialistischen Museen dieser Gruppe stellen in an das USHMM angelehnten dunklen Räumen die individuellen Opfer durch Privatfotos, von den Häftlingen produzierte Gegenstände und ihre Biographien dar, während dem *In-situ*-Ort weniger Bedeutung beigemessen wird. Die Ästhetik ist also an dem nicht in Europa entstandenen Konzept *memorial museum* orientiert, nicht etwa an deutschen KZ-Gedenkstätten. Auf der Textebene, besonders in Vorworten der Publikationen und in Ausstellungsüberschriften, wird jedoch explizit die Zugehörigkeit zu Europa betont, nicht etwa zum ‚Westen'. Das Mittel für die ‚Anrufung Europas' ist also der Import der ‚Universalisierung des Holocaust'.

Den Wandel des Museumsnarrativs vom sozialistischen antifaschistischen Dogma über das zögerliche Narrativ der Übergangszeit zur ‚Anrufung Europas' verdeutlicht die Auswertung der diachronen Analyse von fünf Guides des Museums des Slowakischen Nationalaufstands zwischen 1977 und 2006. (Tab. 2)

Tab. 2: Der Wandel vom sozialistischen zum postsozialistischen Narrativ am Beispiel der Guides des Museums des slowakischen Nationalaufstands.

	1977	1985	1990	2000	2006
Wir	Kommunistische, von SU organisierte Partisanen, ganzes slowakisches Volk	Leidendes werktätiges Volk; dann: von SU organisierte Partisanen, Kommunisten (und weitere fortschrittliche Kräfte)	Weite politische und demokratische Anti-Nazi-Front; solidarische Tschechen und Slowaken; frühere persona non grata	Slowakische Armee (als Ganze gegen die Besatzer eingestellt), bürgerliche Widerstandsgruppen, protestantische Pfarrer	Aufständische als Teil des europäischen antifaschistischen Widerstands, Europa und die Slowakei, kommunistische, sozialdemokratische und bürgerlich-demokratische Strömung
Sie	Reaktionäre, bourgeoise Londoner Exilregierung	Westliche Alliierte und herrschende tschechoslowakische Bourgeoisie bei Zerschlagung der Tschechoslowakei	...	Militärisch unerfahrene Partisanen	Unwillige tschechische Seite in der Zwischenkriegszeit, sowjetische „Pseudo-Partisanen und asoziale Elemente"; Kommunisten nach 1948
Opfer	Progressiv denkende Menschen, meist Kommunisten, Zivilisten, auch Frauen und Kinder, rassisch Verfolgte	Aufständische und Zivilisten, Opfer des Faschismus, ‚Lösung der Judenfrage'	Zivilisten, Aufständische, rassisch verfolgte jüdische und „Zigeuner-Bürger", jüdische Aufständische	Anti-Faschisten: Kommunisten, Protestanten, Katholiken und Juden (Holocaust-Opfer); nicht-arische Bürger: Juden, Zigeuner und sozial Diskriminierte; jüdische Gefangene in Auschwitz; Künstler, Schriftsteller, Dichter, Maler	Aufständische, Familienangehörige, Zivilisten, Antifaschisten, Deserteure aus der slowakischen Armee, Flüchtlinge aus Nazi-KZ, deportierte Juden → ‚Lösung der Judenfrage'

Täter	Hitlers Deutschland, Faschisten und ihre Helfer, Hlinkas Volkspartei, faschistischer Polizeiapparat, lokale Deutsche	Faschisten, Nazi-Deutschland, Besatzer und ihre einheimischen Lakaien, SiPo, SD, SS, Wehrmacht, Gestapo, Hlinka-Garde, Heimatschutz, Zentralamt für Staatssicherheit, Reste der Armee des klerikal-faschistischen Staates	SiPo, SD (angeführt von Dr. Josef Witiska), Hlinka-Garde und ihre Einsatzgruppen, Heimatschutz	Ungarische pro-faschistische Regierung; slowakische Regierung; Hlinka-Garde; 6 Divisionen und Pro-NS-Milizen, insg. 48.000 Mann; SiPo, SD (befehligt von Josef Witiska), SS, Wehrmacht, Gestapo, Hlinka-Garde, Heimatschutz	Ungarn, SiPo, SD, SS, Wehrmacht, Gestapo, Bereitschaftseinheiten der Hlinka-Garde (POHG), Heimatschutz, Anti-Partisanen-Einheiten Edelweiß, Josef Witiska
Tiso-Staat	Klerikal-faschistischer Staat; Bildung der Jugend auf faschistische Weise	Volksfeindlicher, klerikal-faschistischer Staat	Bratislava-Regierung, existierendes Regime; Tiso zeichnet Nazis aus, die den Aufstand niedergeschlagen haben	Tiso verteilt Medaillen an NS-Besatzer nach dem Aufstand	Graduelles Abgleiten der Republik; kulturelle und wirtschaftliche Errungenschaften; autoritäres politisches System; Orden für Niederschlagung des Aufstands

Die ‚Anrufung Europas' birgt einige Probleme. Das slowakische Museum ist weiter in einem nationalistischen, den NS-Satellitenstaat exkulpierenden Narrativ verhaftet („Errungenschaften" des Tiso-Staats). Die ‚Europäisierung' bleibt zu einem gewissen Grad also ein Lippenbekenntnis. Die Übernahme des Konzepts von *memorial museums* wie dem USHMM und Yad Vashem an In-situ-Orten wie dem ehemaligen KZ Jasenovac läuft Gefahr, durch den Fokus auf individuelle Opfer die Spezifik des Ortes, der Verfolgungsgründe und Tötungsmethoden sowie die TäterInnen zu kurz kommen zu lassen.[168] Auch wenn das Holocaust-Gedenkzentrum in Budapest vor allem als internationales Signal gedacht war, zeigt dieses ungarische Beispiel, dass die schonungslose Aufarbeitung der Mitverantwortung des eigenen, in diesem Fall ungarischen Kollektivs, einen wichtigen Raum der selbstkritischen Auseinandersetzung, etwa für Schulklassen, schaffen kann.

Der andere hier herausgearbeitete Trend in der Kommunikation mit ‚Europa' ist die Forderung, ebendieses ‚Europa' möge ‚unsere' Leiden unter dem Sowjet- respektive dem kommunistischen Terror anerkennen. Zu dieser Gruppe gehören die drei baltischen Museen und das Haus des Terrors. In diesem Narrativ liegt der Fokus auf der Darstellung ‚unseres' Leids während der sowjetischen Besatzung in den baltischen Ländern bzw. der staatssozialistischen Repression, wie sie im Haus des Terrors thematisiert wird. Nur diese Anerkennung des „Okkupationsfakts" stelle den baltischen Museumsleitern zufolge das Überleben des jungen Staates sicher. Alle vier Museen dieser Gruppe verknüpfen auf die eine oder andere Weise die staatssozialistischen Verbrechen mit der Zeit der NS-Besatzung, und sei es nur durch die Wahl des Ortes für das Museum – im Fall des Museums der Genozidopfer in Vilnius jenes Gebäudes, in dem NS- wie sowjetische Besatzer folterten.

Bis auf das Museum der Genozidopfer, das von 1992 bis 2011 die unübersehbaren Spuren der Gestapo-Häftlinge völlig ausblendete, beginnen alle Museen dieser Gruppe mit einer symbolischen Gleichsetzung von Nationalsozialismus und Stalinismus, von Hakenkreuz und rotem Stern, um dann im Verlauf der Ausstellung die sozialistischen Verbrechen als die ‚schlimmeren' darzustellen. Auch diese Museen rekurrieren auf von Holocaust-Museen ausgehende Trends. So kopiert das Budapester Haus des Terrors den *Tower of Faces* im USHMM, deutet aber die individualisierende Darstellung in einen kollektiven ungarischen Opfermythos

---

168 Das USHMM dient nicht nur postsozialistischen Museen als Vorbild. Auch zum Beispiel der Ort der Information unter dem Denkmal für die ermordeten Juden Europas in Berlin orientiert sich daran. Aber das ist kein *In-situ*-Museum auf dem Gelände eines ehemaligen Konzentrationslagers. KZ-Gedenkstätten im deutschsprachigen Raum binden den Ort selbst, die TäterInnen und ihre Beziehungen zur Umgebung des Lagers weitaus stärker ein.

um. Andere bestätigen die ‚Universalierung des Holocaust' als Maßstab, an dem man sich abarbeiten müsse, indem sie, wie im estnischen Fall, eine helle Glaskonstruktion für das neugebaute Museum der Okkupationen explizit mit der Ablehnung der düsteren, „kirchenähnlichen" Atmosphäre von Holocaustmuseen begründen. Ungarn ist in dieser Studie dabei der einzige Fall mit zwei einander widersprechenden staatlichen Museen in derselben Stadt, dem 2002 von Orbán im Wahlkampf präsentierten Haus des Terrors mit Fokus auf sozialistischen Terror und dem Holocaust-Gedenkzentrum aus der Zeit des EU-Beitritts als Signal nach außen, das auch als Antwort auf die heftige Kritik am zwei Jahre zuvor eröffneten Haus des Terrors verstanden werden muss. Das Zeitgeschichtemuseum in Ljubljana vereinigt beide Tendenzen in ein- und derselben Ausstellung, nachdem 1998 ein slowenischer Kritiker das Fehlen von staatssozialistischen Verbrechen in der Ausstellung bemängelt hatte – und prompt mit der Ausarbeitung eines weiteren Ausstellungsteils beauftragt wurde.

Gründe für die ‚Anrufung Europas' im Fall der einen Gruppe bzw. dafür, warum sie im Fall der anderen Museen nicht für nötig gehalten wurde, können folgende genannt werden: Im ungarischen Fall machte die internationale Kritik am Haus des Terrors als Reaktion darauf das Holocaust-Gedenkzentrum gewissermaßen notwendig. Im slowakischen und kroatischen Fall riefen die stockenden EU-Beitrittsbemühungen des slowakischen Nachzüglers bei der EU-Osterweiterung von 2004 und des mit der Aufarbeitung des Krieges der 1990er kämpfenden Kroatiens die ‚Anrufung Europas' auf den Plan. Parallelen in der Kommunikation mit ‚Europa' ergaben sich also zwischen zwei ihrem Charakter nach unterschiedlichen Institutionen, dem slowakischen Aufstandsmuseum und der kroatischen KZ-Gedenkstätte – nicht etwa, wie man erwarten könnte, zwischen den einzigen zwei KZ-Gedenkstätten unter den zehn Museen, Jasenovac und Theresienstadt. Vladimir Mečiar in der Slowakei und Franjo Tuđman in Kroatien hatten in den 1990ern beide autoritäre Tendenzen mit Geschichtsrevisionismus in Bezug auf die beiden NS-Satellitenstaaten „Slowakische Republik" und „Unabhängiger Staat Kroatien" verknüpft, der im kroatischen Fall federführend durch den Historiker Tuđman selbst betrieben wurde. Die ‚Anrufung Europas' kann also in diesen beiden Ländern, wie schon beim ungarischen Holocaust-Museum, als ein strategisches Signal nach ‚außen' verstanden werden. Im Gegensatz dazu konnte sich Tschechien nach der Wende als einziges postsozialistisches Land positiv auf eine durchgängige demokratische Tradition in der Zwischenkriegszeit beziehen, anstatt einen NS-Satellitenstaat als ‚Meilenstein' auf dem Weg zur nationalen Unabhängigkeit darzustellen, wie das in der Slowakei und in Kroatien der Fall war. Tschechien musste international nichts beweisen und ‚bedurfte' daher auch keiner Orientierung an der dunklen Ästhetik von Holocaustausstellungen. Die drei kleinen baltischen Staaten waren hingegen als einzige der neuen EU-Mitgliedsländer zuvor

Teil der Sowjetunion gewesen, weshalb der Fokus auf die sowjetischen Verbrechen und die Ausblendung der NS-Kollaboration vor 2004 im ‚Ausland' als gewissermaßen ‚verständlich' akzeptiert wurde.

Die zehn systematisch analysierten Museen sowie die bulgarischen und rumänischen Leerstellen lassen sich auf folgende Weise den beiden Arten der Kommunikation mit ‚Europa' im Zuge der EU-Beitrittsbemühungen zuordnen. (Grafik 1)

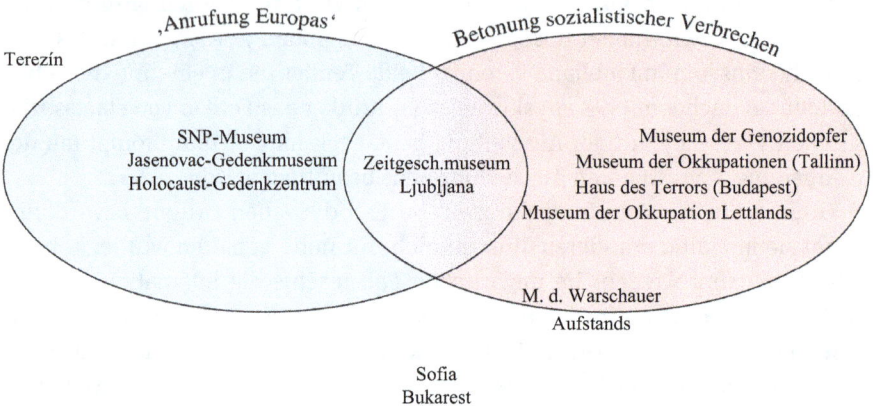

Grafik 1: Die beiden Gruppen und die Ausnahmen in den 2000er Jahren: ‚Anrufung Europas' und Betonung ‚unseres' Leids unter dem Stalinismus bzw. ‚Kommunismus'.

Seit 2010: Die Museen in allen drei baltischen Ländern befinden sich in den letzten Jahren im Umbruch. Im Fall des Museums der Genozidopfer bedeutete 2011 das Ende der völligen Ausblendung der NS-Besatzung und 2018 die lange von nationalen und internationalen KritikerInnen geforderte Umbenennung in Museum der Okkupationen und der Freiheitskämpfe also ein gewisses Zurückrudern bei der These vom Genozid der Sowjets an den LitauerInnen als Pendant zum NS-Genozid an der jüdischen Bevölkerung. Das estnische Museum der Okkupationen nannte sich ebenfalls in Freiheitsmuseum um, führte aber nach Konflikten den Begriff Okkupationen im Titel gleich wieder ein und heißt jetzt Vabamu Museum der Okkupationen und der Freiheit. In der neugestalteten Ausstellung wird dem internationalen Trend zur Individualisierung der Opfer Rechnung getragen. Aber die Parallelisierung von Hammer und Sichel mit dem Hakenkreuz und der Fokus auf die sowjetische Besatzung bleiben in diesem estnischen Museum weiterhin prägend. Im Fall des seit 2012 im Umbau befindlichen lettischen Okkupationsmuseums wird die neue Ausstellung nach langen

Konflikten mit der von russischsprachigen PolitikerInnen dominierten Stadtregierung voraussichtlich erst 2021 eröffnet werden.

Es wäre durchaus vorstellbar, dass Moskaus gegenwärtige aggressive Außenpolitik in den baltischen Ländern zu einem Erstarken der kritischen Auseinandersetzung mit dem sowjetischen Narrativ von der Befreiung des Baltikums 1944 führt. Doch dies ist nicht der Fall. (Grafik 2) Im Gegenteil orientieren sich die drei baltischen Museen neuerdings stärker an ‚westlichen' Musealisierungstrends als zu Zeiten der EU-Beitrittsbemühungen. Zumindest im estnischen Fall liegt dem ein Generationenwechsel in der Museumsführung und Stiftungsleitung zugrunde. Für diese neue Generation ist die Anerkennung des ‚Okkupationsfakts' nicht mehr überlebensnotwendig. Aber auch die langgedienten Museumsleiter in Vilnius und Riga tragen der ‚Universalisierung des Holocaust' in ihren Museen zunehmend Rechnung, ohne damit unmittelbar erkennbar außenpolitische Ziele zu verfolgen. Da dieser Wandel erst 2018 deutlich wurde, ist es noch zu früh, um ihn abschließend beurteilen zu können. Ich kann nur die spekulative Frage aufwerfen, ob die zunehmende Berücksichtigung ‚westlicher' Musealisierungstrends in den baltischen Ländern als Abgrenzung zum autoritären Backlash und Geschichtsrevisionismus in Polen und Ungarn und den mittlerweile scharfen Verurteilungen dessen auf EU-Ebene zu tun hat.

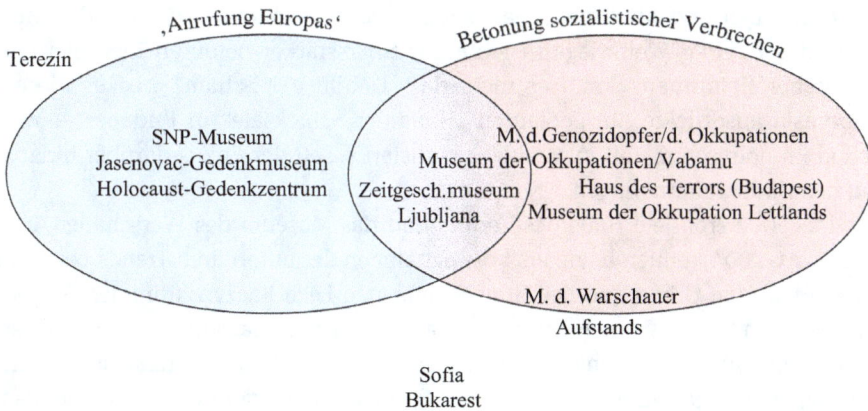

Grafik 2: Die beiden Gruppen heute: ‚Anrufung Europas' und Betonung von ‚unserem' Leid unter dem Stalinismus bzw. ‚Kommunismus'.

Hören also die postsozialistischen Staaten auf, postsozialistisch zu sein? Im Moment vollzieht sich in dieser Frage ein entscheidender Wandel, wenn auch ein besorgniserregender: Ungarn und später auch Polen nahmen im Zuge der autoritären Mobilisierung und der Einschränkung demokratischer *checks and balances* eine Entwicklung vorweg, die sich auch in anderen zentral- und westeuropäischen Staaten zunehmend andeutet: die Ablösung herkömmlicher Parteien durch Bewegungen und eine anti-europäische Mobilisierung machen die ehemals postsozialistischen Staaten hier zur Avantgarde einer gesamteuropäischen Tendenz. War die These vom ‚Ende des Nationalstaats' in der Ära der euphorischen ‚Europäisierung' bereits als normative Vorstellung problematisch, so erweist sie sich heute noch eindeutiger als bloße Wunschvorstellung.

Da allerdings die aktuellen Entwicklungen in Ungarn und Polen nicht entkoppelt von ihrer sozialistischen Vergangenheit begriffen werden können, verwende ich trotz dieser ‚Vorbild'funktion der beiden Länder hierfür den Begriff des autoritären ‚Backlashs'. Die Art, wie PiS und Fidesz die – historisch in völlig unterschiedlichem Ausmaß erfolgte – Kollaboration und Mitverantwortung für den Holocaust heute verhandeln bzw. die Diskussion darüber zu steuern versuchen, erinnert an sozialistische Geschichtspolitik. (Vetter 2018, 2) Die aktuelle Geschichtspolitik ist auf das engste mit der autoritären Wende, der Beschneidung der Medienfreiheit und Unabhängigkeit der Justiz verbunden. Museen sind dabei ein zentrales Schlachtfeld der *mnemonic warriors*, wobei zwei Entwicklungen die Museumslandschaften in Polen wie in Ungarn prägen. Während alle anderen hier analysierten Museen im Fall einer Veränderung der Ausstellung in den letzten Jahren die Mitverantwortung des eigenen Kollektivs stärker beleuchten (wie am estnischen und litauischen Fall gezeigt wurde), verändert die PiS das Museum des Zweiten Weltkriegs in Richtung einer stärker betonten Inszenierung polnischer HeldInnen, damit es nicht das „Gefühl der Scham" wecke, wie es Kaczyński ausdrückte. Im geplanten „Haus der Schicksale" in Budapest – wie schon im polnischen Fall in Markowa realisiert – soll der Fokus darüber hinaus auf den ‚Judenrettern' liegen.

Das 2002 eröffnete Haus des Terrors und das Museum des Warschauer Aufstands aus 2004 können heute als Vorwegnahmen des autoritären Trends betrachtet werden. Von Orbán und dem umgekommenen Lech Kaczyński initiiert, geben sie beide den BesucherInnen ein starkes nationalistisches Narrativ vor. In Budapest ist man gezwungen, in einem sehr langsam in den Folterkeller hinabsinkenden Aufzug, eingeengt zwischen den anderen BesucherInnen, der Geschichte über das Wegwaschen des Blutes nach der Folter zu lauschen. In Warschau schlägt mitten im Museum das ‚Herz' des Aufstands in Form eines Monuments, das die BesucherInnen berühren sollen, was die Vorstellung einer organischen Wir-Gemeinschaft auf die Spitze treibt. Die Museumslandschaft in diesen beiden Ländern wird gerade in Richtung dieser beiden Vorbilder umgemodelt: durch neue Museen und Änderungen in bestehenden, wie im Museum des Zweiten Weltkriegs in Gdańsk.

Im Gegensatz dazu fehlen solche Gedenkmuseen in Sofia und Bukarest, was mit einer Mischung aus Ambivalenz und Apathie erklärt werden kann. Die vorhandenen nationalen Geschichte- und Militärgeschichtemuseen zeichnen sich durch ein weitgehendes Fehlen eines Narrativs aus. Am besten verdeutlicht das ein Schaukasten im Nationalen Geschichtemuseum in Sofia, in dem völlig ohne jede Deutung oder Wertung auf der einen Seite die bulgarische Kollaboration mit den Achsenmächten bis 1944, auf der anderen Seite der PartisanInnenkampf dagegen und die von der Königsdiktatur betriebenen Lager ausgestellt werden. Wer hier verbrecherisch agiert und wer der Held in der Geschichte ist, können die BesucherInnen gänzlich frei entscheiden, wobei die Museumspublikation dann doch ein Narrativ nahelegt: Solange es im Dienste der bulgarischen (oder rumänischen) Sache geschieht, ist alles heldenhaft. Die Opfer, gar individualisierte Opfergeschichten, fehlen hier.

Ein weiteres Ergebnis der vergleichenden Untersuchung ist die Dominanz des Trends, unterschiedliche Opfergruppen in ein- und demselben Museum unterschiedlich darzustellen. Wie anders ‚unsere' und ‚ihre' Opfer jeweils dargestellt werden, war für mich eine der größten Überraschungen in diesem Projekt. Die drei Museen der ersten Gruppe, das slowakische, kroatische und das Holocaust-Gedenkzentrum in Budapest, die ihr ‚Europäischsein' unter Beweis stellen wollen, sind auch die einzigen, die Roma-Opfer als Folge der ‚Universalisierung des Holocaust' und der ‚Europäisierung der Erinnerung' in ihre Ausstellungen inkludiert haben, jedoch sehr weit unten in der ‚Hierarchie der Sichtbarkeit'. Und während die anderen Opfer, in diesen Museen auch die jüdischen, mithilfe von Privatfotos und Kurzbiographien individualisiert dargestellt werden, werden Roma stereotyp, teils unter Zuhilfenahme antiziganistischer Klischees, in keinem der Fälle aber individualisiert dargestellt. Dass dies sehr wohl möglich wäre, beweist etwa die ausschließlich dem Genozid an den Roma und Sinti gewidmete Ausstellung im deutschen Länderpavillon im Staatlichen Museum Auschwitz-Birkenau.

In der anderen Gruppe der Museen (die baltischen und das Haus des Terrors), die den Fokus auf den staatssozialistischen Terror legt, ist es vor allem die Erinnerung an die jüdischen Opfer, die für die ‚eigene' Opfererzählung bedrohlich wirkt. Während über 300 Objekte in Riga die Geschichten der Opfer sowjetischen Terrors Empathie weckend und individualisiert vermittelten, sah man (bis zum Abbau der Ausstellung 2012) von jüdischen Opfern nur erniedrigende Täterfotos und einen Davidstern, der keine individuelle Verfolgungsgeschichte erzählte. In Vilnius beendet die 2011 hinzugefügte kleine Ausstellung über die NS-Zeit das Verschweigen der Gestapo-Vergangenheit des Gebäudes. Doch während die ‚eigenen' Opfer sowjetischer Verbrechen mit unzähligen Privatfotos, Gegenständen und Kurzbiographien vorgestellt werden, treten die jüdischen Opfer vor allem als anonyme Masse und entpersonalisiert in Zahlen in Erscheinung.

Tab. 3: Übersicht der zehn Museen: Inwieweit werden ‚unsere' Opfer (der ethnischen Mehrheitsbevölkerung) und ‚andere' Opfer (jüdische, Roma, russischsprachige im Baltikum) individualisiert dargestellt sowie Kollaboration und die Ideologie der Kollaborateure thematisiert?

	Individualis. der ‚eigenen' Opfer	Individualis. der ‚anderen' Opfer	Kollaboration thematisiert?
Theresienstadt (Ghetto & Kleine Festung)	Ja, aber in Kleiner Festung vor allem berühmte/politisch organisierte ‚HeldInnen'	Ja, jüdische: Fokus auf Zeichnungen der Häftlinge. Roma nein (nur eine Handvoll interniert)	Wenig und mit Abwehrstrategien kombiniert („Lösung der Tschechenfrage"). Individuell: Protektoratsminister & Offiziere der Protektoratsgendarmerie
SNP-Museum (Banská Bystrica)	Wenig, vor allem niedrig in der ‚Hierarchie der Sichtbarkeit': auf den Computerscreens. In Ausstellung vor allem ‚Helden' individualisiert = kämpfende Opfer	Ja, jüdische: Stele mit Privatfotos in Anlehnung an „Tower of Faces" im USHMM. Roma: nur 2 Privatfotos im Roma-Kapitel am Computer-Screen	Ja, bei Holocaust explizit, aber nationalistisches Narrativ lobt „Errungenschaften" des Tiso-Staats. Hlinka-Ideologie nur einmal als „radikal" bezeichnet → nicht ausgeführt
Jasenovac-Gedenkmuseum	Ja, stärkster Fokus auf individuelle Opfer: Überlebendenvideos, Namen der Opfer auf Glastafeln hängen in der gesamten Ausstellung von der Decke, auratische Gegenstände der Opfer in Vitrinen	Jüdische und serbische ja. Roma im Guide nein: nur vier Täterfotos und stereotype Darstellung („Volk der Freiheit und des Reisens", „schätzen besonders den Wert von Gold"). In Ausstellung: Video-Zeugnis des Rom Nadir Dedić	Ja, Ustaša, aber nur zwei permanent gezeigte Fotos: Ante Pavelić und anonyme Ustaša, mehr auf Computerarbeitsplätzen. Ideologie: nur Antisemitismus in Bildunterschrift, Serben- und Romahass in Ausstellung nicht, in Guide Serbenhass einmal erörtert

HolocaustGedenkzentrum (Budapest)	Nein, ethnisch-ungarische Opfer werden im Museum nicht behandelt	Jüdische sehr stark, Roma kaum: bei Videos über 5 Familien: 4 jüdische, eine Roma-Familie (Fam. Kolompár), sonst keine Individualisierung von Roma	Ja, am stärksten von allen zehn Museen inkl. Antisemitismus in der Zwischenkriegszeit und bei Horthy. Inkl. 3 Fotos ‚normaler' UngarInnen als TäterInnen
Zeitgeschichtemuseum (Ljubljana)	Unterschiedlich je nach Raum. Vor 1941: nur verfolgte Kommunisten mittels erkennungsdienstlicher Aufnahmen. Zweiter Weltkrieg: ja, ZeitzeugInnenvideos. Sozialistische Verbrechen: Ausstellung ja, Guide nein.	Im Raum über Zweiten Weltkrieg: ZeitzeugInnenvideos und KZ-Häftlingszeichnungen, aber ethnische Zugehörigkeit geht nicht eindeutig hervor.	Viele Partisanen und Sozialisten im Raum über ihre Verbrechen namentlich benannt, Ideologie im Guide mit NS gleichgesetzt. Zweiter Weltkrieg: Domobranzen neutral abgebildet, nicht als Kollaborateure/Täter bezeichnet.
Museum der Okkupationen / Vabamu	Alte Ausstellung: Nur im Video. Neue: ja, aber zum Teil spricht Schauspieler über sie	Alte Ausstellung: nein. Neue: Geschichte einer Jüdin ausführlich, Roma nein, russischsprachige Bevölkerung individualisiert, aber nicht als Opfer	Alte: NS-Kollaborateure kommen vor, aber als Widerstand gegen sowjetische Besatzung. Neue: starker Fokus auf Kollaboration mit SU & NS inkl. Frage: „Was hättest Du getan?"
Museum der Okkupation Lettlands	Ja, Opfer der sowjetischen Besatzung vor allem durch Objekte mit individualisierenden Geschichten, Privatfotos	Nein: von jüdischen Opfern nur Täteraufnahmen (Privataufnahmen von ‚Judenrettern'). Roma kommen nur im Guide in zwei Sätzen vor.	Ja: Erste sowjetische Besatzung: Kollaborateure namentlich benannt, „nur 400" KP-Mitglieder. NS: Selbstschutz-Einheiten, Polizeibataillone, Sonderkommando von Viktor Arājs (in Guides aus 2010 & 2017 Schuldabwehr)

(fortgesetzt)

Tab. 3 (fortgesetzt)

	Individualis. der ‚eigenen' Opfer	Individualis. der ‚anderen' Opfer	Kollaboration thematisiert?
Museum der Genozidopfer (Vilnius)	Ja, unzählige Privatfotos und Objekte in Empathie weckende Geschichten eingebettet	Ab 2011 im Raum über NS-Besatzung: rudimentär: polnische Widerstandskämpferinnen, jüdische Opfer: Brief eines Häftlings, ein Facharbeiterausweis, Memoiren-Cover. Im Gegensatz dazu litauische ‚Judenretter' namentlich und mit Privatfotos. [Neuester Raum über Roma-Opfer nicht mehr analysiert.]	NS: bis 2011 nein (NS-Kollaborateure als spätere sowjetische Opfer), im neuen Raum über die NS-Besatzung: Litauische Sicherheits- und Kriminalpolizei, Sondereinsatzgruppen (Litauische Aktivistenfront LAF ausgespart). Sowj. Besatzung: ja, aber vage: „Moscow, with the help of local collaborators" + Zerstörerbataillone (Stribai)
Haus des Terrors (Budapest)	In zwei Filmen + an der „Wand der Opfer" im Keller ja, sonst z. B. ZeitzeugInnenfragmente (je 4 Sätze) ohne Namen. Mehrstöckige Installation: erkennungsdienstliche Aufnahmen ohne Namen → Ungarn als kollektives Opfer. Guide: 66 Biographien am Ende: Opfer für Freiheit und Unabhängigkeit → Nur HeldInnen individualisiert.	Nein, Holocaust kommt vor allem symbolisch in der Videoprojektion der Donau vor, in die die von den Pfeilkreuzlern Erschossenen fielen. Roma kommen nicht vor.	Ja, Pfeilkreuzler + ab 1945: so wenige KP-Mitglieder, dass sie auch Pfeilkreuzler akzeptierten → Täter wechseln bloß die Uniform („changing clothes") + Betonung jüdischer Kommunisten. Horthy-Regime als Demokratie verklärt. NS-Kollaborateure als Opfer sowjet. Repression (auch F. Szálasi). „Wand der Täter" zeigt willkürliche Täter-Auswahl ohne Infos.

Museum des Warschauer Aufstands	Ja, zahlreiche Gegenstände und Fotos mit Empathie weckenden Geschichten	Vereinzelt, etwa wenn sie durch Kampf im Warschauer Aufstand 1944 zu ‚unseren' Opfern oder durch Konversion katholisch werden. Jüdische Aufständische werden im 1. Stock unter dem Titel „Foreigners with the insurgent armband" behandelt. Roma kommen nicht vor.	„Totalitarian terror caused total resistance". Kollab. nur indirekt thematisiert: Untergrund-Rechtsprechung habe „Todesurteile für Verräter und Kollaborateure" verhängt. Erpresser von Juden in einem Satz erwähnt, Antisemitismus von Polinnen und Polen nicht. Leiter der moskautreuen Volksarmee Zygmunt Berling: ambivalent beurteilt. Täterin: Kommunistin Wanda Wasilewska habe sowjet. Staatsbürgerschaft angenommen.

Wenn jüdische Opfer, wie im Fall des estnischen Vabamu, nun erstmals aber auch individualisiert dargestellt werden, ist es aufgrund der Analyse der anderen Museen keinesfalls überraschend, dass zugleich auch Roma-Opfer inkludiert werden, allerdings nicht individualisiert. Dies ergibt ein Muster, das zwar keinesfalls verabsolutiert werden kann, aber doch durch zahlreiche Fälle untermauert wird: Eine zunächst marginalisierte Opfergruppe wird in einer späteren Ausstellung zunächst als Kollektiv einbezogen, ‚typische' jüdische oder später Roma-Opfer werden mithilfe anonymer ‚typischer' Gegenstände und oft erniedrigender TäterInnenfotografien dargestellt, und erst in einem weiteren Schritt werden auch die Angehörigen dieser Opfergruppe individualisiert dargestellt. (Tab. 3) Die Individualisierung der Opfer allein macht, dies sei nochmals betont, selbstredend noch keine ausreichend kontextualisierte Ausstellung aus, kann Fragen der TäterInnenschaft oder den *In-situ*-Charakter des Ortes überlagern, aber sie erweist sich doch als ein wichtiges Element einer historisch präzisen, die Vielfalt der Opferschicksale berücksichtigenden, nicht stereotypen Darstellung. Im Zuge der ‚Universalisierung' und ‚Europäisierung des Holocaust' rücken ferner Fragen der Kollaboration und Mitverantwortung, nicht nur während der NS-Besatzung, sondern auch im Sozialismus, in neuen Ausstellungen zunehmend in den Vordergrund – mit Ausnahme von Polen und Ungarn, wo derzeit ein gegensätzlicher Trend zu beobachten ist.

Im Rahmen dieser ersten Typologie postsozialistischer Gedenkmuseen über die Zeit des Zweiten Weltkriegs konnte der Vergleich mit ‚westlichen' und russischen Museen sowie die Einbettung in globale Entwicklungen nur angedeutet werden. Das ist der Gegenstand meines neuen Projekts über „Globalisierte Gedenkmuseen", in dem ich – mit einem Team von LänderexpertInnen – 50 Museen auf vier Kontinenten erforsche. In diesem Sinne: to be continued ...

Literatur

Adorno, Theodor W. „Schuld und Abwehr. Eine qualitative Analyse zum Gruppenexperiment". *Soziologische Schriften II.2*. Ders. Frankfurt am Main: Suhrkamp, 2003 (1955). 121–324.
Ahonen, Heiki. „Wie gründet man ein Museum? Zur Entstehungsgeschichte des Museums der Okkupationen in Tallinn". *Der Kommunismus im Museum. Formen der Auseinandersetzung in Deutschland und Ostmitteleuropa*. Hg. Volkhard Knigge und Ulrich Mählert. Köln: Böhlau, 2005. 107–116.
Ahonen, Heiki. „Das Estnische Museum der Okkupationen: Ein Überblick über seine Arbeit". *Forschungen zur baltischen Geschichte* 3 (2008): 233–238.
Ahonen, Heiki (Hg.). *Estonia's Occupations Revisited. Accounts of an Era*. Tallinn: Kistler-Ritso Estonian Foundation, 2014.
Aktivo. „Helena Datner about Museum of the History of Polish Jews". The Union of Jewish Communities in Poland, 5. Februar 2015. https://jewish.org.pl/opinie/helena-datner-about-museum-of-the-history-of-polish-jews-6916/ (13. Juli 2020).
Alexander, Jeffrey C. „The Social Construction of Moral Universals". *European Journal of Social Theory* 5.1 (2002): 5–85.
Allwork, Larissa. *Holocaust Remembrance between the National and the Transnational. The Stockholm International Forum and the First Decade of the International Task Force*. London: Bloomsbury, 2015.
Andermann, Jens und Silke Arnold-de Simine. „Introduction. Memory, Community and the New Museum". *Theory, Culture & Society* 29.1 (2012): 3–13.
Anderson, Benedict. *Imagined Communities. Reflections on the Origin and Spread of Nationalism*, London und New York: Verso, 1996.
Apor, Péter. „Eurocommunism: Commemorating Communism in Contemporary Eastern Europe". *A European Memory? Contested Histories and Politics of Remembrance*. Hg. Małgorzata Pakier und Bo Stråth. New York: Berghahn, 2012a. 233–246.
Apor, Péter. „Master Narratives of Contemporary History in Eastern European National Museums". *Great Narratives of the Past. Traditions and Revisions in National Museums*. Hg. Dominique Poulot, Felicity Bodenstein und José María Lanzarote Guiral. Linköping: EuNaMus Report No. 4, 2012b. 569–585.
Apor, Péter. „An epistemology of the spectacle? Arcane knowledge, memory and evidence in the Budapest House of Terror". *Rethinking History: The Journal of Theory and Practice* 18.3 (2014): 328–344.
Applebaum, Anne. *Gulag: a history*. New York: Anchor Books, 2003.
Arend, Jan, Bojidar Beremski, Kateryna Katsun, Jörg Möhring und Immanuel Tatuin. „'Jerusalem des Nordens': Das jüdische Vilnius in Geschichte und Erinnerung". *Vilnius. Geschichte und Gedächtnis einer Stadt zwischen den Kulturen*. Hg. Martin Schulze Wessel, Irene Götz und Ekaterina Makhotina. Frankfurt und New York: Campus, 2010. 74–114.
Assmann, Aleida. *Der lange Schatten der Vergangenheit. Erinnerungskultur und Geschichtspolitik*. München: C. H. Beck, 2006.
Assmann, Aleida. „The Holocaust – a Global Memory? Extensions and Limits of a New Memory Community". *Memory in a Global Age. Discourses, Practices and Trajectories*. Hg. Dies. und Sebastian Conrad. Basingstoke: Palgrave Macmillan, 2010. 97–117.
Assmann, Jan. „Kollektives Gedächtnis und kulturelle Identität". *Kultur und Gedächtnis*. Hg. Ders. und Tonio Hölscher. Frankfurt am Main: Suhrkamp, 1988. 9–19.

Assmann, Jan. „Kollektives und kulturelles Gedächtnis. Zur Phänomenologie und Funktion von Gegenerinnerung". *Orte der Erinnerung. Denkmal, Gedenkstätte, Museum*. Hg. Ulrich Borsdorf und Heinrich Theodor Grüttner. Frankfurt am Main: Campus, 1999. 13–32.
Babić, Božidar. *Jasenovac*. Sisak: Jedinstvo, 1966.
Babušíková, Tatiana. „History of the Museum of the Slovak National Uprising in Banská Bystrica". Museumswebseite o. J. http://www.muzeumsnp.sk/index.php?a0=snu_museum (13. Juli 2020).
Bădică, Simina. „The black hole paradigm. Exhibiting communism in post-communist Romania." *History of communism in Europe* 1 (2010): 83–101.
Bal, Mieke. *Double Exposures: The Subject of Cultural Analysis*. New York: Routledge, 1996.
Bal, Mieke. „Exhibition as film". *Exhibition Experiments*. Hg. Sharon Macdonald und Paul Basu. Malden: Wiley-Blackwell, 2007.
Balčiūnas, Evaldas. „The Posthumous Remaking of a Holocaust Perpetrator in Lithuania: Why is Jonas Noreika a National Hero?". *Defending History* VII (2012). http://defendinghistory.com/posthumous-remaking-of-a-holocaust-perpetrator-in-lithuania-why-is-jonas-noreika-a-national-hero-by-evaldas-balciunas/31531 (13. Juli 2020).
Balen, Vedran. „Zbog ovih majica s natpisom 'za dom spremni' [je Milanović napustio proslavu". *Večernji list*, 1. Mai 2020. https://www.vecernji.hr/vijesti/zbog-ovih-majici-s-natpisom-za-dom-spremni-je-milanovic-napustio-proslavu-1398673 (13. Juli 2020).
Baltic News Service: „Genocido aukų muziejuje Vilniuje atidaryta ekspozicija holokausto aukoms". *Lrytas.lt*, 20. Oktober 2011. https://www.lrytas.lt/kultura/meno-pulsas/2011/10/20/news/genocido-auku-muziejuje-vilniuje-atidaryta-ekspozicija-holokausto-aukoms-5462335/ (13. Juli 2020).
Baltic News Service. „Genocido aukų muziejuje atsirado vietos ir holokaustui". *Alfa.lt*, 17. Dezember 2010. http://www.alfa.lt/straipsnis/10430521/genocido-auku-muziejuje-atsirado-vietos-ir-holokaustui#ixzz3TAX5hIOa (13. Juli 2020).
Bartosz, Adam. *Cyganie – Roma – Gypsies. Prezwodnik po wystawie – Guidebook – Ekspoziciaqero sikavno*. Tarnów: The Ethnographic Museum, 1998.
Bartuschka, Marc. „Ein studentischer Erfahrungsbericht. Kommunismus zum Anfassen? Museen zur Geschichte der kommunistischen Diktaturen in Ostmitteleuropa". *Der Kommunismus im Museum. Formen der Auseinandersetzung in Deutschland und Ostmitteleuropa*. Hg. Volkhard Knigge und Ulrich Mählert. Köln: Böhlau, 2005. 193–224.
Bašić, Natalija. „Der jugoslawische Partisanenkampf – Revision einer Legende am Beispiel Kroatiens und Serbiens". *Südosteuropa* 57.1 (2009): 91–112.
Bašić, Petar und Mario Kevo. „O problemu postojanja jasenovačkog logora nakon 1945". *Radovi Zavoda za hrvatsku povijest* 30.1 (1997): 300–307.
Baumgartner, Gerhard und Éva Kovács. „Roma und Sinti im Blickfeld der Aufklärung und der bürgerlichen Gesellschaft". *Roma & Sinti. „Zigeuner-Darstellungen" der Moderne*, Hg. Gerhard Baumgartner und Tayfun Belgin. Wien: Kunsthalle Krems, 2007. 15–23.
Baur, Joachim. *Museumsanalyse. Methoden und Konturen eines neuen Forschungsfeldes*. Bielefeld: Transcript, 2013.
Bebler, Anton. „Slovenia's Smooth Transition". *Journal of Democracy* 13.1 (2002): 127–140.
Beier-de Haan, Rosmarie. *Erinnerte Geschichte – Inszenierte Geschichte. Ausstellungen und Museen in der Zweiten Moderne*. Frankfurt am Main: Suhrkamp, 2005.
Benčić Rimay, Tea (Hg.). *Jasenovac Memorial Site*. Jasenovac: Jasenovac Memorial Site, 2006.
Benešová, Miroslava, Vojtěch Blodig und Marek Poloncarz. *Die Kleine Festung Theresienstadt 1940–1945*. Theresienstadt: Gedenkstätte Theresienstadt, 1996.

Benyovsky, Lucia. „Muzej u Jasenovcu". *Vijesti muzealaca i konzervatora* 35.1–4 (2007): 52–57.
Benz, Wolfgang. *Theresienstadt. Eine Geschichte von Täuschung und Vernichtung*, München: C. H. Beck, 2013.
Bernhard, Michael und Jan Kubik. *Twenty years after Communism. The Politics of Memory and Commemoration*. Oxford: Oxford University Press, 2014.
Bernhardt, Petra, Leila Hadji-Abdou, Karin Liebhart und Andreas Pribersky. *EUropäische Bildpolitiken. Politische Bildanalyse an Beispielen der EU-Politik*. Wien: UTB, 2009.
Biondich, Mark. „Persecution of Roma-Sinti in Croatia, 1941–1945". *Roma and Sinti. Under-Studied Victims of Nazism.* Hg. Center for Advanced Holocaust Studies. Washington, D. C.: US Holocaust Memorial Museum, 2002. 33–48.
Birn, Ruth Bettina. „Collaboration with Nazi Germany in Eastern Europe: the Case of the Estonian Security Police". *Contemporary European History* 10.2 (2001): 181–198.
Biškupić, Božo. „Preface". *Jasenovac Memorial Site*. Hg. Tea Benčić Rimay. Jasenovac: Spomen područje Jasenovac, 2006. 5.
Blodig, Vojtěch. „Die Gedenkstätte Theresienstadt gestern und heute". *Die geteilte Vergangenheit. Zum Umgang mit Nationalsozialismus und Widerstand in den beiden deutschen Staaten*. Hg. Jürgen Danyel. Berlin: De Gruyter, 1995. 235–246.
Blodig, Vojtěch. *Theresienstadt in der „Endlösung der Judenfrage" 1941–1945. Führer durch die Dauerausstellung des Ghetto-Museums in Theresienstadt*, Prag: Oswald, 2003.
Blodig, Vojtěch. „Die Gedenkstätte Theresienstadt. Vergangenheit, Gegenwart und Zukunft". *Wann ziehen wir endlich den Schlussstrich? Von der Notwendigkeit öffentlicher Erinnerung in Deutschland, Polen und Tschechien*. Hg. Wolfgang Benz. Berlin: Metropol, 2004. 181–190.
Blodig, Vojtěch. „Die Gedenkstätte Theresienstadt in der Vergangenheit und der Gegenwart". *Diktatur – Krieg – Vertreibung. Erinnerungskulturen in Tschechien, der Slowakei und Deutschland seit 1945*. Hg. Christoph Cornelißen, Roman Holec und Jiří Pešek. Essen: Klartext, 2005. 221–228.
Blodig, Vojtěch, Miroslava Langhamerová und Jan Vajskebr. *Die Kleine Festung Theresienstadt 1940–1945. Ein Führer durch die Dauerausstellung im Museum der Kleinen Festung Theresienstadt*. Prag: V Ráji, 2009.
Blodig, Vojtěch. „Rezension: Wolf Gruner, Die Judenverfolgung im Protektorat Böhmen und Mähren. Lokale Initiativen, zentrale Entscheidungen, jüdische Antworten 1939–1945, Göttingen: Wallstein-Verlag, 2016". *Judaica Bohemiae* LII.2 (2017): 141–151.
Blume, Rebekka. *Das lettische Okkupationsmuseum. Das Geschichtsbild des Museums im Kontext der Diskussionen über die Okkupationszeit in der lettischen Öffentlichkeit*. Bremen: Arbeitspapiere und Materialien Forschungsstelle Osteuropa an der Universität Bremen, 2007.
Blutinger, Jeffrey. „An Inconvenient Past: Post-Communist Holocaust Memorialization". *Shofar. An Interdisciplinary Journal of Jewish Studies* 29.1 (2010): 73–94.
Bogdanović, Bogdan. „Spomenik u Jasenovcu". *Jasenovac*, Hg. Božidar Babić. Sisak: Jedinstvo, 1966. 3.
Bogumił, Zuzanna, Joanna Wawrzyniak, Tim Buchen, Christian Ganzer und Maria Senina. *The Enemy on Display. The Second World War in Eastern European Museums*. New York und Oxford: Berghahn, 2018.
Boia, Lucien. „Unterschiedliche Erinnerungen an den Zweiten Weltkrieg". *Mythen der Nationen. 1945 – Arena der Erinnerungen*. Hg. Monika Flacke. Mainz: Deutsches Historisches Museum, 2004. 541–568.

Bömelburg, Hans Jürgen und Eugeniusz Cezary Król. „Einleitung". *Der Warschauer Aufstand 1944. Ereignis und Wahrnehmung in Polen und Deutschland.* Hg. Hans Jürgen Bömelburg, Eugeniusz Cezary Król und Michael Thomae. Paderborn: Ferdinand Schöningh, 2011. 9–21.

Booth, Robert. *National Identity at the Margins of Europe: History, Affect and Museums in Slovenia.* Storrs, CT: Dissertation University of Connecticut Graduate School, 2014.

Borodziej, Włodzimierz. „Der Zweite Weltkrieg in der Geschichtspolitik Polens seit 1989". *Erinnern an den Zweiten Weltkrieg. Mahnmale und Museen in Mittel- und Osteuropa.* Hg. Stefan Troebst und Johanna Wolf. Leipzig: Leipziger Universitätsverlag, 2011. 143–148.

Borodziej, Włodzimierz. *The Warsaw Uprising of 1944.* Madison: University of Wisconsin Press, 2006.

Bredekamp, Horst. „Bildakte als Zeugnis und Urteil". *Mythen der Nationen. 1945 – Arena der Erinnerungen.* Hg. Monika Flacke. Mainz: Deutsches Historisches Museum, 2004. 29–66.

Brenner, Christiane. „Das ‚totalitäre Zeitalter'? Demokratie und Diktatur in Tschechiens Erinnerungspolitik". *Osteuropa* 6 (2008): 103–116.

Brink, Cornelia. *Ikonen der Vernichtung. Zum öffentlichen Gebrauch von Fotografien aus nationalsozialistischen Konzentrationslagern nach 1945.* Berlin: De Gruyter, 1998.

Brink, Cornelia. „Vor aller Augen: Fotografien-wider-Willen in der Geschichtsschreibung". *WerkstattGeschichte* 47 (2008): 61–74.

Brink, Cornelia und Jonas Wegerer. „Wie kommt die Gewalt ins Bild. Über den Zusammenhang von Gewaltakt, fotografischer Aufnahme und Bildwirkungen". *Fotogeschichte* 125 (2012): 5–14.

Bubnys, Arūnas. Lietuvių policijos batalionai Pskovo srityje ir Kurše: 13-asis ir 10 (256)-asis batalionai (1942–1945), Zentrumswebseite 2001. http://genocid.lt/Leidyba/10/arunas.htm (13. Juli 2020).

Bucholc, Marta und Maciej Komornik. „The Polish ‚Holocaust Law' revisited: The Devastating Effects of Prejudice-Mongering". *Cultures of History Forum*, 19. Februar 2019. http://www.cultures-of-history.uni-jena.de/politics/poland/the-polish-holocaust-law-revisited-the-devastating-effects-of-prejudice-mongering/ (13. Juli 2020).

Buden, Boris. *Zone des Übergangs. Vom Ende des Postkommunismus.* Frankfurt am Main: Suhrkamp, 2009.

Burch, Stuart und Ulf Zander. „Preoccupied by the Past. The Case of Estonian's Museum of Occupations". *Scandia* 74.2 (2010): 53–73.

Bútora, Martin. „A compelling testimony". *On the Trail of Tragedy. The Holocaust in Slovakia.* Hg. Ivan Kamenec. Bratislava: Hajko & Hajkova, 2007. 7–16.

Büttner, Sebastian M. und Anna Delius. „World Culture in European Memory Politics? New European Memory Agents between Epistemic Framing and Political Agenda Setting". *Journal of Contemporary European Studies* 23.3 (2015): 391–404.

Byford, Jovan. „When I say ‚the Holocaust', I mean ‚Jasenovac': Remembrance of the Holocaust in contemporary Serbia". *East European Jewish Affairs* 37.1 (2007): 51–74.

Byford, Jovan. „Picturing Jasenovac: Atrocity Photography between Evidence and Propaganda". *Fotografien aus den Lagern des NS-Regimes.* Hg. Hildegard Frübis, Clara Oberle und Agnieszka Pufelska. Wien: Böhlau, 2019. 227–247.

Byford, Jovan. *Picturing Genocide in the Independent State of Croatia. Atrocity Images and the Contested Memory of the Second World War in the Balkans.* London: Bloomsbury Academic, 2020.

Byrne, Sarah, Anna Clarke, Rodney Harrison und Robin Torrence (Hg.). *Unpacking the Collection. Networks of Material and Social Agency in the Museum*. New York: Springer, 2011.
Calligaro, Oriane. „Legitimation Through Remembrance? The Changing Regimes of Historicity of European Integration". *Journal of Contemporary European Studies* 23.3 (2015): 330–343.
Chládková, Ludmila. *Ghetto Theresienstadt*. Prag: Naše vojsko, 1995 [1991].
Chládková, Ludmila. *Betraum aus der Zeit des Ghettos Theresienstadt*, Terezín: Oswald, 2007.
Chrzczonowicz, Magdalena. „Obywatele testują ustawę o IPN. Oskarżyli Polaków o współudział w Holokauście i donoszą na siebie". *otto.press*, 6. März 2018. https://oko.press/obywatele-testuja-ustawe-o-ipn-oskarzyli-polakow-o-wspoludzial-holokauscie-do nosza/ (13. Juli 2020).
Closa, Carlos Juan Montera. *Study on how the memory of crimes committed by totalitarian regimes in Europe is dealt with in the Member States*. Madrid: CSIC, 2010.
Cipek, Tihomir. „Ustaška politika povijesti. 1941. kao revolucionarna godina". *Kultura sjećanja: 1941. Povijesni lomovi i svladavanje prošlosti*. Hg. Sulejman Bosto und Tihomir Cipek. Zagreb: Disput, 2008. 133–143.
Commanders of 6 Tactic Groups. Alte Webseite des Museums des Slowakischen Nationalaufstands, von der Autorin archiviert, o. J. http://www.muzeumsnp.sk/index.php?a0=history&a1=commanders_tactic_groups (11. Juni 2017).
Cornelißen, Christoph. „Europas Gedächtnislandkarte. Gibt es eine Universalisierung des Erinnerns?". *Was heißt und zu welchem Ende studiert man Geschichte des 20. Jahrhunderts?*. Hg. Norbert Frei. Göttingen: Wallstein, 2006. 42–49.
Corsellis, John und Marcus Ferrar. *Slovenia 1945: Memories of Death and Survival After World War II*. London und New York: I. B. Tauris, 2005.
Crane, Susan A. „Memory, Distortion, and History in the Museum". *History and Theory* 4 (1997): 44–63.
Crane, Susan A. (Hg.). *Museums and Memory*. Stanford: Stanford University Press, 2000.
Creet, Julia. „The House of Terror and the Holocaust Memorial Centre: Resentment and Melancholia in Post-89 Hungary". *European Cultural Memory Post-89*, Hg. Conny Mithander, John Sundholm und Adrian Velicu. Amsterdam und New York: Brill, 2013. 29–62.
Crew, Spencer R. und James E. Sims. „Locating Authenticity: Fragments of a Dialogue". *Exhibiting Cultures. The Poetics and Politics of Museum Display*. Hg. Ivan Karp und Steven D. Lavine. Washington: Smithsonian Books, 1990. 159–175.
Crowley, David. „Memory in Pieces: The Symbolism of the Ruin in Warsaw after 1944". *Journal of Modern European History* 9.3 (2011): 351–371.
Csillag, Gábor. „‚Little House of Terrors'. The premises and practices of the ‚House of Terror' Museum". *transversal. Zeitschrift des Centrums für Jüdische Studien* 3.1 (2002): 18–46.
Czollek, Max. *Gegenwartsbewältigung*. München: Carl Hanser Verlag, 2020.
Čulić, Marinko. *Tuđman: anatomija neprosvijećenog apsolutizma*. Split: Feral Tribune, 1999.
Dąbkowska-Cichocka, Lena, Dariusz Gawin, Paweł Kowal, Jan Ołdakowski, Agnieszka Panecka, Paweł Ukielski und Ewa Ziółkowska. *Guidebook to the Warsaw Rising Museum*. Warschau: Muzeum Powstania Warszawskiego, 2007a.
Dąbkowska-Cichocka, Lena, Dariusz Gawin, Paweł Kowal, Jan Ołdakowski, Agnieszka Panecka, Paweł Ukielski und Ewa Ziółkowska. *Przewodnik po Muzeum Powstania Warszawskiego*. Warschau: Muzeum Powstania Warszawskiego, 2007b.

Dąbkowska-Cichocka, Lena, Dariusz Gawin, Paweł Kowal, Jan Ołdakowski, Agnieszka Panecka, Paweł Ukielski und Ewa Ziółkowska. *Przewodnik po Muzeum Powstania Warszawskiego.* Warschau: Muzeum Powstania Warszaskiego: 2014.
Dąbkowska-Cichocka, Lena, Dariusz Gawin, Paweł Kowal, Jan Ołdakowski, Agnieszka Panecka, Paweł Ukielski und Ewa Ziółkowska. *Warsaw Rising Museum. Guidebook.* Warschau: Muzeum Powstania Warszawskiego, 2015.
Davies, Lucy. „Secrets of the Lodz ghetto". *The Telegraph*, 23. März 2017. http://www.telegraph.co.uk/culture/photography/11485272/Secrets-of-the-Lodz-ghetto.html (13. Juli 2020).
De Bruyn, Dieter. „Patriotism of Tomorrow? The Commemoration and Popularization of the Warsaw Rising Through Comics". *Slovo* 22.2 (2010): 46–65.
Dežman, Jože. *Slovenija 1945–1960.* Ljubljana: Muzej novejše zgodovine Slovenije, 2007a.
Dežman, Jože. „Rojstvo Slovenije". *Rojstvo Slovenije.* Hg. Marko Štepec. Ljubljana: Muzej novejše zgodovine Slovenije, 2007b. 3–4.
Didi-Huberman, Georges. *Images in Spite of All. Four Photographs from Auschwitz.* Chicago und London: University of Chicago Press, 2008.
Diner, Dan (Hg.). *Zivilisationsbruch. Denken nach Auschwitz.* Frankfurt am Main: Fischer, 1988.
Diner, Dan. *Gegenläufige Gedächtnisse. Über Geltung und Wirkung des Holocaust.* Göttingen: Vandenhoeck & Ruprecht, 2007.
Dovydaitytė, Linara. „Which Communism to Bring to the Museum? A Case of Memory Politics in Lithuania". *Art History & Criticism* 6 (2010): 80–87.
Duffy, Terence M. „Museums of ‚Human Suffering' and the Struggle for Human Rights". *Museum Studies. An Anthology of Contexts.* Hg. Bettina M. Carbonell. Malden: Wiley-Blackwell, 2007. 117–122.
Eckel, Jan und Claudia Moisel (Hg.). *Universalisierung des Holocaust? Erinnerungskultur und Geschichtspolitik in internationaler Perspektive.* Göttingen: Wallstein, 2008.
Eder, S. Jacob. „Introduction". *Holocaust Memory in a Globalizing World.* Hg. Ders., Philipp Gassert und Alan E. Steinweis. Göttingen: Wallstein, 2017. 7–30.
Eggleston, Roland. „Hungary: Budapest Government Reduces Funding For Museum of Communist Terror". *Radio Free Europe/Radio Liberty*, 21. Januar 2003.
ELTA. „Premjeras: Holokausto istorijoje svarbu prisiminti tai, ko negalime užmiršti", *Delfi.lt*, 20. Oktober 2011. http://www.delfi.lt/news/daily/lithuania/premjeras-holokausto-istorijoje-svarbu-prisiminti-tai-ko-negalime-uzmirsti.d?id=50910429 (13. Juli 2020).
EMIH. „House of Fates. Vision Document". 2019. https://m.magyarnarancs.hu/belpol/ilyen-lesz-a-sorsok-haza-122682 (13. Juli 2020).
Engelhardt, Isabelle. *A Topography of Memory. Representations of the Holocaust at Dachau and Buchenwald in Comparison with Auschwitz, Yad Vashem and Washington DC.* Brüssel: PIE Lang, 2002.
Erll, Astrid. „Travelling Memory". *Parallax* 4 (2011): 4–18.
Estonian Government Information Office. „The Museum of Occupation Regimes is an important brick in the wall of freedom – Juhan Parts". Presseaussendung, 27. Juni 2003. https://www.valitsus.ee/en/news/museum-occupation-regimes-important-brick-wall-freedom-juhan-parts (13. Juli 2020).
Europäisches Parlament. „Entschließung des Europäischen Parlaments zum Gedenken an den Holocaust sowie zu Antisemitismus und Rassismus". Amtsblatt 2005. http://publications.europa.eu/resource/cellar/0f49ead9-3e2a-409f-bb75-57533d6d9034.0004.01/DOC_1 (13. Juli 2020).

European Parliament. „Resolution on the return of plundered property to Jewish communities." Official journal 1995. https://publications.europa.eu/en/publication-detail/-/publication/0418d6e6-f5d7-4fdc-b097-f1786a5effb7/language-en (13. Juli 2020).
European Parliament. „Resolution on remembrance of the Holocaust, anti-Semitism and racism". 2005a. https://op.europa.eu/en/publication-detail/-/publication/0f49ead9-3e2a-409f-bb75-57533d6d9034/language-en (13. Juli 2020).
European Parliament. „Resolution on the situation of the Roma in the European Union". 2005b. https://www.europarl.europa.eu/sides/getDoc.do?pubRef=-//EP//TEXT+TA+P6-TA-2005-0151+0+DOC+XML+V0//EN (13. Juli 2020).
Evans, Martin. „Memories, Monuments, Histories: The Re-thinking of the Second World War since 1989". *National Identities* 8.4 (2006): 317–348.
Ferenc, Mitja. *Prikrito in očem zakrito: prikrita grobišča 60 let po koncu druge svetovne vojne.* Celje: Muzej novejše zgodovine, 2005.
Flieger, Estera. „Film IPN musi zostać usunięty. Jest wyrok w procesie o wystawę w Muzeum II Wojny Światowej". *OKO.press*, 15. Oktober 2020. https://oko.press/pilne-film-ipn-musi-zostac-usuniety-jest-wyrok-w-procesie-o-wystawe-w-muzeum-ii-wojny-swiatowej/ (30. Dezember 2020)
Forest, Benjamin und Juliet Johnson. „Monumental Politics: Regime Type and Public Memory in Post-Communist States". *Post-Soviet Affairs* 27.3 (2011): 269–288.
Frankl, Michal. „Holocaust Education in the Czech Republic, 1989–2002". *Intercultural Education* 14.2 (2003): 177–189.
Frankl, Michal. „Alte Themen – neue Fragen? Besatzung, Widerstand, Holocaust und Zwangsaussiedlung der Deutschen im Spiegel der neuen tschechischen Geschichtsbücher". *Wann ziehen wir endlich den Schlussstrich? Von der Notwendigkeit öffentlicher Erinnerung in Deutschland, Polen und Tschechien.* Hg. Wolfgang Benz. Berlin: Metropol, 2004. 135–159.
Frankovic, Katarina, Johannes Kontny, Ekaterina Makhotina und Viola Pokriefke. „Nationalisierte Stadtlandschaften: Das litauische Erbe im heutigen Vilnius". *Vilnius. Geschichte und Gedächtnis einer Stadt zwischen den Kulturen.* Hg. Martin Schulze Wessel, Irene Götz und Ekaterina Makhotina. Frankfurt und New York: Campus, 2010. 25–73.
Freutel, Aziza. „Repatriate gives back to Latvia, his first home". *The Baltic Times*, 1. Juni 2004. https://www.baltictimes.com/news/articles/11083/ (13. Juli 2020).
Friedländer, Saul. „Eine integrierte Geschichte des Holocaust". *Aus Politik und Zeitgeschichte* 14/15 (2007): 7–14.
Fritz, Regina. „Wandlung der Erinnerung in Ungarn. Von der Tabuisierung zur Thematisierung des Holocaust". *Zeitgeschichte* 33.6 (2006): 303–317.
Fritz, Regina. „Gespaltene Erinnerung. Museale Darstellungen des Holocaust in Ungarn". *Postdiktatorische Gesellschaften in Europa.* Hg. Regina Fritz, Carola Sachse und Edgar Wolfrum. Göttingen: Wallstein, 2008. 129–149.
Fritz, Regina. „Der Umgang mit dem Holocaust in Ungarn zwischen internationalen Erwartungen und nationalen Diskursen. Das Holocaust Gedenkzentrum in Budapest". *Diktaturüberwindung in Europa: Neue nationale und transnationale Perspektiven.* Hg. Birgit Hofmann, Katja Wezel, Katrin Hammerstein und Regina Fritz. Heidelberg: Universitätsverlag Winter, 2010. 167–179.
Fritz, Regina. *Nach Krieg und Judenmord. Ungarns Geschichtspolitik seit 1944*, Göttingen: Wallstein, 2012.

Fritz, Regina. „Ungarische Holocaust-Ausstellungen im innen- und außenpolitischen Spannungsfeld: Das Holocaust-Gedenkzentrum Budapest und der ungarische Pavillon im Staatlichen Museum Auschwitz-Birkenau". *Krieg im Museum. Präsentationen des Zweiten Weltkriegs in Museen und Gedenkstätten des östlichen Europas*. Hg. Ekaterina Makhotina, Ekaterina Keding, Włodzimierz Borodziej, Etienne François und Martin Schulze Wessel. München: Vandenhoeck & Ruprecht, 2015. 203–225.

Fritz, Regina und Imke Hansen. „Zwischen nationalem Opfermythos und europäischen Standards. Der Holocaust im ungarischen Erinnerungsdiskurs". *Universalisierung des Holocaust? Erinnerungskultur und Geschichtspolitik in internationaler Perspektive*, Hg. Jan Eckel und Claudia Moisel. Göttingen: Wallstein, 2008. 59–85.

Fritz, Regina und Katja Wezel. „Konkurrenz der Erinnerungen? Museale Darstellung von diktatorischen Erfahrungen in Ungarn und Lettland". *Aufarbeitung der Diktatur – Diktat der Aufarbeitung?* Hg. Katrin Hammerstein, Ulrich Mählert, Julie Trappe und Edgar Wolfrum. Göttingen: Wallstein, 2009. 233–247.

Gensburger, Sarah. „Visiting history, witnessing memory: A study of a Holocaust Exhibition in Paris in 2012". *Memory Studies* (2017): 1–16.

Gerbel, Christian, Manfred Lechner, Dagmar C. G. Lorenz, Oliver Marchart, Vrääth Öhner, Ines Steiner, Andrea Strutz und Heidemarie Uhl (Hg.). *Transformation gesellschaftlicher Erinnerung. Studien zur „Gedächtnisgeschichte" der Zweiten Republik*. Wien: Turia + Kant, 2005.

Gerlach, Christian und Götz Aly (Hg.). *Das letzte Kapitel. Der Mord an den ungarischen Juden*. Frankfurt am Main: Deutsche Verlags-Anstalt, 2002.

Głowacka-Grajper, Małgorzata. „Memory in Post-communist Europe: Controversies over Identity, Conflicts, and Nostalgia". *East European Politics and Societies and Cultures* 32.4 (2018): 924–935.

Goldstein, Slavko und Ivo Goldstein. *Jasenovac i Bleiburg nisu isto*. Zagreb: Novi Liber, 2011.

Grabowska, Katarzyna (Hg.). *Der Warschauer Aufstand/Warsaw Rising 1944*. Warschau: Museum des Warschauer Aufstands, [2014].

Grabowski, Jan und Dariusz Libionka. „Distorting and Rewriting the History of the Holocaust in Poland. The Case of the Ulma Family Museum of Poles Saving Jews During World War II in Markowa". *Yad Vashem Studies* 45.1 (2017): 29–60.

Guentcheva, Rossitza. „Past Contested: The Museum of Socialist Art in Sofia". *National Museums and the Negotiation of Difficult Pasts*. Hg. Dominique Poulot, José María Lanzarote Guiral und Felicity Bodenstein. Linköping: EuNaMus Report No. 8 2012. 123–136.

Gundare, Ieva. „Overcoming the Legacy of History for Ethnic Integration in Latvia". *Intermarium* 5.3 (2002): 1–29.

Gutterman, Bella und Avner Shalev. *Zeugnisse des Holocaust. Gedenken in Yad Vashem*. Jerusalem: Yad Vashem, 2005.

Hackmann, Jörg. „Defending the ‚Good Name' of the Polish Nation: Politics of History as a Battlefield in Poland, 2015–18". *Journal of Genocide Research* 20.4 (2018): 587–606.

Hacler, Tina. „‚Preventivno uničenje' zaradi strahu pred izdajo – v Iški odkrito množično grobišče Romov". *RTV Slovenija*, 30. November 2017. https://www.rtvslo.si/slovenija/preventivno-unicenje-zaradi-strahu-pred-izdajo-v-iski-odkrito-mnozicno-grobisce-romov/439284 (13. Juli 2020).

Halbwachs, Maurice. *Das Gedächtnis und seine sozialen Bedingungen*. Berlin: Suhrkamp, 1985 (1925).

Hall, Stuart. „Introduction". *Representation. Cultural Representations and Signifying Practices.* Hg. Ders. London: SAGE, 1997. 1–12.

Hallama, Peter. *Nationale Helden und jüdische Opfer: Tschechische Repräsentationen des Holocaust.* Göttingen: Vandenhoeck & Ruprecht, 2015.

Hammarberg, Thomas. „The Romani holocaust and contemporary challenges: Tackling discrimination and human rights abuse of Roma", Intervention by Council of Europe Commissioner for Human Rights, 20./21. Oktober 2011, https://wcd.coe.int/ViewDoc.jsp?id=1855485 (13. Juli 2020).

Hammerstein, Katrin und Birgit Hofmann. „Europäische ‚Interventionen'. Resolutionen und Initiativen zum Umgang mit diktatorischer Vergangenheit". *Aufarbeitung der Diktatur – Diktat der Aufarbeitung?* Hg. Katrin Hammerstein, Ulrich Mählert, Julie Trappe und Edgar Wolfrum. Göttingen: Wallstein, 2009. 189–203.

Hancock, Ian. „On the interpretation of a word: Porrajmos as Holocaust". *Travellers, gypsies, Roma: The demonisation of difference.* Hg. Michael Hayes und Thomas Acton. Newcastle: Cambridge Scholars Press, 2006. 53–57.

Hanebrink, Paul. „The Memory of the Holocaust in Postcommunist Hungary". *Bringing the dark past to light. The reception of the Holocaust in postcommunist Europe.* Hg. John-Paul Himka und Joanna Beata Michlic. Lincoln und London: University of Nebraska Press, 2013. 261–291.

Hansen-Glucklich, Jennifer. „Evoking the Sacred: Visual Holocaust Narratives in National Museums". *Journal of Modern Jewish Studies* 9.2 (2010): 209–232.

Hansen-Glucklich, Jennifer. „Poetics of Memory: Aesthetics and Experience of Holocaust Remembrance in Museums". *Dapim: Studies on the Holocaust* 30.3 (2016): 315–334.

Haß, Matthias. *Gestaltetes Gedenken. Yad Vashem, das U.S. Holocaust Memorial Museum und die Stiftung Topographie des Terrors.* Frankfurt am Main: Campus, 2002.

Haury, Thomas. *Antisemitismus von links. Kommunistische Ideologie, Nationalismus und Antizionismus in der frühen DDR.* Hamburg: Hamburger Edition, 2002.

Heesen, Anke te. *Theorien des Museums. Zur Einführung.* Hamburg: Junius, 2012.

Heinemann, Monika. „Die Musealisierung des Ghettos. Die Darstellung der Verfolgung von Juden während des Zweiten Weltkriegs in Warschauer Museen". *Geschichtspolitik in Europa seit 1989. Deutschland, Frankreich und Polen im internationalen Vergleich.* Hg. Etienne François, Kornelia Kończal, Robert Traba und Stefan Troebst. Göttingen: Wallstein, 2013. 470–490.

Heinemann, Monika. *Krieg und Kriegserinnerung im Museum. Der Zweite Weltkrieg in polnischen historischen Ausstellungen seit den 1980er-Jahren.* Göttingen: Vandenhoeck & Ruprecht, 2017.

Heitlinger, Alena. „Politicizing Jewish Memory in Postwar Czechoslovakia". *East European Jewish Affairs* 35.2 (2005): 135–153.

Heitlinger, Alena. *In the Shadows of the Holocaust & Communism. Czech and Slovak Jews Since 1945.* New Brunswick und London: Routledge, 2012.

HDKE. „Synagogue". Museumswebseite o. J. http://hdke.hu/en/about-us/building/building-synagogue (13. Juli 2020).

Hiio, Toomas und Peetar Kaasik. „Overview of Estonian Units in the Red Army and the Actions of the Destroyer Battalions of the NKVD". *Estonia's Occupations Revisited. Accounts of an Era.* Hg. Heiki Ahonen. Tallinn: The Kistler-Ritso Estonian Foundation, 2014, 17–20.

Hiio, Toomas, Meelis Maripuu und Indrek Paavle (Hg.). *Estonia 1940–1945: Reports of the Estonian International Commission for the Investigation of Crimes against Humanity.*

Estonian Institute of Historical Memory 2006. http://www.mnemosyne.ee/hc.ee/index_frameset.htm (13. Juli 2020).
Himka, John-Paul und Joanna Beata Michlic. „Introduction". *Bringing the Dark Past to Light: The Reception of the Holocaust in Postcommunist Europe*. Hg. Dies. Lincoln: University of Nebraska Press, 2013. 1–24.
Hoare, Marko Attila. „Whose is the partisan movement? Serbs, Croats and the legacy of a shared resistance". *The Journal of Slavic Military Studies* 15.4 (2002): 24–41.
Holc, Janine. „POLIN Museum of the History of Polish Jews". *The American Historical Review* 123.4 (2018): 1267–1269.
Holtschneider, K. Hannah. *The Holocaust and Representations of Jews: History and Identity in the Museum*. London: Routledge, 2011.
Holzer, Anton. „Faszination und Abscheu. Die fotografische Erfindung der ‚Zigeuner'". *Fotogeschichte* 110 (2008): 45–56.
Horváth, Zsolt K. „The Redistribution of the Memory of Socialism. Identity Formations of the ‚Survivors' in Hungary after 1989". *Past for the Eyes. East European Representations of Communism in Cinema and Museums after 1989*. Hg. Oksana Sarkisova und Péter Apor. Budapest und New York: CEU Press, 2008, 247–273.
Hoskins, Andrew und Amy Holdsworth. „Media Archaeology of/in the Museum". *The International Handbooks of Museum Studies: Museum Media*. Hg. Michelle Henning. Chichester: Wiley-Blackwell, 2015. 23–41.
Höpken, Wolfgang. „Jasenovac – Bleiburg – Kočevski rog: Erinnerungsorte als Identitätssymbole in (Post)Jugoslawien". *Geschichte (ge)brauchen. Literatur und Geschichtskultur im Staatssozialismus: Jugoslavien und Bulgarien*. Hg. Angela Richter und Barbara Beyer. Berlin: Frank & Timme, 2006. 401–432.
Hördler, Stefan, Christoph Kreutzmüller und Tal Bruttmann. „Auschwitz im Bild. Zur kritischen Analyse der Auschwitz-Alben". *Zeitschrift für Geschichtswissenschaft* 7/8 (2015): 609–632.
Hudek, Adam. „National Museums in Slovakia: Nation Building Strategies in a Frequently Changing Environment". *EuNaMus Report No. 1*. Hg. Peter Aronsson und Gabriella Elgenius. Linköping, 2011. http://www.ep.liu.se/ecp/article.asp?issue=064&article=34 (13. Juli 2020).
Hudelist, Darko. *Tuđman: Biografija*. Zagreb: Profil, 2004.
Hungarian Spectrum. „Will Orbán retreat on two key issues: CEU and the House of Fates?". *The Hungarian Spectrum*, 3. Januar 2019. http://hungarianspectrum.org/tag/house-of-fates/ (13. Juli 2020).
Husova, Maria. „Slovakia: Uncovering the Past". *Transitions Online* 2006. http://www.tol.org/client/article/15714-uncovering-the-past.html (13. Juli 2020).
Hwang, Brianne. *Constructing the Communist Other: A Comparative Study of Museum Representations of Communism*. Budapest: Masterarbeit Central European University History Department, 2009.
Iggers, Wilma. „Tschechoslowakei/Tschechien. Das verlorene Paradies". *Mythen der Nationen. 1945 – Arena der Erinnerung*. Hg. Monika Flacke. Mainz: Deutsches Historisches Museum, 2004. 773–798.
Index.hr. „Ovako je Hasanbegović pisao u časopisu NDH: Ustaše su heroji". *Index.hr*, 12. Februar 2016. http://www.index.hr/vijesti/clanak/ovako-je-hasanbegovic-pisao-u-casopisu-ndh-ustase-su-heroji/874193.aspx (13. Juli 2020).

International Commission on the Holocaust in Romania. *The Report of the International Commission on the Holocaust in Romania, Bukarest.* 2014. https://www.yadvashem.org/docs/international-commission-on-romania-holocaust.html# (13. Juli 2020).
Ivančić, Viktor und Marinko Čulić. „Kosti u mikseru". *Feral Tribune*, 29. April 1996.
Jäger, Siegfried. *Kritische Diskursanalyse. Eine Einführung.* Münster: Unrast, 2004.
Jakovina, Tvrtko. „Independent State of Croatia (NDH) in Hitler's Axis System". *Jasenovac Memorial Site.* Hg. Tea Benčić Rimay. Jasenovac: Spomen područje Jasenovac, 2006. 16–43.
Jančar, Drago (Hg.). *Temna stran meseca: kratka zgodovina totalitarizma v Sloveniji 1945– 1990: razstava v Muzeju novejše zgodovine.* Ljubljana: Muzej novejše zgodovine, 1998a.
Jančar, Drago. „Čemu ta razstava ali: kaj je na temni strani meseca?". *Temna stran meseca: kratka zgodovina totalitarizma v Sloveniji 1945–1990: razstava v Muzeju novejše zgodovine.* Hg. Ders. Ljubljana: Muzej novejše zgodovine, 1998b. 5–8.
Jančar, Drago. „Temna strana meseca". *Temna stran meseca: kratka zgodovina totalitarizma v Sloveniji 1945–1990: razstava v Muzeju novejše zgodovine.* Hg. Ders. Ljubljana: Muzej novejše zgodovine, 1998c. 26–27.
Janicka, Elżbieta. „The Square of Polish Innocence: POLIN Museum of the History of Polish Jews in Warsaw and its symbolic topography". *East European Jewish Affairs* 45.2–3 (2015): 200–214.
Janicka, Elżbieta. „The Embassy of Poland in Poland. The Polin Myth in the Museum of the History of Polish Jews (MHPJ) as Narrative Pattern and Model of Minority-Majority Relations". *Studia Litteraria et Historica* 5 (2016): 1–76.
Jasenovac Memorial Site. „Jasenovac Memorial Site – From the Return of the Inventory to the Present Day". Webseite o. J. http://www.jusp-jasenovac.hr/Default.aspx?sid=6502 (13. Juli 2020).
Jewish Heritage Europe. „Poland: After Contentious Standoff, the POLIN Museum's New Director, Zygmunt Stępiński, Begins a 3-Year Term Today (March 1)". 1. März 2020. https://jewish-heritage-europe.eu/2020/03/01/poland-the-polin-museums-new-director/ (13. Juli 2020).
Jokić, Gojko. *Spomen-područje Jasenovac.* Jasenovac und Belgrad: Spomen-područje Jasenovac, 1981.
Jovičić, Nataša. „Jasenovac Memorial Museum's Permanent Exhibition – The Victim as Individual". *Review of Croatian History* 2.1 (2006a): 295–299.
Jovičić, Nataša. „Žrtva je pojedinac". *Spomen područje Jasenovac.* Hg. Tea Benčić Rimay. Jasenovac: Spomen područje Jasenovac, 2006b. 8–10.
Judt, Tony. *Geschichte Europas. Von 1945 bis zur Gegenwart.* München und Wien: Hanser, 2006.
Jung, Martin. „Kein besonderes Ereignis? Prämissen und Praxen musealer Darstellungen der Zeit des Zweiten Weltkriegs in Rumänien nach 1989". *Krieg im Museum. Präsentationen des Zweiten Weltkriegs in Museen und Gedenkstätten des östlichen Europas.* Hg. Ekaterina Makhotina, Ekaterina Keding, Włodzimierz Borodziej, Etienne François und Martin Schulze Wessel. München: Vandenhoeck & Ruprecht, 2015. 61–82.
Jung, Martin. *In Freiheit. Die Auseinandersetzung mit Zeitgeschichte in Rumänien (1989–2009).* Berlin: Frank & Timme, 2016.
Jureit, Ulrike. „Olympioniken der Betroffenheit. Normierungstendenzen einer opferidentifizierten Erinnerungskultur". *Aufarbeitung der Diktatur – Diktat der Aufarbeitung?.* Hg. Katrin Hammerstein, Ulrich Mählert, Julie Trappe und Edgar Wolfrum. Göttingen: Wallstein, 2009. 108–119.

Kaas, Kaarel. „Okupatsioonimuuseum sai Merilt nurgakivi". *Postimees*, 22. Oktober 2002. https://www.postimees.ee/1974171/okupatsioonimuuseum-sai-merilt-nurgakivi (13. Juli 2020).

Kabanovs, Nikolajs. „Istoria – Služanka Politiki? ‚Smena ekspozicii' v muzee crasnish Latviskih strelkov". *Sovetskaja Molodëž*, 14. Juni 1993.

Kaiser, Wolfram. „Clash of Cultures: Two Milieus in the European Union's ‚A New Narrative for Europe' Project". *Journal of Contemporary European Studies* 23.3 (2015): 364–377.

Kaiser, Wolfram, Stefan Krankenhagen und Kerstin Poehls. *Europa ausstellen: Das Museum als Praxisfeld der Europäisierung.* Köln und Wien: Böhlau, 2012.

Kalamees, Kai. „Okupatsioonide muuseum kerkib Toompeale kevadeks". *Eesti Päevaleht*, 23. Oktober 2002. http://epl.delfi.ee/news/eesti/okupatsioonide-muuseum-kerkib-toompeale-kevadeks?id=50937205 (13. Juli 2020).

Kalčić, Silva. „Vizualna kultura. Memoriranje zločina". *Zarez* 204 (2007). http://www.zarez.hr/204/z_vizualna.htm (13. Juli 2020).

Kaluza, Karoline. „Reimagining the nation in museums. Poland's old and new national museums". *National museums: new studies from around the world*. Hg. Simon J. Knell. London und New York: Routledge, 2011, 151–162.

Kapitány, Ágnes und Gabor Kapitány. „Cultural Patterns of a Museum Guide (House of Terror, Budapest)". *Politics of Collective Memory. Cultural Patterns of Commemorative Practices in Post-War Europe.* Hg. Sophie Wahnich, Barbara Lášticová und Andrej Findor. Wien: LIT, 2008. 123–141.

Kapralski, Slawomir. „Identity building and the holocaust: Roma political nationalism". *Nationalities Papers* 25.2 (1997): 269–284.

Karge, Heike. „Mediated remembrance: local practices of remembering the Second World War in Tito's Yugoslavia". *European Review of History* 16.1 (2009): 49–62.

Karsai, László, Gábor Kádàr und Zoltán Vági. *From Deprivation of Rights to Genocide. To the Memory of the Victims of the Hungarian Holocaust*, Budapest: Hungarian National Museum, 2006.

Kasapović, Mirjana. „Genocid u NDH: Umanjivanje, banaliziranje i poricanje zločina". *Politička misao* 55.1 (2018): 7–33.

Katz, Dovid. „On Three Definitions. Genocide; Holocaust Denial; Holocaust Obfuscation". *A Litmus Test of Modernity. Examining Modern Sensibilities and the Public Domain in the Baltic States at the Turn of the Century.* Hg. Leonidas Donskis. Bern: Peter Lang, 2009. 259–278.

Katz, Dovid. „The New Holocaust Room in the Basement of the Genocide Museum in Vilnius". *Defending History* 2011. http://defendinghistory.com/genocide-museum-new-holocaust-room-in-the-basement/24961 (13. Juli 2020).

Katz, Dovid. „Lithuania's Museum of Holocaust Denial". *Tablet* 2018. https://www.tabletmag.com/jewish-news-and-politics/259677/lithuanias-museum-of-holocaust-denial (13. Juli 2020).

Katz, Josef. *Stamped ‚Judenfrei': The Holocaust on the territory of Nazi-occupied Estonia 1941–1944.* Tallinn: Jewish Community of Estonia, 2012.

Kazalarska, Svetla I. „Facing the Ghosts of the Past in Post-communist Bulgaria". *Politics of Collective Memory. Cultural Patterns of Commemorative Practices in Post-War Europe.* Hg. Sophie Wahnich, Barbara Lášticová und Andrej Findor. Wien: LIT, 2008. 179–197.

Kazalarska, Svetla I. „The Missing Museum. Museum Representations of the Communist Past in Bulgaria". Unveröffentlichtes Paper für die Konferenz *Museen in Phasen des politischen Umbruchs. Das östliche Europa im Fokus*, 7.–9. November 2018, Oldenburg.

Kelam, Tunne. „Speech at the Opening of the Museum of the Occupations, Tallinn, Estonia". Rede am 27. Juni 2003. http://www.okupatsioon.ee/vanaweb/en/in-general/who-we-are/154-avamiskoned (31. Dezember 2017, nach der Museumsumgestaltung nicht mehr abrufbar, vollständiger Text von der Autorin dokumentiert).

Keller, Reiner. „The Sociology of Knowledge Approach to Discourse". *Human Studies* 34.1 (2011): 43–65.

Kellermann, Florian. „Polens Regierung schreibt Geschichte". *Deutschlandfunk Kultur*, 18. April 2016. https://www.deutschlandfunkkultur.de/museen-vor-neuausrichtung-polens-regierung-schreibt.1013.de.html?dram:article_id=351721 (13. Juli 2020).

Kerékgyártó, Béla. „Identitätskämpfe im öffentlichen Raum: Budapest und seine Denkmalwellen". *International Review of Sociology* 16.2 (2006): 273–308.

Kevo, Mario. „Croatian Victims in Jasenovac". *Jasenovac Memorial Site*. Hg. Tea Benčić Rimay. Jasenovac: Spomen područje Jasenovac, 2006. 182–197.

Kirshenblatt-Gimblett, Barbara und Anthony Polonsky (Hg.). *Polin. 1000 Year History of Polish Jews*, Warsaw: Argraf, 2014.

Kizny, Tomasz. *Gulag: Life And Death Inside The Soviet Concentration Camps 1917–1990*. Buffalo: Firefly Books 2004.

Knigge, Volkhard. „Gedenkstätten und Museen". *Die Auseinandersetzung mit Holocaust und Völkermord*. Hg. Ders. und Norbert Frei. München: C. H. Beck, 2002. 379–389.

Knigge, Volkhard. „Europäische Erinnerungskultur. Identitätspolitik oder kritisch-kommunikative historische Selbstvergewisserung". *kultur.macht.europa – europa.macht.kultur*. Hg. Kulturpolitische Gesellschaft e. V. Bonn: Klartext, 2008. 69–82.

Knigge, Volkhard und Ulrich Mählert (Hg.). *Der Kommunismus im Museum. Formen der Auseinandersetzung in Deutschland und Ostmitteleuropa*. Köln: Böhlau, 2005.

Knoch, Habbo. *Die Tat als Bild. Fotografien des Holocaust in der deutschen Erinnerungskultur*. Hamburg: Hamburger Edition, 2001.

Knudsen, Britta. „Thanatourism: Witnessing Difficult Pasts". *Tourist Studies* 11.1 (2011): 55–72.

Kobielska, Maria. „History and memory of 1968 in Poland: Debates around the ‚Estranged '68' exhibition". *Cultures of History Forum*, 28. September 2018. http://www.cultures-of-history.uni-jena.de/debates/poland/history-and-memory-of-1968-in-poland-debates-around-the-estranged-exhibition/ (13. Juli 2020).

Koch, Tuuli. „Muuseumi rajanud Olga: eestlastel tuleb kokku hoida." *Eesti Päevaleht*, 5. Juli 2003. https://epl.delfi.ee/eesti/muuseumi-rajanud-olga-eestlastel-tuleb-kokku-hoida?id=50958658 (13. Juli 2020).

Kočović, Bogoljub. *Žrtve Drugog svetskog rata u Jugoslaviji*. London: Veritas, 1985.

Köhr, Katja. „Flucht in die Moral? – Museale Darstellungen des Holocaust zwischen nationalen Fragen und universellen Zugängen". *Medaon* 1 (2007). http://medaon.de/pdf/A-Koehr-1-2007.pdf (13. Juli 2020).

Köhr, Katja. *Die vielen Gesichter des Holocaust: Museale Repräsentationen zwischen Individualisierung, Universalisierung und Nationalisierung*. Göttingen: Vandenhoeck & Ruprecht, 2012.

Kolář, Petr und Michal Kopeček. „A Difficult Quest for New Paradigms: Czech Historiography after 1989". *Narratives Unbound: Historical Studies in Post-Communist Eastern Europe*. Hg. Sorin Antohi, Balázs Trencsényi und Péter Apor. Budapest: CEU Press, 2007. 173–225.

Koleva, Daniela. „On the (In)convertability of National Memory into European Legitimacy: The Bulgarian case". *Of Red Dragons and Evil Spirits. Post-Communist Historiography Between Democratization and New Politics of History.* Hg. Oto Luthar. Budapest und New York: CEU Press, 2017. 11–31.

König, Helmut. „Statt einer Einleitung: Europas Gedächtnis. Sondierungen in einem unübersichtlichen Gelände". *Europas Gedächtnis. Das neue Europa zwischen nationalen Erinnerungen und gemeinsamer Identität.* Hg. Ders., Julia Schmidt und Manfred Sicking. Bielefeld: Transcript, 2008. 9–37.

Kõresaar, Ene und Kirsti Jõesalu. „Okupatsioonide muuseumist Vabamuks: nimetamispoliitika analüüs". *ERMi aastaraamat* 60 (2017): 136–161.

Kõresaar, Ene und Kirsti Jõesalu. „From Museum as Memorial to Memory Museum: On Transformation of the Estonian Museum of Occupations". *Occupation and Communism in Eastern European Museums. Re-Visualizing the Recent Past.* Hg. Constantin Iordachi und Péter Apor. London: Bloomsbury, 2021 (in Vorbereitung).

Korff, Gottfried. „Bildwelt Ausstellung. Die Darstellung von Geschichte im Museum". *Orte der Erinnerung. Denkmal, Gedenkstätte, Museum.* Hg. Ulrich Borsdorf und Heinrich Theodor Grutter. Frankfurt am Main: Campus, 1999. 319–335.

Korff, Gottfried. *Museumsdinge. Deponieren – Exponieren.* Köln: Böhlau, 2002.

Korff, Gottfried und Martin Roth (Hg.). *Das historische Museum. Labor, Schaubühne, Identitätsfabrik.* Frankfurt am Main: Campus, 1990.

Koselleck, Reinhart. „Formen und Traditionen des negativen Gedächtnisses". *Die Auseinandersetzung mit Holocaust und Völkermord.* Hg. Volkhard Knigge und Norbert Frei. München: C. H. Beck, 2002. 21–32.

Kossoy, Edward. „The Gęsiówka Story: A Little Known Page of Jewish Fighting History". *Yad Vashem Studies* 32 (2004): 323–350.

Kovács, Éva. „The Cynical and the Ironical – Remembering Communism in Hungary". *Regio* 6.1 (2003): 155–169.

Kovács, Éva, András Lénárt und Anna Lujza Szász. „Oral history collections on the Holocaust in Hungary". *S:I.M.O.N. – Shoah: Intervention. Methods, Documentation,* 1.2 (2014). http://simon.vwi.ac.at/index.php/working-papers/43-kovacs-eva-lenart-andras-szasz-anna-lujza (13. Juli 2020).

Kralj, Matej. „Europa statt Sozialismus – Strategien der Aneignung der sozialistischen Vergangenheit in Slowenien". *Jahrbuch für Historische Kommunismusforschung* (2014): 63–75.

Kranjc, Gregor Joseph. „On the Periphery. Jews, Slovenes, and the Memory of the Holocaust". *Bringing the dark past to light. The Reception of the Holocaust in postcommunist Europe.* Hg. John-Paul Himka und Joanna Beata Michlic. Lincoln und London: University of Nebraska Press, 2013. 591–625.

Kroh, Jens. „Erinnerungskultureller Akteur und geschichtspolitisches Netzwerk. Die Task Force for International Cooperation on Holocaust Education, Remembrance and Research". *Universalisierung des Holocaust? Erinnerungskultur und Geschichtspolitik in internationaler Perspektive.* Hg. Jan Eckel und Claudia Moisel. Göttingen: Wallstein, 2008. 156–173.

Król, Eugeniusz Cezary. „Perzeptionen des Aufstands in Polen". *Der Warschauer Aufstand 1944. Ereignis und Wahrnehmung in Polen und Deutschland.* Hg. Hans Jürgen Bömelburg, Eugeniusz Cezary Król und Michael Thomae. Paderborn: Ferdinand Schöningh, 2011. 171–192.

Kršinić Lozica, Ana: „Između memorije i zaborava: Jasenovac kao dvostruko posredovana trauma". *Radovi Instituta za povijest umjetnosti* 35 (2011): 297–308.
Krylová, Libuše. *Kleine Festung Theresienstadt*. Terezín: Mahnmal Theresienstadt, 1972a.
Krylová, Libuše. *Terezín. Průvodce terezínským Památníkem*. Prag: Naše vojsko, 1972b.
Kucia, Marek. „The Europeanization of Holocaust Memory and Eastern Europe". *East European Politics and Societies and Cultures* 30.1 (2016): 97–119.
Kulišová, Táňa. *Kleine Festung Theresienstadt*. Prag: Verband der antifaschistischen Widerstandskämpfer Naše Vojsko, 1963.
Kulišová, Táňa, Josef Polák und Karel Lagus. *Terezín*. Prag: Naše vojsko, 1967.
Kuodytė, Dalia und Rokas Tracevskis. *Siberia. Mass deportations from Lithuania to the USSR*. Vilnius: Genocide and Resistance Research Center of Lithuania, o. J. [2004?].
Kurkowska-Budzan, Marta. „The Warsaw Rising Museum: Polish Identity and Memory of World War II". *Martor. The Museum of the Romanian Peasant Anthropology Review* 11 (2006): 133–141.
Kuusi, Hanna. „Prison Experiences and Socialist Sculptures – Tourism and the Soviet Past in the Baltic States". *Touring the Past. Uses of History in Tourism*. Hg. Auvo Kostiainen und Taina Syrjäniaa. Savonlinna: Finnish University Network for Tourism Studies, 2008. 105–122.
Kuzmič, Franc. „The Holocaust and the Roma of the Prekmurje Region". *Slovenski Judje: Zgodovina in Holokavst* II. *Razprave in članki z znanstvenih srečanj Šoa – spominjajmo se 2012/2013*. Hg. Nuša Lešnik und Marjan Toš. Maribor: Center judovske kulturne dediščine Sinagoga, 2013. 78–79.
Laczó, Ferenc. „,Authentic and Acceptable'. On a Certain Vision of Jewish Fates in Orbán's Hungary". *Hungarian Spectrum*, 11. September 2019.
Lagus, Karel und Josef Polák. *Město za mřížemi*. Prag: Naše vojsko, 1964.
Laizāne, Līga. „Latvijas 50 gadu okupācijas muzejā – pirmā izstāde". *Diena*, 12. Juli 1993.
Landsberg, Alison. *Prosthetic Memory. The Transformation of American Remembrance in the Age of Mass Culture*. New York: Columbia University Press, 2004.
Lášticová, Barbara und Andrej Findor. „From Regime Legitimation to Democratic Museum Pedagogy? Studying Europeanization at the Museum of the Slovak National Uprising". *Politics of Collective Memory. Cultural Patterns of Commemorative Practices in Post-War Europe*. Hg. Sophie Wahnich, Barbara Lášticová und Andrej Findor. Wien: LIT, 2008. 237–257.
Lavrov, Sergej. „Comment by the Russian MFA Information and Press Department on the Attempts by Estonian Autorities to Again Bring up the Subject of ‚Soviet Occupation'". *The Ministry of Foreign Affairs of the Russian Federation*, 16. Juli 2003. http://www.mid.ru/en/web/guest/maps/ee/-/asset_publisher/mo1LgbIkJbRf/content/id/513226 (13. Juli 2020).
Lazda, Paulis. „Latvijas 50 gadu okupācijas muzejs: Kāpēc? Kas? Kā?". *Crimes against Humanity* 2003. http://lpra.vip.lv/om.html (13. Juli 2020).
Lazda, Paulis. „The Museum of the Occupation of Latvia: Why? What? How?". *Museum of the Occupation of Latvia 1940–1991*. Hg. Valters Nollendorfs. Riga: Latvijas Okupacijas Muzeja Biedriba, 2008, 12.
Lazdiņa, Indra. „Piemin terora upurus". *Spogulis*, 25. März 1999.
Lease, Bryce. „Shared Histories and Commemorative Extension. Warsaw's POLIN Museum". *Theatre Journal* 69.3 (2017): 383–401.
Leggewie, Claus und Anne Lang. *Der Kampf um die europäische Erinnerung. Ein Schlachtfeld wird besichtigt*. München: C. H. Beck, 2011.

Lehti, Marko, Matti Jutila und Markku Jokisipilä. „Never-Ending Second World War: Public Performances of National Dignity and the Drama of the Bronze Soldier". *Journal of Baltic Studies* 39.4 (2008): 393–418.
Lengel-Krizman, Narcisa. *Genocid nad Romima. Jasenovac 1942*. Zagreb: Spomen-područje Jasenovac, 2003.
Lengel-Krizman, Narcisa. „Genocid nad Romima – Jasenovac 1942". *Jasenovac Memorial Site*. Hg. Tea Benčić Rimay. Jasenovac: Jasenovac Memorial Site, 2006. 154–170.
Lennon, J. John und Hugh Smith. „Shades of Dark: Interpretation and Commemoration at the Sites of Concentration Camps at Terezín and Lety". *Representing the Unimaginable. Narratives of Disaster*. Hg. Angela Stock und Cornelia Stott. Frankfurt am Main: Peter Lang, 2007. 67–85.
Lenss, Laura A. „Capturing the Next Shift: The Mapping of Meaning onto the Museum of the Occupation of Latvia". *Future Anterior: Journal of Historic Preservation, History, Theory, and Criticism* 3.1 (2006): 48–57.
Leszczyński, Adam. „Poland's Leading Daily Feels Full Force of Jarosław Kaczyński's Anger". *The Guardian*, 23. Februar 2016.
LETA. „Ušakovs izvairās no atbildes par Latvijas okupācijas faktu". *nra.lv*, 20. September 2009. http://nra.lv/latvija/5570-usakovs-izvairas-no-atbildes-par-latvijas-okupacijas-faktu.htm (13. Juli 2020).
Levy, Daniel und Natan Sznaider. *Erinnerung im globalen Zeitalter: Der Holocaust*. Frankfurt am Main: Suhrkamp, 2001.
Levy, Daniel und Natan Sznaider. „Vorwort zur Neuausgabe". *Erinnerung im globalen Zeitalter: Der Holocaust*. Hg. Dies. Frankfurt am Main: Suhrkamp, 2007. 9–18.
Liendo Espinoza, Luis. „Bürgerkrieg gegen Roma in Europa 1990–2014. Eine unvollständige Chronik". *sans phrase* 4 (2014): 177–190.
Link, Jürgen. „Diskursanalyse unter besonderer Berücksichtigung von Interdiskurs und Kollektivsymbolik". *Handbuch sozialwissenschaftliche Diskursanalyse, Vol. 1*. Hg. Reiner Keller, Andreas Hirseland, Werner Schneider und Willy Viehöver. Wiesbaden: Springer, 2006. 407–430.
Litschko, Katrin. „Slowakei gedenkt des Widerstands gegen den Nationalsozialismus". *Der Standard*, 28. August 2014.
Logemann, Daniel. „Rosenkranz vs. Bordell oder polnische Geschichte im Kontext. Eine kursorische Einschätzung zum Museum des Zweiten Weltkriegs in Gdańsk". *Das umkämpfte Museum. Zeitgeschichte ausstellen zwischen Dekonstruktion und Sinnstiftung*. Hg. Ljiljana Radonić und Heidemarie Uhl. Bielefeld: Transcript, 2020. 55–72.
Lončar, Duško. *Deset godina Spomen-područja Jasenovac*. Jasenovac: Spomen-područje Jasenovac, 1977.
Lozic, Vanja. „National Museums in Bosnia-Herzegovina and Slovenia: A Story of Making ‚Us'". *EuNaMus Report No 1*. Hg. Peter Aronsson und Gabriella Elgenius. Linköping, 2011. http://www.ep.liu.se/ecp_home/index.en.aspx?issue=064 (13. Juli 2020).
Lukić, Dragoje. *Jasenovac – istorijske fotografije – Svjedočanstvo o zločinima u ustaškom koncentracionom logoru Jasenovac, 1941.–1945. godine*. Jasenovac und Belgrad: Spomen područje Jasenovac/NIŠRO Turistička štampa, 1986.
Lunow, Ulrike. „Gedenkstätte Theresienstadt. Entwicklung von Gedenkritualen und Vermittlungsstandards (1945–1989)". *Krieg im Museum. Präsentationen des Zweiten Weltkriegs in Museen und Gedenkstätten des östlichen Europas*. Hg. Ekaterina Makhotina, Ekaterina Keding, Włodzimierz Borodziej, Etienne François und Martin Schulze Wessel. München: Vandenhoeck & Ruprecht, 2015. 335–359.

Luthar, Oto (Hg.). *The Land Between. A History of Slovenia*. Frankfurt am Main: Peter Lang, 2008.
Luthar, Oto und Breda Luthar. „Historische Darstellung oder/als Vergangenheitspolitik? Zur Entstehung einer radikalen Umdeutung der Kriegs- und Nachkriegsgeschichte Sloweniens". *Zeitgeschichte* 33.3 (2006): 135–146.
Luthar, Oto und Irena Šumi. „Living in Metaphor: Jews and Anti-Semitism in Slovenia". *Jews and Anti-Semitism in the Balkans*. Hg. Oto Luthar, Wolf Moskovich und Irena Šumi. Jerusalem und Ljubljana: Hebrew University of Jerusalem, Center for Slavic Languages and Literatures, Scientific Research Center of the Slovenian Academy of Sciences and Arts, 2004. 29–48.
Luthar, Oto und Ljiljana Radonić. „Demokratisierung oder erneute Monopolisierung? Geschichte und Erinnerungspolitik im post-sozialistischen Slowenien und Kroatien". *Mapping Contemporary History II*. Hg. Helmut Konrad und Stefan Benedik. Wien: Böhlau, 2010. 341–358.
MacDonald, David Bruce. *Balkan holocausts? Serbian and Croatian victim-centred propaganda and the war in Yugoslavia*. Manchester: Manchester University Press, 2002.
MacDonald, Sharon. *A Companion to Museum Studies*. Oxford: Wiley-Blackwell, 2006.
MacDonald, Sharon und Gordon Fyfe (Hg.). *Theorizing Museums*. Oxford: Wiley-Blackwell, 1996.
Machcewicz, Paweł. *Der umkämpfte Krieg. Das Museum des Zweiten Weltkriegs in Danzig. Entstehung und Streit*. Wiesbaden: Harrassowitz, 2017.
Majewski, Piotr M. „Die Musealisierung des Zweiten Weltkrieges in Polen". *Erinnern an den Zweiten Weltkrieg. Mahnmale und Museen in Mittel- und Osteuropa*. Hg. Stefan Troebst und Johanna Wolf. Leipzig: Leipziger Universitätsverlag, 2011. 151–158.
Makhotina, Ekaterina. „Vergangenheitsdiskurse zur Sowjetzeit in Russland und Litauen nach 1989". *Erinnerung und Gesellschaft. Formen der Aufarbeitung von Diktaturen in Europa*. Hg. Wolfgang R. Assmann und Albrecht Graf von Kalnein. Berlin: Metropol, 2011, 195–222.
Makhotina, Ekaterina. „Between ‚Suffered' Memory and ‚Learned' Memory. The Holocaust and Jewish History in Lithuanian Museums and Memorials After 1990". *Yad Vashem Studies* 44.1 (2016): 207–246.
Makhotina, Ekaterina. *Erinnerungen an den Krieg – Krieg der Erinnerungen. Litauen und der Zweite Weltkrieg*. Göttingen: Vandenhoeck & Ruprecht, 2017.
Makhotina, Ekaterina, Ekaterina Keding, Włodzimierz Borodziej, Etienne François und Martin Schulze Wessel (Hg.). *Krieg im Museum. Präsentationen des Zweiten Weltkriegs in Museen und Gedenkstätten des östlichen Europas*. München: Vandenhoeck & Ruprecht, 2015.
Manchin, Anna. „Staging Traumatic Memory: Competing Narratives of State Violence in Post-Communist Hungarian Museums". *East European Jewish Affairs* 45.2–3 (2015): 236–251.
Mannová, Elena. „Jubiläumskampagnen und Uminterpretationen des Slowakischen Nationalaufstands von 1944". *Erinnern mit Hindernissen: osteuropäische Gedenktage und Jubiläen im 20. und zu Beginn des 21. Jahrhunderts*. Hg. Rudolf Jaworski und Jan Kusber. Münster: LIT, 2011. 201–240.
Mányi, István. „Das Holocaust-Museum und Dokumentationszentrum in Budapest". *Architektur der Erinnerung. NS-Verbrechen in der europäischen Gedenkkultur*. Hg. Günter Schlusche. Berlin: Nicolai, 2006. 32–41.
Marchart, Oliver. „Das historisch-politische Gedächtnis. Für eine politische Theorie kollektiver Erinnerung". *Gedächtnis im 21. Jahrhundert – Zur Neuverhandlung eines kulturwissenschaftlichen Leitbegriffs*. Hg. Ljiljana Radonić und Heidemarie Uhl. Bielefeld: Transcript, 2016, 43–77.

Maripuu, Meelis. „Estonian Communist Party membership 1940-1990". *Estonia's Occupations Revisited. Accounts of an Era*. Hg. Heiki Ahonen. Tallinn: The Kistler-Ritso Estonian Foundation, 2014, 27-29.
Maripuu, Meelis und Peeter Kaasik. „Dismantling the Estonian Court System and Formation of the ESSR Court System in 1940-1941". *Estonia's Occupations Revisited. Accounts of an Era*. Hg. Heiki Ahonen. Tallinn: The Kistler-Ritso Estonian Foundation, 2014a. 12-13.
Maripuu, Meelis und Peeter Kaasik. „Fate of Estonia's Judges". *Estonia's Occupations Revisited. Accounts of an Era*. Hg. Heiki Ahonen. Tallinn: The Kistler-Ritso Estonian Foundation, 2014b. 11.
Mark, James. „Containing Fascism. History in Post-Communist Baltic Occupation and Genocide Museums". *Past for the Eyes. East European Representations of Communism in Cinema and Museums after 1989*. Hg. Oksana Sarkisova und Péter Apor. Budapest: CEU Press, 2008. 335-369.
Mark, James. *The Unfinished Revolution: Making Sense of the Communist Past in Central-Eastern Europe*. London und New Haven: Yale University Press, 2010a.
Mark, James. „What Remains? Anti-Communism, Forensic Archaeology, and the Retelling of the National Past in Lithuania and Romania". *Past and Present* 5 (2010b): 276-300.
Markiewicz, Tomacz. „Materielle Ausdrucksformen des Gedenkens in Polen und Deutschland". *Der Warschauer Aufstand 1944. Ereignis und Wahrnehmung in Polen und Deutschland*. Hg. Hans Jürgen Bömelburg, Eugeniusz Cezary Król und Michael Thomae. Paderborn: Ferdinand Schöningh, 2011. 193-220.
Marsovszky, Magdalena. „Zwischen Wahrheitsfindung und Amnesie: Das ‚Haus des Terrors' in Budapest". *haGalil.com* 2002. http://www.klick-nach-rechts.de/gegen-rechts/2002/06/ungarn.htm (13. Juli 2020).
Mataušić, Nataša. *Jasenovac 1941.-1945. Logor smrti i radni logor*. Jasenovac und Zagreb: Spomen-područje Jasenovac, 2003.
Mataušić, Nataša. *Jasenovac. Fotomonografija*. Jasenovac: Spomen-područje Jasenovac, 2008.
Matković, Blanka. „Jasenovac u Domovinskom ratu: Četnička propagandna mašinerija pred kojom hrvatska diplomacija ostaje nijema". *Croatia Rediviva* 2017. http://croatiarediviva.com/2017/01/08/jasenovac-domovinskom-ratu-cetnicka-propagandna-masinerija-pred-kojom-hrvatska-diplomacija-ostaje-nijema/ (13. Juli 2020).
McKenzie, Brent. „Heritage defined and maintained through conflict re-enactments: the Estonian Museum of Occupations and the Forest Brothers Bunker". *Creating Heritage for Tourism*. Hg. Catherine Palmer und Jacqueline Tivers. Abington: Routledge, 2019. 55-65.
Meckl, Markus. „Latvia's Vanished National Heroes". *The European Legacy* 21.4 (2016): 408-418.
Medenis, Dzintars. „Prīms pus gadsimta uz Sibīriju". *Rīgas Balss*, 25. März 1999.
Merkel, Wolfgang. „‚Eingebettete' und defekte Demokratien: Theorie und Empirie". *Die Demokratisierung der Demokratie. Diagnosen und Reformvorschläge*. Hg. Claus Offe. Frankfurt am Main: Campus, 2003. 43-71.
Meyer, Birga U. „The Universal Victim – Representing Jews and Roma in a European Holocaust Museum". *Disputed Memory Emotions and Memory Politics in Central, Eastern and South-Eastern Europe*. Hg. Tea Sindbæk Andersen und Barbara Törnquist-Plewa. Berlin und Boston: De Gruyter, 2018. 123-147.
Meyer, Birga Ulrike. *Difficult Displays. Holocaust Representations in History Museums in Hungary, Austria and Italy after 1990*. Vancouver: Dissertation University of British Columbia, 2014.

Michel, Gundega und Valters Nollendorfs. „Das Lettische Okkupationsmuseum, Riga". *Der Kommunismus im Museum. Formen der Auseinandersetzung in Deutschland und Ostmitteleuropa.* Hg. Volkhard Knigge und Ulrich Mählert. Köln: Böhlau, 2005. 117–130.

Mihai, Silviu. „Ungarn. Geklitterte Geschichte". *Jüdische Allgemeine*, 18. Dezember 2017. https://www.juedische-allgemeine.de/juedische-welt/geklitterte-geschichte (13. Juli 2020).

Miháliková, Silvia. „Changing Identities in the European Enlargement Process". *International Issues & Slovak Foreign Policy Affairs* 1 (2006): 32–40.

Mihok, Brigitte. „Erinnerungsüberlagerungen oder der lange Schatten der Geschichtsverzerrung". *Ungarn und der Holocaust. Kollaboration, Rettung und Trauma.* Hg. Dies. Berlin: Metropol, 2005. 157–168.

Miķelsone, Māra. „Neatcerēties vēsturi nozīmē to atkārtot". *Latvijas Jaunatne*, 2. Juli 1993.

Miller, Paul B. „Just Like the Jews: Contending Victimization in the Former Yugoslavia". *Lessons & Legacies Vol. IX: Memory, History, Responsibility. Reassessments of the Holocaust.* Hg. John Roth und Jonathan Petropoulos. Evanston: Northwestern University Press, 2010. 251–267.

Milotová, Jaroslava. „Zur Geschichte der Verordnung Konstantin von Neuraths über das jüdische Vermögen". *Theresienstädter Studien und Dokumente* 9 (2002): 75–115.

Molnár, Judit. „Pictures at an Exhibition. The Story of the Permanent Holocaust Exhibition From Deprivation of Rights to Genocide, 2004–2011". *Forum Geschichtskulturen* 2012. www.imre-kertesz-kolleg.uni-jena.de/index.php?id=296 (19. April 2014, von der Autorin archiviert).

Morvay, Péter. „Alibimúzeum". *Hetek*, 22. März 2002. http://www.hetek.hu/fokusz/200203/alibimuzeum (13. Juli 2020).

Munk, Jan. „The Terezín Memorial: its Development and its Visitors". *Museum Management and Curatorship* 17.1 (1998): 3–19.

Munk, Jan. „The Terezín Memorial in the year 2000". *Museum International* 53.1 (2001): 17–20.

Munk, Jan. *60 Years of the Terezín Memorial*. Terezín: Terezín Memorial, 2007.

Munk, Jan. „Activities of Terezín Memorial". *The Public Historian* 30.1 (2008): 73–79.

Museum of Occupation of Latvia. „The Reconstruction Project of the Museum is Back on Track". 2016. http://okupacijasmuzejs.lv/en/news/the-reconstruction-project-of-the-museum-is-back-on-track-350/ (13. Juli 2020).

Museum of Occupation of Latvia. „A Time Capsule with Donors Names will be placed in the Wall of the Building for the Future". 2018. http://okupacijasmuzejs.lv/en/news/a-time-capsule-with-donors-names-will-be-placed-in-the-wall-of-the-building-for-the-future-636/ (13. Juli 2020).

Museum of Occupation of Latvia. *About us.* http://okupacijasmuzejs.lv/en/about-us/. Museumwebsite o. J. (28. April 2019).

Museum of Occupations. „Who we are". Alte Museumswebseite o. J.a, von der Autorin archiviert. http://www.okupatsioon.ee/vanaweb/en/who-we-are/154-avamiskoned (28. April 2017).

Museum of Occupations. „Activities". Alte Museumswebseite o. J.b, von der Autorin archiviert. http://www.okupatsioon.ee/vanaweb/en/activities (28. April 2017).

Museum of Occupations. „Speeches". Alte Museumswebseite, 27. Juni 2003. http://www.okupatsioon.ee/vanaweb/en/in-general/who-we-are/154-avamiskoned (28. April 2017).

Museum of Slovak National Uprising. *Exposition Guide*, Banská Bystrica: Museum of the SNU, 2006.

Mußmann, Olaf. „Die Gestaltung von KZ-Gedenkstätten im historischen Wandel". *Museale und mediale Präsentationen in KZ-Gedenkstätten*. Hg. KZ-Gedenkstätte Neuengamme. Hamburg: Edition Temmen, 2002. 14–33.
Muttenthaler, Roswitha und Regina Wonisch. *Gesten des Zeigens. Zur Repräsentation von Gender und Race in Ausstellungen*. Bielefeld: Transcript, 2006.
Múzeum SNP. *Sprievodca po expozícii*. Banská Bystrica: Múzeum SNP, 1977.
Múzeum SNP. *Sprievodca po expozícii*. Banská Bystrica: Múzeum SNP, 1985.
Múzeum SNP. *Sprievodca po expozicii Muzea SNP*. Banská Bystrica: Múzeum SNP, 1990.
National History Museum. *Guide*. Sofia: Unicart, 2016.
Military Publishing House. *National Military Museum*. Bukarest: Military Printing House, 2002.
National Museum of Military History. *НАЦИОНАЛЕН ВОЕННОИСТОРИЧЕСКИ МУЗЕЙ / National Museum of Military History*. Sofia: National Museum of Military History, 2006.
Nationalhistorisches Museum. *Guide*. Sofia: Nationalhistorisches Museum, 2004.
Nazi occupation and the Holocaust in Lithuania. Museumswebseite o. J. http://genocid.lt/muziejus/en/1896/a/ (13. Juli 2020).
Neuburger, Tobias. „Daß beide zwei ganz verschiedene Völker sind". Zum Verhältnis von Antisemitismus und Antiziganismus". *sans phrase* 7 (2015): 63–70.
Nicolescu, Gabriela. „On ruination: piercing the skin of communism in 1990s Romania". *World Art* 7.2 (2017): 283–306.
Niedermüller, Peter. „Der Mythos der Gemeinschaft: Geschichte, Gedächtnis und Politik im heutigen Osteuropa". *Umbruch im östlichen Europa. Die nationale Wende und das kollektive Gedächtnis*. Hg. Andrei Corbea-Hoişie, Rudolf Jaworski und Monika Sommer. Innsbruck: Studien Verlag, 2004. 11–26.
Niven, Bill und Amy Williams. „The dominance of the national: on the susceptibility of Holocaust memory". *Jewish Historical Studies* 51.1. (2020): 142–164.
Niżyńska, Joanna. „The Politics of Mourning and the Crisis of Poland's Symbolic Language after April 10". *East European Politics and Societies* 24.4 (2010): 467–479.
Nollendorfs, Valters. „Achse der Erinnerung. Krieg und Okkupation in lettischen Denkmälern". *Osteuropa* 6 (2008a): 267–283.
Nollendorfs, Valters. „Vergangenheit in die Zukunft: Das Lettische Okkupationsmuseum vor dem Umbau". *Forschungen zur Baltischen Geschichte* 3 (2008b): 225–232.
Nollendorfs, Valters. *1940–1991. Latvia under the Rule of the Soviet Union and Nationalist Socialist Germany. Museum of the Occupation of Latvia*. Riga: Latvijas okupācijas muzejs, 2008c.
Nollendorfs, Valters. *Lettland unter der Herrschaft der Sowjetunion und des nationalsozialistischen Deutschland 1940–1991*. Riga: Lettisches Okkupationsmuseum, 2010.
Nollendorfs, Valters. „Die Zukunft der Vergangenheit. Das Okkupationsmuseum in Riga wird (endlich) umgebaut". *Baltische Briefe* 756 (2011): 1–4.
Nollendorfs, Valters. *Lettland unter der Herrschaft der Sowjetunion und des nationalsozialistischen Deutschland 1940–1991*. Riga: Lettisches Okkupationsmuseum, 2017.
Nora, Pierre. *Zwischen Geschichte und Gedächtnis*. Berlin: Fischer, 1990.
Nora, Pierre. „Gedächtniskonjunktur". *Transit* 22 (2002): 18–31.
Novák, Václav. *Terezín*. Terezín: Památník Terezín, 1974.
Nugin, Raili. „Negotiating the Past: Some Issues of Transmission of Memories among Estonian Young People". *Studies of Transition States and Societies* 8.2 (2016): 13–30.

Offe, Claus. *Der Tunnel am Ende des Lichts. Erkundungen der politischen Transformation im Neuen Osten*. Frankfurt am Main: Campus, 1994.
Offe, Sabine. *Ausstellungen, Einstellungen, Entstellungen. Jüdische Museen in Deutschland und Österreich*. Berlin: Philo, 2000.
Oláh, Gábor. *Performative Hermeneutics & Interpretive Communities. Commemoration Practices in Budapest*. Brno: Dissertation Masaryk University Brno, 2016.
Olick, Jeffrey K. *The Politics of Regret: On Collective Memory and Historical Responsibility*. New York: Routledge, 2007.
Olick, Jeffrey K. „Foreword". *Memory and Change in Europe. Eastern Perspectives*. Hg. Małgorzata Pakier und Joanna Wawrzyniak. New York: Berghahn, 2015. ix–xii.
Olick, Jeffrey K., Vered Vinitzky-Seroussi und Daniel Levy. „Introduction". *The Collective Memory Reader*. Hg. Dies. Oxford: Oxford University Press, 2011. 3–62.
Orbán, Viktor. „Prime Minister Viktor Orbán's speech at the 29th Bálványos Summer Open University and Student Camp". *Website of the Hungarian Government*, 29. Juli 2018. http://www.kormany.hu/en/the-prime-minister/the-prime-minister-s-speeches/prime-mi nister-viktor-orban-s-speech-at-the-29th-balvanyos-summer-open-university-and-student-camp (13. Juli 2020).
Ostow, Robin. „Museums and National Identities in Europe in the Twenty-First Century". *(Re)Visualizing National History. Museums and National Identities in Europe in the new Millennium*. Hg. Ders. Toronto: University of Toronto Press, 2008. 3–11.
Paavle, Indrek. „Liquidation of Local Governments in Estonia". *Estonia's Occupations Revisited. Accounts of an Era*. Hg. Heiki Ahonen. Tallinn: The Kistler-Ritso Estonian Foundation, 2014, 5.
Pääbo, Heiko, Eva-Clarita und Peltai. „A Museum of Memories: The New ‚Vabamu' in Tallinn". *Cultures of History Forum*, 27. März 2019. http://www.cultures-of-history.uni-jena.de/exhi bitions/estonia/a-museum-of-memories-the-new-vabamu-in-tallinn/ (13. Juli 2020).
Pakier, Małgorzata und Joanna Wawrzyniak. „Introduction. Memory and Change in Eastern Europe. How Special?". *Memory and Change in Europe. Eastern Perspectives*. Hg. Dies. New York: Berghahn, 2015. 1–20.
Památník Terezín. *Terezín*, Ústí nad Labem: Severočeské nakladatelství, 1988.
Paparde, Inga. „Pieminam Sibīrījas sāpju ceļos gājušos". *Neatkarīgā Rīta Avīze*, 25. März 1999.
Paul, Gerhard. *BilderMACHT. Studien zur Visual History des 20. und 21. Jahrhunderts*. Göttingen: Wallstein, 2013.
Paul, Gerhard (Hg.). *Visual History. Ein Studienbuch*. Göttingen: Vandenhoeck & Ruprecht, 2006.
Pauličkova, Nina. „The ‚Unmasterable Past'? The Reception of the Holocaust in Postcommunist Slovakia". *Bringing the Dark Past to Light: The Reception of the Holocaust in Postcommunist Europe*. Hg. John-Paul Himka und Joanna Beata Michlic. Lincoln: University of Nebraska Press, 2013. 549–590.
Pavelić, Boris. „Koji Ante". *Novi list*, 15. Mai 2005.
Peikštenis, Eugenijus (2005): „Das Museum für die Opfer des Genozids, Vilnius". *Der Kommunismus im Museum. Formen der Auseinandersetzung in Deutschland und Ostmitteleuropa*. Hg. Volkhard Knigge und Ulrich Mählert. Köln: Böhlau, 2005. 131–138.
Pelinka, Anton. *Die unheilige Allianz. Die rechten und die linken Extremisten gegen Europa*. Wien: Böhlau, 2015.

Pető, Andrea: „Lessons for Today: Women in the Hungarian Arrow Cross Movement", 1. August 2019. https://www.ceu.edu/article/2019-08-01/lessons-today-women-hungarian-arrow-cross-movement (13. Juli 2020).

Pieper, Katrin. *Musealisierung des Holocaust. Das Jüdische Museum Berlin und das U.S. Holocaust Memorial Museum in Washington D. C. Ein Vergleich*. Köln: Böhlau, 2006.

Pittaway, Mark. „The ‚House of Terror' and Hungary's Politics of Memory". *Austrian Studies Newsletter* 15.1 (2003): 16–17.

Platform of European Memory and Conscience. „Agreement establishing the Platform of European Memory and Conscience". 2011. http://www.memoryandconscience.eu/wp-content/uploads/2011/12/Agreementand-Statute-of-the-Platform1.pdf (13. Dezember 2018, von der Autorin archiviert).

Platform of European Memory and Conscience. „Platform suspends Membership of Czech Institute for the Study of Totalitarian Regimes". 14. Januar 2014. http://www.memoryandconscience.eu/2014/01/14/platform-suspends-membership-of-czech-institute-for-the-study-of-totalitarian-regimes/ (13. Juli 2020).

Podbersič, Renato. „Žrtve revolucije med Romi na Slovenskem". *Revolucionarno nasilje, sodni procesi in kultura spominjanja: zbornik prispevkov z znanstvenega posveta*. Hg. Mateja Čoh Kladnik. Ljubljana: Študijski center za narodno spravo, 2014. 78–94.

Polin. About the museum, o. J., https://polin.pl/en/about-museum (13. Juli 2020).

Poloncarz, Marek. *Das Internierungslager für die deutsche Bevölkerung. Die Kleine Festung Theresienstadt 1945–1948*. Terezín: Gedenkstätte Theresienstadt, 1997.

Prečan, Vilém. „The Slovak National Uprising: the most dramatic moment in the nation's history". *Slovakia in History*. Hg. Mikulaš Teich, Dušan Kováč und Martin D. Brown. Cambridge: Cambridge University Press, 2011. 206–228.

Probst, Lothar. „Der Holocaust – Eine neue Zivilreligion für Europa". *Die NS-Diktatur im deutschen Erinnerungsdiskurs*. Hg. Wolfgang Bergem. Opladen: VS Verlag für Sozialwissenschaften, 2003. 227–238.

Pučnik, Jože. „Množični povojni poboji". *Temna stran meseca: kratka zgodovina totalitarizma v Sloveniji 1945–1990: razstava v Muzeju novejše zgodovine*. Hg. Drago Jančar. Ljubljana: Muzej novejše zgodovine, 1998. 12–14.

Purves, Gillian. *Lest We Forget. Memory of Totalitarianism in Europe*. Prag: Institute for the Study of Totalitarian Regimes, 2013.

Puttkamer, Joachim von. „Die Museen des Kommunismus". *Der Kommunismus im Museum. Formen der Auseinandersetzung in Deutschland und Ostmitteleuropa*. Hg. Volkhard Knigge und Ulrich Mählert. Köln: Böhlau, 2005. 235–254.

Radonić, Ljiljana. *Die friedfertige Antisemitin. Kritische Theorie über Geschlechterverhältnis und Antisemitismus*. Frankfurt am Main: Peter Lang, 2004.

Radonić, Ljiljana. *Krieg um die Erinnerung. Kroatische Vergangenheitspolitik zwischen Revisionismus und europäischen Standards*. Frankfurt am Main: Campus, 2010.

Radonić, Ljiljana. „Croatia – Exhibiting Memory and History at the ‚Shores of Europe'". *Culture Unbound. Journal of Current Cultural Research* 3.23 (2011): 355–367.

Radonić, Ljiljana. „Der erste postsozialistische Prozess gegen einen Kriegsverbrecher aus dem Zweiten Weltkrieg – Kroatien als Beispiel vorbildlicher Aufarbeitung?". *Österreichische Zeitschrift für Politikwissenschaft* 41.1 (2012): 7–22.

Radonić, Ljiljana. „Croatia's Politics of the Past during the Tuđman Era (1990–1999) – Old Wine in New Bottles?". *Austrian History Yearbook* 44 (2013): 234–254.

Radonić, Ljiljana. „Slovak and Croatian invocation of Europe: the Museum of the Slovak National Uprising and the Jasenovac Memorial Museum". *Nationalities Papers: The Journal of Nationalism and Ethnicity* 42.3 (2014a): 489–507.

Radonić, Ljiljana. „Postsozialistische Gedenkmuseen zwischen Opfernarrativen und der ‚Europäisierung der Erinnerung'". *Jahrbuch für Politik und Geschichte* 5 (2014b): 85–106.

Radonić, Ljiljana. „Das Holocaust-Gedenkzentrum in Budapest – Ein ‚unmögliches' Museum?" *Medaon* 8.15 (2014c): 1–15. http://medaon.de/pdf/MEDAON_15_Radonic.pdf (13. Juli 2020).

Radonić, Ljiljana. „The Holocaust Memorial Center in Budapest – An ‚Impossible' Museum?" *Der Donauraum* 54.1–2 (2014d): 11–21.

Radonić, Ljiljana. „‚People of Freedom and Unlimited Movement': Representations of Roma in Post-Communist Memorial Museums". *Social Inclusion* 3.5 (2015): 64–77.

Radonić, Ljiljana. „Das Kriegsende in Gedenkmuseen in Polen, Deutschland und Israel". *8. Mai 1945. Internationale und interdisziplinäre Perspektiven*. Hg. Alexandra Klei, Katrin Stoll und Annika Wienert. Berlin: Neofelis, 2016a. 107–126.

Radonić, Ljiljana. „Visualizing Perpetrators and Victims in Post-Communist Memorial Museums". *Yad Vashem Studies* 44.2 (2016b): 173–201.

Radonić, Ljiljana. „Post-communist invocation of Europe: memorial museums' narratives and the Europeanization of memory". *National Identities* 19.2 (2017): 269–288.

Radonić, Ljiljana. *Die friedfertige Antisemitin reloaded. Weibliche Opfermythen und geschlechtsspezifische antisemitische „Schiefheilung"*. Graz: CLIO, 2018a.

Radonić, Ljiljana. „The Holocaust Template – Memorial Museums in Hungary, Croatia and Bosnia-Herzegovina". *Anali Hrvatskog politološkog društva: časopis za politologiju / Annals of the Croatian Political Science Association: political science journal* 15.1 (2018b): 131–154.

Radonić, Ljiljana. „From ‚Double Genocide' to ‚the New Jews': Holocaust, Genocide and Mass Violence in Post-Communist Memorial Museums". *Journal of Genocide Research* 20.4 (2018c): 510–529.

Radonić, Ljiljana. „Post-Communist Memorial Museums from Jasenovac to Tallinn – Visualizing Perpetrators and Victims" *Fotografien aus den Lagern des NS-Regimes. Beweissicherung und ästhetische Praxis*, Hg. Hildegard Frübis, Clara Oberle und Agnieszka Pufelska. Wien: Vandenhoeck & Ruprecht, 2019a. 249–269.

Radonić, Ljiljana. „Commemorating Bleiburg – Croatia's Struggle with Historical Revisionism". *Cultures of History Forum*, 11. Juni 2019b. http://www.cultures-of-history.uni-jena.de/debates/croatia/commemorating-bleiburg-croatias-struggle-with-historical-revisionism/ (13. Juli 2020).

Radonić, Ljiljana. „‚Our' vs. ‚Inherited' Museums. PiS and Fidesz as Mnemonic Warriors". *Südosteuropa* 68.1 (2020): 44–78.

Radonić, Ljiljana. „Terezín und Jasenovac – Umkämpfte Gedenkstätten vor und nach 1989". *Zwischen nationalen und transnationalen Erinnerungsnarrativen in Zentraleuropa*. Hg. Lena Dorn, Marek Nekula und Václav Smyčka. Berlin: De Gruyter, 2021. 49–78.

Radonić, Ljiljana und Heidemarie Uhl. „Zwischen Pathosformel und neuen Erinnerungskonkurrenzen. Das Gedächtnis-Paradigma zu Beginn des 21. Jahrhunderts. Zur Einleitung". *Gedächtnis im 21. Jahrhundert – Zur Neuverhandlung eines kulturwissenschaftlichen Leitbegriffs*. Hg. Dies., Bielefeld: Transcript, 2016. 7–25.

Radziłowski, John. „Remembrance and Recovery: The Museum of the Warsaw Rising and the Memory of World War II in Post-Communist Poland". *The Public Historian* 31.4 (2009): 143–58.

Rahe, Thomas. „Die ‚Opferperspektive' als Kategorie der Gedenkstättenarbeit". *Museale und mediale Präsentationen in KZ-Gedenkstätten*. Hg. KZ-Gedenkstätte Neuengamme. Bremen: Edition T, 2002. 34–50.

Rátz, Tamara. „Interpretation in the House of Terror, Budapest". *Cultural Tourism in a Changing World: Politics, Participation and (Re)Presentation*. Hg. Melanie K. Smith und Mike Robinson. Clevedon: Channel View Publications, 2006. 244–256.

Redaktion Tamedia. „Ungarn streitet über die Erinnerung". *Tagesanzeiger*, 21. Januar 2019. https://www.tagesanzeiger.ch/ausland/europa/ungarn-streitet-ueber-die-erinnerung/story/29872796 (13. Juli 2020).

Rensmann, Lars. „Guilt, Resentment, and Post-Holocaust Democracy: The Frankfurt School's Analysis of ‚Secondary Antisemitism' in the Group Experiment and Beyond". *Antisemitism Studies* 1.1 (2017): 4–37.

Rév, István. „The Terror of the House". *Politics of Collective Memory. Cultural Patterns of Commemorative Practices in Post-War Europe*. Hg. Sophie Wahnich, Barbara Lášticová und Andrej Findor. Wien: LIT, 2008. 47–89.

Rév, István. „Liberty Square, Budapest: How Hungary won World War II". *Journal of Genocide Research* 20.4 (2018): 607–623.

Reuter, Frank. *Der Bann des Fremden. Die fotografische Konstruktion des „Zigeuners"*, Göttingen: Wallstein, 2014.

Rindzevičiūtė, Eglė. „Institutional Entrepreneurs of a Difficult Past: the Organisation of Knowledge Regimes in Post-Soviet Lithuanian Museums". *European Studies* 30 (2013): 63–95.

Rindzevičiūtė, Eglė. „The Overflow of Secrets. The Disclosure of Soviet Repression in Museums as an Excess". *Current Anthropology 56, Supplement 12* (2015): 276–285.

Rindzevičiūtė, Eglė. „Boundary Objects of Communism. Assembling the Soviet Past in Lithuanian Museums". *Ethnologie française* XLVIII.2 (2018): 277–288.

Rohdewald, Stefan. „Post-Soviet Remembrance of the Holocaust and National Memories of the Second World War in Russia, Ukraine and Lithuania". *Forum for Modern Language Studies* 44.2 (2008): 173–184.

Roksandić, Drago. „O tragediji, traumi i katarzi: Srbi u Jasenovačkom logoru, 1941.-1945. godine". Spomen područje Jasenovac. Hg.Tea Benčić Rimay. Jasenovac: Spomen područje Jasenovac, 2006. 72–93.

Roma in Jasenovac Concentration Camp. Museumswebseite o. J. http://www.jusp-jasenovac.hr/Default.aspx?sid=7035 (13. Juli 2020).

Rose, Romano (Hg.). *Der nationalsozialistische Völkermord an den Sinti und Roma. Katalog zur ständigen Ausstellung im Staatlichen Museum Auschwitz*. Heidelberg: Dokumentations- und Kulturzentrum Deutscher Sinti und Roma, 2010.

Rosenfeld, Gavriel D. „Mixed Metaphors in Muranów. Holocaust Memory and Architectural Meaning at the POLIN Museum of the History of Polish Jews". *Dapim. Studies on the Holocaust* 30.3 (2016): 258–273.

Roskies, David G. „POLIN. A Light unto the Nations". *Jewish Review of Books*, Winter (2015), https://jewishreviewofbooks.com/articles/1435/polin-a-light-unto-the-nations/ (13. Juli 2020).

Rothberg, Michael. *Multidirectional Memory: Remembering the Holocaust in the Age of Decolonization*. Stanford: Stanford University Press, 2009.
Rother, Rainer. „Stabilisatoren unter instabilen Verhältnissen. Ein Kommentar aus der Museumsperspektive". *Der Kommunismus im Museum. Formen der Auseinandersetzung in Deutschland und Ostmitteleuropa*. Hg. Volkhard Knigge und Ulrich Mählert. Köln: Böhlau, 2005. 255–260.
Rousso, Henry. „Das Dilemma eines europäischen Gedächtnisses". *Zeithistorische Forschungen* 1.3 (2004): 363–378.
Rousso, Henry. „History of Memory, Policies of the Past: What For?". *Conflicted Memories. Europeanizing Contemporary Histories*. Hg. Konrad H. Jarausch und Thomas Lindenberger. New York: Berghahn, 2011. 23–38.
Rudienė, Virginija und Vilma Juozevičiūtė. *The Museum of Genocide Victims. A Guide to the Exhibitions*. Vilnius: The Museum of Genocide Victims, 2006a.
Rudienė, Virginija und Vilma Juozevičiūtė. *Genocido aukų muziejus. Ekspozicijų gidas*. Vilnius: Genocido aukų muziejus, 2006b.
Rudienė, Virginia. *War after war. Armed anti-Soviet Resistance in Lithuania in 1944–1953. Catalogue of the exhibition*. Vilnius: Museum of Genocide Victims, 2005.
Rüsen, Jörn, Wolfgang Ernst und Heinrich Theodor Grütter (Hg.). *Geschichte sehen. Beiträge zur Ästhetik historischer Museen*. Pfaffenweiler: Centaurus, 1988.
Salo, Vello. *Population losses 1940–1941: Citizens of Jewish nationality*. Tartu: Kistler-Ritso Estonian Foundation, 2007.
Salzborn, Samuel. „The German Myth of a Victim Nation: (Re-)presenting Germans as Victims in the New Debate". *A Nation of Victims? Representations of German Wartime Suffering from 1945 to the Present*. Hg. Helmut Schmitz. Amsterdam und New York: Editions Rodopi BV, 2007. 87–104.
Salzborn, Samuel. „Politische Kulturforschung". Hg. Ders. *Handbuch Politische Ideengeschichte. Zugänge – Methoden – Strömungen*. Berlin: J. B. Metzler, 2018. 51–55.
Sandner, Günther. „Hegemonie und Erinnerung: Zur Konzeption von Geschichts- und Vergangenheitspolitik". *Österreichische Zeitschrift für Politikwissenschaft* 30.1 (2001): 5–17.
Schmid, Harald. „Konstruktion, Bedeutung, Macht. Zum kulturwissenschaftlichen Profil einer Analyse von Geschichtspolitik". *Geschichtspolitik und sozialwissenschaftliche Theorie*. Hg. Horst-Alfred Heinrich und Michael Kohlstruck. Stuttgart: Franz Steiner, 2008a. 75–98.
Schmid, Harald. „Europäisierung des Auschwitzgedenkens? Zum Aufstieg des 27. Januar 1945 als ‚Holocaustgedenktag' in Europa". *Universalisierung des Holocaust? Erinnerungskultur und Geschichtspolitik in internationaler Perspektive*. Hg. Jan Eckel und Claudia Moisel. Göttingen: Wallstein, 2008b. 174–202.
Schmid, Harald. „Vom publizistischen Kampfbegriff zum Forschungskonzept. Zur Historisierung der Kategorie ‚Geschichtspolitik'". *Geschichtspolitik und kollektives Gedächtnis. Erinnerungskulturen in Theorie und Praxis*. Hg. Ders. Göttingen: Vandenhoeck & Ruprecht, 2009. 53–75.
Schmidt, Mária, „Holokausztok a huszadik században". *Magyar Hírlap*, 13. November 1999.
Schmidt, Mária (Hg.). *Haus des Terrors. Andrássy Straße 30*. Budapest: Stiftung zur Erforschung der mittel-und osteuropäischen Geschichte und Gesellschaften, 2003.
Schmidt, Mária. „Das Budapester Museum ‚Haus des Terrors'". *Der Kommunismus im Museum. Formen der Auseinandersetzung in Deutschland und Ostmitteleuropa*. Hg. Volkhard Knigge und Ulrich Mählert. Köln: Böhlau, 2005. 161–169.

Schmidt, Mária. „Der Kommunismus, ein Verbrechen ohne Folgen?". *Memento Gulag. Zum Gedenken an die Opfer totalitärer Regime.* Hg. Renato Cristin. Berlin: Duncker & Humblot, 2006, 91–97.

Schmidt, Mária (Hg.). *House of Terror. Andrássy Street 60. Catalogue.* Budapest: Public Endowment for Research in Central and East-European History and Society, 2008.

Schmidt, Mária. „Auf dem Weg zu einem europäischen Gedächtnis? – Eine ungarische Sicht auf das geplante Haus der Europäischen Geschichte". *Arbeit am europäischen Gedächtnis. Diktaturerfahrung und Demokratieentwicklung*, Hg. Hans-Joachim Veen, Volkhard Knigge, Ulrich Mählert und Franz-Josef Schlichting. Köln: Böhlau 2011, 165–167.

Schmidt, Mária. „A Love Story". *Hungarian Globe*, 3. Oktober 2014. http://hungarianglobe. mandiner.hu/cikk/20141003_schmidt_maria_a_love_story (13. Juli 2020).

Schneider, Richard Chaim. „Wie Ungarn sich erinnert: Das Holocaust-Museum von Budapest". *Die Zeit*, 3. Juni 2004.

Scholze, Jana. *Medium Ausstellung. Lektüren musealer Gestaltungen in Oxford, Leipzig, Amsterdam und Berlin.* Bielefeld: Transcript, 2004.

Seewann, Gerhard und Éva Kovács. „Juden und der Holocaust in der ungarischen Erinnerungskultur seit 1945". *Südosteuropa* 54.1 (2006a): 24–59.

Seewann, Gerhard und Éva Kovács. „Halbherzige Vergangenheitsbewältigung, konkurrenzfähige Erinnerungspolitik – Die Shoa in der ungarischen Erinnerungskultur". *„Transformationen" der Erinnerungskulturen in Europa nach 1989*, Hg. Bernd Faulenbach und Franz-Josef Jelich. Essen: Klartext 2006b. 189–200.

Sejm. „Ustawa o zmianie ustawy o Instytucie Pamięci Narodowej – Komisji Ścigania Zbrodni przeciwko Narodowi". 26. Januar 2018. http://orka.sejm.gov.pl/opinie8.nsf/nazwa/771_ u/$file/771_u.pdf (13. Juli 2020).

Shafir, Michael. „The Politics of Public Space and the Legacy of the Holocaust in Postcommunist Hungary". *Zeitgeschichte-online* 2005. http://www.zeitgeschichte-online. de/zol/_rainbow/documents/pdf/asm_oeu/shafir_asm.pdf (19. April 2015, von der Autorin archiviert).

Shafir, Michael. „Wars of Memory in Post-Communist Romania". *Of Red Dragons and Evil Spirits. Post-Communist Historiography Between Democratization and New Politics of History.* Hg. Oto Luthar. Budapest und New York: CEU Press, 2017. 59–86.

Shenker, Noah. *Reframing Holocaust Testimony.* Bloomington: Indiana University Press, 2015.

Sierp, Aline. „1939 versus 1989 – A Missed Opportunity to Create a European Lieu de Mémoire?". *East European Politics and Societies and Cultures* 31.3 (2017): 439–455.

Simon, Nina. *The Participatory Museum.* Santa Cruz: Museum 2.0, 2010.

Simoniti, Vasko. „Permanentna revolucija, totalitarizem, strah". *Temna stran meseca: kratka zgodovina totalitarizma v Sloveniji 1945–1990: razstava v Muzeju novejše zgodovine.* Hg. Drago Jančar. Ljubljana: Muzej novejše zgodovine, 1998. 8–12.

SITA. „Rómov hnevá, že sú bokom osláv SNP". *Pravda*, 26. August 2004. http://spravy.pravda. sk/domace/clanok/146588-romov-hneva-ze-su-bokom-oslav-snp/ (13. Juli 2020).

SITA. „V Múzeu SNP si uctili obete rómskeho holokaustu". *My Bistrica*, 2. August 2009. http:// bystrica.sme.sk/c/4958984/v-muzeu-snp-si-uctili-obete-romskeho-holokaustu.html#ixz z2akqcKlJ2 (13. Juli 2020).

Slovak National exposition in Oświęcim. Alte Museumswebseite, von der Autorin archiviert, o. J. http://www.muzeumsnp.sk/index.php?a0=expositions&a1=slovak_national_exposition (15. Juni 2016).

Slovak National Uprising Museum. *Exhibition guide.* Banská Bystrica: Adade, 2000.

Sniegon, Thomas. „Their Genocide, or Ours? The Holocaust as a Litmus Test of Czech and Slovak Identities". *Echoes of the Holocaust. Historical Cultures in Contemporary Europe*. Hg. Klas-Göran Karlsson und Ulf Zander. Stockholm: Nordic Atlantic Press, 2003. 177–200.

Sniegon, Tomas. *Vanished History: The Holocaust in Czech and Slovak Historical Culture*. New York und Oxford: Berghahn, 2017.

Snyder, Donald. „Poland's Dueling Holocaust Monuments to ‚Righteous Gentiles' Spark Painful Debate". *Forward*, 27. April 2014.

Sodaro, Amy. *Exhibiting Atrocity. Memorial Museums and the Politics of Past Violence*. New Brunswick: Rutgers University Press, 2018.

Sommer-Sieghart, Monika. „Historische Ausstellungen als ‚contested space'". *Schauplatz Kultur – Zentraleuropa. Transdisziplinäre Annäherungen*. Hg. Johannes Feichtinger, Elisabeth Großegger, Gertraud Marinelli-König, Peter Stachel und Heidemarie Uhl. Innsbruck: Studienverlag, 2006. 159–166.

Stanislav, Ján. „Otvorenie konferencie". *SNP 1944 – vstup Slovenska do demokratickej Európy. zborník vystúpení z medzinárodnej konferencie k 55. výročiu SNP*. Hg. Dezider Tóth und Katarina Kováčiková. Banská Bystrica: Adade, 1999. 12–16.

Stanislav, Ján. „Koncepcia Múzea Slovenského národného povstania". *Museologica II*. Banská Štiavnica: Univerzita Mateja Bela, 2001.

Stanislav, Ján und Dezidar Tóth. *Libreto stálej expozície Múzea SNP k 60. Výročiu SNP*. Banská Bystrica: Múzeum SNP, 2003.

Steele, Jonathan. „In the Jerusalem of the North, the Jewish story is forgotten". *The Guardian*, 20. Juni 2008.

Stevick, Doyle. „The Politics of the Holocaust in Estonia: Historical Memory and Social Divisions in Estonian Education". *Reimagining Civic Education: How Diverse Societies Form Democratic Citizens*. Hg. Doyle Stevick und B. A. U. Levinson. Lanham, Md.: Rowman & Littlefield Publishers, 2007. 217–244.

Štepec, Marko (Hg.). *The Making of Slovenia*. Ljubljana: National Museum of Contemporary History, 2009.

Štepec, Marko (Hg.). *Rojstvo Slovenije*. Ljubljana: Muzej novejše zgodovine Slovenije, 2007.

Stola, Dariusz. „Statement". *Museum of the History of Polish Jews*, 22. Februar 2019. https://www.polin.pl/en/news/2019/02/22/statement-of-professor-dariusz-stola-director-of-polin-museum (13. Juli 2020).

Stone, Dan. „Memory, Memorials and Museums". *The Historiography of the Holocaust*. Hg. Ders. Basingstoke: Palgrave Macmillan, 2004. 508–532.

Subotić, Jelena. *Yellow Star, Red Star. Holocaust Remembrance after Communism*. Ithaca: Cornell University Press, 2019.

Sundhaussen, Holm. „Jugoslawien und seine Nachfolgestaaten. Konstruktion, Dekonstruktion und Neukonstruktion von ‚Erinnerungen' und Mythen". *Mythen der Nationen. 1945 – Arena der Erinnerung*. Hg. Monika Flacke. Mainz: Deutsches Historisches Museum, 2004. 373–426.

Szczepanski, Joanna. „Romanticising and revising the Second World War in Polish museums". *Museum Management and Curatorship* 27.3 (2012): 273–289.

Sznaider, Natan. *Gedächtnisraum Europa. Die Visionen des europäischen Kosmopolitismus. Eine jüdische Perspektive*. Bielefeld: Transcript, 2008.

Tamm, Marek. „In search of lost time: memory politics in Estonia, 1991–2011". *Nationalities Papers* 41.4 (2013): 651–674.

TASR. „Fico: Povstanie ukázalo Slovákom spravodlivosť". *SME*, 29. August 2012. https://domov.sme.sk/c/6514021/fico-povstanie-ukazalo-slovakom-spravodlivost.html (13. Juli 2020).

Thanei, Christoph. „Slowakei erinnert an Aufstand gegen die Nazis". *ORF Science*, 28. August 2014. https://sciencev2.orf.at/stories/1745187/index.html (13. Juli 2020).

Thornton, Gabriela Marin. „The Outsiders: Power differentials between Roma and non-Roma in Europe". *Perspectives on European Politics and Society* 15.1 (2014): 106–119.

Tibori-Szabó, Zoltán. „Memorialization of the Holocaust in Transsylvania during the early postwar period". *Jewish Life in Southeast Europe. Diverse Perspectives on the Holocaust and Beyond*. Hg. Kateřina Králová, Marija Vulesica und Giorgos Antoniou. London: Routledge, 2020. 126–144.

Tiškutė, Irena. „Savaitgalį – į KGB rūmus". *Respublika*, 22. Oktober 1992.

Titscher, Stefan, Michael Meyer, Eva Vetter und Ruth Wodak. *Methods of Text and Discourse Analysis*. London: SAGE, 2000.

Tokarska-Bakir, Joanna. „Polin. ,Ultimate Lost Object'". *Studia Litteraria et Historica* 5 (2016): 1–8.

Topouzova, Lilia. *Reclaiming Memory: The History and Legacy of Concentration Camps in Communist Bulgaria*. Dissertation University of Toronto, 2015. https://tspace.library.utoronto.ca/bitstream/1807/89014/1/Topouzova_Lilia_201503_PhD_thesis.pdf (13. Juli 2020).

Trivunčić, Radovan. *Jasenovac i jasenovački logori*. Jasenovac: Spomen-područje Jasenovac, 1974.

Trivunčić, Radovan. *Spomen-područje Jasenovac*. Zagreb und Jasenovac: Spomen-područje Jasenovac, 1985.

Troebst, Stefan. „Jalta versus Stalingrad, GULag versus Holocaust. Konfligierende Erinnerungskulturen im größeren Europa". *„Transformationen" der Erinnerungskulturen in Europa nach 1989*. Hg. Bernd Faulenbach und Franz-Josef Jelich. Essen: Klartext, 2006. 23–50.

Troebst, Stefan. „Geschichtspolitik. Politikfeld, Analyserahmen, Streitobjekt". *Geschichtspolitik in Europa seit 1989. Deutschland, Frankreich und Polen im internationalen Vergleich*. Hg. Etienne François, Kornelia Kończal, Robert Traba und Stefan Troebst. Göttingen: Wallstein, 2013. 15–34.

Troebst, Stefan und Johanna Wolf (Hg.). *Erinnern an den Zweiten Weltkrieg. Mahnmale und Museen in Mittel- und Osteuropa*. Leipzig: Leipziger Universitätsverlag, 2011.

Troha, Nevenka. „Slovenia. Occupation, Repression, Partisan Movement, Collaboration, and Civil War in Historical Research". *Südosteuropa* 65.2 (2017): 334–363.

Tuđman, Franjo. *Bespuća povijesne zbiljnosti: rasprava o povijesti i filozofiji zlosilja*. Zagreb: Matica hrvatske, 1990.

Uhl, Heidemarie. „Europa im Museum: Auf der Suche nach Identität". *ORF Science*, 25. Oktober 2007. http://sciencev1.orf.at/science/uhl/149896.html (13. Juli 2020).

Uhl, Heidemarie. „Neuer EU-Gedenktag: Verfälschung der Geschichte?". *ORF Science*, 21. August 2009. https://sciencev1.orf.at/uhl/156602.html (13. Juli 2020).

Ukielski, Paweł. „Der Warschauer Aufstand im Bewusstsein der Polen. Das Museum des Warschauer Aufstands als Erinnerungsort". *European Network Remembrance and Solidarity* 2006. http://enrs.eu/de/artikel/artikel1/136-der-warschauer-aufstand-im-bewusstsein-der-polen-das-museum-des-warschauer-aufstands-als-erinnerungsort.html (14. Juni 2015, von der Autorin archiviert).

Ukielski, Paweł. „Das ‚Museum des Warschauer Aufstandes' als Erinnerungsort'". *Erinnerungsorte in Ostmitteleuropa: Erfahrungen der Vergangenheit und Perspektiven.* Hg. Matthias Weber. München: De Gruyter, 2011. 209–218.
Ungváry, Krisztián. „Der Umgang mit der kommunistischen Vergangenheit in der heutigen ungarischen Erinnerungskultur". *„Transformationen" der Erinnerungskulturen in Europa nach 1989.* Hg. Bernd Faulenbach und Franz-Josef Jelich. Essen: Klartext, 2006. 201–220.
Ungváry, Krisztián. „Remembering Communist Crimes in Hungary: The House of Terror and the Central Cemetary (Rákoskeresztúr)". *Journal of Modern European History* 8 (2010): 155–158.
Ungváry, Krisztián. „Orte der Erinnerung an kommunistische Verbrechen. Das ‚Haus des Terrors' und der ‚Zentralfriedhof'". *Erinnerungsorte in Ostmitteleuropa. Erfahrungen* der Vergangenheit *und Perspektiven.* Hg. Matthias Weber, Ivan Petranský, Burkhard Olschowsky, Attila Pók und Andrzej Przewoznik. Oldenburg: De Gruyter 2011a, 219–233.
Ungváry, Krisztián. „Momentaufnahme: Aktuelle Fragen der Erinnerungskultur in Ungarn. Debatten außerhalb der Geschichtswissenschaft". *Jahrbuch für historische Kommunismusforschung* (2011b): 299–306.
Urbanc, Nataša (Hg.). *Muzej novejše zgodovine: 1948–98.* Ljubljana: Muzej novejše zgodovine, 1998.
Urbanc, Nataša. „Tržaško vprašanje". *Rojstvo Slovenije.* Hg. Marko Štepec. Ljubljana: Muzej novejše zgodovine Slovenije, 2007.
Ushtavaliiski, Nikolai. *Mythologems of the Heroic. Museum of Socialist Art.* Sofia: National Gallery, 2017.
Vabamu. „The head of the Vabamu Museum of Occupations and Freedom will be Keiu Telve". Museumswebseite 2019. https://vabamu.ee/plan-your-visit/news/the-head-of-the-vabamu-museum-of-occupations-and-freedom-will-be-keiu-telve (13. Juli 2020).
van Pelt, Robert Jan, Luis Ferreiro und Miriam Greenbaum. *Auschwitz: Not Long Ago. Not Far Away.* New York und London: Abbeville Press, 2019.
Vařeka, Pavel und Zdeňka Vařeková. „Archeologický výzkum tábora v Letech". *Bulletin Muzea Romské Kultury* 26 (2017): 59–83.
Velmet, Aro. „Occupied Identities: National Narratives in Baltic Museums of Occupations". *Journal of Baltic Studies* 42.2 (2011): 189–211.
Verseck, Keno. „Budapester Versprechungen". *Jüdische Allgemeine,* 24. Oktober 2013.
Veszprémy, László Bernát. „Yitzchak Mais: I Don't Want to Be Popular, I Want to Be Authentic". *neokhon,* 30. September 2019.
Vetter, Reinhold. „Die PiS und das Erbe der Volksrepublik". *Polen-Analysen* 214 (2018): 2–10.
Viires, Kadri. *Attacks and Migrations.* Tallinn: Folger Art, 2014.
Virag, Karen. „Budapest's Statue Park and House of Terror". *Spaces of Identity* 6.1 (2006): 95–107.
Vnuk, František. *Dedičstvo otcov. Eseje na historické témy.* Bratislava: Alfa Omega, 1990.
Vodička, Karel. „‚Juden, Zigeunern und Hunden Zutritt verboten!' Roma in der nationalsozialistischen Slowakei 1939–1945". *Der nationalsozialistische Genozid an den Roma Osteuropas.* Hg. Felicitas Fischer von Weikersthal, Christoph Garstka, Urs Heftrich und Heinz-Dietrich Löwe. Köln: Böhlau, 2008. 43–82.
Vojak, Danijel und Ivo Pejaković (Hg.). *Stradanje Roma u Europi za vrijeme Drugog svjetskog rata s posebnim osvrtom na stradanje u Nezavisnoj Državi Hrvatskoj.* Zagreb und Jasenovac: Savez Roma u Republici Hrvatskoj „Kali Sara"/Institut društvenih znanosti Ivo Pilar/Spomen-područje Jasenovac, 2018.

Vrzgulová, Monika. „Repräsentationen des Nationalaufstands in der Slowakei nach 1989". *Partisanen im Zweiten Weltkrieg. Der Slowakische Nationalaufstand im Kontext der europäischen Widerstandsbewegungen.* Hg. Martin Zückert, Jürgen Zarusky und Volker Zimmermann. Göttingen: Vandenhoeck & Ruprecht, 2017. 297–312.

Vukov, Nikolai. „National Museums in Bulgaria: A Story of Identity Politics and Uses of the Past". *Building National Museums in Europe 1750–2010.* Hg. Peter Aronsson und Gabriella Elgenius. EuNaMus Report No 1, Linköping 2011. http://www.ep.liu.se/ecp_home/index.en.aspx?issue=064 (13. Juli 2020).

Vukov, Nikolai. „The Museum of Socialist Art in Sofia and the Politics of Avoidance". *Cultures of History Forum,* 5. Dezember 2012. http://www.cultures-of-history.uni-jena.de/exhibitions/bulgaria/the-museum-of-socialist-art-in-sofia-and-the-politics-of-avoidance/ (13. Juli 2020).

Wahnich, Sophie. „Constructing the History of Wars in Museums: Art as the Means of a Postmodern Installation". *Politics of Collective Memory. Cultural Patterns of Commemorative Practices in Post-War Europe.* Hg. Sophie Wahnich, Barbara Lášticová und Andrej Findor. Wien: LIT, 2008. 201–235.

Walasek, Helen. *Bosnia and the Destruction of Cultural Heritage.* London: Routledge, 2016.

Wallace, Gillian. „Archeology and Society". *Handbook of Archaeological Theories.* Hg. R. Alexander Bentley, Herbert D. G. Maschner und Christopher Chippindale. Plymouth: AltaMira Press, 2008. 395–405.

Waśkiewicz, Andrzej. „The Polish Home Army and the Politics of Memory". *East European Politics and Societies* 24.1 (2010): 44–58.

Weekes, Lorraine. „Debating Vabamu: Changing names and narratives at Estonia's Museum of Occupations". *Cultures of History Forum,* 25. April 2017. http://www.cultures-of-history.uni-jena.de/debates/estonia/debating-vabamu-changing-names-and-narratives-at-estonias-museum-of-occupations/ (13. Juli 2020).

Weiss-Wendt, Anton. *Murder without hatred. Estonians and the Holocaust,* Syracuse: Syracuse University Press, 2009.

Weiss-Wendt, Anton. „Victim of History. Perceptions of the Holocaust in Estonia". *Bringing the dark past to light. The reception of the Holocaust in postcommunist Europe.* Hg. John-Paul Himka and Joanna Beata Michlic. Lincoln und London: University of Nebraska Press, 2013. 195–222.

Welzer, Harald. *Der Krieg der Erinnerung. Holocaust, Kollaboration und Widerstand im europäischen Gedächtnis.* Frankfurt am Main: Fischer, 2007.

Wezel, Katja. *Geschichte als Politikum. Lettland und die Aufarbeitung nach der Diktatur.* Berlin: Berliner Wissenschafts-Verlag, 2016a.

Wezel, Katja. „The unfinished business of perestroika: Latvia's memory politics and its quest for acknowledgment of victimhood in Europe". *Nationalities Papers* 44.4 (2016b): 560–577.

Wiącek, Elżbieta. „In the Labyrinth of Memory. Cultural Representations About the Warsaw Rising of 1945 in Polish Film and Media Narration". *History Research* 2.6 (2012): 398–414.

Wiedmann, Jutta. „Erinnerungskultur des 20. Jahrhunderts in Polen und Deutschland – Warum dieses Projekt?". *Erinnerungskultur des 20. Jahrhunderts. Analysen deutscher und polnischer Erinnerungsorte.* Hg. Michał Łuczewski und Jutta Wiedmann. Frankfurt am Main: Peter Lang, 2011. 11–13.

Wiesel Institute. „Best Design Competition for the Permanent Exhibition and the Auxiliary Spaces of NMHRJH". 2018. https://www.inshr-ew.ro/museumcompetition/ (13. Juli 2020).

Wight, A. Craig und J. John Lennon. „Selective interpretation and eclectic human heritage in Lithuania". *Tourism Management* 28.2 (2007): 519–529.

Wight, Alexander Craig. *Tracking Discourses of Occupation and Genocide in Lithuanian Museums and Sites of Memory*. Dissertation Plymouth University 2014. https://pearl.plymouth.ac.uk/bitstream/handle/10026.1/3083/2014Wight10385899Phd.pdf?sequence=1&isAllowed=y (13. Juli 2020).

Williams, Paul. *Memorial Museums. The Global Rush to Commemorate Atrocities*. Oxford: Berg Publishers, 2007.

Wolfrum, Edgar. *Geschichtspolitik in der Bundesrepublik Deutschland. Der Weg zur bundesrepublikanischen Erinnerung 1948–1990*. Darmstadt: WBG, 1999.

Wóycicka, Zofia. „Global Patterns, Local Interpretations. New Polish Museums Dedicated to the Rescue of Jews during the Holocaust". *Holocaust Studies* 25.3 (2019): 248–272.

Wóycicka, Zofia. „1,000 Years in a Museum – The History of Polish Jews". *Osteuropa* 58.8/10 (2008): 239–246.

Yad Vashem. *Warsaw*. Website o. J. http://www.yadvashem.org/yv/he/education/learning_environment/warsaw/warsaw.asp (15. Oktober 2017, von der Autorin archiviert).

Young, James E. *The Texture of Memory. Holocaust Memorials and Meaning*. New Haven: Yale University Press, 1993.

Zombory, Máté. „The birth of the memory of Communism: memorial museums in Europe". *Nationalities Papers* 45.6 (2017): 1028–1046.

Žerjavić, Vladimir. *Gubici stanovništva Jugoslavije u Drugom svjetskom ratu*. Zagreb: Jugoslavensko viktimološko društvo, 1989.

Żychlińska, Monika. „Muzeum Powstania Warszawskiego jako wehikuł polskiej pamięci zbiorowej". *Kultura i Społeczeństwo* 53.3 (2009): 89–114.

Żychlińska, Monika und Erica Fontana. „Museal Games and Emotional Truths: Creating Polish National Identity at the Warsaw Rising Museum". *East European Politics and Societies: and Cultures* 30.2 (2016): 235–269.

Abkürzungsverzeichnis

ÁVO	Magyar Államrendőrség Államvédelmi Osztálya – Staatsschutzabteilung der Ungarischen Staatspolizei
ÁVH	Államvédelmi Hatóság – Ungarische Staatsschutzbehörde
EMIH	Egységes Magyarországi Izraelita Hitközség – Vereinigte Israelitische Glaubensgemeinde Ungarns
ENRS	Europäisches Netzwerk Erinnerung und Solidarität
HDKE	Holocaust Dokumentációs Központ és Emlékgyűjtemény Közalapítvány, früherer Name des Holocaust-Gedenkzentrums: Öffentliche Stiftung Holocaust-Dokumentationszentrum und Gedenksammlung
HDZ	Hrvatska demokratska zajednica, kroatische Partei „Kroatische Demokratische Gemeinschaft"
ICTY	International Criminal Tribunal for the former Yugoslavia
IHRA	International Holocaust Remembrance Alliance
ITF	Task Force for International Cooperation on Holocaust Education, Remembrance, and Research
JNA	Jugoslavenska narodna armija – Jugoslawische Volksarmee
KSČ	Komunistická strana Československa – Kommunistische Partei der Tschechoslowakei
LAF	Lietuvos Aktyvistų Frontas – Litauische Aktivistenfront
LLA	Lietuvos laisvės armija – Litauische Befreiungsarmee
MGPJ	Museum der Geschichte der polnischen Juden
MVAC	Milizia Volontaria Anti Comunista – Antikommunistische Freiwilligenmiliz
NKWD	Narodnyj kommissariat wnutrennich del – Sowjetisches Volkskommissariat für innere Angelegenheiten
PiS	Prawo i Sprawiedliwość, polnische Partei „Recht und Gerechtigkeit"
PO	Platforma Obywatelska, polnische Partei „Bürgerplattform"
SiPo	Sicherheitspolizei (im Nationalsozialismus)
SLD	Sojusz Lewicy Demokratycznej, polnische Partei „Bund der demokratischen Linken"
SNP	Slovenské národné povstanie – Slowakischer Nationalaufstand
SNU	Slovak National Uprising – Slowakischer Nationalaufstand
USHMM	United States Holocaust Memorial Museum

Open Access. © 2021 Ljiljana Radonić, publiziert von De Gruyter. Dieses Werk ist lizensiert unter einer Creative Commons Namensnennung 4.0 International Lizenz; Abb. ausgenommen.
https://doi.org/10.1515/9783110722055-007

Abbildungsverzeichnis

Abb. 1	Die Gedenkstätte Teharje in Slowenien, 27.12.2018, © LR	33
Abb. 2	Auf dem Bildschirm im Jasenovac-Gedenkmuseum laufen die Opferinformationen durch, 10.2.2007, © LR	37
Abb. 3	Glastafeln mit Namen der Opfer in Jasenovac, 10.2.2007, © LR	45
Abb. 4	Im Holocaust-Gedenkzentrum in Budapest, 26.7.2013, © LR	46
Abb. 5	Koffer im Museum der Okkupationen in Tallinn, 22.10.2014, © LR	48
Abb. 6	Das Museum des Slowakischen Nationalaufstands in Banská Bystrica, 19.3.2013, © LR	53
Abb. 7	Skulptur „Die Opfer warnen", 1972 aus dem SNP-Museum entfernt, 2004 wieder aufgestellt, 19.3.2013, © LR	55
Abb. 8	Bogdanovićs Blume in der Gedenkstätte Jasenovac, 10.2.2007, © LR	58
Abb. 9	Die Kleine Festung in Theresienstadt/Terezín, 16.11.2013, © LR	63
Abb. 10	Das Ghetto-Museum in Theresienstadt/Terezín, 15.11.2013, © LR	73
Abb. 11	Das Zeitgeschichtemuseum in Ljubljana, 1.5.2013, © LR	83
Abb. 12	„Dark Side of the Moon" ist dem Totalitarismus in Slowenien gewidmet, 8.11.2012, © LR	85
Abb. 13	Der Zweite Weltkrieg im Zeitgeschichtemuseum Sloweniens in Ljubljana, 8.11.2012, © LR	87
Abb. 14	1992 wurde das Museum der Genozidopfer in Vilnius eröffnet, 25.10.2014, © LR	91
Abb. 15	Das Museum der Okkupation Lettlands in Riga, 10.5.2012, © LR	93
Abb. 16	Jasenovac-Ausstellung (2006), 26.4.2009, © LR	96
Abb. 17	Holocaust-Ausstellung in Budapest (2006), 26.7.2013, © LR	96
Abb. 18	Die Dauerausstellung im Museum des Slowakischen Nationalaufstands, 19.3.2013, © LR	102
Abb. 19	Stele mit Privatfotos im Museum des Slowakischen Nationalaufstands, 19.3.2013, © LR	103
Abb. 20	In der Jasenovac-Ausstellung, 4.4.2014, © LR	110
Abb. 21	Die Gedenkstätte Jasenovac, 10.2.2007, © LR	113
Abb. 22	Hohe Mauern umgeben das Holocaust-Gedenkzentrum in Budapest, 27.11.2011, © LR	119
Abb. 23	„Lokale Landbevölkerung plündert ein verlassenes Ghetto", 9.12.2017, © LR	124
Abb. 24	Montage historischer Fotografien im Holocaust-Gedenkzentrum in Budapest, 26.7.2013, © LR	128
Abb. 25	Gedenkstein für den „Roma-Holocaust" im Museum des Slowakischen Nationalaufstands, 19.3.2013, © LR	133
Abb. 26	Romnja und Roma auf dem Computerbildschirm im Museum des Slowakischen Nationalaufstands, 19.3.2013, © LR	134
Abb. 27	Im ersten Raum des Holocaust-Gedenkzentrums in Budapest, 26.7.2013, © LR	138
Abb. 28	Der Exekutionenraum im Museum der Genozidopfer, 24.10.2014, © LR	153
Abb. 29	Im Museum der Okkupationen in Tallinn, 22.10.2014, © LR	158
Abb. 30	Im Museum der Okkupation Lettlands in Riga, 10.5.2012, © LR	158

Open Access. © 2021 Ljiljana Radonić, publiziert von De Gruyter. Dieses Werk ist lizensiert unter einer Creative Commons Namensnennung 4.0 International Lizenz; Abb. ausgenommen.
https://doi.org/10.1515/9783110722055-008

Abb. 31	Haus des Terrors in Budapest, 31.8.2014, © LR —— **159**
Abb. 32	Das Museum der Okkupationen im estnischen Tallinn, 22.10.2014, © LR —— **163**
Abb. 33	Gegenstände der Opfer der sowjetischen Besatzung in Riga, 10.5.2012, © LR —— **180**
Abb. 34	LettInnen, die Jüdinnen und Juden gerettet haben, im Museum der Okkupation Lettlands, 10.5.2012, © LR —— **182**
Abb. 35	Tower of Faces im USHMM, 10.11.2019, © Zuzanna Dziuban —— **190**
Abb. 36	Im Haus des Terrors in Budapest, 1.2.2014, © LR —— **190**
Abb. 37	Individuelle Zeugnisse in Theresienstadt, 15.11.2013, © LR —— **204**
Abb. 38	Helle Ästhetik im Ghetto-Museum in Theresienstadt, 15.11.2013, © LR —— **205**
Abb. 39	„Die Deutschen" im Museum des Warschauer Aufstands, 16.11.2014, © LR —— **215**
Abb. 40	„Neues" Polen im Museum des Warschauer Aufstands, 16.11.2014, © LR —— **216**
Abb. 41	Blick durch das Guckgerät ins Ghetto im Museum des Warschauer Aufstands, 16.11.2014, © LR —— **220**
Abb. 42	Statuenpark im Museum der sozialistischen Kunst in Sofia, 2.4.2019, © LR —— **229**
Abb. 43	Die drei Schaukästen über den Zweiten Weltkrieg im Nationalen Geschichtemuseum in Sofia, 1.4.2019, © LR —— **231**
Abb. 44	Im Nationalen Militärmuseum in Bukarest: Vor dem Seitenwechsel 1944, 4.4.2019, © LR —— **234**
Abb. 45	Der Abschnitt über den Zweiten Weltkrieg im Nationalen Militärmuseum in Sofia, 3.4.2019, © LR —— **236**
Abb. 46	Die Holocaust-Ausstellung in der Großen Synagoge in Bukarest, 5.4.2019, © LR —— **237**
Abb. 47	Das Holocaust-Mahnmal in Bukarest, 4.4.2019, © LR —— **238**
Abb. 48	Spuren von Gestapo-Häftlingen im Museum der Genozidopfer in Vilnius, 22.10.2014, © LR —— **243**
Abb. 49	Ausstellung über NS-Zeit und Holocaust im Museum der Genozidopfer, 24.10.2014, © LR —— **244**
Abb. 50	Stand der Bautätigkeit beim Museum der Okkupation Lettlands (2019), 19.4.2019, © Katja Wezel —— **250**
Abb. 51	Die neue Ausstellung im Vabamu in Tallinn (2018), 13.11.2018, © Ene Kõresaar und Kirsti Jõesalu —— **252**
Abb. 52	Ralli und Hanni Ratenberg sowie weitere neun namentlich genannte von insgesamt 120 estnischen Kinder-Holocaust-Opfern im Estnischen Jüdischen Museum in Tallinn, 23.10.2014, © LR —— **254**
Abb. 53	Das 2014 errichtete „Denkmal für die Opfer der deutschen Besatzung" in Budapest, 31.8.2014, © LR —— **258**
Abb. 54	Das „Haus der Schicksale" bleibt noch geschlossen, 30.4.2019, © Boglárka Cziglényi —— **258**
Abb. 55	Das Museum der Geschichte der polnischen Juden in Warschau, 17.11.2014, © LR —— **263**
Abb. 56	Die vier einzigartigen Fotos und ein Zeugnis aus Birkenau im MGPJ, 17.11.2014, © LR —— **266**

Über die Autorin

Ljiljana Radonić leitet das vom Europäischen Forschungsrat (ERC) finanzierte Projekt „Globalised Memorial Museums. Exhibiting Atrocities in the Era of Claims for Moral Universals" am Institut für Kulturwissenschaften und Theatergeschichte der Österreichischen Akademie der Wissenschaften in Wien. Ihr Habilitationsprojekt über den Zweiten Weltkrieg in postsozialistischen Gedenkmuseen führte sie an der ÖAW durch und erhielt 2020 die Venia am Institut für Politikwissenschaft der Universität Wien, wo sie seit 2004 über Antisemitismustheorie sowie (Ostmittel-)Europäische Erinnerungskonflikte lehrt. 2015 war sie Gastprofessorin für Kritische Gesellschaftstheorie an der Universität Gießen, 2017 am Centrum für Jüdische Studien der Universität Graz. Ihre Dissertation schrieb sie über den *Krieg um die Erinnerung. Kroatische Vergangenheitspolitik zwischen Revisionismus und europäischen Standards* (Frankfurt: Campus 2010). Das Thema ihrer Diplomarbeit, *Die friedfertige Antisemitin? Kritische Theorie über Geschlechterverhältnis und Antisemitismus* (Frankfurt: Peter Lang 2004), griff sie in *Die friedfertige Antisemitin reloaded. Weibliche Opfermythen und geschlechtsspezifische antisemitische „Schiefheilung"* (Graz: Clio 2018, 2. Auflage 2020) wieder auf.

Personen- und Sachregister

Ahonen, Heiki 160, 164, 169, 251
Ästhetik 13, 16, 34, 38, 44–45, 50, 89, 95, 97, 106, 119–120, 130, 153, 157, 164, 185, 189–190, 204–205, 253, 266, 273, 277
Auschwitz-Birkenau (Polen) 4, 14, 21–22, 24, 30, 47–48, 67, 69, 75, 77, 80, 89, 102, 104, 117, 119, 122–123, 127–129, 131–132, 139–140, 142, 144, 162, 196, 219, 231, 240, 257, 265, 268, 274, 281

Bartosz, Adam 31
Blodig, Vojtěch 11, 63, 73, 131, 205

Casa Ceaușescu / Palatul Primaverii (Bukarest, Rumänien) 226–228

Dežman, Jože 15, 80, 86, 88
Dodik, Milorad 78
Donja Gradina (Bosnien-Herzegowina) 70, 135
Doppelter Genozid 42, 201, 242
Drnovšek, Janez 81

Europäisierung der Erinnerung 2, 17, 20, 23, 25, 30, 97, 130–131, 253, 281
Europäisierung des Holocaust 17, 20, 23, 25–27, 30, 32, 101, 104, 120, 259, 286

Fico, Robert 99
Fotografien 14, 38, 41, 44, 47–48, 49, 50, 51, 53, 69–71, 75, 83, 86, 89, 91, 95, 101–103, 105, 109–113, 119, 121–122, 124–130, 134–137, 140–144, 146–147, 149–152, 154, 162–163, 165–167, 174, 181–184, 189, 194–195, 198, 206–207, 210, 214, 217–218, 220, 225, 227, 232–233, 235–237, 241, 245–248, 250, 257, 265–266, 268, 271–273, 281–286
Frauen 35, 56, 59, 68–69, 84, 109, 115, 121–122, 124, 129, 135–136, 141, 148, 151–152, 174, 182, 185, 193–195, 206, 217–218, 233, 236, 253, 274

Gál, András Levente 257
Gedenkkapelle / Kaplica Pamięci (Toruń, Polen) 269
Geschichtspolitik 1–2, 3, 4, 5, 10, 17–20, 31, 34, 38–41, 50, 58, 72–74, 76–77, 79, 81–82, 90, 94, 99, 107, 116, 187, 200, 209, 215, 238, 256–258, 262, 266, 268, 270–273, 280
Gliński, Piotr 269
Grabar-Kitarović, Kolinda 116
Grisa, Miroslav 65
Gulag 7, 27, 48, 147, 150–152, 155–156, 162, 174, 180, 189, 193–195, 201, 250–252, 254, 256
Gulyas, Gergely 260
Gundare, Ieva 174, 184

Harsányi, László 256
Hasanbegović, Zlatko 115
Haus der Schicksale (Budapest, Ungarn) 14, 257–259, 280
Haus des Terrors (Budapest, Ungarn) 3–4, 12–14, 29, 38–41, 44, 46, 97–98, 117–118, 123, 130, 146, 157, 159, 185–187, 189–191, 201–202, 211–212, 214–215, 218, 223, 225, 241, 257, 262, 270, 273, 276–277, 280–281, 284
Havel, Václav 73
Holocaust-Gedenkzentrum / HDKE (Budapest, Ungarn) 3, 15, 39–40, 44–46, 95, 97–98, 116–118, 120–123, 125, 127–130, 132, 138, 140, 142, 144, 173, 189, 201–202, 204, 248, 256–258, 262, 265, 267, 270, 273, 276–277, 281, 283

Iliescu, Ion 239

Janšar, Janez 84
Jasenovac (Kroatien) 3–4, 6, 15–16, 32, 36–37, 39–40, 43, 45, 51–52, 55–61, 67–72, 76–79, 95–98, 107–116, 119–120, 123, 132, 135–138, 200, 204, 206, 256, 271–273, 276–277, 282
Jovičić, Nataša 16, 71, 108, 111–113, 115

Kaczyński, Jarosław 10, 40, 209, 223, 225, 267, 269, 280
Kaczyński, Lech 10, 40, 208–209, 211, 223, 225, 262, 264, 280
Kelam, Tune 98, 159–160
Kinder 10, 36, 56, 59, 67, 69–71, 109, 111, 115, 134–135, 141–142, 150–151, 162, 181, 189, 204, 213–214, 220, 224–225, 254, 258–260, 265, 268–269, 274
Kirshenblatt-Gimblett, Barbara 263
Kistler-Ritso, Olga 7, 40, 98, 159–160, 168, 251
Kotleba, Marian 99
Köves, Shlomo 259
Kubilius, Andrius 243
Kučan, Milan 81

Laar, Mart 160
Lavrov, Sergei 160–161
Lázár, János 259–260
Lazda, Paulis 8, 92–94, 98, 171, 174, 179
Lengel-Krizman, Narcisa 136

Machcewicz, Paweł 267, 269
Mádl, Ferenc 119
Mais, Yitzchak 260
Mányi, István 117–118, 120
Mečiar, Vladimir 2, 76, 99, 201, 277
Medgyessy, Péter 14, 117, 120, 200
Memorial Museum 13, 32, 95, 97, 108, 112–113, 120, 273, 276
Meri, Lennart 160, 171
Mičev, Stanislav 99, 132
Michele, Gundega 94, 171
Milanović, Zoran 116, 256
Molnár, Judit 14, 117, 119, 127, 257
Munk, Jan 11–12, 62–64, 66, 72–73
Museum der Genozidopfer / Museum der Okkupationen und der Freiheitskämpfe (Vilnius, Litauen) 1, 3–4, 8–9, 29, 39, 42–43, 89, 91, 94, 97, 146, 152–153, 157, 184, 194, 198, 223, 242–244, 249, 252, 259, 272, 276, 278, 284
Museum der Geschichte der polnischen Juden / MGPJ (Warschau, Polen) 1, 11, 38, 40, 127, 129, 209, 225, 262–264, 266–267, 270

Museum der Okkupation Lettlands (Riga, Lettland) 3–4, 8, 29, 39–40, 44, 49, 92–93, 97, 145–146, 157–158, 171, 173, 182, 184, 249–250, 268, 272, 283
Museum der Okkupationen / Vabamu (Tallinn, Estland) 3, 7, 38–40, 44, 48, 95, 97–98, 146, 157–159, 161, 163, 169, 184, 223, 251–252, 273, 255, 277–278, 281, 283
Museum der sozialistischen Kunst (Sofia, Bulgarien) 228–229
Museum des Slowakischen Nationalaufstands (Banská Bystrica, Slowakei) 3, 12, 39–40, 43, 51–54, 72, 74, 76, 88, 97–99, 101–103, 132–134, 200, 256, 271, 273–274, 282
Museum des Warschauer Aufstands (Warschau, Polen) 3, 9, 29, 39–40, 44, 47, 97, 202, 208, 211, 214–216, 220, 223, 241, 262–263, 265, 270, 273, 280, 285
Museum des Warschauer Ghettos (Warschau, Polen) 269
Museum des Zweiten Weltkriegs (Gdańsk, Polen) 1, 11, 40, 268, 280

Nationales Geschichtemuseum (Bukarest, Rumänien) 226, 232
Nationales Geschichtemuseum (Sofia, Bulgarien) 226, 230–231, 239, 281
Nationales Militärmuseum (Bukarest, Rumänien) 226, 233–234
Nationales Militärmuseum (Sofia, Bulgarien) 226, 234, 236
Nationalmuseum Cotroceni (Bukarest, Rumänien) 228
Nawrocki, Karol 267, 269
Nizio, Mirosław 209
Nollendorfs, Valters 8, 92, 94–95, 98, 145, 172, 174, 176, 181, 250
Novák, Václav 65, 69

Objekte 7, 13, 34, 38, 41, 44, 46–47, 50, 73, 86, 89, 91, 95, 108–109, 120–121, 124, 140, 149–150, 153, 162–166, 179–181, 184, 192–194, 212, 218, 227–228, 233, 236, 241, 246–247, 250, 254, 273, 281–286

Ołdakowski, Jan 208–209
Orbán, Viktor 1–2, 4, 12, 14, 40–41, 116–117, 130, 185–187, 198, 200–202, 225, 256, 259, 262, 277, 280

Parts, Juhan 160–161
Pávek, Miroslav 65
Peikštenis, Eugenijus 91, 147, 242
Pejaković, Ivo 77, 115
Piipuu, Merilin 251, 255
Plevneliev, Rosen 240
Putin, Vladimir 211

Rockenbauer, Zoltán 117
Roma 5–6, 14–15, 31, 34, 36, 40, 49, 52, 55–56, 58–60, 68, 74, 80–81, 85, 95, 97, 100, 110, 112, 114, 119–122, 127, 130–146, 167–168, 177–178, 197, 201, 223, 226, 233, 237–238, 240, 245, 248, 252–253, 255–256, 281–286
Rydzyk, Tadeusz 269

Sanader, Ivo 107–108
Schmidt, Mária 12, 117, 185–186, 191, 193, 195–196, 198–199, 258–261, 270
Sighet (Rumänien) 226
Sinagoga Mare, Holocaust-Ausstellung (Bukarest, Rumänien) 226, 236–237, 239
Širok, Kaja 15, 86, 88, 256
Sobotka, Bohuslav 29
Stanislav, Ján 100, 102
Stępiński, Zygmunt 267
Stola, Dariusz 263, 266
Szita, Szabolcs 120

Telve, Keiu 255
Theresienstadt / Terezín (Tschechische Republik) 3–4, 11–12, 39–40, 43, 51–52, 54–55, 61–65, 67, 69, 72–74, 76, 79, 101, 109, 131, 151, 202–206, 271–272, 277, 282

Tóth, Dezider 102
Tuđman, Franjo 2, 36, 61, 71–72, 77–78, 107, 111, 114–116, 201, 231, 272–273, 277
Tusk, Donald 225, 267

Ukielski, Paweł 210–213
Ulma Family Museum of Poles Who Saved Jews in World War II (Markowa, Polen) 209, 269
Ulmanis, Guntis 94
Universalisierung des Holocaust 18, 22–24, 25, 26, 32, 78, 89, 97, 113, 190, 242, 248, 251, 253, 259, 261–262, 273, 279, 281, 286
US Holocaust Memorial Museum / USHMM (Washington, D.C., USA) 16, 32, 34, 78, 95, 97, 101–102, 108, 110, 113, 116, 120, 189–190, 273, 276, 282
Ušakovs, Nils 249

Vaičiūnas, Gintaras 90
Viires, Kadri 146, 251

Westerbork (Niederlande) 98, 140

Yad Vashem (Jerusalem, Israel) 32, 78, 97, 101, 108, 116, 119–120, 129–130, 182, 190, 247, 260, 276

Zeitgeschichtemuseum (Ljubljana, Slowenien) 3–4, 15, 33, 38–39, 44, 79, 82–83, 87, 97, 256, 272, 277, 283

www.ingramcontent.com/pod-product-compliance
Lightning Source LLC
Chambersburg PA
CBHW061932220426
43662CB00012B/1882